# 学校保健

子どもの「生きる力」を育む

医学博士 **門田 新一郎**
保健学博士 **大津 一義** 編著

大学教育出版

# 序　文

　本書の初版は、2002年に、学校の教師を志す学生や学校教育に携わっておられる方に、学校保健の意義・役割や基本的内容を理解してもらい、学校教育の一環として展開する知識や技能を身につけて欲しいという意図で発刊した。その後、学校保健の内容は、子ども（児童・生徒）の健康問題や彼らを取り巻く環境問題によって変わってくるので、常に新しい社会的要請に対応していく必要があることから4回の改訂を重ね今回に至った。

　最近の子どもを取り巻く環境は、複雑化、多様化しており、心身の健康と安全を脅かす要因が増加している。飲酒・喫煙・薬物、生活習慣病、アレルギー、エイズ・新型コロナなどの感染症、いじめ・自殺などの心の問題、さらには、自然災害、交通事故、誘拐・不審者侵入など多種多様である。学校保健の意義・役割は、発育発達期にある子どもの現在及び将来の健康と安全を保障することであり、子どもの「生きる力」を育む教育活動の基盤となるものである。したがって、学校保健を専門とする養護教諭や保健体育教師だけでなく、すべての教師が家庭と地域との連携と協働によって、子どもの「生きる力」を育むことは、学校教育の喫緊の課題となっている。

　小・中学校の新しい学習指導要領（2017年告示）においても、学校教育を通じて育む「生きる」とは何かを資質・能力として明確化し、子どもの豊かな学びの実現が期待されている。そこで、本書の副題を ―子どもの「生きる力」を育む― とし、学校保健の健康観として重視されているヘルスプロモーションの理念を踏まえた内容になるように心がけた。主な内容は、学校保健の意義と特質、保健教育（安全教育を含む）、保健管理（主体管理と生活管理）、環境管理（安全管理を含む）、保健活動の展開と運営、付録（関係法規）で構成されている。その中でも、保健教育は、新しい学習指導要領が小学校は2020年度、中学校は2021年度から全面実施されるのを踏まえて、教育改善の柱となることを期待した内容になるような健康課題も取り上げた。また、保健管理は、子どもを守り、支えるだけでなく、「生きる力」を育む保健教育の機会にもなることから、その成立要件である主体・生活・環境の相互作用に基づいて、主体管理、生活管理、環境管理で構成した。

　執筆にあたっては、小、中、高等学校で教諭や養護教諭の経験のある方々に参加していただき、学校現場の実情にそった内容になるように努めた。本書が、学校の教師を志す学生や学校教育に携わっておられる方に、少しでも役立つところがあれば幸いである。

2021年2月

編者　門田新一郎

大津　一義

# 学校保健
―子どもの「生きる力」を育む―

## 目　次

# 編著者ならびに執筆分担

## ■編　集
門田新一郎　岡山大学名誉教授　医学博士

大津　一義　日本ウェルネススポーツ大学教授　保健学博士

## ■執筆分担（順不同）
門田新一郎　前掲

　　　　　　第1章第1・2・3節、第3章第1・4・5節、第4章第1・2節、第5章第6節、付録

大津　一義　前掲

　　　　　　第1章第1・2・3・5節、第2章第1・2・4・5節、第5章第6節

山田　浩平　愛知教育大学大学院教育学研究科准教授　博士（スポーツ健康科学）

　　　　　　第1章第5節、第2章第1・2・4・5節

山本　浩二　文教大学教育学部学校教育課程准教授　博士（教育学）

　　　　　　第1章第5節、第2章第1・2・4・5節

佐久間浩美　了徳寺大学教養部准教授　博士（教育学）

　　　　　　第5章第5節

服部　伸一　関西福祉大学大学院教育学研究科教授　博士（学校教育学）

　　　　　　第1章第4節、第3章第5節

田村　裕子　山陽学園大学大学院看護学研究科教授　博士（医学）

　　　　　　第3章第1節、第4章第2節、第5章第1節

加納　亜紀　就実大学大学院教育学研究科准教授　博士（学校教育学）

　　　　　　第2章第3節、第5章第3節

奥田紀久子　徳島大学大学院医歯薬学研究部教授　博士（医学）

　　　　　　第3章第2節、第5章第2節

田中　祐子　徳島大学大学院医歯薬学研究部准教授　博士（保健学）

　　　　　　第3章第3節、第5章第4節

山本　裕子　新見公立大学健康科学部看護学科助教　博士（看護学）

　　　　　　第3章第4節、第4章第1節

学校保健

—子どもの「生きる力」を育む—

# 第 1 章
# 学校保健の意義と特質

## 第1節　学校保健の概要

### 1. 学校保健の対象と範囲

　国民の健康を保障することは、保健大憲章をはじめ、我が国の憲法、教育基本法等でひとしく目標として掲げているところである。

　世界保健機関（World Health Organization, WHO）は、その保健大憲章の中で「各国政府は、国民の健康に対して責任を負うものである」と述べている。この主旨は、日本国憲法においても取り上げられており、その第25条には「すべての国民は健康で文化的な最低限度の生活を営む権利を有する。国は、すべての生活部面において、社会福祉、社会保障及び公衆衛生の向上及び増進に努めなければならない」とある。

　この国民の健康権ないし生存権を保障する上での公衆衛生活動の場は、人々の生活の場に注目すると、居住地域、職場、教育の場等である。市町村などの居住地区は生活そのものを目的とする基礎的社会集団であり、学校や職場などは何か特定の関心によって発生した機能的社会集団である。これらの生活の場の中で、居住地域に重点を置く場合は地域保健（都市、農村衛生など）、職場の場合は職域保健（産業衛生、労働衛生など）、教育の場を中心とする場合は学校保健（学校衛生など）といった言い方がなされている（表1-1）。

　これは、人間の生活を水平的、空間的次元でとらえる立場であるが、もう一方で、人間の生活を受胎から死に至る生涯にわたっての時系列ないし垂直的次元でとらえる立場がある。母子保健→学校保健→成人保健→老人保健などといった言い方がそれである。このように学校保健は

表 1-1　公衆衛生と学校保健

| | 対象（地域） | 対象（集団） | 衛生学的区分 | 行政の系統 |
|---|---|---|---|---|
| 公衆衛生 | 学校保健 | 幼児・児童・生徒学生・教職員 | 学校衛生（教育衛生） | 文部科学省 |
| | 地域保健 | 地域住民 | 都市衛生農村衛生 | 厚生労働省 |
| | 職域保健（産業保健） | 労働者 | 労働衛生 | 厚生労働省 |

（小倉「学校保健活動」を一部修正）

表 1-2　学校数・在学者数・教職員数

国・公・私立合計　　　　　　　　　　　　　　　　　　　　　　2019 年 5 月 1 日現在

| | 学校数 | 在学者数（男女計） | 教員数（本務者） | 職員数（本務者） |
|---|---|---|---|---|
| 幼　稚　園 | 10,070 | 1,145,576 | 93,579 | 16,709 |
| 幼保こども園 | 5,276 | 695,214 | 109,515 | 21,958 |
| 小　学　校 | 19,738 | 6,368,550 | 421,935 | 66,057 |
| 中　学　校 | 10,222 | 3,218,137 | 246,825 | 29,480 |
| 義務教育学校 | 94 | 40,747 | 3,520 | 448 |
| 高　等　学　校 | 4,887 | 3,168,369 | 231,319 | 44,940 |
| 中等教育学校 | 54 | 32,153 | 2,642 | 397 |
| 特別支援学校 | 1,146 | 144,434 | 85,336 | 14,082 |
| 高等専門学校 | 57 | 57,124 | 4,169 | 2,647 |
| 短　期　大　学 | 326 | 113,013 | 7,440 | 4,131 |
| 大　　　　　学 | 786 | 2,918,668 | 187,862 | 249,345 |
| 専　修　学　校 | 3,137 | 659,693 | 41,104 | 16,069 |
| 各　種　学　校 | 1,119 | 116,920 | 8,821 | 3,868 |

注：2007 年度から盲・聾・養護学校は、複数の障害種別を教育の対象とすることのできる
　　「特別支援学校」に転換された。
注：「幼保こども園」は「幼保連携型認定こども園」の略。
資料：文部科学統計要覧

公衆衛生活動の一分野であり、その範囲は 2 つの次元からとらえる必要がある。

　学校とは、学校教育法第 1 条によれば「幼稚園、小学校、中学校、義務教育学校、高等学校、中等教育学校、特別支援学校、大学及び高等専門学校」を指している。したがって、学校保健の対象となるのは、これらの学校に通う幼児・児童・生徒・学生（以下、児童・生徒という）・教職員ということになる（表 1-2）。これらの者は教育的社会集団の一員でもある。児童・生徒の学校における生活時間は、一日の 3 分の 1 に満たず、その他の大部分の時間は、家庭や地域社会で過ごしていることから、彼らの健康にかかわる問題や行動、考え方、感じ方の多くは生活の基盤である家庭や地域の諸要因と深くかかわっている（図 1-1）。したがって、学校保健を推進するには地域保健や産業保健などとの有機的な関連を図ることが肝要である。特に、公害による学校の被害問題などは、地域における住民運動や産業に対する行政指導などの取り組みがない限り学校の活動だけでは予防・改善の望みは薄い。また、対象とする幼稚園の園児、小学校の児童、中・高等学校の生徒は発育発達の途上にあるので、各発達段階との一貫性を図り、生涯を見通して積極的に学校保健を推進する必要がある。

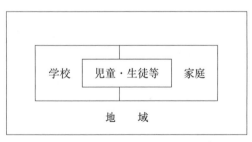

図 1-1　児童・生徒等を取り巻く環境
（高石「新版学校保健概説」より）

## 2.　学校保健の意義及び目的

　我が国の学校保健は、明治初年（1800年代末）以来、児童・生徒の健康の保持増進に大きな役割を果たしてきた。第2次世界大戦までのその流れはおよそ3期に区分できる。第1期はドイツの影響を受けて発達した医学的学校衛生、第2期はイギリスやフランスの影響を受けた社会的学校衛生、第3期はアメリカの影響を受けた教育的学校衛生である。このように戦前は学校衛生という言葉が用いられ、学校医を中心とする医学的立場から疾病異常の予防処置、感染症対策、環境衛生などに重点が置かれていた。戦後は、米国教育使節団の報告書（1946年）の中でSchool Healthの充実強化が勧告されたのを契機に学校保健という言葉が漸次用いられるようになり、学校の教師を中心に保健教育を重視した教育的立場から、現在ならびに将来の健康の保持増進に主眼が置かれるようになった。表1-3は、学校衛生の発足と沿革の概要を示したものである。

　保健体育審議会は、1972年12月に「児童生徒等の健康の保持増進に関する施策について」の答申の序文で、「従来の学校保健はいずれかといえば児童・生徒の疾病異常の早期発見、事後措置など健康の回復と維持に重点がおかれていた」と指摘し、今後は「こうした健康の保持の面の役割」に加え「積極的に児童・生徒の心身の健康を増進することもきわめて重要であり」、「すべての教育活動を通じて総合的、積極的な学校保健の実現を指向すべきである」と提言している。

　この提言は、表1-4に示したようなLeavellらの疾病の自然史（経過）に対応した疾病の予防活動としての5段階（①健康増進、②特殊予防、③早期発見・早期治療、④重症化防止、⑤リハビリテーション）を内包した総合保健（包括医療）の考え方を反映しており、第1次予防としての健康増進の段階に力点を置いたものである。

### 表1-3　学校衛生の発足と沿革の概要

| 区　分 | 主な国 | 時　期 | 性　格 | 主な内容 |
|---|---|---|---|---|
| 医学的学校衛生 | ドイツ日　本 | 19世紀後半 | 医学の知識・技術による衛生管理、学校医を中心とした疾病異常の早期発見と治療、学校教育に対する医学的関与 | 疾病管理、感染症の予防、救急処置、環境衛生 |
| 社会的学校衛生 | イギリスフランス | 19世紀後半〜20世紀初め | 学校経営の立場から教育管理を重視、社会政策の一環として貧困家庭の児童生徒に学校給食による栄養補給と学校内診療、保健婦事業などの公衆衛生活動を基盤 | 養護学級、養護学校、夏季集落、養護集落、学校給食、学校内診療施設 |
| 教育的学校衛生 | アメリカ | 20世紀初め〜 | 衛生教育を重視した公衆衛生活動を基盤、教育的内容は教師による保健学習を重視し、管理的内容は家庭と地域の医療施設が中心 | 保健学習、保健指導、救急処置 |

注：健康診断（身体検査）や健康観察は、その国や時代によって内容や方法は異なるが学校衛生に含まれていた。特に、我が国の定期健康診断は、現在の学校保健でもその中核をなしている。
注：養護学級・養護学校は、現在の特別支援学級・特別支援学校に相当するものであるが、当時は結核による身体虚弱児の健康回復が主な目的であった。
（門田・大津の作成）

表 1-4　疾病予防の 5 段階

| 1 次予防 | ①健康増進 | 生活習慣の改善、生活環境の改善、健康教育による健康増進を図り、予防接種による感染症の予防、事故防止による傷害の発生を予防すること |
| | ②特殊予防 | 例：適切な食生活、運動、喫煙、ストレス解消など |
| 2 次予防 | ③早期発見早期治療 | 検診や検査などで疾病異常を早期に発見し、早期に治療や保健指導などの対策を行い、疾病や傷害の重症化を予防すること |
| | ④重症化防止 | 例：定期健康診断、臨床的治療など |
| 3 次予防 | ⑤リハビリテーション | 治療の過程において保健指導やリハビリテーション等による機能回復を図るなど、社会復帰を支援し、再発を予防すること |
| | | 例：リハビリテーション、理学療法、機能回復訓練など |

（Leavell. H.R & Clark.E.G：1965）

　このように学校保健の目的を積極的な健康の保持増進（positive health）を図ることに置いた主なる理由は、児童・生徒の疾病構造の変化にある。近年における生活環境の急激な変化等に伴い、児童・生徒の健康にかかわる問題はますます複雑高度化してきている。中でも注目すべき疾病としては、心臓病、腎臓病、喘息などの呼吸器疾患、公害による健康障害、近視、う歯等がある。また、日常生活においてしばしば見うけられるようになった健康問題としては、朝食をとらない、いつも疲れている、朝起きられない、朝からあくびをする、背すじがしっかりしていない、よくけがをする、すぐ骨折する、食べ物に好き嫌いが多い、アレルギー反応を示す、朝礼で倒れる、懸垂が 1 回もできない、体格に体力が伴わない、土踏まずがない、心因性の頭痛や腹痛、肩こり、腰痛、肥満、情緒障害、五無主義（無気力、無責任、無関心、無感動、無作法）、反社会的行動としての飲酒、喫煙、シンナー、覚醒剤、家出、万引、性非行、校内暴力、いじめ等、非社会的行動としての登校拒否、かん黙、自殺等がある。

　これらの健康問題の多くは、日常の基本的な生活習慣ないし生活リズムや自律的・自主的態度の著しい欠如に起因しているので、その問題解決にあたっては、病気になる前の健常時での日常生活に注目し、その立て直しを積極的に図っていく必要がある。このことが、近年における健康づくり運動の誘因となって健康問題の長期化を防ぎ、強いては医療費の負担軽減などにもつながることにもなる。

### 3.　学校保健の領域とその目標

#### （1）　学校保健の構成

　学校保健という場合は、学校で行われる健康の保持増進にかかわるすべての諸活動を総括しているのであるが、この諸活動は、図 1-2 に示したように保健教育と保健管理の 2 領域に大別される。文部科学省組織令第 5 条 15 においても「学校保健（学校における保健教育及び保健管理をいう）」と規定されている。保健教育は、さらに保健学習（安全学習を含む）と保健指導（安全指導を含む）とに分けられる。また、保健管理は、対人管理と対物管理（環境管理）とに分けることができ、対人管理はさらに心身の管理（主体管理）と生活管理（行動管理）とに分けること

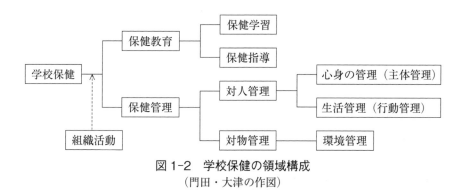

図 1-2　学校保健の領域構成
（門田・大津の作図）

ができる。この分類の視点は、人は絶えず環境に働きかけあい、その相互作用によって行動し生活しているという考え方に基づいている。

　保健教育の構成については、本書のように保健学習と保健指導に分ける考え方がこれまで一般的になされているが、注記に示したような再整理の提言がなされている。そこで、第2章第2節では「保健授業（保健学習）の推進」として、保健に関する学習の中で、体育科（小学校）・保健体育科（中・高等学校）における保健授業について解説する。なお、保健教育の再構成については今後の課題として検討することにした。

注　記

　中央教育審議会答申（2016年）において、「従来、教科等を中心とした「安全学習」「保健学習」と特別活動等による「安全指導」「保健指導」に分類されている構造については、資質・能力の育成と、教育課程全体における教科等の役割を踏まえた再整理が求められる。」とされている。

### （2）保健教育の領域と目標

　法的には保健学習は学習指導要領に規定され、教育課程（小学校では、各教科、道徳、外国語活動、総合的な学習の時間、特別活動の5領域、中学校では、各教科、道徳、総合的な学習の時間、特別活動の4領域、ただし、高等学校は道徳を除く3領域）の一領域である各教科の中の体育科（小学校）あるいは保健体育科（中学校、高等学校）に位置づけられている。保健指導は主に「特別活動」の領域の中の学級活動と学校行事に位置づけられている。保健教育はここを拠点としながらも総則第1に明示されているように「学校における体育・健康に関する指導を、児童・生徒の発達の段階を考慮して、学校の教育活動全体を通じて適切に行うこと」となっている。

　保健教育のねらいは、学習者の認知、情意、行為の各側面の形成を通して、学習者が自律的に健康の保持増進を図るようにすることにある。その中でも保健学習は、個人や集団の生活における健康、安全に関する基本的知識の習得及び知的能力（問題解決能力、判断力、創造力など）の形成を主眼としているが、保健指導はその成果を日常生活の中に反映させ保健知識の生活化及び実践化を図ることをねらいとしている。

注　記

　2015年（平成27）3月の小・中学校学習指導要領の一部改正で「道徳」は「特別の教科　道徳」に名称が変更された。

本書では、各教科との区別を明確にするために、これまでどおり「道徳」と呼ぶことにする。


### （3）　保健管理の領域と目標

　一方、保健管理は法的には学校教育法を基本法とする特別法としての学校保健安全法に規定されている。その第1条（目的）には「学校における児童生徒等及び職員の健康の保持増進を図るため、学校における保健管理に関し必要な事項を定めるとともに、学校における教育活動が安全な環境において実施され、児童生徒等の安全の確保が図られるよう、学校における安全管理に関し必要な事項を定め、もつて学校教育の円滑な実施とその成果の確保に資することを目的とする」とある。そして保健・安全管理に関する必要事項として、学校保健計画、学校環境衛生基準、保健室、健康相談、保健指導、健康診断、保健所との連絡、感染症の予防、学校保健関係職種（学校保健技師、学校医、学校歯科医、学校薬剤師）、学校安全計画、学校環境の安全の確保、危険等発生時対処要領の作成等などに関することが規定されている。このように保健管理は、学習者が健康な生活が送れるよう、健康と安全に関するサービスや世話を主体、環境、行動の3領域から他律的に施すことを本務としている。

　主体面の管理の対象は心身の健康、機能障害、外傷、疾病などであり、環境管理では校地、施設・設備、校具、飲料水、照明、騒音、換気などであり、生活（行動）管理では学習活動、通学、休息、清掃、給食、運動などの行動である。授業中に教師が児童・生徒が風邪を引いていないかどうか調べるのは主体管理であり、換気をするのは環境管理、姿勢を正したりするのは行動管理をしているのである。


### （4）　保健管理の教育的対応と保健指導との関連

　保健管理は直接的には管理活動であっても、学校という教育の場では教育的配慮のもとに展開されているものでなければその意味をもたないといっても過言ではない。例えば毎年春に実施されている児童・生徒の定期健康診断は学校保健安全法に保健管理活動として規定されているが、学習指導要領においても特別活動の学校行事に教育活動として位置づけられている。健康診断は元来、児童・生徒等の健康状態を評価し、潜在的な健康障害の早期発見を目的とした管理活動であったが、教育的学校保健が強調されるに伴い、今日では健康診断の事前指導や事後措置において十分な教育的対応が要求されている。この健康診断に限らず保健管理活動の目的を効果的に達成するためには、保健管理活動に伴って保健指導を行うことが肝要である。保健指導によって、児童・生徒等になぜそのような他律的な保健管理活動を行うのかなどについて考えさせ、問題意識の高揚を図り、主体的に保健管理活動をとらえさせることは、とりもなおさず保健管理活動を教育活動として展開することにつながっていくからである。このような考え方に基づくと、保健指導は保健教育の領域（保健教育における保健指導）であるとともに保健管理の領域（保健管理に伴う保健指導）としても位置づけることができる。このことから、学校保健の領域を、図1-3に示したように保健教授（学習）、保健指導、保健管理の3つに大別する立場もある。

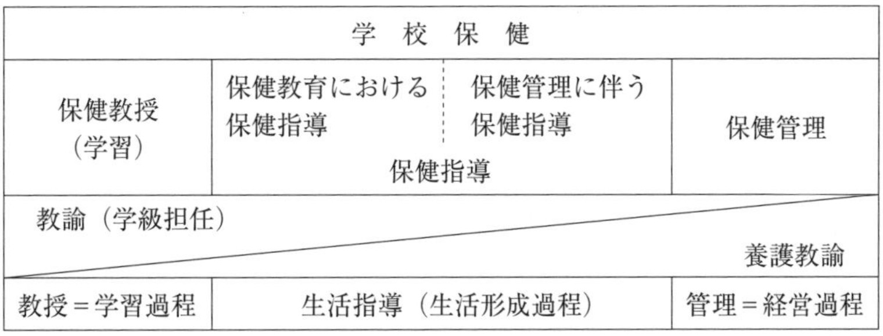

| 学　校　保　健 | | | |
|---|---|---|---|
| 保健教授<br>（学習） | 保健教育における<br>保健指導 | 保健管理に伴う<br>保健指導 | 保健管理 |
| | 保健指導 | | |
| 教諭（学級担任） | | | |
| | | | 養護教諭 |
| 教授＝学習過程 | 生活指導（生活形成過程） | | 管理＝経営過程 |

図1-3　学校保健の再構成
（小倉「学校保健活動」より）

### （5）組織活動の必要性と関係職種

　学校保健の充実強化は、保健教育と保健管理の両面相まって達成されるべきであるが、実際に推進していくとなると多種類の職種の人々が関係しているので、保健組織活動が不可欠である。この点を強調して、学校保健の2領域に保健組織活動を加え、3領域に分類する立場もある。

　学校保健にかかわる職種には、常勤として校長、保健主事、養護教諭、一般教員（学級担任、保健体育教師など）、栄養教諭や、非常勤として学校医、学校歯科医及び学校薬剤師（この三者を総括して学校保健三師と呼ぶ）、各都道府県の教育行政職員としての学校保健技師などがいる。

　これらの職種の中でも養護教諭は唯一の常勤の学校保健の専門職であり、その果たすべき役割は極めて重要であり、大きな期待が寄せられている。もちろん、養護教諭1人で学校保健のすべてを切り回せるものではなく、また、そうすべきでもない。学校保健を活性化するには様々な職種間の共通理解を図り、全体を見通した役割分担を行い、学校保健委員会などの組織づくりをしていく必要がある。

## 4. 学校保健の特性

　学校保健は公衆衛生の1分野ではあるが、地域保健や成人保健等に関する諸問題を取り扱う場合とはかなり異なった学校の機能に密接した特性を有しているので、これらを踏まえて展開する必要がある。

### （1）児童・生徒の生理学的・心理学的特性

　その特性の第1は、学校保健の対象である児童・生徒等が発育発達途上にあるという点である。しかも、幼児・児童・生徒・学生等といったように年齢的にみて極めて幅の広い層を網羅しており、その大部分は発育発達上にあり、身体的、精神的、社会的側面において何らかの未成熟な点を残している。したがって、それぞれの年齢段階における生理学的及び心理学的特性をよく知って健康問題の解決を図らないと誤りを侵すことが少なくない。その上、この生理学的及び心理学的特性は、年齢段階のみならず同一年齢においても個人差によって左右されることに留意する必要がある。思春期の急激な変化がみられる小学校高学年から高校生を対象とする場合にはこ

の点の配慮が極めて重要である。

## （2） 教育の場としての特性

　第2の特性は、学校が公教育の場であるという点である。学校教育法第12条（健康診断等）には「学校においては、別に法律で定めるところにより、幼児、児童、生徒及び学生並びに職員の健康の保持増進を図るため、健康診断を行い、その他その保健に必要な措置を講じなければならない」と定められている。「別の法律」とは保健管理について規定した学校保健安全法を指しており、学校教育法を基本法とする特別法としての性格を有している。これは学校で展開される保健管理活動はすべて教育的配慮を求められていることを示唆している。

　また、このように学校において、その構成員の健康の保持増進を図ることが法的に定められているのは、1つに、憲法第25条の「健康で文化的な最低限度の生活を営む権利」である健康権ないし生存権を保障しなければならないからである。児童福祉法第2条にも「国及び地方公共団体は、児童の保護者と共に児童を心身共に健やかに育成する責任を負う」とある。2つに、憲法第26条の「すべての国民は法律の定めるところに応じて、ひとしく教育を受ける権利」である教育権ないし学習権を保障しなければならないからである。これを受けて教育基本法第16条（教育行政）の第2項には、教育行政の責任について「国は、全国的な教育の機会均等と教育水準の維持向上を図るため、教育に関する施策を総合的に策定し、実施しなければならない」と定めてある。学習指導要領や学校保健安全法を制定し、保健教育や保健管理について規定しているのもこの教育行政の責任に属することである。3つに、学校は教育基本法第1条の「心身ともに健康な国民の育成」という教育目的達成の責任を負っているからである。近年における学力偏重の教育思潮の中では、健康権の保障や児童・生徒の健康な発達という教育目的は見失われ、教育の付随業務あるいは雑務とみられがちである。しかしながら、学校教育は児童・生徒の健康の保持増進に対する責務の一翼を担っている。学校保健の充実強化を図ることは、心身ともに健康な国民の育成を期する教育の目的の達成に大きな役割を果たすものであり、また、あらゆる教育活動の基礎を培うものである。

## （3） 集団生活の場としての特性

　第3の特性は、同一行動をとる集団生活が要求されるという点である。生活行動からみて、学校ほど同じような行動をとることは特殊な職業分野は別として、他にはほとんどみられない。しかも、同一集団活動が要求される時間の長さは学年が進むに従って増大し半日以上に及ぶこともまれではない。その中で、感染症は激減したとはいえ、ひとたび感染性疾患の者が登校したり、学校給食での食中毒原因物質の汚染や、また、極めてまれであるが、教員が未発見の開放性結核患者であったりなどすると、特に幼児・児童は種々の疾患に対する免疫の成立が不十分であるので、はなはだ容易に大型の集団発生をみることになる。また、精神保健の面からも、友人及び教員との人間関係に障害が生じると、学習効率の低下はもちろん、登校拒否、かん黙、心因性の頭

痛、腹痛などに発展し、最悪の場合は自殺、暴行、傷害等にまで至ることになる。学校保健を推進するにあたっては、このような集団生活のもたらす悪影響の一側面についても検討する必要がある。

**参考文献**

小倉学：学校保健活動、東山書房、1980.

高石昌弘：新版学校保健概説、同文書院、1996.

大塚正八郎：学校保健（三訂版）、大修館書店、1980.

文部科学省：文部科学統計要覧（令和 2 年版）、2020.

保健体育審議会：児童生徒の健康の保持増進に関する施策について（答申）、1972.

日本学校保健会：学校保健の動向（令和 2 年度版）、2020.

日本学校保健会編：学校保健百年史、第一法規、1973.

数見隆生：教育としての学校保健、青木書店、1982.

Leavell, H.R. & Clark, E.G：Preventive Medicine for the Doctor in his Community, McGraw-Hill Co, 1965.

中央教育審議会：幼稚園、小学校、中学校、高等学校及び特別支援学校の学習指導要領等の改善及び必要な方策等について（答申）、2016.

文部科学省：小・中学校学習指導要領、2017.

文部科学省：高等学校学習指導要領、2018.

学校保健・安全実務研究会：新訂版・学校保健実務必携（第 5 次改訂版）、第一法規、2020.

## 第2節　学校保健の行政と関係法規

　学校保健は、学校という教育の場で展開されるものである。したがって、学校保健に関する行政及び制度上の問題は、文部科学省及び地方公共団体の教育委員会を中心とした教育行政のなかで取り扱われる。一方、学校は地域社会の一環として厚生行政の対象にもなり、当然のことながら公衆衛生関係及びその他の諸法規の適用をうける。ここでは学校保健の行政とそれに関係する主な法規について概観する。

### 1．学校保健の行政

　学校保健に関する行政を、文部科学省の行政組織と地方公共団体の行政組織とに大別して述べる。

### （1）　文部科学省の行政組織
### 1）　文部科学省の内部機構

　我が国の学校保健に関する行政事務は文部科学省の所管となっている。この行政事務の対象となるのは、学校教育法第1条に定められている学校、すなわち、幼稚園、小学校、中学校、義務教育学校、高等学校、中等教育学校、特別支援学校、大学及び高等専門学校における保健及び安全にかかわるすべての事項である。

　図1-4は、文部科学省の内部機構の概要を示したものである。これらの各部局のうち、学校保健の行政に関しては初等中等教育局健康教育・食育課が主に担当している。また、高等教育局においては大学や高等専門学校の問題、研究振興局においては研究に関係した業務などが行われており、学校保健の行政には広く文部科学省の各局が関連している。なお、学校保健に関する行政事務は、2015（平成27）年10月のスポーツ庁の設置に伴って、それまで主に担当していたスポーツ・青少年局学校健康教育課が改廃され、初等中等教育局健康教育・食育課が新設された。

　以上のほかに、学校保健に関する重要施策に対する文部科学大臣の諮問機関として、中央教育審議会（教育制度分科会、初等中等教育分科会など）が法令によって設置されている。

注　記

　学校保健の行政は、戦後（1945年以降）は文部省体育局が主に担当していたが、2001（平成13）年1月の省庁再編によって科学技術庁（旧）と統合され、文部科学省スポーツ・青少年局学校健康教育課（2015年10月のスポーツ庁の設置にともない改廃）が主に担当することになった。これに伴って、従来の保健体育審議会や教育課程審議会などの学校保健に関係の深い審議会は、中央教育審議会（分科会、部会）に統合された。

2020 年 4 月 1 日現在

文部科学大臣

副大臣　　大臣政務官　　秘書官

事務次官

文部科学審議官

大臣官房 — 人事課　政策課　総務課
国際課　会計課

文教施設企画・防災部 — 施設企画課　計画課
施設助成課　参事官

総合教育政策局 — 政策課　生涯学習推進課
調査企画課　地域学習推進課
教育人材政策課
教育改革・国際課
男女共同参画共生社会学習・安全課

初等中等教育局 — 初等中等教育企画課
財務課　教育課程課
児童生徒課　幼児教育課
特別支援教育課
教科書課
情報教育・外国語教育課
健康教育・食育課　参事官

高等教育局 — 高等教育企画課
大学振興課　専門教育課
医学教育課　学生・留学生課
国立大学法人支援課

私学部 — 私学行政課　私学助成課
参事官

科学技術・学術政策局 — 政策課　研究開発基礎課
企画評価課　人材政策課
産業連携・地域支援課

研究振興局 — 振興企画課　基礎研究振興課
学術研究助成課　学術機関課
ライフサイエンス課　参事官

研究開発局 — 開発企画課　宇宙開発利用課
地震・防災研究課　原子力課
海洋地球課
環境エネルギー課　参事官

国際統括官

スポーツ庁

スポーツ庁長官 — 政策課
健康スポーツ課
競技スポーツ課
国際課
オリンピック・パラリンピック課
参事官（地域振興担当）
参事官（民間スポーツ担当）

文化庁

文化庁長官 — 政策課
企画調整課
文化経済・国際課
国語課
著作権課
文化資源活用課
文化財第一課
文化財第二課
宗務課
参事官（文化創造担当）
参事官（芸術文化担当）
参事官（食文化担当）
参事官（文化観光担当）

特別の機関 — 日本芸術院

施設等機関 — 国立教育政策研究所
科学技術・学術政策研究所

特別の機関 — 日本学士院
地震調査研究推進本部
日本ユネスコ国内委員会

**図 1-4　文部科学省の主な組織**
資料：文部科学省・組織図

### 2）初等中等教育局健康教育・食育課の所掌事務

所掌事務については、文部科学省組織令第41条に次のように定められている。

一　文部科学省の所掌事務に係る健康教育の振興及び食育の推進に関する基本的な施策の企画及び立案並びに調整に関すること。

二　学校保健、学校安全、学校給食及び災害共済給付に関すること（学校における保健教育の基準の設定に関すること、初等中等教育の基準（教材並びに学級編制及び教職員定数に係るものに限る）の設定に関すること及び公立の学校の給食施設の災害復旧に関することを除く）。

三　公立学校の学校医、学校歯科医及び学校薬剤師の公務災害補償に関すること。

なお、上記の二の「学校における保健教育の基準の設定に関すること」は、スポーツ庁政策課の所掌事務となっている。このように学校保健に関する行政事務は、健康教育・食育課を中心に他の部局やスポーツ庁政策課などとの関連を図りながら行われている。一般的には、学校保健という場合には、その内容を広義に解釈して、学校安全と学校給食を含めた概念でとらえている。

### 3）文部科学省の学校保健に関する主な所掌事務

文部科学省では次のような学校保健に関する事務を行っている。

1. 学校教育及び社会教育における健康教育の振興に関し、連絡調整すること。

2. 学校保健、学校安全、学校給食及び災害共済給付に関し、次に掲げる事務（災害共済給付にあっては、ロ及びへに掲げる事務を除く）を行うこと。

　イ　基準を設定し、及びその実施に関し、指導と助言を与えること。

　ロ　学習指導要領の編修及び改訂に関すること。

　ハ　資料の収集及び提供に関すること。

　ニ　手引書、解説書及び教材、教具等の解説目録その他の出版物等の作成及び提供に関すること。

　ホ　研究集会、講習会、展示会その他の催しの主催又はこれへの参加に関すること。

　ヘ　教育職員の現職教育に関し、援助と助言を与えること。

3. 特別支援教育が必要な幼児、児童、生徒の保健に関し、指導と助言を与えること。

4. 運動医事に関し、指導と助言を与えること。

5. 学校医、学校歯科医、学校薬剤師、養護教諭、栄養教諭、学校給食栄養管理者、その他の学校保健、学校安全及び学校給食の関係職員に関し、指導と助言を与えること。

6. 学校給食用物資の需要量の取りまとめ、入手の斡旋など学校給食用物資の確保に関すること。

7. 2. から6. までに掲げるもののほか、学校保健及び学校安全の向上並びに学校給食及び災害供済給付の普及充実に関し、企画し、並びに指導、助言及び援助を与えること。

8. 学校保健安全法、学校給食法の施行に関すること。

9. 日本スポーツ振興センター法の施行に関すること（学校安全、学校給食及び災害共済給付

に係るものに限る）。

10. 中央教育審議会（教育制度分科会、初等中等教育分科会など）に関すること。

### 4）学校保健行政の援助団体

文部科学省の学校保健行政を援助している代表的なものには次の2つがある。

#### ① 日本学校保健会（公益財団法人）

学校保健の向上発展を目的とし、「学校保健振興事業」と「一般事業」を行っている。「学校保健振興事業」では普及指導事業、調査研究事業、健康増進事業を行っている。「一般事業」では学校保健行政への協力、研究・協議会の開催、関係団体との連携、学校保健関係図書の出版、学校保健活動の手引きの作成などを行っている。

#### ② 日本スポーツ振興センター（独立行政法人）

スポーツの振興及び児童生徒等の健康の保持増進を図るため、設置するスポーツ施設の適切かつ効率的な運営、スポーツの振興のための必要な援助、学校の管理下における児童生徒等の災害に関する必要な給付、スポーツ及び学校安全、その他児童・生徒等の健康の保持増進に関する調査研究並びに資料の収集及び提供、講演会、出版物の刊行等を行い、もって国民の心身の健全な発達に寄与することを目的としている。

学校保健に関わる主な業務としては、「災害共済給付支援業務」と「学校安全支援業務」を行っている。

### 5）協力団体、関係学会

学校保健行政には、日本医師会、日本学校歯科医師会、日本学校薬剤師会など多くの団体が協力している。また、日本学校保健学会、日本公衆衛生学会、日本健康教育学会、日本養護教諭教育学会、日本体育学会などの学術集会では学校保健に関わる研究や調査が数多く報告されている。

## （2）地方公共団体の行政組織

### 1）教育委員会の事務

国・公・私立の大学及び大学以外の国立の学校を除いた公立の学校の学校保健の行政は、各都道府県教育委員会及び市（区）町村教育委員会が、それぞれの行政レベルで行っている。また、大学以外の私立の学校については各都道府県の知事部局の私学担当課が関連している。

地方公共団体の教育委員会の職務権限（地方教育行政の組織及び運営に関する法律第21条）の中で、学校保健の行政に関係の深いものを抜粋すると、次の事項をあげることができる。

① 学校の組織編制、教育課程、学習指導、生徒指導及び職業指導に関すること。

② 教科書その他の教材の取り扱いに関すること。

③ 校舎その他の施設及び教具その他の設備の整備に関すること。

④ 校長、教員その他の教育関係職員並びに生徒、児童及び幼児の保健、安全、厚生及び福利に関すること。

⑤　学校その他の教育機関の環境衛生に関すること。

⑥　学校給食に関すること。

⑦　青少年教育に関すること。

⑧　スポーツに関すること。

⑨　教育に係る調査及び基幹統計その他の統計に関すること。

　これらの職務を遂行するために、地方公共団体の教育委員会に学校保健の行政を主管する課あるいは係が置かれている。一般的には、学校保健課（係）、保健体育課（係）、保健課（係）などの名称が多い。

　これらの学校保健に関する行政には医学的事項を多く含んでいることから、都道府県の教育委員会には、学校における保健管理に関して、専門的技術的指導及び技術に従事する学校保健技師を置くことになっている（学校保健安全法第22条）。学校保健技師は、医師、歯科医師又は薬剤師の資格を有しており、1人を置く場合は医師の資格を有することが望ましいと言われている。

## 2）　教育委員会と保健所との関係

　教育委員会は、健康診断その他学校における保健に関して保健所の協力を求めることとされている。また、保健所は、学校の環境衛生の維持、保健衛生に関する資料の提供その他学校における保健に関して教育委員会に助言と援助を与えることとされている（地方教育行政の組織及び運営に関する法律第57条）。

## 3）　文部科学省と教育委員会との関係

　学校保健の行政事務の適正な処理を図るために、文部科学大臣は都道府県又は市町村の教育委員会に対し、また、都道府県の教育委員会は市町村の教育委員会に対し、必要な指導、助言及び援助を行うことになっている（地方教育行政の組織及び運営に関する法律第48条）。

　図1-5は、文部科学省及び地方公共団体の教育委員会における学校保健の行政体系を示したものである。

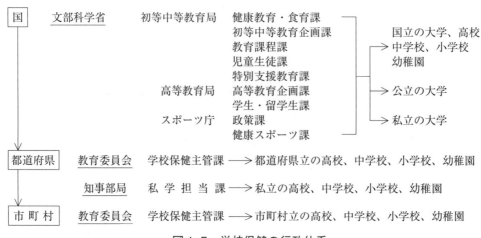

図1-5　学校保健の行政体系
（高石「新版学校保健概説」を一部修正）

## 2．学校保健関係法規

　学校保健には、その活動の内容から学校教育関係法規だけでなく、公衆衛生関係の多くの法規が適用されている。ここでは学校保健に関係する現行の諸法規の中の主なものについて学校教育関係法規と公衆衛生関係法規に大別してその概略を述べる。

### （1）　学校教育関係法規
　学校保健は文部科学省を中心とした教育行政を基盤として展開されており、学校教育の運営に関する法規が深く関係している。

#### 1）　学校教育全般に関するもの
①　教育基本法「1947（昭和 22）年制定、2006（平成 18）年全部改正」

　日本国憲法の精神に則り、教育は「心身ともに健康な国民の育成」を期して行われなければならないという我が国の学校教育の基本理念を明らかにしている。

②　学校教育法「1947（昭和 22）年制定、2018（平成 30）年一部改正」

　教育基本法の理念を受けて、我が国の学校教育の内容を規定したもので、学校教育に関する一般的事項を網羅しており、学校運営の基盤になっている。学校教育法の内容の中の重要事項については、さらに学校教育法施行令及び同法施行規則で詳細に規定されている。

#### 2）　保健教育に関するもの
　学校教育法施行規則において各学校の教育課程の編成が規定されており、保健教育は教育課程の基準として文部科学大臣が別に公示する学習指導要領及び幼稚園教育要領によることになっている。

　現行の学習指導要領及び幼稚園教育要領は、次のとおりである。

①　幼稚園教育要領「2017（平成 29）年改訂告示」

②　小学校学習指導要領「2017（平成 29）年改訂告示」

③　中学校学習指導要領「2017（平成 29）年改訂告示」

④　高等学校学習指導要領「2018（平成 30）年改訂告示」

⑤　特別支援学校幼稚部教育要領「2017（平成 29）年改訂告示」

⑥　特別支援学校小学部・中学部学習指導要領「2017（平成 29）年改訂告示」

⑦　特別支援学校高等部学習指導要領「2019（平成 31）年改訂告示」

　これらの学校では、教育活動全体をとおして保健教育が行われることになっている。また、学習指導要領に基づく解説書や手引書などが文部科学省から出されている。

　高等専門学校、短期大学及び大学においては、それぞれの学校の設置基準が設けられており教養教育科目の中の健康・スポーツ科学に関する科目を中心に保健教育が行われている。

### 3）保健管理に関するもの

① 学校保健安全法「1958（昭和33）年制定、2015（平成27）年一部改正」

学校における保健管理及び安全管理に関して必要な事項を定めたもので、学校保健にとって最も重要な法規である。重要事項や技術的事項の詳細については、さらに同法施行令、同法施行規則、学校環境衛生基準などに規定されている。

② 学校給食法「1954（昭和29）年制定、2015（平成27）年一部改正」

義務教育諸学校における学校給食の実施に関し必要な事項を定めたものである。重要事項や具体的な実施基準の詳細については、さらに同法施行令、学校給食実施基準、学校給食衛生管理基準などに規定されている。この法律は、学校給食の実施を義務づけたものではなく、実施を推進することを目的としたものである。

③ 独立行政法人日本スポーツ振興センター法「2002（平成14）年制定、2017（平成29）年一部改正」

特殊法人等整理合理化計画に基づき、日本体育・学校健康センター法（1985年制定）を改めたものである。日本スポーツ振興センターの名称、目的、業務の範囲など、スポーツの振興及び児童・生徒等の健康の保持増進に関する事項について定めたものである。詳細な事項は、同法施行令、省令などに規定されている。従前の日本体育・学校健康センター法は、日本学校給食会法（1955年制定）と日本学校安全会法（1959年制定）を統合した日本学校健康会法（1982年制定）に、さらに、国立競技場法（1958年制定）を統合して成立したもので、日本スポーツ振興センター法は、これらの内容をほぼそのまま引き継ぎ、スポーツの振興に関する事項を拡充したものである。学校保健に関わる主な業務は、学校管理下における災害に関する共済給付、スポーツ及び学校安全、その他の学校における児童生徒等の健康の保持増進に関する国内外における調査研究並びに資料の収集及び提供、関連する講演会の開催、出版物の刊行その他普及の事業を行うことになっている。

これらの3つの法規は、保健、給食、安全の各面から保健管理に関する基本事項を定めていることで重視されている。また、保健管理に関する多くの「通達」や「通知」が文部科学省から出されている。


### （2）公衆衛生関係法規

学校保健は広義には児童・生徒及び教職員の健康と安全を確保するための活動である。したがって、学校保健には公衆衛生関係法規をはじめ、その他の多くの法規が関係している。

学校保健に関係の深い現行の公衆衛生関係法規（2020年6月現在）には、次のようなものがある。

### 1）保健予防関係

地域保健法、栄養士法、予防接種法、精神保健及び精神障害者福祉に関する法律、母子保健法、感染症の予防及び感染症の患者に対する医療に関する法律、健康増進法など。

#### 2）環境衛生関係

食品衛生法、水道法、下水道法、大気汚染防止法、騒音規制法、建築物における衛生的環境の確保に関する法律、廃棄物の処理及び清掃に関する法律、水質汚濁防止法、環境基本法、食品安全基本法など。

#### 3）医事・薬事関係

医師法、歯科医師法、歯科衛生士法、大麻取締法、覚せい剤取締法、薬剤師法など。

#### 4）その他

労働基準法、児童福祉法、生活保護法、労働安全衛生法、社会福祉法、売春防止法、発達障害者支援法、身体障害者福祉法、知的障害者福祉法、食育基本法など。

### 3．学校保健安全法の概要

学校における保健管理の諸活動は、学校保健安全法を基盤として展開されている。この学校保健安全法は、1958（昭和 33）年にそれまでの保健管理に関する諸規定を統合・整理して、教育活動と密接に関連した、しかも、学校教育当事者全員が関与すべき法律として制定されたものである。

以下に学校保健安全法の内容とその特質について略述する。

#### （1）学校保健安全法の位置づけ

前述したように、学校保健安全法は学校教育関係法規の中に位置づけられる。それは、学校教育法第 12 条（健康診断等）に「学校においては、別に法律で定めるところにより、幼児、児童、生徒及び学生並びに職員の健康の保持増進を図るため、健康診断を行い、その他その保健に必要な措置を講じなければならない」と規定されており、学校保健安全法はこの規定に基づいて制定されたものだからである。すなわち、学校教育法の別法として位置づけられるものである。したがって、学校保健安全法には、学校保健に関する事項として健康診断などの臨床医学的な内容や環境衛生検査や感染症の予防などの公衆衛生学的な内容、また、学校安全に関する事項として学校管理下の安全など多くの内容が含まれているが、それらはすべて教育的立場にたって運用されなければならない。

#### （2）学校保健安全法の内容

学校保健安全法第 1 条（目的）に「学校における児童生徒等及び職員の健康の保持増進を図るため、学校における保健管理に関し必要な事項を定めるとともに、学校における教育活動が安全な環境において実施され、児童生徒等の安全の確保が図られるよう、学校における安全管理に関し必要な事項を定め、もつて学校教育の円滑な実施とその成果の確保に資することを目的とする」とある。

その内容は、学校保健計画、学校環境衛生基準、保健室、健康相談、保健指導、地域の医療機

関等との連携、健康診断、保健所との連絡、感染症の予防、学校保健関係職種（学校保健技師、学校医、学校歯科医、学校薬剤師）、学校安全計画、学校環境の安全の確保、危険等発生時対処要領の作成、地域の関係機関等との連携などに関することが規定されている。

このように学校保健安全法は、児童・生徒等の健康の保持増進を図り、学校教育の円滑な実施とその成果の確保に資することを目的として、学校における保健管理及び安全管理に関し必要な事項を定めたものである。これらの内容の中で重要な事項については、さらに学校保健安全法施行令及び学校保健安全法施行規則において詳細に定められている。さらに、「学校環境衛生基準」や「健康診断の方法及び技術的基準の補足的事項」などの実施基準や補足的事項などが文部科学省から告示・通達・通知として出されている。

## （3） 学校保健安全法の性格

学校保健安全法は、その内容からみて教育的側面、医学的側面、社会福祉的側面を持った総合立法としての性格を有している。

教育的側面とは、学校保健安全法は学校教育法の別法として制定された学校教育関係法規であるということである。したがって、学校保健安全法の目的は、児童・生徒の健康の保持増進を図るという学校教育の基本的な目標と同じである。

医学的側面とは、健康診断、健康相談、感染症の予防、環境衛生などの臨床医学的、公衆衛生学的な内容が多く含まれていることである。そのために、これらの専門的事項に関して、技術及び指導に従事する学校保健技師、学校医、学校歯科医及び学校薬剤師を置くことになっている。

社会福祉的側面とは、生活保護法に規定された要保護者等の家庭の児童・生徒が感染性又は学習に支障を生ずるおそれのある疾病にかかり、学校で治療の指示を受けたときは、治療費を援助するということである。

以上のような学校保健安全法の内容と特質について、学校の教職員はもちろん、学校保健に関係する者は十分に理解しておくことが必要である。

**参考文献**

学校保健・安全実務研究会：新訂版学校保健実務必携（第5次改訂版）、第一法規、2020.
黒田芳夫・他：教師のための学校保健、ぎょうせい、1975.
高石昌弘：新版学校保健概説、同文書院、1996.
厚生労働統計協会：国民衛生の動向（2020／2021）、2020
日本学校保健会：学校保健の動向（令和2年度版）、2020.
学陽書房：教育小六法（2020年版）、2020.

## 第3節　学校保健の構造

　第1節において、学校保健は保健教育と保健管理で構成する考え方を提示し、それぞれの領域の内容と目標の概要について述べた。また、第2節において、現在の我が国の学校保健の行政と関係法規について概観した。

　そこで、ここでは学校保健の領域や内容についての理解をより深めるために、学校保健の領域を保健教育と保健管理で構成する考え方に基づいて、それぞれの領域・内容と相互の関連性について構造的にとらえてみることにする。

### 1.　学校保健の領域構成

　学校保健を、学校衛生の揺藍期から学校保健の発展期まで通覧すると、制度史的にも思想史的にも、また性格的にも内容的にも驚くような変遷をとげている。特に、現行の学校保健の施行に関する機構や組織は、時代の要請により幾多の改善が行われてきたが、学校保健安全法が制定公布されてからは、学校における保健管理と保健教育とに大別されて運営されている。

　これは、「学校保健（学校における保健教育及び保健管理をいう…）及び学校安全（学校における安全教育及び安全管理をいう…）の向上」（文部科学省組織令第5条15）によるもので「児童・生徒の健康を守り育てる」ことと「教育を受ける」こととが密着して、児童・生徒の健康・安全の確保ないし向上のために、管理と教育の両側面から成果をあげようとする目的・意図があるからである。

　第2次世界大戦後、教育的要素の強いアメリカの学校保健の影響が加味されて、保健管理面はもちろん保健教育面も強化されて、その領域内容は一新してきているが、特に度重なる学習指導要領の改訂により、教育的内容が入って保健教育の体制が整い、学校保健の構造が完成されて、学校保健の2面性（教育と管理）が出てきたといえる。

　図1-6は、学校保健の構造を示したものである。学校保健は、保健教育と保健管理によって児童・生徒、職員の健康・安全を保持増進し、教育の成果を確かなものにしていくということである。そして、図に示したように保健教育と保健管理を円滑にしかも効果的に運営していくための機能として学校保健の組織活動についても考えておくことが必要である。

　このように、学校保健は、保健教育と保健管理の2つの領域に分けられ、前者は、主として学校教育法ひいては学習指導要領に準拠して、後者は、主として学校保健安全法に規制されて運営されている。しかし、これは学校保健の目的を達成させるための方法論的な分け方であって、決して両者個々に運営されるものではない。

　表1-5は、保健教育と保健管理の目的・内容などについて対比的に示したものである。学校における保健教育は、上述したように、学校教育法に基づく教育課程の一環として行われる教育活動であり、児童・生徒に対して健康・安全を保持増進するために、日常生活を健康・安全に送

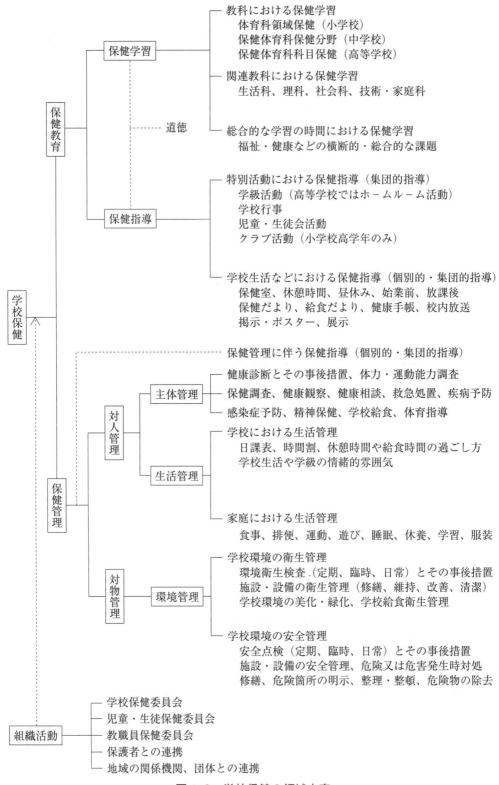

図 1-6　学校保健の領域内容

（門田・大津の作図）

表 1-5　保健教育と保健管理の対比

|  | 保健教育 | 保健管理 |
|---|---|---|
| 目的 | 児童・生徒の自主性を確立させ将来の健康を期待する<br>　　　　　　（教育的育成） | 主として健康・安全を保障し、現在の健康を確保する<br>　　　　　　（科学的養護） |
| 性格 | 自律的学習 | 他律的指導 |
| 内容 | 系統的知識・技術の習得と実践化 | 実態把握、現状分析、維持・改善 |
| 方法 | 教育的技術 | 保健医療の専門的知識・技術 |
| 対象 | 幼児、児童、生徒、学生 | 人的、物的 |
| 時間 | 授業時間 | 授業時間外 |
| 場所 | 教室その他の教育活動の場 | 学校、家庭、地域医療機関、その他 |
| 担当 | 保健体育教師、学級担任、養護教諭<br>栄養教諭 | 保健主事、養護教諭、栄養教諭、学級担任<br>学校医、学校歯科医、学校薬剤師 |
| 法的根拠 | 学校教育法、学習指導要領<br>（教育課程、指導計画） | 学校保健安全法、学校給食法、日本スポーツ振興センター法、公衆衛生関係法規 |

（門田・大津の作成）

るのに必要な知識や技術を理解させ、さらに必要な習慣・態度を養い、健康増進に向かって実践化させることである。

　したがって、担任教師、保健または保健体育科担当教師、教科主任または学年主任は、保健科教育（保健学習）や保健指導の計画を作成するに当たっては、学習指導要領に示された個々の目標・内容を十分に理解し、適切な指導方法を研究し、健康・安全に関する児童・生徒の自覚と反省を促して、現在はもちろん将来の生活に実践できる能力が開発できるよう工夫・努力すべきである。

　学校における保健管理は、教育の目的（教育基本法第1条）、また、義務教育の目標（学校教育法第21条）に、学校保健の目的（学校保健安全法第1条）を併せて考えると、児童・生徒の健康の保持増進を図るとともに、国民として必要な健康で安全な生活に向かって行動化させることである。

　保健管理の対象は、上述したように、教室や校具、体育館や運動場などの施設・設備と児童・生徒や教職員などの教育集団構成員とに分けられ、前者を対物管理、後者を対人管理ともいわれている。いずれも、児童・生徒の健康・安全を守る援助活動であり、教育の目的を達成するための条件づくりともいえる教育活動にほかならない。

　保健管理の内容は、学校保健安全法に基づき、学校生活を通じて行われる学校保健事業（主体管理）、学校環境の衛生・安全管理（環境管理）、及び、学校生活の指導管理（生活管理）の3つの分野から成り立っている。このうち学校保健事業には健康診断、健康相談、救急処置、疾病予防などの事項が盛り込まれ、直接児童・生徒に向かってなされる管理活動である。

　したがって、教師は、児童・生徒の健康権（発達権）ならびに教育権（学習権）を保障するために心身の条件を整え、学校現場の教育機能を発揮させるために教育の場づくりをしなければならない。このように保健管理は、教育の「円滑な実施」と「その成果に資する」ために機能しな

ければならないので、全教師がそろって努力する必要がある。

### 2. 保健教育の領域と内容

　学校における保健教育は、学校教育法に規定されている教育の目的・目標を達成するための教育活動であり、小学校・中学校・高等学校学習指導要領に基づき、関係教科を通じて行われる保健学習（教科保健教育）と、教科外の道徳ならびに学級活動（高等学校ではホームルーム活動）、学校行事、児童・生徒会活動、クラブ活動（小学校高学年のみ、中・高等学校はない）などの特別活動を通じて行われる保健指導（教科外保健教育）から成り立っている。図1-7に中学校教育課程と保健教育を示した。小学校教育課程は、外国語活動が加わる以外は中学校とほとんど同じであり、高等学校教育課程は、中学校の道徳を除いてその他はほぼ同じような位置づけがなされている。ここで重要なことは、保健教育が教育活動全体を通じて行うことが学習指導要領の上に

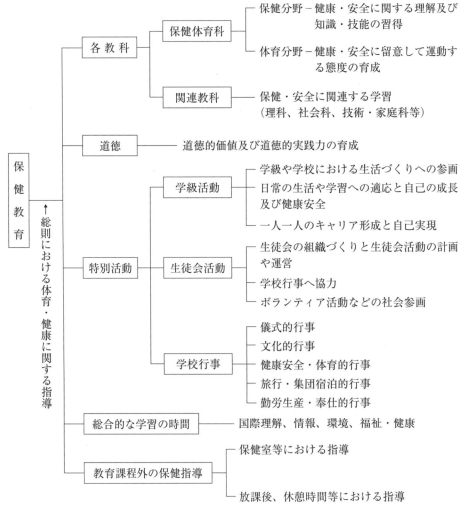

**図1-7　中学校教育課程と保健教育**
資料：中学校学習指導要領

明確に位置づけされていることである。

## （1）保健学習

　教科「保健」に関しては、戦後数次にわたり改訂が行われ、現行では表 1-6 のように整理されるが、その理念と方向には、図 1-8 のように個人→集団という系統と、さらに、個人については、主体→環境→生活行動といった系統に考えられている。

　これは、健康・安全の保持増進に関する系統的知識と一部の技術であり、健康の理解、生活の合理化を図り、生活の能率を増進し、健康・安全に長生きするための知識と技術を与えるためのものといえる。

　したがって、教科「保健」の範囲にとどまらず、他の領域（関連教科や道徳）や特別活動などと関連させて、目標構成・内容構成する必要がある。要するに日常生活の健康・安全に向けて理解させ、目的意識をもって、態度を育て、実践能力をつけさせることにあるから、学習指導要領や教科書にこだわったり、医学的・心理学的・生物学的展開に偏ったりしないことが望ましい。

### 1）小学校の保健学習

　健康・安全に関する基礎的、基本的事項（健康に関する原理・原則）を理解させることがその特性であるから、児童に対する初歩的知識や技術とは何かを検討する必要がある。

　日常生活において必要な生理的な要求を果たすのに必要な食事・排便・運動・睡眠などの基本

表 1-6　小・中・高等学校の保健学習

| 区分 | 小学校 | | 中学校 | | 高等学校 |
|---|---|---|---|---|---|
| 位置づけ | 体育科保健領域 | | 保健体育科保健分野 | | 保健体育科科目保健 |
| 指導の時間 | 第3学年、第4学年は2学年間で8時間程度、第5学年、第6学年は2学年間で16時間程度 | | 3年間を通じて48時間程度 | | 入学年次及びその次の年次2単位 |
| 指導の学年と学習項目 | 第3学年 | 健康な生活 | 全学年 | 健康な生活 疾病の予防 | 第1・2学年 | 現代社会と健康 安全な社会生活 生涯を通じる健康 健康を支える環境づくり |
| | 第4学年 | 体の発育・発達 | 第1学年 | 心身の機能の発達 心の健康 | | |
| | 第5学年 | 心の健康 けがの防止 | 第2学年 | 傷害の防止 | | |
| | 第6学年 | 病気の予防 | 第3学年 | 健康と環境 | | |

資料：小・中・高等学校学習指導要領

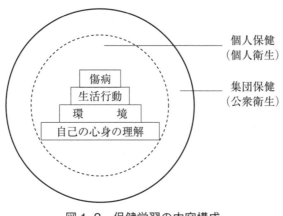

図 1-8　保健学習の内容構成
（植村「学校保健と保健科教育法」より）

的・保健的行動や、洗面・手洗い・身仕度などの基本的保健習慣の科学的理解に力点を置くことが肝心である。

### 2）中学校の保健学習

生徒の心身の発達段階に応じて、また、知的理解能力に即して、健康で安全な生活を営むのに必要な基礎的知識を系統的に理解させることが特色であるから、その能力や態度を養うための知識や技術とは何かを検討する必要がある。

一応、個人生活における発育発達、健康成立の要素や条件、個人的または集団的適応や、集団生活における対応などが理解できるので、自主的な思考や行動を促す指導に力点を置くことが肝心である。

### 3）高等学校の保健学習

生徒は、人間として社会人として発達・成熟の終わりの段階であり、大人社会へ向けて健康・安全な生活を営むのに必要な知識を一層深めさせるのが特色であるから、健康・安全の問題の判断や処理に適用できる知識や技術とは何かを検討する必要がある。そして、集団の構成員として、社会のつくり・しくみ・働きを知り、集団機能を高める反面、構成員としての役割と責任を育てる指導に力点を置くことが肝心である。

### （2）保健指導

教科外「保健」学習、すなわち、保健指導に関しても、1968 年からの小学校・中学校・高等学校の学習指導要領から始まる。表1-7 に、現行の中学校学習指導要領に示されている特別活動の目標と内容を示した。保健指導は主にこの特別活動における学級活動（高等学校はホームルーム活動）と健康安全・体育的行事で取り扱われている。小学校と高等学校の場合もほとんど同じであるが、小学校、中学校、高等学校というように学校段階によって指導内容は深化し、高度化してくる。

このように、保健指導は、教育課程の「特別活動」の領域に明確に位置づけられるものと、教育課程外の教育活動全体を通して指導するものとに大別される。前者を「保健教育における保健

表 1-7　中学校における特別活動の目標と各活動・学校行事の目標及び内容

| 第 1　特別活動の目標 |
| --- |
| 　集団や社会の形成者としての見方・考え方を働かせ、様々な集団活動に自主的、実践的に取り組み、互いのよさや可能性を発揮しながら集団や自己の生活上の課題を解決することを通して、次のとおり資質・能力を育成することを目指す。<br>　(1) 多様な他者と協働する様々な集団活動の意義や活動を行う上で必要となることについて理解し、行動の仕方を身に付けるようにする。<br>　(2) 集団や自己の生活、人間関係の課題を見いだし、解決するために話し合い、合意形成を図ったり、意思決定したりすることができるようにする。<br>　(3) 自主的、実践的な集団活動を通して身に付けたことを生かして、集団や社会における生活及び人間関係をよりよく形成するとともに、人間としての生き方についての考えを深め、自己実現を図ろうとする態度を養う。 |

| 第 2　各活動・学校行事の目標及び内容 | |
| --- | --- |
| 学級活動 | 　1　目標<br>　学級や学校での生活をよりよくするための課題を見いだし、解決するために話し合い、合意形成し、役割を分担して協力して実践したり、学級での話し合いを生かして自己の課題の解決及び将来の生き方を描くために意思決定して実践したりすることに、自主的、実践的に取り組むことを通して、第 1 の目標に掲げる資質・能力を育成することを目指す。<br>　2　内容<br>　1 の資質・能力を育成するため、全ての学年において、次の各活動を通して、それぞれの活動の意義及び活動を行う上で必要となることについて理解し、主体的に考えて実践できるよう指導する。<br>　(1) 学級や学校における生活づくりへの参画<br>　(2) 日常の生活や学習への適応と自己の成長及び健康安全<br>　(3) 一人一人のキャリア形成と自己実現 |
| 生徒会活動 | 　1　目標<br>　異年齢の生徒同士で協力し、学校生活の充実と向上を図るための諸問題の解決に向けて、計画を立て役割を分担し、協力して運営することに自主的、実践的に取り組むことを通して、第 1 の目標に掲げる資質・能力を育成することを目指す。<br>　2　内容<br>　1 の資質・能力を育成するため、学校の全生徒をもって組織する生徒会において、次の各活動を通して、それぞれの活動の意義及び活動を行う上で必要となることについて理解し、主体的に考えて実践できるよう指導する。<br>　(1) 生徒会の組織づくりと生徒会活動の計画や運営<br>　(2) 学校行事への協力<br>　(3) ボランティア活動などの社会参画 |
| 学校行事 | 　1　目標<br>　全校又は学年の生徒で協力し、よりよい学校生活を築くための体験的な活動を通して、集団への所属感や連帯感を深め、公共の精神を養いながら、第 1 の目標に掲げる資質・能力を育成することを目指す。<br>　2　内容<br>　1 の資質・能力を育成するため、全ての学年において、全校又は学年を単位として、次の各行事において、学校生活に秩序と変化を与え、学校生活の充実と発展に資する体験的な活動を行うことを通して、それぞれの学校行事の意義及び活動を行う上で必要となることについて理解し、主体的に考えて実践できるよう指導する。<br>　(1) 儀式的行事<br>　(2) 文化的行事<br>　(3) 健康安全・体育的行事<br>　(4) 旅行・集団宿泊的行事<br>　(5) 勤労生産・奉仕的行事 |

資料：中学校学習指導要領（2017 年告示）から抜粋

指導」、後者を「保健管理に伴う保健指導」という場合もあるが、明確に区別できないことが多いし、両者にまたがることも少なくない。また、学習指導要領の総則第1に「学校における体育・健康に関する指導を、児童・生徒の発達の段階を考慮して、学校の教育活動全体を通じて適切に行うことにより、健康で安全な生活と豊かなスポーツライフの実現を目指した教育の充実に努めること。特に、学校における食育の推進並びに体力の向上に関する指導、安全に関する指導及び心身の健康の保持増進に関する指導については、保健体育科、技術・家庭科及び特別活動の時間はもとより、各教科、道徳科及び総合的な学習の時間などにおいてもそれぞれの特質に応じて適切に行うよう努めること。…」とあり、日常生活全般にわたって体育・健康に関する活動が実践されるように指導しなければならない。

### 1） 小学校の保健指導

児童一人一人が日常の学校生活において、健康で安全な生活をどの程度実践しているかを見極めることが必要である。保健学習や保健指導で指導された事項（内容）をどれだけ「体得」しているかにかかわってくる。これには自主的・自発的な実践性が強く要求される。

児童の場合、知識と行動との間にはかなりの開きがあるので、段階的にまた累積的に、反復しながら継続して、望ましい態度の形成や好ましい習慣形成を志向しなければならない。それには、体感・共鳴・感動といった児童の心理的な変動を尊重しなければならない。

### 2） 中学校の保健指導

心身の発達的変化とともに自我の形成も著しく、実生活における判断・処理能力がかなり身についてきているので、健康・安全についての原理・原則に基づいて、合理的かつ能率的に、しかも積極的に実践させる必要がある。中学校生徒の場合、自己理解にしても、自己処理にしても、自らの尺度による自己判断が多いので、集団やグループの話し合い・申し合わせを基調に、心身の健康の増進、性的な発達への対応、体力・機能の向上、安全な行動の習慣化が体得できるよう配慮することが重要である。

### 3） 高等学校の保健指導

特別活動におけるホームルーム活動が台頭し、集団生活・学業生活・進路選択決定が健康・安全生活とともに指導される。ホームルーム活動の指導を中心として学校行事や生徒会活動の機能を生かした保健指導が展開されるとともに、個別指導の機会も設けられて、生徒一人一人の健康・安全の問題を解決していく必要がある。将来において自己を正しく生かす能力を養うことが目標であるから、自己管理できる能力や自己処理する積極性を育てることが肝心である。そのためには個（個性）を大切にするとともに集団やグループの集団（社会）機能を活用することである。

## 3. 保健管理の領域と内容

学校における保健管理は、学校教育法に規定されている教育の目的・目標を達成するための教育活動であるが、学校教育法第12条の別法である学校保健安全法にその内容が示されているので、管理活動とみなされ、教育活動の主流からはずされて運営される場合もある。また、教育そ

のものでなく、むしろ教育のための条件整備という観点で運営されている学校も少なくない。保健管理は教育集団を対象としたもので、教育活動にとって不可欠な基盤づくりであると考えるならば、既に教育活動の一環として考えるのは当然のことである。このことは、学校における保健管理の目的（学校保健安全法第1条）として、学校教育の円滑な実施とその成果の確保に資することを明記してあることからも言えることである。本書では、保健管理の領域と内容はこのような教育的観点と、最近注目されている健康の成立条件に関する疫学的観点を踏まえて記述することにした。

## （1）　学校保健安全法からみた領域と内容

　学校における保健管理の法的根拠となる学校保健安全法は、児童・生徒と教職員の健康の保持増進を図るための保健管理に関する事項と、安全な環境での教育活動の実施と児童・生徒等の安全の確保を図るための安全管理に関する必要な事項を定めている。安全管理を保健管理とは別の分野として取り扱うこともあるが、本書では、保健管理の内容として取り扱うことにした。表1-8にこの学校保健安全法の保健管理と安全管理の主な内容を示した。

　保健管理は、児童・生徒の心身の発達や健康の保持増進を目的とした教育活動であるので、教師が中心となってその活動を進めなければならない。しかし、疾病管理や感染症の予防、学校環境衛生などの諸活動を推進する手段として学校医、学校歯科医、学校薬剤師などの専門の知識や

表1-8　学校保健安全法の主な内容

| | |
|---|---|
| 保健管理 | 学校の設置者の責務<br>　　　施設及び設備と管理運営体制の整備充実<br>学校保健計画の策定<br>　　　健康診断、環境衛生検査、児童生徒の指導<br>学校環境衛生基準の制定<br>保健室（健康診断、健康相談、保健指導、救急処置）<br>健康相談、保健指導（健康観察を含む）<br>地域の医療機関等との連携<br>健康診断（就学時、児童生徒等、職員）<br>感染症の予防（出席停止、臨時休業）<br>学校保健技師、学校医、学校歯科医、、学校薬剤師<br>地方公共団体の援助及び国の補助 |
| 安全管理 | 学校の設置者の責務<br>　　　事故、加害行為、災害等への対処<br>　　　施設及び設備と管理運営体制の整備充実<br>学校安全計画の策定<br>　　　施設・設備の安全点検、児童・生徒の安全指導<br>　　　職員の研修<br>学校環境の安全の確保<br>危険等発生時対処要領の作成<br>地域の関係機関等との連携 |

資料：学校保健安全法

技術と地域の専門機関との連携が必要であることは言うまでもない。

## （2） 健康の成立条件からみた領域と内容

　保健管理の領域を健康の成立条件の3要因、すなわち、主体、生活（行動）、環境で構成する考え方がある。これは、レベル、クラークらの疾病の疫学の3要因、すなわち、病因（疾病の原因）、人間（主因）、環境からなる動的平行関係の考え方を発展させたものである。この病因は、人間の心身に内在する内因と、人間を取り巻く環境の中にある外因とに分けることができ、内因を対人に、外因を環境に含めると、人間は環境の中で生活し、行動していることになる。児童・生徒は、彼らを取り巻く環境（学校、家庭、地域）の中で、主体として心身を発達させ、健康を保持増進するために生活している。最近、児童・生徒の心身の発達や健康問題には、学校生活や家庭生活における食生活、運動、睡眠・休養などの日常生活が大きく影響していることが明らかにされている。

　前述の学校保健安全法には、児童・生徒等の主体（心身）と環境に関わる内容は提示されているが、この生活（行動）に関わる内容が含まれていない。学校の生活管理と家庭の生活管理は、日常の生活指導や保健指導と関連して保健管理の重要な領域と内容になっている。また、学校給食法による学校給食の普及充実と食育の推進は保健管理の内容としてだけでなく、保健教育の内容としても位置づけられるようになった。

　したがって、最近では、保健管理の領域を対人管理と対物管理に大別し、対人管理を主体管理（心身の管理）と生活管理（行動の管理）に、そして、対物管理を環境管理とした3つの領域に区分して理解するようになっている。さらに、生活管理の内容を学校の生活管理と家庭の生活管理に、環境管理の内容を衛生管理と安全管理に区分する考え方が一般的になされている。

　また、注目すべきは、保健管理が medical care → health care へ、medical service → heaIth service への転換である。基本的には「疾病管理」を無視することはできないが、健康状態の把握から健康の保持増進や健康障害の管理に向かっての教育活動として認識されていることである。なお、保健管理は集団の健康を保持増進する活動であるから、集団の健康上の諸問題の発見、解決、保持・増進の観点からも考えなくてはならないし、教育集団としての機能のあり方をも考え合わせると、保健管理の意義と価値には多大なるものがある。したがって、保健管理の活動と特別活動を中心とした保健指導との関係が重要になってくる。

## 4. 保健教育と保健管理の相互関係

## （1） 教育目的からみた相互関係

　学校は、人間形成を目指してそれに必要な教育を施すために、児童・生徒と教職員、並びに建物・施設と付帯設備等から成り立つ。これを機能的にみると、まず、学校の主たる目的である教育そのものの面があり、次に、教育が円滑に能率的に行われるための条件としての面とがある。さらに、教育を受ける者の条件も無視できないので、当然、児童・生徒の心身の状態が問題となる。

　「心身ともに健康な」ことは教育の目的でもあり内容でもあるので、学校保健の領域が保健教育と保健管理に分かれ、それぞれ法的に別々の基準・方針が示されていても、学校教育という立場からいえば、決して分離したものではない。

　保健教育は、児童・生徒に直接必要な知識や技能を習得させ、自力で健康・安全な現在と将来を保障させるものである。保健管理では、専門的な知識や技術をかりて、児童・生徒の心身の発達や健康状態を把握し、疾病・傷害やその他の異常からくる健康の障害を排除し、児童・生徒や教職員の健康増進を図り、現在の健康・安全を保障し、学習能率の向上を期待するものである。

### （2）　学校経営からみた相互関係

　最近、学校経営という言葉が用いられ、学級経営や保健室経営という言葉にまで発展している。学校教育には管理運営ということが必要であり、児童・生徒や教職員の健康・安全を確保し向上させる学校保健は、学校経営のうち、健康・安全の面を担当する領域であり、教育活動である。このように、学校保健は学校経営そのものであり、学校保健を軽視しては、充実した学校教育は遂行できない。健康で安全な学校生活が保障され、心身ともに健康で教育受容性の高い児童・生徒であってこそ、意図的な教育の展開も可能となってくる。

　学校現場では、「学校教育を円滑に進め、その目的を達成するために保健管理が重要である」という認識が定着しているが、保健教育の台頭によって、「保健教育とは何か」さらに「保健教育と保健管理とのかかわり合いはどうあるべきか」については模索中であると言ってもよい。単に法的根拠が違うとか、自律的・他律的とか、目的・性格が異なるとか、管理は現在、教育は将来といった時系列で区別しても、簡単に領域や内容で区別できるものではないし、別々に運営してはならない。

　これは、日本の学校保健が学校衛生から出発し、公衆衛生を基盤として展開されてきたからで、そこにはWinslowの「公衆衛生は1にも、2にも、3にも衛生教育」や、Leavell & Clarkのmedical careからhealth careへの転換において、健康教育の重視によることは想像に難くない。

### （3）　保健教育と保健管理の相互補完性

　学校保健を教育活動として円滑かつ効果的に推進するためには、保健教育と保健管理のそれぞれの内容を相互補完的に関連させることが不可欠である。

　表1-9は、保健教育と保健管理の相互補完関係の例として、教育課程に含まれている保健教育の内容と保健管理の内容との関連を示したものである。特に保健教育の領域に含まれる教科としての保健学習の内容や、特別活動における学級活動や学校行事の内容と保健管理の内容との関連は深く、教育課程の内外で行われる指導面と、保健管理の活動面とは、密接な関係にあることがわかる。これが保健教育と保健管理とに相互補完性があると言われるところである。

表 1-9　学校における保健教育と保健管理の内容の相互関係（例）

| 内容 | 保健教育 | 保健管理 |
|---|---|---|
| 健康診断 | 特別活動の健康安全的行事 | 学校保健安全法で定期及び臨時の健康診断を規定 |
| 新体力テスト | 保健体育科の健康や体力・運動能力の学習内容、特別活動での体育的行事 | 文部科学省の「新体力テスト」として実施 |
| 学校給食 | 保健体育科・家庭科の食生活と栄養の学習内容、特別活動での学級活動と健康安全的行事 | 学校給食法で栄養量の確保と食育の指導を規定 |
| 救急処置（応急手当） | 保健体育科の応急手当と傷害の悪化防止の学習内容 | 学校保健安全法で保健室の役割として規定 |
| 事故災害 | 保健体育科の事故防止や安全の学習内容 | 日本スポーツ振興センター法による災害共済給付 |
| 避難訓練 | 特別活動での健康安全的行事 | 消防法により年3回の実施 |
| 感染症予防 | 保健体育科の感染症予防の学習内容 | 学校保健安全法で感染症の種類及び出席停止・臨時休業を規定 |

（門田・大津の作成）

## （4）　組織活動の役割と位置づけ

　学校保健の目標を達成するためには、教育目的の視点から、また、学校経営の立場から、学校における保健教育と保健管理を相互に関連させた保健活動としての組織的展開が必要である。そのためには、学校の教職員、児童・生徒、保護者、地域の医療機関・諸団体の関係者が、学校保健の領域と内容を理解し、それぞれの役割分担を明確にした協力体制とその組織化が不可欠である。一般的には、この組織化が学校保健委員会、教職員保健委員会、児童・生徒保健委員会などと呼称されている。これらの組織活動を学校保健の観点からどのように位置づけるかの統一した見解は見られない。組織活動の重要性から、学校保健の領域を保健教育、保健管理、組織活動の3領域とする考え方もある。本書では、前述したように、学校保健を保健教育と保健管理の2領域で構成する考え方を基本とし、この2領域の内容を相互に関連づけるものとして組織活動を位置づけることにした。

　学校保健安全法では、地域の医療機関やその他の関係機関との連携が提示されている。また、学校の特別活動における児童・生徒会活動では、児童・生徒の自主的、実践的な態度の育成を目標とした各種委員会も例示されている。しかし、学校保健の組織活動で最も重要な役割と位置づけをなしている学校保健委員会の設置に関する法的な根拠は未だみられない。中央教育審議会答申（2008年）などでもその設置が推奨されていることからも、教育活動の組織の中に組み込んで関係者の共通理解を図ることが学校保健の活性化につながるものと考えられる。

**参考文献**

元山正、他：改訂保健科教育法、光生館、1983.

植村肇：学校保健と保健科教育法（改訂版）、東山書房、1979.

学校保健・安全実務研究会：新訂版学校保健実務必携（第 5 次改訂版）、第一法規、2020.

江口篤寿・田中恒男編：健康調査の実際、医歯薬出版、1976.

杉浦守邦、他：新・学校保健、東山書房、2011.

杉浦守邦、他：養護概説（第 5 版）、東山書房、2011.

日本学校保健会：学校保健の動向（令和 2 年度版）、2020.

Leavell, H.R. & Clark, E.G：Preventive Medicine for the Doctor in his Community, McGraw- Hill Co, 1965.

小倉学：学校保健活動、東山書房、1980.

小倉学：学校保健、光生館、1983.

中央教育審議会：幼稚園、小学校、中学校、高等学校及び特別支援学校の学習指導要領等の改善及び必要な方策等につい
て（答申）、2016.

文部科学省：小学校学習指導要領、同解説体育編、特別活動編、2017.

文部科学省：中学校学習指導要領、同解説保健体育編、特別活動編、2017.

文部科学省：高等学校学習指導要領、同解説保健体育編・体育編、2018.

## 第4節　児童・生徒の発育発達

### 1．発育発達の概念

　受精後の倍数分裂から始まる細胞分裂は胎児を形成し、新生児として生誕後も細胞分裂を続け、とどまることなく人体を成長させていく。この分裂増殖は、やがて老衰細胞の代替として新生細胞によって補充されるが、このような過程を経て、生物が細胞数を増加し形態の上で増大がみられ、生体として細胞機能を増強し構造と作用の上で分化がみられ、一応、種の平均値に近づく。この量的増加に基づく身体面の変化の過程を発育と呼んでいる。この細胞数の増加は遺伝子情報によって支配され、それぞれの器官に分化し、組織に系列化されて単なる増大ではなく器官または組織としての機能を充実していく。このような量的増大に伴って質的分化がおこる変化の過程を発達と呼んでいる。

　人体の成長を身体の形や大きさ（形態面）、器官・組織のつくりや働き（機能面）から追跡してみると、必ずしも均等ではなくて、胎生期を除いて、次のような期に分けることができる。

　　①新生児期　　②乳児期　　③幼児期　　④児童期（小学生期）

　　⑤青年前期（中学生期）　　⑥青年後期（高校生期）　　⑦成人期

　一般的に、この過程を経て成人に達することを順調な発育発達といい、その変化に問題がなく期（年齢）相応の基準に達すれば正常な発育発達とみなしている。しかし、外面的なとらえ方（姿質）で判断するのではなく、内面的なとらえ方（資質や気質）を加味して評価することを怠ってはならない。また、成熟という過程もあるが、これは性的機能の発達というのではなく、性に伴う人間性の発達をいうのであるから、人間的成長の観点からとらえなければならない。

### 2．身体の発育発達

#### （1）身体形態の発育

#### 1）身体計測値の年齢的推移

　形態は身長、体重、座高、胸囲その他身体各部の長さ、幅、周りで表されている。これらのうち身長と体重の2項目は身体計測値の中で最も重視されており、発育のバランスの指標として各種の指数（例、ローレル指数、Body Mass Index）の基本値になっている。また各種の測定・検査値（体力や運動能力の値など）と関連づけて検討されている。長さは縦の発育としての長育、幅と周り及び重さは横の発育として広育としてとらえられ、その推移をみると、年齢的に均等の変化をするものではなく、期（年齢）的に特徴がある。

　身長や体重の推移を模式的に描くと、図1-9のようにS字型になり、2回の発育急進期（幼児前半期と青年前期）と、その間の2回の発育緩徐期とがあり、交替に出現して成人に達している。そして、長育と広育とは、表1-10のように交互に出現している。このように、広育旺盛期

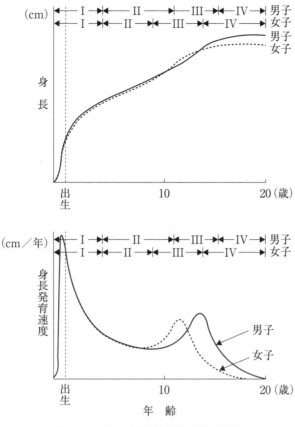

図 1-9　身長の発育曲線（模式図）
（高石「新版学校保健概説」より）

表 1-10　身体発育期の区分（C.H.Stratz）

| 年齢 | 0 | 1 | 2 | 3 | 4 | 5 | 6 | 7 | 8 | 9 | 10 | 11 | 12 | 13 | 14 | 15 | 16 | 17 | 18 | 19 | 20 |
|---|---|---|---|---|---|---|---|---|---|---|---|---|---|---|---|---|---|---|---|---|---|
| 男 | 乳児期 | 小児期（中性） | | | | | | | 児童期（両性） | | | | | | | | | | 成熟期 | | |
| | | 第一充実期 | | | 第一伸長期 | | | | 第二充実期 | | | | 第二伸長期 | | | | | | | | |
| 女 | 乳児期 | 第一充実期 | | | 第一伸長期 | | | 第二充実期 | | | 第二伸長期 | | | | | | 成熟期 | | | | |
| | | 小児期（中性） | | | | | | 児童期（両性） | | | | | | | | | | | | | |

（小栗一好「六訂学校保健概説」より）

（充実期）と長育旺盛期（伸長期）とが交互にそれぞれ2回ずつ現れることを、Stratz は発育の交替性と言いそのリズム性を認めている。また、男子と女子では異なり、発育の男女差は誕生後の体位にみられ、その後、児童期までは平均的に男子が女子より優位である。しかし、第2の発育急速期（思春期に合致）の発育増加は女子が男子より約2年早く起こるため、10〜14歳にかけて一時的に女子が男子を上回り（発育交叉現象）女子優位となるが、最終的には男子は女子より大きくなる（表1-11）。

　これは、性の機能的発達に加えて、体力的機能の充足の結果である。これを年間発育量（身長

表 1-11　年齢別　身長・体重の全国平均値及び標準偏差

2019 年度（令和元）

| 区　　分 | | | 身長（cm） | | 体重（kg） | |
|---|---|---|---|---|---|---|
| | | | 平均値 | 標準偏差 | 平均値 | 標準偏差 |
| 男 | 幼稚園 | 5 歳 | 110.3 | 4.71 | 18.9 | 2.59 |
| | 小学校 | 6 歳 | 116.5 | 4.94 | 21.4 | 3.42 |
| | | 7 | 122.6 | 5.20 | 24.2 | 4.21 |
| | | 8 | 128.1 | 5.41 | 27.3 | 5.12 |
| | | 9 | 133.5 | 5.73 | 30.7 | 6.37 |
| | | 10 | 139.0 | 6.07 | 34.4 | 7.43 |
| | | 11 | 145.2 | 7.13 | 38.7 | 8.62 |
| | 中学校 | 12 歳 | 152.8 | 8.03 | 44.2 | 9.93 |
| | | 13 | 160.0 | 7.62 | 49.2 | 10.16 |
| | | 14 | 165.4 | 6.72 | 54.1 | 10.08 |
| | 高等学校 | 15 歳 | 168.3 | 5.93 | 58.8 | 10.89 |
| | | 16 | 169.9 | 5.85 | 60.7 | 10.31 |
| | | 17 | 170.6 | 5.87 | 62.5 | 10.64 |
| 女 | 幼稚園 | 5 歳 | 109.4 | 4.70 | 18.6 | 2.56 |
| | 小学校 | 6 歳 | 115.6 | 4.92 | 20.9 | 3.27 |
| | | 7 | 121.4 | 5.14 | 23.5 | 3.85 |
| | | 8 | 127.3 | 5.56 | 26.5 | 4.75 |
| | | 9 | 133.4 | 6.16 | 30.0 | 5.86 |
| | | 10 | 140.2 | 6.80 | 34.2 | 6.99 |
| | | 11 | 146.6 | 6.59 | 39.0 | 7.75 |
| | 中学校 | 12 歳 | 151.9 | 5.89 | 43.8 | 8.00 |
| | | 13 | 154.8 | 5.48 | 47.3 | 7.65 |
| | | 14 | 156.5 | 5.32 | 50.1 | 7.51 |
| | 高等学校 | 15 歳 | 157.2 | 5.33 | 51.7 | 7.67 |
| | | 16 | 157.7 | 5.37 | 52.7 | 7.59 |
| | | 17 | 157.9 | 5.34 | 53.0 | 7.72 |

注：1.　年齢は、2019（令和元）年 4 月 1 日現在の満年齢である。
　　2.　全国平均の 5 歳から 17 歳の標準誤差は、身長 0.04 ～
　　　　0.07cm、体重 0.02 ～ 0.12kg。
　　3.　全幼児、児童、生徒の 5.2%を抽出。
資料：文部科学省「学校保健統計調査」

と体重の発育度曲線）でみると、図 1-10 のように年齢的にかなりの差があるばかりでなく、男
女間に著しい差がある。さらに、図 1-11 のように個人別の曲線としてみると、個人差が顕著で、
平均値曲線では表示しにくかった発育の遅速が認められ、早熟型と晩熟型とこれらの中間にある
移行型（平均型）とがあることがわかる。この区分は、性の発動（第二次性徴）から成熟の過程
を含めて、性の早熟型・中間型・晩熟型にも適用されており、それぞれの型の身長または体重の
数値あるいは両者の相関値の変化と初潮年齢との関連性の研究から、初潮発来年齢が予測できる
と言われている。

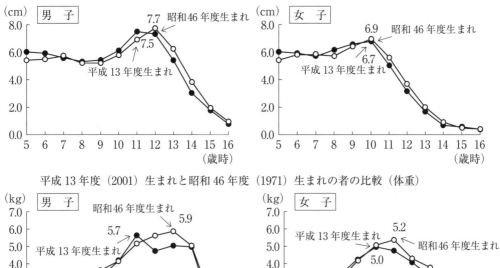

図 1-10　男女別にみた身長と体重の年間発育量
資料：2019 年度学校保健統計調査

## 2）体格の年次別推移

　体格とは、身体の形態的特徴であり、身長と体重の測定値をもって示されている。

　身長と体重の年齢別平均値を年次を追ってみると、図1-12 に示すように、年齢により多少の差はあるが、第2次世界大戦直後に低下がみられるもののその後の 30 年間に児童・生徒の体格は著しく向上している。例えば、1975 年の 11 歳男子の身長は、1960 年の 12 歳、1925 年の 13 歳の男子の身長に相当している。これは、思春期における発育急進が若年化（早期化）したもので、発育加速現象、または、発育促進現象と呼ばれている。しかし、この現象も今日では停滞気味で、年次差はほとんどみられなくなった。

　各年齢の身長平均値と体重平均値の相関プロットの連続（曲線）から体格の推移を検討すると、身長に比して体重が軽いことがわかる。体格が広胸短身型から細胸長身型に移行したことを示すものである。この体型を都市型と呼び、欧米人に近づいたと喜ぶ向きもあったが、身体の充実と体力の向上の面からは必ずしも喜ぶべきことではないと言われている。

## 3）体格の年齢的変化

　発育は母体内から始まり、母体内の 40 週間の速さには驚くべきものがある。そして身長約50cm、体重約 3.0kg の新生児として生誕する。しかし、身体全体の割に頭部が大きく、しかも胴

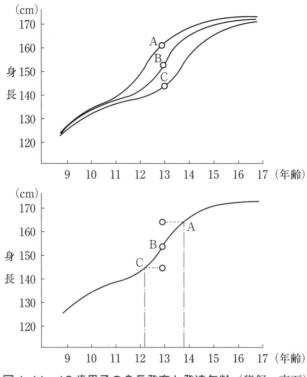

図1-11　13歳男子の身長発育と発達年齢（猪飼・高石）

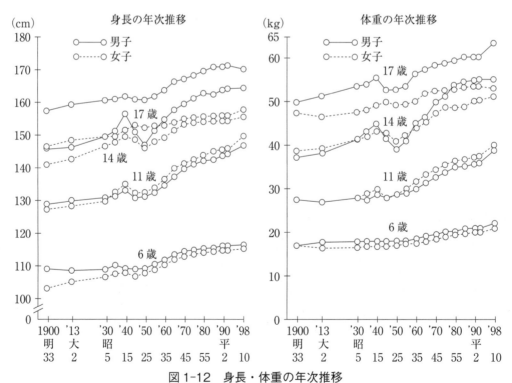

図1-12　身長・体重の年次推移

資料：文部科学省「学校保健統計調査」等「国民衛生の動向（2000年版）より」

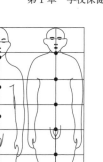

図 1-13　身体各部の比率（C.H.Stratz）
（小栗「六訂学校保健概説」より）

体部が長く手足が短い。乳児期から幼児期にかけての発育で身体各部のアンバランスはなくなり、次第に均勢がとれてくる（図 1-13）。

　青年前期（思春期）にかけて男女の特性も加わり、躯幹と四肢に性的特徴がみられるようになり、男らしさと女らしさを具現するに至る。形態的には男子はほぼ 18 歳、女子はほぼ 16 歳で完成期に入るが、機能的には未発達・未成熟な面が少なくない。それより、子どもをそのまま大きくしてもただ大きい子どもに見えるだけであり、反対に、大人をそのまま小さくしてもただ小さい大人に見えるだけであって、決して量的な増大や縮小では論じられない問題がある。このことは子どもを見る目として、また、子どもの言動を判断する尺度として決しておろそかにしてはならない。

### 4）体格の地域差

　体格は、地域によってかなり大きな差がある。表 1-12 に示したように身長については 17 歳（第 2 伸長期）の平均値を県別に比較しても明白である。一般的に言って東日本の県の方が大きく、西日本の方が小さい。また、地域差は年齢が低い時期にはかなり大きいが、第 2 伸長期を迎えると、次第に小さくなる。これは発育の早い県の生徒の体位向上は停滞し、遅い県の生徒の体位は続伸・続充するためである。

表 1-12　都道府県別にみた身長の平均値の差

| 男子（17 歳） | | 女子（17 歳） | |
|---|---|---|---|
| 福　井 | 171.7　cm | 石　川 | 158.8　cm |
| 秋　田 | 171.6 | 千　葉 | 158.6 |
| 東　京 | 171.6 | 東　京 | 158.6 |
| 石　川 | 171.5 | 福　井 | 158.6 |
| 岩　手 | 171.3 | 京　都 | 158.4 |
| 富　山 | 171.3 | 山　形 | 158.3 |
| 新　潟 | 171.2 | 北海道 | 158.2 |
| 和歌山 | 171.2 | 秋　田 | 158.2 |
| 鳥　取 | 171.1 | 埼　玉 | 158.2 |
| | | 岩　手 | 157.9 |
| 岡　山 | 169.9 | | |
| 香　川 | 169.9 | 島　根 | 156.9 |
| 鹿児島 | 169.9 | 高　知 | 156.9 |
| 福　島 | 169.7 | 熊　本 | 156.9 |
| 愛　媛 | 169.7 | 香　川 | 156.8 |
| 高　知 | 169.7 | 愛　媛 | 156.8 |
| 大　分 | 169.5 | 大　分 | 156.8 |
| 沖　縄 | 168.6 | 沖　縄 | 156.8 |
| 全　国 | 170.6 | 全　国 | 157.9 |

注：2019 年度「学校保健統計調査」から上位と下位を示した。

## （2）　身体機能の発達

### 1）　身体諸器官の発達

　質的分化を経ながら、臓器（心臓、肝臓など）特有の、また系（循環器系、消化器系など）固有の機能が具備されていく。しかし、臓器と呼ばれても、また、系と名付けられても、器官によってその発育発達の経過には差がある。しかも、形や大きさの発育パターンに伴って、あるいは各器官が歩調をそろえて、平行的に発達していくのではない。Scammon は、図 1-14 のように身体各部を大きく 4 つに類別し、それぞれの発育過程を曲線で示した。この図でいう一般型とは、運動器系（骨、筋）、消化器系（胃、腸、肝臓など）、循環器系（心臓、血管）、呼吸器系（肺臓、気管など）等の発育を示すもので、幼児期に急激な発育を示した後、いったん緩やかになり、思春期には再び急激な発育を示しながら成長を終える。神経系型とは、脳や脊髄、感覚器並びに頭部等の発育を示すもので、頭部は、新生児・乳幼児では、身体の他の部分より全体に占める割合が大きくほぼ 4 頭身の状態で、やがて身長、躯幹長、下肢長の伸びにつれて 8 頭身の状態に近づいていく。この関係上、顔面の発育は小

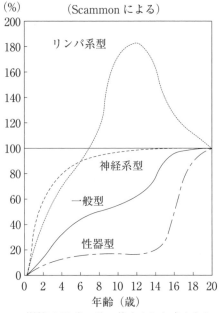

縦軸は 20 歳の時の値すなわち成人として完成した値を 100 としたとき各年齢における臓器の値を百分率で示したものである。

**図 1-14　身体諸器官の発育型曲線**
（猪飼・高石「身体発達と教育」より）

さいほど大きいが、6 歳以降の変化は少ない。リンパ系型とは、胸腺、扁桃、脾臓、リンパ組織などの発育を示すもので、11 歳前後が最も大きく、成人の 2 倍近くに達する。その後は縮小してやがて成人の大きさにもどる。特に胸腺は急速に萎縮退化していく。性器型（当初は生殖型と言われた）とは、内外の性器ならびにこれと連動する内分泌などの発育を示すもので、思春期までの発育は緩やかであるが思春期を迎えると急速に発育し、短期間で成長を終える。

### 2）　身体諸機能の発達

　身体の諸器官は、系として統合されたそれぞれの働きを充足する方向で成長していく。その働きは生理的に独立しており、器官特有の機能を発揮しているが、生命体としては統一されており、その発達に伴って年齢相応の生理的能力を充足している。その発達には系により特徴があり、すべての系が必ずしも同一ではない。

### ①　呼吸器系の発達

　呼吸機能は形態の発育に伴って発達し、胸郭が広がり呼吸筋が強くなって肺活量や肺換気量が増加する。したがって呼吸数は年齢の増加と肺の強化（運動などによる）に反比例して減少する（表 1-13）。これは 1 回の呼吸量が増大するからである。肺活量も同様で、年間増加量は 12 歳ご

表 1-13　呼吸数、脈拍数、血圧の年齢的変化

| 年　齢 | 呼吸数<br>（回／分） | 脈拍数<br>（回／分） | 血圧（mmHg） | |
| --- | --- | --- | --- | --- |
| | | | 収縮期血圧 | 拡張期血圧 |
| 新生児 | 35 ～ 50 | 120 ～ 140 | 60 ～ 80 | 60 |
| 乳　児 | 30 ～ 40 | 110 ～ 130 | 80 ～ 90 | 60 |
| 幼　児 | 20 ～ 30 | 100 ～ 110 | 90 ～ 100 | 60 ～ 65 |
| 学　童 | 20 | 80 ～ 90 | 100 ～ 120 | 60 ～ 70 |
| 成　人 | 16 ～ 18 | 70 ～ 80 | 120 ～ 130 | 70 ～ 80 |

（江口、他「新訂版根拠から学ぶ基礎看護技術」より）

ろまでは男女ともほぼ一定しているが、13 歳ごろから急速な増加がみられ男女差も目立ってくる。

②　循環器系の発達

　循環機能も形態の発育に伴って発達し、心臓の大きさや重さ並びに輸送血量が増加する。心臓の発育は容積ならびに拍出量の増大によるものであるが、重さは心筋の発達によるもので思春期に著しく、運動によって強化される。心臓の発育曲線は体重の発育曲線に似ている。心臓の発達に反比例して安静時の心拍数（脈拍数）は減少し、血圧値は加齢とともに増加し、一定の値に落ち着く（表 1-13）。

　呼吸機能と循環機能を総合した能力である最大酸素摂取量は、幼児・児童期では男女に大差がなく、毎分約 1,400ml であるが、男子は 14 歳ごろから急激に増加し、20 歳ごろまでには約 3,000ml にもなるのに対して、女子は約 1,700ml にとどまる。

③　運動器系の発達

　運動機能も形態の発育に伴って発達するが、体力や運動能力の発達としてとらえられている（表 1-14）。これは運動刺激の多少が大いに影響する。

　骨格の発達：骨は運動刺激によって骨細胞の吸収より附着が優れ、骨の成長を助け、結果として長管骨はもちろん扁平骨でも長く太くなる。骨端の化骨線は第二伸長期（思春期）には骨端化骨の促進にあずかって大いに力がある。

　筋肉の発達：筋は運動刺激により増殖肥大し、横断面積が大きくなり（作業性肥大）筋力が強くなる。年齢が増しても単位面積当たりの筋力は変化しない。身体発育に伴って筋線維の数は増さないが、筋線維の長さ及び太さ（筋断面積）が増し筋力が増大する。

④　脳神経系の発達

　脳神経系の発達は他の系に比べると早いが、その発達は遅くまで続き、認識力、理解力、思考力、判断力などは経験や学習によってますます発達していく。特に基本的な生命活動に直結した精神活動を営む間脳、中脳、延髄の発達は早く、大脳、小脳の発達は遅れる。それでも、体重の発育が 10 歳でようやく成人の 50% に達するのに比して、脳の重さの発育は 5 歳で 90%、10 歳で 95% に達する。

表 1-14　新体力テストの状況（平均値）

2018 年度

| 年齢 | 握力 (kg) | | 上体起こし (回) | | 長座体前屈 (cm) | | 反復横とび (点) | | 20m シャトルラン (折り返し数) | | 持久走・急歩 (秒) | |
|---|---|---|---|---|---|---|---|---|---|---|---|---|
| | 男子 | 女子 | 男子 | 女子 | 男子 | 女子 | 男子 | 女子 | 男子 | 女子 | 男子 | 女子 |
| 6 | 9.44 | 8.75 | 12.06 | 11.47 | 25.85 | 28.41 | 27.95 | 26.83 | 18.63 | 16.16 | … | … |
| 7 | 11.18 | 10.44 | 14.69 | 13.77 | 27.68 | 30.78 | 32.54 | 31.05 | 29.84 | 23.07 | … | … |
| 8 | 12.80 | 12.07 | 16.68 | 15.76 | 30.07 | 32.75 | 36.10 | 34.62 | 39.57 | 30.41 | … | … |
| 9 | 14.64 | 13.99 | 18.52 | 17.97 | 31.08 | 34.99 | 39.95 | 38.68 | 47.03 | 38.64 | … | … |
| 10 | 16.60 | 16.36 | 20.61 | 19.39 | 33.78 | 37.95 | 44.01 | 42.00 | 56.90 | 45.58 | … | … |
| 11 | 19.70 | 19.37 | 22.98 | 21.10 | 35.49 | 40.71 | 47.02 | 44.63 | 65.49 | 51.19 | … | … |
| 12 | 23.94 | 21.85 | 24.63 | 21.34 | 39.97 | 44.14 | 50.32 | 46.77 | 73.19 | 54.07 | 418.18 | 292.75 |
| 13 | 30.39 | 24.32 | 28.26 | 24.43 | 45.31 | 47.39 | 54.19 | 48.71 | 90.40 | 64.45 | 379.45 | 276.97 |
| 14 | 34.81 | 25.71 | 30.35 | 25.21 | 47.89 | 48.66 | 56.85 | 49.51 | 96.80 | 62.66 | 362.01 | 278.26 |
| 15 | 37.82 | 25.59 | 29.37 | 23.23 | 47.41 | 47.37 | 56.07 | 48.12 | 85.35 | 49.52 | 375.46 | 298.05 |
| 16 | 39.98 | 26.35 | 31.10 | 24.02 | 49.78 | 47.85 | 57.86 | 48.32 | 90.54 | 52.40 | 365.34 | 298.80 |
| 17 | 41.54 | 26.76 | 31.71 | 24.33 | 50.41 | 48.43 | 58.25 | 48.46 | 87.85 | 50.04 | 362.55 | 300.55 |
| 18 | 41.33 | 26.27 | 30.39 | 23.66 | 48.66 | 48.16 | 57.83 | 48.46 | 82.95 | 45.62 | 395.55 | 318.71 |
| 19 | 41.69 | 26.11 | 30.62 | 24.52 | 48.46 | 48.62 | 58.34 | 49.29 | 82.23 | 47.96 | 404.36 | 307.52 |
| 20-24 | 45.97 | 28.12 | 29.66 | 21.67 | 45.41 | 45.69 | 56.28 | 46.96 | 74.77 | 39.59 | 722.16 | 532.48 |

| 年齢 | 50m 走 (秒) | | 立ち幅とび (cm) | | ソフトボール投げ・ハンドボール投げ (m) | | 合計点 (点) | |
|---|---|---|---|---|---|---|---|---|
| | 男子 | 女子 | 男子 | 女子 | 男子 | 女子 | 男子 | 女子 |
| 6 | 11.40 | 11.72 | 115.37 | 109.07 | 8.47 | 5.81 | 31.07 | 31.39 |
| 7 | 10.55 | 10.90 | 127.38 | 118.66 | 12.36 | 7.59 | 38.87 | 38.74 |
| 8 | 10.00 | 10.34 | 137.76 | 129.44 | 16.01 | 9.91 | 45.26 | 45.38 |
| 9 | 9.61 | 9.85 | 145.84 | 141.10 | 19.84 | 12.32 | 50.26 | 52.03 |
| 10 | 9.17 | 9.50 | 155.10 | 148.01 | 23.72 | 14.74 | 56.64 | 57.83 |
| 11 | 8.78 | 9.12 | 167.08 | 158.54 | 27.86 | 16.80 | 62.40 | 63.29 |
| 12 | 8.42 | 8.93 | 182.78 | 168.32 | 18.39 | 12.09 | 35.61 | 46.80 |
| 13 | 7.77 | 8.59 | 203.56 | 176.45 | 21.40 | 13.92 | 45.46 | 53.90 |
| 14 | 7.42 | 8.53 | 215.59 | 177.11 | 24.26 | 14.65 | 52.02 | 55.55 |
| 15 | 7.43 | 8.85 | 218.43 | 171.54 | 24.22 | 13.80 | 51.50 | 51.24 |
| 16 | 7.26 | 8.84 | 224.72 | 172.07 | 25.58 | 14.40 | 55.31 | 52.64 |
| 17 | 7.16 | 8.84 | 226.74 | 172.67 | 26.27 | 14.52 | 57.10 | 52.79 |
| 18 | 7.33 | 9.13 | 229.87 | 168.54 | 25.40 | 13.92 | 54.40 | 50.33 |
| 19 | 7.32 | 9.02 | 230.67 | 170.71 | 26.10 | 14.04 | 54.40 | 51.26 |
| 20-24 | … | … | 226.41 | 169.47 | … | … | 42.96 | 41.25 |

注：12 ～ 19 歳は 20m シャトルランと持久走を、20 ～ 64 歳はシャトルランと急歩を選択実施

注：6 ～ 11 歳はソフトボール投げ、12 ～ 19 歳はハンドボール投げ

注：6 ～ 11 歳、12 ～ 19 歳、20 ～ 64 歳及び男女の得点基準は異なる

注：各年齢の標本数は約 1,000 ～ 1,500 名

資料：文部科学省「体力・運動能力調査報告」

⑤　内分泌の発達

内分泌腺（胸腺、下垂体、甲状腺、副腎など）の発達は、形態の発育や他の系の機能の発達とは別個に各腺それぞれに異なった発達を示す。例えば、下垂体や甲状腺は出生から成人になるまで年齢とともに徐々に発達するが、胸腺は思春期までに急速に発達し、その後成人の値に落ち着く。ただし、腺の形や重さの発達が必ずしもその分泌量の発達を伴うものではない。なお、下垂体前葉からの成長ホルモンや甲状腺ホルモンは、身体の発育発達にかかわりが深く正常な成長を助長している。

### 3.　精神の発達

人間の機能については、身体の基本的な構成単位である細胞と、その集合体としてそれぞれの機能を果たしている器官や組織と、それらの諸機能を統合し、全体的にその調節性をコントロールしている機能とに分けて考えなくてはならない。この統合的機能は脳神経系と内分泌系が大きく関与していることは前述のとおりである。

このうち、ホルモンの緩徐な統合作用に対して、急速な物質調節及び人間の知、情、意に基づく様々な意識や行動の統合作用を行うのは脳神経系である。脳神経系は中枢神経系と末梢神経系とに分かれるが、中枢神経系は脳と脊髄とからなり、脳はさらに大脳、小脳、脳幹（間脳、中脳、延髄）に区別される。大脳には外側の皮質と内側の髄質とがあるが、皮質は、人間においてのみよく発達している新皮質と旧皮質または大脳辺縁系とに分けられる。この新皮質には諸機能の中枢が局在している（脳地図）が、高等な精神作用も営まれる。

精神の発達は脳の発達と大きなかかわりをもち、脳の発達は新皮質の発達に左右されるから、精神の発達は新皮質の発達に関連するといえる。基本的には、感覚受容性が発達し、生得的な本能的行動の制御と支配が発達し、習得的な学習的行動の調整と発展が発達して、精神活動の発達がみられる。

### （1）　情　緒

乳幼児期の感覚器の発達はすばらしく、感覚的刺激を情緒へと発展させていく。幼児期の間に情緒はかなりの発達をとげ、年齢が進むにつれて、情緒の基本となる欲求の種類も増してくるし、その表現の仕方も次第に複雑になってくる。この間、行動範囲の拡大や生活や行動の経験の集積がますます情緒の育成に影響するようになる。

### （2）　知　能

感覚や情緒などの発現より遅れるが、6歳ごろには脳の重量が成人の90%に達することで分かるように、知的学習が可能になり、知能は小学校時代に直線的に上昇する。一般に、知能は、経験から得られる知識とは別個に遺伝的・素質的なもの（生得的能力）とされ、認識から得られる知識（この場合主として学習による行動）は年齢が進むにつれて発展するもの（習得的能力）と

区別されている。しかし、知能の働きすなわち学習による行動から、知識や経験の積み重ねにより、ますます発達し続けることはいうまでもない。

### 4. 社会性の発達

　人間は生まれながらにして社会的存在であるから、社会性とは人間関係ということになる。子どもの社会環境は家庭を基盤として親子関係、同胞関係、親戚関係と広がっているが、入園、入学、進学に伴って、人間との接触の輪ひいては生活行動圏は拡大充実していく。この小集団から大集団への集団生活のなかで、様々な制約を受ける。それは、人間が発達し、複雑な社会の組織や制度をもつに至ったからで、それに文化文明という高度な体制をもっているからである。

　この制約は社会的規範といわれるもので、個人はもちろん集団が相互の権利を尊重しながら人間社会の秩序性を保ち伸ばそうとするもので、人間社会の安寧性のためには必要不可欠で、一般的にルールとかモラルと呼ばれている。

### （1）規範性

　集団社会に入り言葉や行動の自由が拘束され社会的な批判を受けるということは、個体間の交渉を通じて、成立した組織や制度が個体の生存の各側面に影響を与えるということである。したがって、家庭社会であろうと学校社会であろうと、集団のしきたりや約束を守らなければならない。それには、集団がもっている生活や行動の基準性や秩序性を理解し、それに同調または協力することが必要である。それも自らを規制する能力として育てなければならない。

### （2）道徳性

　本能的行動が多くは生理的欲求に基づくのに対し、社会的行動には社会的要因や条件もその行動の動機として働き、当面した問題状況の解決に、学習による経験が行動の水準を制御するといわれる。親や教師から与えられた道徳的基準に合わせてその行動を決めていくわけであるから、自主性が問題となる。ことに服従的な年齢（小学校低学年）から批判的な年齢（小学校中、高学年）になり、道徳的基準に懐疑的な年齢（思春期）ともなれば反抗的ともなり、葛藤を生ずることも多い。

**参考文献**

小栗一好：六訂学校保健概説、光生館、1981.

猪飼道夫・高石昌弘：身体発達と教育（教育学叢書第19巻）、第一法規、1967.

高石昌弘・船川幡夫編：学校保健管理（学校保健シリーズ1巻）、杏林書院、1981.

大永政人：児童生徒の発育発達、黒田・他「教師のための学校保健」、ぎょうせい、1975.

杉浦守邦・他：新・学校保健、東山書房、2011.

高石昌弘：新版学校保健概説、同文書院、1996.

日本学校保健会：学校保健の動向（令和 2 年度版）、2020.

文部科学省：学校保健統計調査（令和元年度）、2020.

文部科学省：平成 30 年度体力・運動能力調査、2019.

日本学校保健会：児童生徒の健康状態サーベイランス事業報告書（平成 30 年度・令和元年度）、2020.

江口正信、他：新訂版・根拠から学ぶ基礎看護技術、サイオ出版、2015.

### 第5節　児童・生徒の健康状態

健康状態について、日常生活で実感する主観的健康感ないし主観的健康観とそれらを一般化したWHOの健康の定義や健康問題を通して理解を深める。

#### 1. 実感としての健康観（主観的健康感・主観的健康観）

健康状態は健康調査において、健康指標の1つとして取り上げられている。量的把握にあたっては、「あなたは健康ですか？」等と設問し、選択肢として、「非常に健康、まあまあ健康、ふつう、健康でない」などの段階づけ（順序尺度）で回答が求められる。質的には、「健康とは何ですか」等と設問し、日常生活での実感（主観的健康感 subjective Health feeling、自覚的健康感 perceived health、健康自己評価 self-related health）ないし考え方（主観的健康観 subjective Health view）が求められる。

回答の内容を概観すると、消極的二元論的健康（病気でない等）、身体的生理的健康観（快食・快便・快眠・身体が丈夫等）、精神的健康観（幸福、身心ともに健やか、人を愛する等）、社会的健康観（人間関係がうまくいっている、仕事ができる、家族円満等）、機能的健康観（日常生活に対処できる、規則正しい生活等）、積極的健康観（前向きに生きられる、生きがいがある、ウェルビーイング Well-being・ウェルネス Wellness 向上等）などに分けられる。

これらの主観的健康観は、個々人の社会的属性（国、階級、文化、地域・会社・学校など）や人的属性（性別、年齢、身体状況、ライフサイクルなど）により異なり、しかも日々の生活の中で変化しており、極めて多様である。

例えば、「階級」に着目すると、中流階層は積極的で精神的健康観を、労働者階層は消極的で手段的健康観を有しているとされている。また、ライフサイクルに着目すると、幼児から少年期までは身体的生理的健康観、青年期では精神的健康観、成人期には社会的健康観、老年期には社会的健康観は低下し再び身体的生理的健康観及び精神的健康観が主流を占めるようになるとされている。いずれにしろ、「病気でない」という、健康を病気の対極としてとらえる消極的二元論的健康観は一般の人々の間ばかりではなく、医師をはじめとする保健・医療の専門職の間でもなお有力である。その理由の1つは、健康の積極的な定義が困難だからである。積極的な定義として広く引用されているのはWHO憲章の定義（1946年）だが、広範かつ抽象的であり、難解で具体性を欠き操作的に取り扱ったり測定評価が困難なので、どうしても人々に理解され難いからである。もう1つの理由は、感染症が中心であった時代には、病原微生物の浸襲によって、発症すれば即病気で、治療が成功すれば健康になるといった健康と病気との境界が明確で、実質的な有効性を備えていたからである。ところが、疾病構造が変わり、慢性疾患が中心の時代になると、二元論的健康観は、その有効性と明確性を著しく減ずることになった。慢性疾患の場合、発症以前には健康と病気の中間的な段階があるし、死を免れた場合でも、後遺症を残したまま生存

するなどといったように、健康と病気の境界が曖昧な状態があり、二元論的健康観は実質的な意味を失うことになったからである。

　この健康と病気の境界の曖昧な状態を解消するために、様々な試みがなされてきている。健康の概念の積極的な定義や「半健康状態」とか「一病息災、多病息災」といった新概念の導入である。また、健康観の評価指標・尺度の開発もなされ、例えば、「日常生活に対処できる」などの機能的健康観に関しては、特に、高齢者に対しては ADL（activities of daily living）指標が開発されている。これは、障害があっても、自律（autonomy）、とりわけ身体的自律が可能であるという生活機能や能力に力点を置いた尺度である。障害者の場合、生活全体を自ら律するという意味での自律性と、他者による介助を必要としないという意味での自立性は、厳格に区別されるのが普通だが老年学の場合は区別されずに、生活機能の自立性を指す語として用いられている。

　Well-being やウェルネス Wellness などの積極的健康観に関しては、QOL 指標が開発されいる。

## 2. 状態としての健康観（1948 年 WHO 憲章、調和の取れた状態 well-being）

### （1）調和の取れた状態

　我が国において、健康の概念として広く引用されているのは 1948 年の世界保健機関（WHO）憲章の健康の定義である。その前文には、「健康とは、身体的、精神的、そして社会的に完全に良好な状態であり、単に病気がないとか虚弱でないということではない」と記されている。

　　「Health is a state of complete physical, mental and social well-being· and not merely the absence of disease or infirmity.」

　そして、「到達しうる最高水準の健康を享受することは、人種、宗教、信条、経済的社会的状況に関わらず、全人類の基本的権利（fundamental rights）の 1 つである」と健康権について記されている。

　complete well-being の complete は「完全に」と訳され、「完全に良好な状態」として浸透していると言っても過言でない。しかし、それは理想に過ぎず、目標として設定可能であるが、現実的には操作不可能である。健康を達成不可能なものとしてしまっている、完全を求めれば誰も健康ではなくなってしまう、少しでも問題があれば健康でないとするのは問題などといった批判がなされている。日本 WHO 協会は complete を「全て」と訳し、「全てが満たされていた状態」と仮訳している。保健の教科書等では、調和のとれた生活といった表現がなされているものもあることから、ここでは「調和のとれた」と訳すことにする。調和のとれた良好な状態とは、身体的、精神的、社会的に良好な状態が相互に絡み合っている（補完しあっている）状態であり、特に、社会的要素がつけ加えられ重視されているのが特徴である。

### 1） 身体的健康（physical Health well-being）

一般に「身体が丈夫なこと」と解されている。生理学的には、健康とは、人々が周囲環境に適応している状態である。生体には、環境変化に対して、恒常性（ホメオスタシス）という体内条件を正常に維持しようとする機能がある。この恒常性がうまく維持されていることを根幹としている。 即ち、健康な状態では、身体に起こった状態の変化を打ち消す方向で生理作用がはたらいているが、このしくみが破壊された場合、または、許容値を超えるような状態変化が起こった場合が、医療の必要な状態である。

### 2） 精神的健康（mental Health well-being）

WHO では、一人一人が自らの可能性を実現し普通のストレスに対処でき、実り多く働くことができ、コミュニティに貢献し得る良好な状態（Well-being）であると定義している。小学校学習指導要領解説（体育編）では、「心のはたらき」として、知的機能、情意機能（感情、意志）、社会性などが含まれるとしている。mental health は、情動的面（emotional）と理性的面（cognitive）に分けられ、それらは階層性を有している。後述する spiritual は前者の情動的面に相応していると解されている。また、前者の情動的面及び spiritual は感情的生きがい、後者の理性的面は認知的生きがいとも解されている。

### 3） 社会的健康（social well-being）

「社会的役割を果たしうる良好な状態」である。これまでの身体的、精神的に加え、20 世紀後半以降、より注視されるようになった社会的要素が付け加えられたのが特徴の 1 つである。社会的健康は、人は個人的存在であるとともに社会的存在であることから、人間として成長するには周囲の環境、特に人との相互の関わりが不可欠である。人々の健康や病気が、健康の社会的規定（決定）因子と呼ばれる社会的、経済的、政治的、環境的な条件に影響を受けることが広く認められるようになり、これらへの社会的はたらきかけ・役割がさらに重要視されるようになったからである。

### （2） 積極的健康観：健康と病気は連続線上にあるとする一元論の重視

「単に病気がなく虚弱でないということではない」は「病気や虚弱でない状態」という消極的健康観に留まらないで、その上のできるだけ高い水準の健康状態（wellbeing→complete well-being）を目指す積極的な健康観（ポジティブヘルス）が示されたことも特徴である。

積極的健康観は、①「病気になったら治す」から「病気にならないように予防する」、②平均寿命から健康寿命へ、③生活習慣病のリスクファクターを多く抱えていてもなお健康な人がいることから、健康と病気を明確に分けずに、健康と病気を連続体としてとらえる、④国民健康会議の提言による 1984（昭和 59）年以降の無病息災から一病息災といった健康観の転換である。

この転換に伴って、健康状態のレベル（水準）が連続（可逆も含む）してとらえられ、それぞれのレベルを高める対策が試みられるようになった。高石は健康状態を 4 つのレベル、即ち、理想的な健康状態―いわゆる健康状態―健康の歪み―健康の障害に分けている。健康の障害（い

わゆる疾病・障害）及び健康の歪み（いわゆる半健康、健康上やや問題がある状態）のレベルの者は「病気と共存する」という方向での対策が考えられるとしている。

### 3.　プロセスとしての健康観（1986 年 WHO オタワ憲章、ヘルスプロモーション）

#### （1）　プロセス重視：健康づくり（対処）

1948 年の WHO 憲章の健康の定義である「完全に良好な状態」は、抽象的で操作的に取り扱うことが困難であるとの批判がなされていた。これに対して、「身体的、精神的、社会的に complete well-being を実現するには、個々人や集団が、望みを明確にし、それを実現し、ニーズを満たし、環境を変え、それにうまく対処していくことができなければならない」として、1986 年の WHO オタワ憲章では、ヘルスプロモーションが提唱された。

ヘルスプロモーションは「人々が自らの健康をさらにうまくコントロールし、改善していけるようにするプロセスである（Health promotion is the process of enabling people to increase control over and to improve their health）」と定義されている。プロセスとは、「ある健康状態から出発して、より良い健康状態に向かう途中の経過」であり、健康の状態が静止した状態ではなく、ダイナミックな動きを表している。しかし、人々が自らの健康をコントロールするには、環境側の「健康決定要因」も必要であることが強調されるようになり、2005 年のバンコク憲章では、「自らの健康とその健康決定要因をコントロールし、改善していけるようになるプロセスである」と定義された。健康観は厳密に言えば、「見方」「考え方」に分けられるが、1948 年の「調和のとれた良好な状態」及び積極的健康は「見方」としての「視点」であるのに対し、このヘルスプロモーションのプロセス健康観は「考え方」としての「思考・対処法」に重点が置かれていると言えよう。

#### （2）　QOL 向上の個人的社会的資源としての健康の重視

健康については「資源である。毎日の生活のための資源（resource）であって、生きる目的（objective of living）ではない、また、身体的能力だけでなく、社会的・個人的な面での資源という点を重視した積極的な考え方である。それゆえに、ヘルスプロモーションとは、ただ保健医療部門にゆだねられる責務というよりは、健康的なライフスタイルをさらに越えて、幸福（ウェルビーインク）にまで及ぶものである」と記されている。したがって、ヘルスプロモーションは、個人的資源と社会的（環境）資源（保健医療部門だけでなく他の部門との連携など）を活用して人々に働きかけ、ライフスタイルの改善、健康状態の改善を経て、Quality of Life ないしウェルビーイングの向上を目指している。この人々への働きかけは、次の観点から行うとされている。

①　Advocate（唱道・支援する、推奨する、擁護する、主張する）

健康は、社会的・経済的・個人的な発展の主要な資源、また QOL の重要な側面であり、政治的・経済的・社会的・文化的・環境的・行動的また生物的な要因は、健康を促進することも損なうこともある。ヘルスプロモーションを目指して行動するとは、健康に向けた唱道・支援や推

奨・擁護により、それらの要因・状況を、より望ましいものにしていくことである。

② Enable（力を与える、可能にする）

ヘルスプロモーション活動は健康状態の格差を減らし、すべての人々が健康面での潜在能力を十分発揮できるよう機会や資源を確保することである。これには支援的な環境の確保、情報へのアクセスの確保、人々が健康的な選択を行えるライフスキルや機会の確保が含まれる。人々は健康を規定するこれらの条件を自らコントロールできない限り、健康の潜在能力を最大限に発揮することができない。専門家に求められるのは、人々が自らの潜在能力に気づき、その能力を発揮し、行動を始められるように、総合的に支援することである。

③ Mediate（調整・調停する）

健康の前提条件や見通しは、保健医療関係者のみで達成することはできない。ヘルスプロモーションには、政府や非政府組織、ボランティア組織、地方自治体、産業界、メディアなど全ての関連部門の行動が必要である。そこには個人、家族、コミュニティを通して、人生の全ての段階の人々が関わっている。専門家や社会集団や保健医療従事者は、健康の追求において、社会の中での異なる関心や利害関係を調整・調停することに、大きな責任を負っている。

これらの３つの働きかけの実現のために次の活動がなされるが、個人の力を高める健康教育（主体づくり）と個人を取り巻く社会の力を高める環境づくりの２つに大別される。

① 主体づくり（個人の力の向上、健康教育）

ヘルスプロモーションにとって、本質的に重要なことは、健康についての情報や教育を提供し、ライフスキルを開発し高めることによって、人々がより自由に、自らの健康や環境をコントロールしたり、健康につながる選択を行ったりして慢性疾患や傷害に対処できるようになることとして、個人の力を高めるライフスキルを身に付けることが強調されている。

② 健康を支援する環境づくり（社会の力の向上）

ヘルスプロモーションでは、社会的環境要因に対し、「ただ保健医療部門に委ねられる責務というよりは、健康的なライフスタイルをさらに超えて、Well-being にまで及ぶものである」とのことから、保健医療の範疇を超えて、①保健以外の全ての部門（社会・政治・経済・自然環境部門等）において健康の視点からの公共政策やヘルス（保健医療）サービスを創造し確立していくことや、②健康関連課題に対する住民参加を強める地域組織づくり、③健康への社会・生態学的アプローチによって、急速に変化している環境の健康面への影響、特に、技術や労働、エネルギー生産、都市化の分野を体系的に評価し、健康的な環境を作っていくことが不可欠であるとしている。

これらの活動に着目すると、ヘルスプロモーションは「主体づくり（個人の力）と環境づくり（社会の力）とを相互に高めながら、ライフスタイルを改善し健康状態を資源として自己実現（QOL の向上）を目指すアクティブな健康づくりのプロセスである」と定義できよう。グリーンらはこのヘルスプロモーションのプロセスを踏まえて、健康づくり（保健活動）の企画モデル（PPモデル）を提唱した。主体（全ての人々）の知識・知的能力及び技能（ライフスキル）と情意の

形成（個人の力）とそれを支援する環境整備（社会の力）を改善し、相互に関連づけながら、ライフスタイルの改善を経て、健康状態を改善し、QOL の向上の実現を目指す循環過程（Plan-Do-See のマネジメントサイクル）を経るとしている。

### （3）一般の人々（素人）の想像力の重視

健康は「人々が学び、働き、遊び、愛し合う毎日の生活の場の中で人々によって創造され、実現される」として、健康の意志決定者は健康関連職から一般の人々を主役（ファースト）とすることが重視された。例えば、身体的に障害や疾病をもち客観的には健康と言い難い状態でも、本人の主観的な気持ちの持ち方により、また、考えを変えることにより、本人が幸せと感じることの方が積極的に生きていくうえで大切だからである。

この人々の望みを明確にし、ニーズを満たし、それを実現するには、人々が well-being をどのように自己評価しているかを把握することが肝心である。well-being がしばしば幸福感、自己実現、生きがい、QOL などと訳されるのは、個々人が自身の努力によって、その潜在能力を十分に発揮できていると感じ認識しているからである。欧米では、ウェルビーイングやウェルネスという言葉が新たな健康（幸福感、自己実現、生きがい、QOL、資源、生き方など）を意味する言葉として広まっていった。

Cmich（1984）はウェルネスを「個人に固有の生き方として、病気の無いことよりも健康や Well-being の程度に焦点をあてていて、より十分な能力を持って生き、できるだけ高いレベルの健康を楽しむための個人の挑戦」としている。

### 4.　全人的健康観（1999 年 WHO 憲章改正案、ダイナミック、スピリチュアル）

1999 年には、新たに「dynamic」と「spiritual」が加えられた改正案が WHO 理事会に提出された。しかし、1948 年の定義には、この 2 つの意味が既に含まれ適切に機能しており、緊急性を要しないなどの理由で現在、保留になっている。

「Health is a dynamic state of complete physical, mental, spiritual and social wellbeing and not merely the absence of disease or infirmity.」

spiritual が加えられたのは、その間の文化的社会的成熟に伴い、ヘルスプロモーション、QOL、生きがい、全人的健康観、ライフスタイルを重視したロハスの健康観、中でも自己啓発・能力開発（Personal development）などの影響を受け、人間の尊厳の確保や生活の質（Quality of Life、生きている意味、生きがいの追求）を考えるうえで重視されたからである。

全人的健康観については、ハンコック（Hancock, T.）らが「健康のマンダラモデル」（1985）において、健康は人と環境との様々な要素が相互に影響し合っており、人側の構成要素として、身体 Body と精神 Mind と Spirit から成っているとしている。これは、健康を人間生態学あるいは総合的（holistic）な視点からとらえた全人的健康観（ホリスティック・ヘルス）であり、中

山和弘氏によると、その中で用いられている spiritual は「人生に意味や方向付けを与えるもの」という意味で用いられ、「生命のエネルギー」あるいは「存在性」と訳すことができるかもしれないとしている。

　ロハス LOHAS（Lifestyles of Health and Sustainability）については、健康とその持続可能のためのライフスタイルを意味しており、5つの概念で構成されている。その頭文字をとってSHAPE で表現されており、差し詰めライフスタイルのシェイプアップ shape up といったところである。

① 持続可能な経済（Sustainable economy）：循環式経済、代替エネルギー、省エネルギー商品など

② 健康的なライフスタイル（Healthy lifestyles）：自然食品、安全な化粧品、ストレスコーピング、無理のない日常生活、ワークライフバランス、アンチエージングなど

③ 代替医療（Alternative healthcare）：薬に依存しない食生活や運動計画実践、癒しの音楽、香り、はり、きゅう等の東洋医学、疾病予防の生活習慣確立など

④ 自己啓発（Personal development）：能力開発、自己実現の人生計画と実践、スピリチュアルな体験、座禅など

⑤ 環境に配慮したライフスタイル（Ecological lifestyles）：自然環境保全の生活、エコボランティア活動、ソーラーエネルギー活用、風力発電、エコ住宅、エコツーリズムなど

　1990年代の後半に米国コロラド州で生まれた新しいビジネス・コンセプトである。日本では2004年後半頃からマスメディアに頻繁に登場するようになり、スローライフ（Slow Life）を啓発した（LOHAS CLUB, http://www.lohasclub.org/100 参照）。

　「dynamic」が加えられたのは、その間の文化的社会的成熟に伴い、ヘルスプロモーションやQOL、生きがい、健康生成論及びヘルスリテラシー（エンパワーメント含む）などの様々な健康に関わる概念が生成され、従来の医学的モデル（病気を治す）を超えて社会生態学モデル（健康をつくる）へ、また、生命現象を静的なシステムでなく、動的な自己制御（セルフコントロール）システム化へのパラダイムシフトが起こり、より一層、積極的健康を推し進め、健康と疾病は別個のものではなく動的で連続した過程としてとらえることが重視されるようになったからである。

## 5. 健康問題

### （1）発育発達の主な異常
　児童・生徒の健康状態を評価する場合、疾病や傷害より発育発達が問題にされる。

### 1）形態的発育異常
　発育が著しく遅滞する場合は小人症、反対に著しく進行し過大になれば巨大症、末端巨大などの疾病が考えられる。これらは主として内分泌異常によるものである。

### 2）　機能的発達異常

身体諸器官の発達に異常があれば、その部位・程度に応じて障害がみられ、日常生活に支障をきたす。先天的または後天的に発達不全が起こることがあるが、全身的な生活障害になることがある。

### 3）　形態的機能的異常

1）と2）とが合併したもので生理機能や生活能力に悪影響を及ぼす。その主なものは、

① 　肥満傾向と痩身（やせ）傾向

② 　脊柱・胸郭の異常

③ 　土踏まずの形成の遅れ

などである。

### （2）　疾病・異常の特徴

高石は、児童・生徒の疾病・異常の特徴をとらえる場合、いくつかの視点から多角的にみていく必要があるとして、次の5つの視点をあげている。

### 1）　量的にみて重要な疾病・異常

直接には生命の維持あるいは日常生活に支障はないが、健康の保持増進、学習能率の向上のためには放置すべきではないものである。う歯やその他の歯・口腔の疾病・異常並びに感覚器の疾病・異常などがある。

### 2）　質的にみて重要な疾病・異常

その後の経過や予後、特に生涯保健の観点からすると、学齢期に十分な治療または管理指導が必要なものである。心臓疾患、腎臓疾患などがある。

### 3）　健康のゆがみあるいは半健康といわれる健康状態

明らかに疾病・異常とはいえないが、健康生活上無視できない状態である。肥満傾向、栄養不足、身体虚弱、体力低下などが考えられる。

### 4）　感染症

感染性の皮膚疾患、眼疾患及び寄生虫症は激減しているが、流行性感冒のように学校という集団生活の場においては対策（出席停止、臨時休業など）をとる必要のあるものがある。

### 5）　精神的な健康問題

最近特に重視されている心の健康問題で、今後の学校保健の重要課題になると考えられる。登校拒否・不登校、いじめ、校内暴力、自殺などがある。

これらを学校種類別の疾病・異常の被患率別にみたのが表1-15である。学校保健統計調査の特質から、また学校健康診断の特質から問題点を拾うと、多発しているう歯、近視などは横ばい状態であるが、いわゆる生活習慣病の若年傾向がみられることである。このことは図1-15に示したような児童期・生徒期・学生期とに分けた年齢階級における死因と併せ考えると、健康状態の把握・評価について不足不備が目立ち、これら疾病異常の管理が不徹底で、身体的のみならず

表1-15　学校種類別にみた疾病・異常の被患率（2019年度）

| 区　分 | | 幼稚園 | 小学校 | 中学校 | 高等学校 |
|---|---|---|---|---|---|
| 60%以上〜70%未満 | | | | | 裸眼視力 1.0 未満の者 |
| 50 〜 60 | | | | 裸眼視力 1.0 未満の者 | |
| 40 〜 50 | | | むし歯（う歯） | | むし歯（う歯） |
| 30 〜 40 | | むし歯（う歯） | 裸眼視力 1.0 未満の者 | むし歯（う歯） | |
| 20 〜 30 | | 裸眼視力 1.0 未満の者 | | | |
| 10 〜 20 | | | 鼻・副鼻腔疾患 | 鼻・副鼻腔疾患 | |
| 1 〜 10 | 8 〜 10 | | | | 鼻・副鼻腔疾患 |
| | 6 〜 8 | | 歯・口腔のその他の疾病・異常<br>耳疾患 | | |
| | 4 〜 6 | | 眼の疾病・異常<br>歯列・咬合 | 眼の疾病・異常<br>歯列・咬合<br>歯垢の状態<br>耳疾患<br>歯・口腔のその他の疾病・異常<br>歯肉の状態 | 歯垢の状態<br>歯肉の状態<br>歯列・咬合 |
| | 2 〜 4 | 歯列・咬合<br>鼻・副鼻腔疾患<br>耳疾患<br>歯・口腔のその他の疾病・異常<br>アトピー性皮膚炎 | ぜん息<br>アトピー性皮膚炎<br>歯垢の状態<br>心電図異常 | 心電図異常<br>蛋白検出の者<br>ぜん息<br>アトピー性皮膚炎<br>脊柱・胸郭・四肢の状態 | 眼の疾病・異常<br>蛋白検出の者<br>心電図異常<br>耳疾患<br>アトピー性皮膚炎 |
| | 1 〜 2 | ぜん息<br>眼の疾病・異常<br>口腔咽喉頭疾患・異常<br>その他の皮膚疾患<br>蛋白検出の者 | 歯肉の状態<br>栄養状態<br>口腔咽喉頭疾患・異常<br>脊柱・胸郭・四肢の状態 | 栄養状態 | ぜん息<br>脊柱・胸郭・四肢の状態<br>歯・口腔のその他の疾病・異常 |
| 0.1 〜 1 | 0.5 〜 1 | 歯垢の状態 | 蛋白検出の者<br>心臓の疾病・異常<br>難聴<br>その他の皮膚疾患 | 心臓の疾病・異常<br>口腔咽喉頭疾患・異常 | 栄養状態<br>心臓の疾病・異常<br>顎関節 |
| | 0.1 〜 0.5 | 言語障害<br>歯肉の状態<br>心臓の疾病・異常<br>栄養状態<br>脊柱・胸郭・四肢の状態 | 言語障害<br>腎臓疾患<br>顎関節 | 難聴<br>顎関節<br>その他の皮膚疾患<br>腎臓疾患<br>尿糖検出の者<br>言語障害 | 口腔咽喉頭疾患・異常<br>難聴<br>その他の皮膚疾患<br>尿糖検出の者<br>腎臓疾患 |
| 0.1%未満 | | 顎関節<br>腎臓疾患 | 尿糖検出の者<br>結核 | 結核 | 言語障害<br>結核 |

注：1.「口腔咽喉頭疾患・異常」とは、アデノイド、扁桃肥大、咽頭炎、喉頭炎、扁桃炎、音声言語異常のある者等である。
　　2.「歯・口腔のその他の疾病・異常」とは、口角炎、口唇炎、口内炎、唇裂、口蓋裂、舌小帯異常、唾石、癒合歯、要注意乳歯等のある者等である。
　　3.「その他の皮膚疾患」とは、伝染性皮膚疾患、毛髪疾患等、アトピー性皮膚炎以外の皮膚疾患と判定された者である。
　　4.「心電図異常」とは、心電図検査の結果、異常と判定された者である。
　　5.「蛋白検出の者」とは、尿検査のうち、蛋白第1次検査の結果、尿中に蛋白が検出（陽性（＋以上）又は擬陽性（±）と判定）された者である。
　　6.「尿糖検出の者」とは、尿検査のうち、糖第1次検査の結果、尿中に糖が検出（陽性（＋以上）と判定）された者である。

文部科学省：学校保健統計調査（2019年度）（注：全幼児、児童、生徒の 25.2%を抽出）

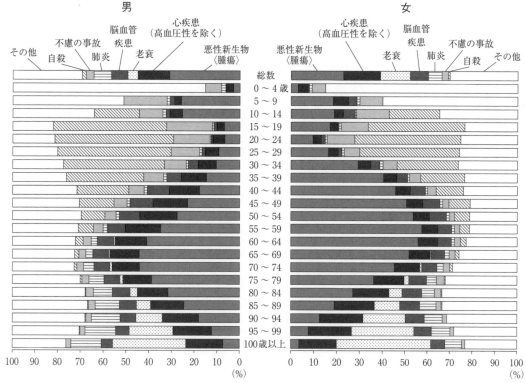

**図 1-15　性・年齢階級別にみた主な死因の構成割合（2019 年度）**
厚生労働省：人口動態統計（2019）

精神的な健康問題についてもっと真剣に取り組まなければならないことを物語るものと言える。ここにあがっていないが学習あるいは学業拒否、非行、暴力などにはふだんの観察・指導が不可欠で、発生後の対症療法的な対策では抜本的な方法とは言い難い。対岸の火災視することなく児童・生徒の健康問題に日々注目する必要がある。

### 参考文献

WHO : Official_Records of the WHO, No.2-Proceedings and Final Acts of the National Health Conference-, 100, 1948.（http://www.WHO.int/govermant/eb/WHO_construction/）

Prichad P : Manual of Primary Health-Care, Its Nature and Organization, 0xford University Press, 1978.

Cmich, D.E., Theoretical perspectives of holistic health, Journal of School Health, 54,（1），1984

Hancock T, Perkins F : The mandala of health, Health Education, 24（1），1985.

WHO : The OTTAWA Charter for Health Promotion, First International Conference on For Health Promotion, OTTAWA, 1986.

L.W.Green and M.W.Kreuter : Health promotion planning, An educational and Environmental Approach, 24, second ed.24, Mayfield Publishing, 1991

中山和弘：ホリスティック・ヘルスの概念と問題点、園田恭一他、健康観の転換、東京大学出版会、1995.

古谷野旦：老人の健康度と自立の指標、園田恭一他、健康観の転換、東京大学出版会、1995.

高石昌弘：新版学校保健概説、同文書院、1996.

島内憲夫他；ヘルスプロモーションの進め方、垣内出版、2000.

日本健康教育士養成機構編著：新しい健康教育、保健同人社、2011.

厚生省大臣官房国際課：WHO 憲章における「健康」の定義の改正案について、1999.
　（http://wwwl.mhlw.go.jp/houdou/1103）

厚生省大臣官房国際課：WHO 憲章における「健康」の定義の改正案のその後について（第 52 回 WHO 総会の結果）、
　1999.（http://www1.mhlw.go.jp/houdou/1110）

大津一義編著：ヘルスプロモーション論、日本ウェルネススポーツ大学、2012.

文部科学省：学校保健統計調査、2019.

厚生労働省：人口動態統計、2019.

大津一義、他：楽しい保健、教師用指導書指導編、大日本図書、2020.

# 第2章
# 学校における健康教育（保健教育）

## 第1節　保健教育の推進

　教育基本法第1条（教育の目的）では、「心身ともに健康な国民の育成」が掲げられ、第2条（教育の目標）では、「健やかな身体を養う」ことが規定されている。その実現に向けて、学校における健康教育（以下、保健教育）に負うところが大きい。各学校においては、保健教育の一層の充実発展が求められている。そのために、この第1節では、これまでの保健教育の成果と課題を踏まえ、新学習指導要領の改善方針について理解を深めることにするが、学校の教育活動全体を通して行われる保健教育の中核を占める保健授業については、第2節で詳細に述べることにする。

### 1．保健教育の変遷

#### （1）保健教育の教育課程の位置づけと学力観の変遷

　教育課程の基準である学習指導要領は、社会状況の変化や学校教育の課題に対応しながら約10年に1度改訂されている。これに伴って健康教育も生活環境や学習環境、児童・生徒が直面する健康課題、学習指導要領が掲げる学力観等を背景に変化をしてきた。

　戦後直後の保健教育は、民間情報教育局 CIE（The Civil Information and Education）の指導と勧告の影響を受けている。CIE に提出された第1次米国教育使節団の報告者では、「小学校における保健教育は極端なまでに欠如している。小学校では実際に生理や衛生の学習さえなされていない」と、学校教育における保健教育の必要性が指摘されている。これを受けて、1947（昭和22）年の文部省による学校体育指導要綱には、小学校から大学まで一貫した保健教育の学習内容が示された。1949（昭和24）年には中等学校保健計画実施要領、1951（昭和26）年には小学校保健計画実施要領が発刊された。「学校の健康教育は、教育の一科目にあるだけでなく、それはあらゆる機会を通じてなされる」ことが示され、保健教育の目標として、「健康のために必要な習慣、知識、態度を習得させ、個人、家庭及び社会において最大の幸福と福祉の基礎となる健康を確保すること」が明示されている。実施要項の解説書では、「健康教育においては、態度、行動は知識よりもはるかに重要である」と解説されており、生活経験主義的教育観が重視されていたことがわかる。そして 1950 年代～ 1960 年代の保健教育は、健康行動に重点を置いた実用主義的・行動主義的な目標論と科学的知識を行動に活用するための認識の形成に重点を置いた「保健認識形成論」をきっかけに発展してきた。

　その後、保健教育の目標は、健康課題に対する課題解決力の育成、汎用的能力ないしコンピテンシー（competency）、系統的な学習の必要性、健康教育に関連する意志決定と行動変容、ライフスキルやヘルスリテラシー（情報活用力）、コミュニケーション力の育成等、様々な視点から論じられてきた。

## （2）　教育課程改訂に向けた保健教育の課題の推移

### 1）　育成すべき資質・能力の課題（汎用的能力、コンピテンシーの重視へ）

　近年、グローバル化や情報化による絶え間ない技術革新や急速な社会構造、社会環境の変化による予測困難な時代を迎えようとしている。そのため、学校教育で習得した知識や情報が数年後には変化している可能性が高く、保健教育においても、常に更新される新しい知識や情報を入手、選択、判断し、実社会や実生活に活用するために必要な資質・能力が求められている。

　中でも、社会構造の変化に対応できる資質・能力として、教科横断的に育成する汎用的能力ないしコンピテンシーの重要性が増している。

　断片化された知識や技能ではなく、人間の全体的な能力をコンピテンシーとしてとらえ、それをもとに目標を設定し、政策をデザインする世界的な潮流である。具体的には、OECD の DeSeCo プロジェクト（1997 ～ 2003 年）による「キー・コンピテンシー」の概念が、PISA や PIAAC などの国際調査にも取り入れられるようになった。日本においても、このグローバルな視点によるコンピテンシー・ベースの学力観が汎用的能力と各教科で育成すべき能力の関連性や小中高等学校の系統性などについて議論されるようになった。保健教育におけるコンピテンシー・ベースの学力観とは、健康に関する概念や原則を基に、正しい知識や情報を実生活や実社会に活用するために必要な思考力、判断力、表現力等が該当する。

　国立教育政策研究所は、2013（平成 25）年の報告書「社会の変化に対応する資質や能力を育成する教育課程編成の基本原理」（以下、報告書）で、教科横断的に育成すべき汎用的能力として、21 世紀型能力を提案している。21 世紀型能力は、基礎力、思考力、実践力の 3 つを柱に構成されており、基礎力である言語スキル、数量スキル、情報スキルを活用するための能力として、問題解決力、論

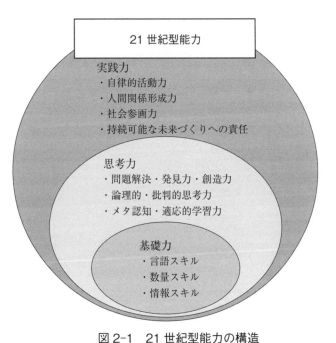

図 2-1　21 世紀型能力の構造
資料：国立教育政策研究所、2013

理的思考力、批判的思考力、メタ認知などの思考力が中核に位置づけらてれている（図 2-1）。

### 2）子どもたちの健康に関する課題

2014（平成 26）年の文部科学省「育成すべき資質・能力を踏まえた教育目標・内容と評価のあり方に関する検討会」は、OECD における「キー・コンピテンシー」や 21 世紀型能力などの議論を踏まえながら、検討を重ねた成果を論点整理（以下、検討会案）としてまとめている。その内容を踏まえ、2016（平成 28）年の中央教育審議会答申「幼稚園、小学校、中学校、高等学校及び特別支援学校の学習指導要領の改善及び必要な方策等について」（以下、中教審答申）では、保健教育に関わる子どもたちの現状や課題について次の 3 点が挙げられている。

> ① 自分の判断や行動がよりよい社会づくりにつながるという意識が低く、学習したことを活用して、生活や社会の中で出会う課題解決に主体的に生かしていくという面に課題がある。
> ② 子どもたちが様々な体験活動を通じて、生命の有限性や自然の大切さ、自分の価値を認識しつつ他者と協働することの重要性などを、実感しながら理解できるようにするために、学級等を単位とした集団の中で体系的・継続的な活動を行うことのできる学校の場を生かして、地域・家庭と連携・協働しつつ、体験活動の機会を確保していくことが課題である。
> ③ 子供の健康に関しては、性や薬物等に関する情報の入手が容易になるなど、子供たちを取り巻く環境が大きく変化している。また、食を取り巻く社会環境の変化により、栄養摂取の偏りや朝食欠食といった食習慣の乱れ等に起因する肥満や生活習慣病、食物アレルギー等の健康課題が見られる。

このように、子どもの健康課題として、性や薬物等に関する情報の入手が容易となっていることや、食を取り巻く社会環境の変化により、栄養摂取の偏りや朝食欠食といった食習慣の乱れ等に起因する肥満や生活習慣病、食物アレルギー等や東日本大震災（2011 年）や熊本地震（2016 年）をはじめとする様々な自然災害の発生などが挙げられる。したがって、子どもの健康課題の解決にあたっては、必要な情報を自ら収集し、適切な意思決定や行動選択を行うことができる力、即ち課題解決力、情報活用力、コミュニケーション力といった汎用的能力の育成が重要な課題である。

### 2. 新学習指導要領（2017・2018 年）の基本方針と保健教育

上記の報告書や検討会案、中教審答申等を受けて、2017（平成 29）年に小・中学校学習指導要領、2018（平成 30）年に高等学校学習指導要領が改訂された。

今回の改訂では、2008（平成 20）年改訂学習指導要領が掲げてきた「生きる力」を踏襲しながら、「社会に開かれた教育課程」の実現に向けて、「育成すべき 3 つの資質・能力」「見方・考え方」「主体的・対話的で深い学び」「カリキュラム・マネジメント」等の視点が新たに示された。

### （1）社会に開かれた教育課程と保健教育

社会に開かれた教育課程とは、社会の情勢を見据えて、実生活や実社会の課題解決に繋がる資質・能力を育成し、生涯に渡って持続可能な社会の実現を図ることである。

中教審答申では、社会に開かれた教育課程の実現に向けて次の３点を示している。

---

① 社会や世界の状況を幅広く視野に入れ、よりよい学校教育を通じてよりよい社会を創るという目標を持ち、教育課程を介してその目標を社会と共有していくこと。
② これからの社会を創り出していく子供たちが、社会や世界に向き合い関わり合い、自分の人生を切り拓いていくために求められる資質・能力とは何かを、教育課程において明確化し育んでいくこと。
③ 教育課程の実施に当たって、地域の人的・物的資源を活用したり、放課後や土曜日等を活用した社会教育との連携を図ったりし、学校教育を学校内に閉じずに、その目指すところを社会と共有・連携しながら実現させること。

---

　保健教育では従来、ヘルスプロモーションの概念や原則を基に、実生活や実社会に生きる力の育成を目標としてきた。自他やコミュニティに必要となる健康・安全に関する正しい知識やコミュニケーション力等のライフスキル、課題解決力、情報を活用するヘルスリテラシーを身に付け、グローバルな視点から自他のQOL（生活の質）を高めるために必要な資質・能力を育むことが重要である。


## （2）　育成すべき３つの資質・能力と保健教育

　教育課程全体を通して育成すべき資質・能力が次の３つに整理された。これらには、上述した21世紀型能力の概念等が反映されている。

---

ア．生きて働く「知識・技能」の習得
　　何を理解しているか、何ができるか。
イ．未知の状況にも対応できる「思考力・判断力・表現力等」の育成
　　理解していること・できることをどう使うか。
ウ．学びを人生や社会に生かそうとする「学びに向かう力・人間性等」の涵養
　　どのように社会・世界と関わり、よりよい人生を送るか。

---

　中教審答申では、現代的な諸課題に対応して求められる資質・能力として「健康・安全・食に関する力」が取り上げられているが、これを３つの資質・能力別にみると次の通りである。

　【知識・技能】様々な健康課題、自然災害や事件・事故等の危険性、健康・安全で安心な社会づくりの意義を理解し、健康で安全な生活や健全な食生活を実現するために必要な知識や技能を身に付けていること。

　【思考力・判断力・表現力等】自らの健康や食、安全の状況を適切に評価するとともに、必要な情報を収集し、健康で安全な生活や健全な食生活を実現するために何が必要かを考え、適切に意思決定し、行動するために必要な力を身に付けていること。

　【学びに向かう力・人間性等】健康や食、安全に関する様々な課題に関心を持ち、主体的に、自他の健康で安全な生活や健全な食生活を実現しようとしたり、健康・安全で安心な社会づくりに貢献しようとしたりする態度を身に付けていること。

　このように、健康や安全に関連する様々な課題に対応する資質・能力は、保健教育で担う内容が多く、各教科の授業だけでなく教科横断的に教育活動全体を通じたカリキュラム・マネジメントにより育成する必要がある。

### （3）　学校の教育活動全体を通しての保健教育とカリキュラム・マネジメント

#### 1）　教育課程における保健教育の位置づけ（構造）

　保健教育は、小学校体育科保健領域、中学校保健体育科保健分野、高等学校保健体育科科目「保健」を中核に、特別活動、総合的な学習の時間（高等学校では総合的な探究の時間）、その他関連する教科等、日常生活及び子どもの実態に応じた集団及び個別指導により、教育活動全体を通じて行われる（図 2-2 は中学校の例）。そして、それぞれの特質を生かし、関連性を吟味しながらカリキュラム・マネジメントにより計画することが求められている。

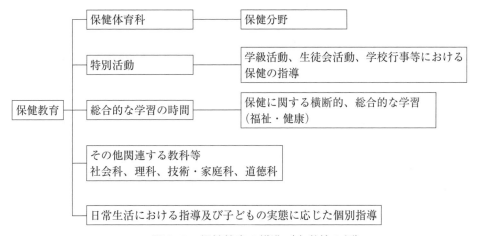

**図 2-2　保健教育の構造（中学校の例）**
文部科学省：改訂「生きる力」を育む中学校保健教育の手引き（2020）を一部修正

　カリキュラム・マネジメントとは、学習指導要領総則において「児童・生徒や学校，地域の実態を適切に把握し、教育の目的や目標の実現に必要な教育の内容等を教科等横断的な視点で組み立てていくこと、教育課程の実施状況を評価してその改善を図っていくこと、教育課程の実施に必要な人的又は物的な体制を確保するとともにその改善を図っていくことなどを通して、教育課程に基づき組織的かつ計画的に各学校の教育活動の質の向上を図っていくこと」と説明されている。保健教育も、このカリキュラム・マネジメントの視点に立ち、教科横断的に教育活動全体を通じて、組織的かつ計画的に行われるように努めなくてはならない。

#### 2）　学習指導要領総則における「健康・安全に関する指導」

　学校における「体育・健康に関する指導」は、学習指導要領第 1 章総則に学校の教育活動全体を通じて適切に行うことが明示されている。次頁は、小学校学習指導要領総則の記述であるが、中学校及び高等学校においても同様の内容が示されている。

　学校における体育・健康に関する指導を、児童の発達の段階を考慮して、学校の教育活動全体を通じて適切に行うことにより、健康で安全な生活と豊かなスポーツライフの実現を目指した教育の充実に努めること。特に、学校における食育の推進並びに体力の向上に関する指導、安全に関する指導及び心身の健康の保持増進に関する指導については、体育科、家庭科及び特別活動の時間はもとより、各教科、道徳科、外国語活動及び総合的な学習の時間などにおいてもそれぞれの特質に応じて適切に行うよう努めること。また、それらの指導を通して、家庭や地域社会との連携を図りながら、日常生活において適切な体育・健康に関する活動の実践を促し、生涯を通じて健康・安全で活力ある生活を送るための基礎が培われるよう配慮すること。

（小学校学習指導要領第1章総則）

### 3）「総合的な学習の時間」（高等学校は「総合的な探究の時間」）

　「総合的な学習の時間」は、学校や地域の特性、児童・生徒の実態等に応じて、教科横断的に育成すべき汎用的能力を総合的に学習する時間である。そのため、各教科等の関連性を考慮したカリキュラム・マネジメントにより計画されている。汎用的能力とは、上述したように、「問題解決力」「論理的思考力」「批判的思考力」「メタ認知」「コミュニケーション力」等の思考力、判断力、表現力を中核としている。知識を実生活や実社会に活用するために必要となる能力であり、探究的な学習や協働的な学習を通じて、主体的・対話的で深い学びにより育成することが求められている。

#### ①　保健授業及び各教科とのつながりと広がり

　保健授業や各教科では、学習指導要領に示された学習内容や配当時数等により、授業時間内に扱うことができる学習内容には限界があり、その内容をさらに深化、拡充するための時間を取ることが難しい。そのため、各教科等の学習内容を明確にした上で、深化、拡充として必要な学習内容は何か検討する必要がある。また、社会に開かれた教育課程の理念に基づき、深化、拡充の学習と関連ある専門家等外部講師の活用等を含めた年間指導計画を立てる必要もある。そのためには、学校保健委員会等で、関連する教科に関わる教職員により「総合的な学習の時間」で扱う題材や内容、外部講師の依頼方法等について検討することが大切である。

#### ②　目標

　中学校学習指導要領解説（「総合的な学習の時間」編）には、次の目標が明示されており、探求的な学習のプロセス「①課題の設定→②情報の収集→③整理・分析→④まとめ・表現」を身に付け、実社会や実生活における課題を発見し、主体的、協働的な学習を通じて、積極的に社会に参画する態度を育成することが求められている。そのため、学習活動として、実地見学、フィールド調査、社会活動への参加、外部人材へのインタビュー、講演会等を含めた計画を立てることが重要である。

#### ③　保健に関わる学習題材

　「総合的な学習の時間」では、保健に関わる教科横断的な学習題材が多く取り上げられている。小・中・高等学校で行われている主な題材を紹介する。

（小学校）

　小学校では、「命の教育」「心の健康」「食育」「健やかな体づくり」「性教育」「がん教育」「感染症における差別や偏見」「交通安全」「自然災害への対応」「犯罪被害の防止」「身近な環境問題」等が学習題材として取り上げられている。学習活動として、例えば、「交通安全」や「自然災害への対応」では、身近な地域の実地調査や学区域の警察や市役所へのインタビュー等により、収集した情報を整理し、ハザードマップを作成する等の取り組みが行われている。

（中学校）

　小学校で示した学習題材を中学生の発達段階を考慮して実施されている。加えて「薬物乱用防止」「SNS依存」「性犯罪の予防」「自転車事故の予防」「熱中症予防」「救急法講習会」「地域の環境問題」等が学習題材として取り上げられている。学習過程は小学校と同様であるが、論理的思考や批判的思考を深め、科学的根拠に基づいた課題解決や表現力がより一層求められている。また、フィールド調査や社会活動への参加は、個人やグループで検討したテーマに沿って、身近な地域を超え、関連省庁や国立研究所等を含めた広い範囲の中で実施されている。

（高等学校）

　高等学校では、小・中学校で示した学習題材に加えて、「生命倫理」「性感染症予防」「地域保健活動への参加」「国際的な保健医療活動」「国際的な環境問題」等の学習題材が取り上げられている。学習過程は、小・中学校と同様であるが、高等学校の総合的な探究の時間の目標として、「自己の在り方、生き方を考えながら、よりよく課題を発見し解決していくための資質・能力を育成する」ことを目指しており、生徒自身が自己の在り方、生き方と一体的で不可分な課題を自ら発見し、解決していくことが期待されている。そのため、未来の社会を築く一員として、持続可能な開発目標（SDGs）やキャリア形成の側面も含めながら探究活動が行われている。また、個人やグループで検討したテーマについて、より専門的な領域を学習するために、高大接続等のしくみを利用して、大学ゼミへのインターンシップ体験等の活動も取り入れられている。

## 参考文献

大津一義：保健の見方・考え方、教師用指導書「楽しい保健」、第日本図書、2020.

大津一義 編著：ヘルスプロモーション論、日本ウェルネススポーツ大学、2012.

大津一義、山田浩平：新学習指導要領「主体的・対話的で深い学び」をめざした中学校保健授業の改善、中学校保健教授用資料、大日本図書、2018.

大津一義、山田浩平：新学習指導要領における小学校保健授業の改善・展開、小学校保健教授用資料、大日本図書、2018.

大津一義、山本浩二：小・中学校におけるがん教育（授業）の開発、小・中学校保健教授用資料、大日本図書、2018.

園田恭一、川田智恵子：健康観の転換、東京大学出版会、1995.

森昭三：「保健科教育法」教育の理念と実際、東山書房、1979.

山本浩二、渡辺正樹：中学生におけるヘルスリテラシーの構造と保健知識及び生活習慣との関連―中学生用ヘルスリテラシー尺度の開発と保健教育への応用の検討―、日本教科教育学会誌、40（1）、2018.

ドミニク・S・ライチェン、ローラ・H・サルガニク（立田慶裕監訳）：キー・コンピテンシー（国際標準の学力をめざして）、明石書店、2006.

文部科学省：改訂「生きる力」を育む中学校保健教育の手引き、2020.

日本学校保健会：児童生徒の健康状態サーベイランス事業報告書（平成 30 年度・令和元年度）、2020.

中央教育審議会：幼稚園、小学校、中学校、高等学校及び特別支援学校の学習指導要領の改善及び必要な方策等について（答申）、2016.

国立教育政策研究所：社会の変化に対応する資質や能力を育成する教育課程編成の基本原理、2013.

文部科学省：小・中学校学習指導要領、2017.

文部科学省：小学校学習指導要領解説体育編、2017.

文部科学省：中学校学習指導要領解説保健体育編、2017.

文部科学省：高等学校学習指導要領、2018.

文部科学省：高等学校学習指導要領解説保健体育編、2018.

文部科学省：小・中学校学習指導要領解説総合的な学習の時間編、2017.

文部科学省：高等学校学習指導要領解説総合的な探究の時間編、2018.

## 第 2 節　保健授業（保健学習）の推進

　保健教育の中核を占める保健授業について、その内的成立要件である目的・目標、内容、方法、評価について述べる。

　ここで言う「保健授業」とは、学習指導要領上では、小学校の体育科保健領域、中学校の保健体育科保健分野、高等学校の保健体育科科目「保健」における授業を指している。「保健学習」という用語も使用されているが、保健授業の成立要件である教える側と教わる側との相互作用のうちの教わる側（学習者）に主眼が置かれていると解すことにする。

### 1.　保健授業の目的・目標（保健の見方・考え方の重視）

　学習指導要領解説では、2008（平成 20）年学習指導要領の保健分野に関する成果と課題について、運動やスポーツが好きな児童・生徒の割合が高まったこと、体力の低下傾向に歯止めが掛かったこと、子どもたちの健康の大切さへの認識や健康・安全に関する基礎的な内容が身に付いていることを挙げている。一方、習得した知識や技能を活用して課題解決することや、学習したことを相手に分かりやすく伝えること等に課題があり、健康課題を発見し、主体的に課題解決に取り組む学習が不十分であり、社会の変化に伴う新たな健康課題に対応した教育の必要性を指摘している。

　これらの課題を踏まえ、学習指導要領では、各教科等の特質に応じて、「見方や考え方」を働かせながら学習するために、「どのような視点で物事を捉え（見方）、どのような考え方で思考していくのか（考え方）」を明確にすることが求められた。例えば、中学校保健授業の目標として「保健の見方・考え方を働かせ、課題を発見し、合理的な解決に向けた学習過程を通して、心と体を一体として捉え、生涯にわたって心身の健康を保持増進するための資質・能力を育成することを目指す」ことが明示された。疾病や傷害を防止するとともに、生活の質や生きがいを重視した健康に関する観点を踏まえ、「個人及び社会生活における課題や情報を、健康や安全に関する原則や概念に着目して捉え、疾病等のリスクの軽減や生活の質の向上、健康を支える環境づくりと関連付けること」とされている。そのため、保健授業の「見方」として、健康や安全に関する原則や概念を理解させたうえで、課題を把握し、情報を活用しながら解決するための学習プロセスが必要となる。さらに「考え方」として、健康課題を解決するために必要となる「思考力、判断力、表現力等」とは何かを明確にし、学習内容を構想することが大切である。例えば食生活と健康の単元において、批判的思考力により、正しい食情報を選択し、家族等に伝える力の育成などを挙げることができる。

## 2. 保健授業における主体的・対話的で深い学び

　学習指導要領第1章総則第3には、主体的・対話的で深い学びの実現に向けた授業改善として、上記した見方・考え方を働かせながら、知識を相互に関連付けてより深く理解したり、情報を精査して考えを形成したり、問題を見いだして解決策を考えたり、思いや考えを基に創造したりする学習過程を重視して、学習の充実を図ることが示されている。保健授業では、例えば、生活習慣病の予防の単元において、主体要因と環境要因を相互に関連づけて理解したり、食生活、運動習慣、休養といった要因から自分の課題を見つけたり、自分の考えを伝え、他者の意見との共通点や差異について考えるなどの学習過程が必要となる。

　その具体的な方法として、児童・生徒の興味、関心を引くような、実生活や実社会と関連が深い教材・教具を活用すること、課題解決や情報活用の手順を学習活動に取り入れること、ディスカッション、ブレインストーミング、ロールプレイング（役割演技法）等の対話的な学習活動を取り入れること、心肺蘇生法などの実習、実験などを取り入れること等を挙げることができる。また、教科横断的な視点から、「総合的な学習の時間」では、学校や地域の実情に応じて、健康や安全に関わる地域の活動を調査したり、保健・医療機関等に参画する学習活動を取り入れることも推奨される。

## 3. 保健授業の系統性

### （1）　資質・能力の系統性

　小・中・高等学校で共通している内容、校種別の差異、校種間の繋がりについて理解しておく必要がある。例えば中央教育審議会答申「幼稚園、小学校、中学校、高等学校及び特別支援学校の学習指導要領の改善及び必要な方策等について」2016（平成28）年に示された添付資料では、小学校、中学校、高等学校で育成する思考力・判断力・表現力等について下記の内容が示されている。

　（小学校）身近な健康課題に気付き、健康を保持増進するための情報を活用し、課題解決する力

　（中学校）健康課題を把握し、適切な情報を選択、活用し、課題解決のために適切な意志決定をする力

　（高等学校）健康課題の解決を目指して、情報を批判的にとらえたり、論理的に考えたりして、適切に意志決定・行動選択する力

　このように、健康に関する課題解決と情報活用という共通した能力の育成が記述されているとともに、気付きから把握、意思決定から行動選択へという、校種間の繋がりを理解しながら、校種別の授業計画を立案する必要がある。知識及び技能、学びに向かう力・人間性等についても同様である。

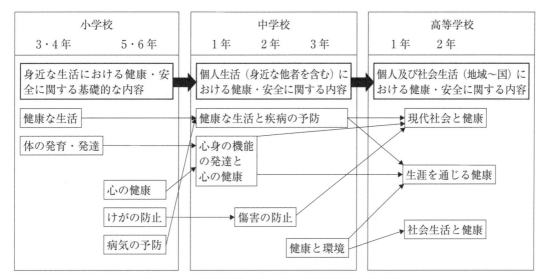

図 2-3　保健授業　小・中・高等学校の系統性
（改訂「生きる力」を育む中学校保健教育の手引き 2020 を基に作成）

## （2）学習内容の系統性

　教育課程の編成において、学校段階間の接続を図ることが示されており、保健授業も小・中・高等学校の学習内容について、系統性を考慮しながら指導する必要がある（図 2-3）。学んだ知識や技能を実生活に活用するという視点では、「身近な生活（小学校）」「身近な他者を含む個人生活（中学校）」「個人及び社会生活（高等学校）」というように、学習内容の深化、拡充を進めながら、科学的根拠に基づいた知識及び技能の習得、批判的思考やメタ認知等、思考力、判断力、表現力等を高め、主体的・対話的な学習の質を高めながら、系統性を持った学習を進めていくことが求められている。

## 4．保健授業の評価

　学習指導要領に定める目標に準拠した評価が行われる必要がある。そのため「観点別学習状況の評価」では、校種別に、3 つの資質・能力ごとに示されている学習目標に沿った評価内容を示す必要がある。ただし「学びに向かう力・人間性等」については、感性や思いやりといった部分は、個人内評価で行うことが示されており、そのため「主体的に学習に取り組む態度」について評価することになっている。

## （1）「知識及び技能」

　「知識及び技能」の評価は、各教科等における学習の過程を通した知識及び技能の習得状況について評価を行うとともに、それらを既有の知識及び技能と関連付けたり、活用したりする中で、他の学習や生活の場面でも活用できる程度に概念等を理解したり、技能を習得したりしているかについて評価する。具体的な評価の方法として、ペーパーテストにおいて、事実的な知識の

習得を問う問題と、知識の概念的な理解を問う問題とのバランスに配慮するなどの工夫改善を図るとともに、例えば、児童・生徒が文章による説明をしたり、各教科等の内容の特質に応じて、観察や実験の結果を記述したり、式やグラフで表現したりするなど、実際に学んだ知識や技能を用いる場面を設けながら、評価する必要がある。

## （2）「思考力・判断力・表現力等」の評価

　授業で学んだ知識及び技能を活用して、課題解決や情報活用する学習過程を通じて、どのような思考力、判断力、表現力等がどのように身に付いているかを評価する。具体的な評価例として、思考力や判断力を問うペーパーテスト、論述やレポート、発表の記録、グループでの話し合いの記録、ルーブリックやポートフォリオによる評価方法等を挙げることができる。

## （3）「主体的に学習に取り組む態度」の評価 （図2-4）

　「主体的に学習に取り組む態度」の評価は、知識及び技能を習得したり、思考力、判断力、表現力等を身に付けたりするために、自らの学習状況を把握し、学習の進め方について試行錯誤するなど自らの学習を調整しながら、学ぼうとしているかどうかという意図的な側面を評価することが重要であり、主に次の2側面から評価することが示されている。

　①　知識及び技能を獲得したり、思考力、判断力、表現力等を身に付けたりすることに向けた粘り強い取組を行おうとしている側面

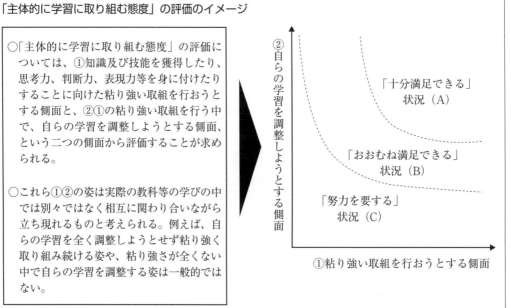

図2-4　主体的に学習に取り組む態度の評価のイメージ
国立教育政策研究所（2020）

②　①の粘り強い取組を行う中で、自らの学習を調整しようとする側面

　具体的な評価の方法としては、ノートやレポート等における記述、授業中の発言、教師による行動観察や児童・生徒による自己評価や相互評価等の状況を、教師が評価を行う際に考慮する材料の一つとして用いることなどが示されている。

## 5.　保健授業の計画

　保健授業の計画は、教科の特質を考慮しながら、関連教科及び「総合的な学習の時間」、特別活動の保健指導との関連も踏まえながら、年間指導計画及び単元ごとの指導計画、一単位ごとの指導計画（学習指導案等）を作成することが大切である。その際、児童・生徒の実態（発達段階など）や学校内や地域の人的・物的資源等を踏まえた無理のない計画に基づく実施とその評価及び計画の改善を一体（Plan 計画 –Do 実施 –Check 評価 –Action 改善）として推進することが、教科におけるカリキュラム・マネジメントとして重要である。また、保健授業時間内で学習を完結するのではなく、授業で立てた計画に基づき、実際の生活で実践してみた結果等をポートフォリオ等で記録し、自己評価と他者評価により修正するといった PDCA サイクルにより、学んだことを実生活に生かすことができる授業計画を立案することが推奨される。その際、保健授業で考えた課題解決の方法を、家族に伝える活動を取り入れたり、家族にインタビューする等の工夫も有効である。

　なお、保健授業の関連教科とは、小学校では体育科・生活科・理科・社会科・家庭科・道徳科等、中学校では保健体育科・理科・社会科・家庭科・道徳科等、高等学校では保健体育科、理科、家庭科等である。

## 6.　校種別にみた保健授業の目標及び学習内容

### （1）　小学校保健授業
#### 1）　目標
「保健の見方・考え方を働かせ、課題を見付け、その解決に向けた学習過程を通して、心と体を一体として捉え、生涯にわたって心身の健康を保持増進し豊かな生活を実現するための資質・能力を育成する」ことであり、3 観点の目標として以下の内容が示されている。

　（知識及び技能）身近な生活における健康・安全について理解するとともに、健康・安全に必要な技能を身に付けるようにする。

　（思考力、判断力、表現力等）運動や健康についての自己の課題を見付け、その解決に向けて思考し判断するとともに、他者に伝える力を養う。

　（学びに向かう力・人間性等）健康の保持増進を目指し、楽しく明るい生活を営む態度を養う。

#### 2）　内容及び配当学年・時間（表 2-1 参照）と学習活動
　小学校 3 年生から 6 年生の 4 年間で、ア　健康な生活、イ　体の発育・発達、ウ　心の健康、エ　けがの防止、オ　病気の予防について学習する。第 3、4 学年の 2 学年間で 8 単位時間程度、

表2-1　大単元の内容の概要（小学校）

| |
|---|
| 【ア　健康な生活】（3年生）<br>　健康な生活を送るための主体の要因と環境の要因等について理解し、1日の生活の仕方や身の回りの環境について、課題を見付け、その解決に向けて考え、表現すること。<br>【イ　体の発育・発達】（4年生）<br>　年齢に伴う体の変化や個人差等について理解し、課題を見付け、その解決に向けて考え、表現すること。<br>【ウ　心の健康】（5年生）<br>　心の発達や不安や悩みへの対処等について理解し、課題を見付け、その解決に向けて思考、判断、表現すること、簡単な対処をすること。<br>【エ　けがの防止】（5年生）<br>　交通事故やけがの原因と防止方法等について理解し、課題を見付け、危険の予測や回避方法を考え、それらを表現すること、けがなどの簡単な手当をすること。<br>【オ　病気の予防】（6年生）<br>　病気の要因や予防方法等について理解し、課題を見付け、その解決に向けて思考し判断するとともに表現すること。<br>内容の取扱い<br>・「健康な生活」では、健康診断や学校給食などは、学校全体で計画的に行われていること、また、保健室では、養護教諭が中心となってけがの手当や健康についての相談などが行われていることなどを取り上げ、保健活動の大切さについて気付かせるよう配慮する。<br>・「体の発育・発達」では、自分や他の人を大切にする気持ちを育てる観点から、自己の体の変化や個人による発育の違いなどについて肯定的に受け止めることが大切であることに気付かせるよう配慮する。<br>・保健領域の「健康な生活と運動」及び「体の発育・発達と適切な運動」について学習したことを、体つくり運動等の運動領域と関係付けて学習するなど、運動と健康との関連について具体的な考えをもてるよう配慮する。<br>＊各大単元の内容の概要と内容の取扱いを筆者が整理したものである。詳細については、巻末資料（学習指導要領）を見ながら、育成すべき資質・能力3つの柱と、各大単元の内容及び取扱いで配慮すべき点を確認されたい。 |

第5、6学年の2学年間で16単位時間程度を配当することになっている。

　このように、小学校の保健授業は、身近な生活における健康・安全が学習範囲として取り上げられており、自分の健康に関して、家庭生活や学校生活を振り返りながら、健康や安全に関する課題を見つけ、その解決に向けて思考したり、判断したり、仲間や家族に伝える等の学習活動が大切である。例えば、「ア　健康な生活」では、児童自らが自己の食生活や運動習慣、睡眠等の身近な生活習慣に関心を持ち、その中から課題を見つけたり、「エ　けがの防止」では、身の回りで起きているけがの事例から、危険を予測・回避するために必要なことを話し合うなどの学習活動を挙げることができる。さらに、「ウ　心の健康」では、総合的な学習の時間や道徳との関連性を重視し、アサーションにより自己主張スキルや傾聴スキルを高めたり、ストレスコーピングによるストレス対処法など、ライフスキルの概念に基づいた学習活動を行うことが大切である。

## （2）　中学校保健授業

### 1）　目標

「保健の見方・考え方を働かせて、課題を発見し、その解決を図る主体的・協働的な学習過程を通して、心と体を一体として捉え、生涯を通じて心身の健康を保持増進するための資質・能力を育成する」ことであり、3 観点の目標として以下の内容が示されている。

（知識及び技能）個人生活における健康・安全について理解するとともに、基本的な技能を身に付けるようにする。

（思考力、判断力、表現力等）健康についての自他の課題を発見し、よりよい解決に向けて思考し判断するとともに、他者に伝える力を養う。

（学びに向かう力・人間性等）生涯を通じて心身の健康の保持増進を目指し、明るく豊かな生活を営む態度を養う。

### 2）　内容及び配当学年・時間（表 2-2 参照）と学習活動

4 つの大単元から構成されている。(1) 健康な生活と疾病の予防（第 1、2、3 学年）、(2) 心身の機能の発達と心の健康（第 1 学年）、(3) 傷害の防止（第 2 学年）、(4) 健康と環境（第 3 学

### 表 2-2　大単元の内容の概要（中学校）

【健康な生活と疾病の予防】（1、2、3 年生）
　健康が主体と環境の相互作用で成り立っていることや疾病の要因と予防方法等について理解し、課題を発見し、その解決に向けて思考、判断、表現すること。
【心身の機能の発育と心の健康】（1 年生）
　心身の機能の発達と心の健康について理解を深めるとともに、課題を発見し、その解決に向けて思考、判断、表現すること、ストレスの対処をすること。
【傷害の防止】（2 年生）
　交通事故、自然災害などによる傷害の要因や防止方法等について理解し、課題を発見し、その解決に向けて思考、判断、表現すること、応急手当や心肺蘇生法を行うこと。
【健康と環境】（3 年生）
　環境への適応能力、飲料水や空気の衛生的管理、生活に伴う廃棄物の衛生的管理等を理解し、健康と環境について課題を発見し、その解決に向けて思考、判断、表現すること。
内容の取扱い
・「健康な生活と疾病の予防」では、健康の保持増進と疾病の予防に加えて、疾病の回復についても取り扱う。また、「生活習慣と健康」と「生活習慣病の予防」では、食育の観点も踏まえつつ健康的な生活習慣の形成に結び付くように配慮するとともに、がんについて取り扱う。必要に応じて、コンピュータなどの情報機器の使用と健康との関わりについても取り扱う。「喫煙、飲酒、薬物乱用と健康」では、心身への急性影響及び依存性について取り扱うことが示され、薬物の種類として、覚醒剤や大麻等を取り扱う。
・「感染症の予防」では、後天性免疫不全症候群（エイズ）及び性感染症についても取り扱う。
・「身体機能の発達」では、呼吸器、循環器を中心に取り扱うこと、「生殖に関わる機能の成熟」では、妊娠や出産が可能となるような成熟が始まるという観点から、受精・妊娠を取り扱う。また、身体の機能の成熟とともに、性衝動が生じたり、異性への関心が高まったりすることなどから、異性の尊重、情報への適切な対処や行動の選択が必要となることについて取り扱う。さらに、「欲求やストレスへの対処と心の健康」では、体育分野「体つくり運動」との関連を図って指導する。
・「応急処置」では、包帯法、止血法など傷害時の応急手当も取り扱い、実習を行う。
・「健康と環境」では、地域の実態に即して公害と健康との関係を取り扱うことにも配慮する。
＊各大単元の内容の概要と内容の取扱いを筆者が整理したものである。詳細については、巻末資料（学習指導要領）を見ながら確認されたい。

年）。そして、健康な生活と疾病の予防では、「健康の成り立ちと疾病の発生要因」「生活習慣と健康」が第1学年、「生活習慣病の予防」「喫煙、飲酒、薬物乱用と健康」が第2学年、「感染症の予防」「個人の健康を守る社会の取組」が第3学年の内容として示されており、3年間で48単位時間程度配当することになっている。また、「知識及び技能」の「技能」は、ストレスへの対処と応急手当の学習で扱うことになっている。

中学校保健分野では、健康や安全に関する事象について、原則や概念に着目してとらえ、科学的根拠に基づいた正しい知識を習得することが求められる。原則や概念については、小学校の「身近な生活」からより広い視野で理解する必要があり、ヘルスプロモーションの理念や各単元に関わる概念の意味や意義を理解した上で、学習を進めていく必要がある。例えば、健康な生活と疾病の予防では、1次予防、2次予防、3次予防について理解した上で、生活習慣の改善や早期発見の必要性について考えたり、傷害の防止では、一次災害と二次災害、自助・共助・公助の関連性等を理解した上で応急手当の方法を学習するなどの授業計画を立てることが大切である。また、健康に関する課題解決に向けて、健康情報を活用する力の育成も中学校保健授業の重要な課題である。そのために、自他の健康課題を把握し、課題を解決するために必要な情報を入手、選択、判断する学習過程を通じて、主体的で対話的な学習活動を取り入れるなどの指導方法を工夫することが大切である。


（3）高等学校保健授業

1）目標

「保健の見方・考え方を働かせ、合理的、計画的な解決に向けた学習過程を通して、生涯を通じて人々が自らの健康や環境を適切に管理し、改善していくための資質・能力を育成する」ことであり、3観点の目標として以下の内容が示されている。

（知識及び技能）個人及び社会生活における健康・安全について理解を深めるとともに、技能を身に付けるようにする。

（思考力、判断力、表現力等）健康についての自他や社会の課題を発見し、合理的、計画的な解決に向けて思考し判断するとともに、目的や状況に応じて他者に伝える力を養う。

（学びに向かう力・人間性等）生涯を通じて自他の健康の保持増進やそれを支える環境づくりを目指し、明るく豊かで活力ある生活を営む態度を養う。

2）内容及び配当学年・時間（表2-3参照）と学習活動

4つの大単元から構成されている。（1）現代社会と健康、（2）安全な社会生活、（3）生涯を通じる健康、（4）健康を支える環境づくり。原則として入学年次及びその次の年次の2学年間で2単位（合計70単位時間程度）を履修することになっている。

高等学校の保健授業は、小・中学校で学習してきた内容を系統的に深めていくために、人間の健康をヘルスプロモーションの概念に基づき、過去、現代、未来という社会構造や環境変化の視点、誕生から高齢者までといったライフステージの視点、個人生活から社会生活へといったシ

表2-3　大単元の内容の概要（高等学校）

【現代社会と健康】
　現代社会と健康について、健康の考え方、健康課題、疾病の要因（精神疾患を含む）と予防及び回復等について理解し、課題を発見し、健康や安全に関する原則や概念に着目して解決の方法を思考し判断するとともに、それらを表現すること。

【安全な社会生活】
　安全な社会生活について、安全な社会づくりに必要な環境の整備や個人の取り組み、傷害の予防方法や応急手当の方法等について理解し、安全に関する原則や概念に着目して危険の予測やその回避の方法を考え、それらを表現すること、応急手当を行うこと。

【生涯を通じる健康】
　生涯の各段階における健康及び労働と健康等について理解し、生涯を通じる健康に関する情報から課題を発見し、健康に関する原則や概念に着目して解決の方法を思考し判断するとともにそれらを表現すること。

【健康を支える環境づくり】
　環境と健康、食品と健康、保健医療制度や保健医療機関の活用方法等を理解し、健康を支える環境づくりに関する情報から課題を発見し、健康に関する原則や概念に着目して解決の方法を思考し判断するとともにそれらを表現すること。

内容の取扱い
・「生活習慣病などの予防と回復」及び「食品と健康」では、食育の観点を踏まえつつ、健康的な生活習慣の形成に結び付くよう配慮する。また、「生活習慣病などの予防と回復」では、がんについても取り扱う。
・「生活習慣病などの予防と回復」及び「保健・医療制度及び地域の保健・医療機関」では、健康とスポーツの関連について取り扱う。
・「喫煙、飲酒、薬物乱用と健康」では、疾病との関連、社会への影響などについて総合的に取り扱う。
・「精神疾患の予防と回復」では、大脳の機能、神経系及び内分泌系の機能について必要に応じ関連付けて扱う。また、体育分野の「体つくり運動」における体ほぐし運動との関連を図るよう配慮する。
・「安全な社会づくり」では、犯罪や自然災害などによる傷害の防止についても、必要に応じ関連付けて扱うよう配慮する。交通安全については、二輪車や自動車を中心に取り上げる。
・「応急手当」では、実習を行い、効果的な指導を行うため、体育の水泳などとの関連を図るよう配慮する。
・「生涯の各段階における健康」では、思春期と健康、結婚生活と健康及び加齢と健康を取り扱う。また、責任感を涵養することや異性を尊重する態度が必要であること、及び性に関する情報等への適切な対処についても扱うよう配慮する。
・「環境と健康」では、廃棄物の処理と健康についても触れる。
＊各大単元の内容の概要と内容の取扱いを筆者が整理したものである。詳細については、巻末資料（学習指導要領）を見ながら確認されたい。

ティズンシップやSDGsの視点等によりとらえ、個人の健康と健康を支える環境づくりや医療・保健制度等の関連を理解し、深化、拡充する学習内容となっている。資質・能力の3つの柱のうち、思考力、判断力、表現力等では、論理的思考力、批判的思考力、メタ認知等による課題解決力や情報活用力を高めながら、ディスカッションやディベート等の対話的な学習を重視するとともに、学習に関連した保健・医療機関等、社会活動への参画も期待される。また実験では、仮説を設定し、これを検証したり、解決したりするという実証的な問題解決を自ら行う活動を重視し、科学的な事実や法則といった指導内容を理解できるようにすることが求められている。このように、科学的根拠に基づいた知識及び技能の習得とともに、思考力、判断力、表現力等を高め

る学習過程により、学んだ知識や技能を実生活や実社会に活用できる能力の育成が目指されている。

**参考文献**

大津一義：保健の見方・考え方、教師用指導書「楽しい保健」、大日本図書、2020.

大津一義、山田浩平：新学習指導要領「主体的・対話的で深い学び」をめざした中学校保健授業の改善、中学校保健教授用資料、大日本図書、2018.

大津一義、山田浩平：新学習指導要領における小学校保健授業の改善・展開、小学校保健教授用資料、大日本図書、2018.

文部科学省：改訂「生きる力」を育む中学校保健教育の手引き、2020.

中央教育審議会：幼稚園、小学校、中学校、高等学校及び特別支援学校の学習指導要領の改善及び必要な方策等について（答申）、2016.

国立教育政策研究所：「指導と評価の一体化」のための学習評価に関する参考資料（中学校保健体育）、2020.

文部科学省：小・中学校学習指導要領、2017.

文部科学省：小学校学習指導要領解説体育編、2017.

文部科学省：中学校学習指導要領解説保健体育編、2017.

文部科学省：高等学校学習指導要領、2018.

文部科学省：高等学校学習指導要領解説保健体育編、2018.

## 第 3 節　保 健 指 導

### 1.　保健指導の意義と必要性

#### （1）　保健教育における保健指導の位置づけ

　1997（平成 9）年の保健体育審議会答申で、学校における保健教育は、生涯を通じて児童・生徒が健康・安全で活力ある生活を送るための基礎を培うために、彼らに健康で安全な生活に必要な知識と技能を習得させ、自他の健康と安全を保持増進できる能力や資質と態度を育成し、日常生活の中でそれらの実践化、習慣化を図ることをねらいとしている。

　従来から、保健教育は保健学習と保健指導で構成する考え方が一般的になされてきた。保健学習は体育科・保健体育科を中心とした関連教科等で保健の理論面、すなわち、知識の習得と科学的認識、資質や態度を育成することを目的としている。保健指導は学級活動や学校行事などの特別活動等で行われる集団を対象とした保健指導（以下、集団指導）と、保健室や学級で行われる個人または小グループを対象とした保健指導（以下、個別指導）があり、保健の実践面、すなわち、健康な生活を送るための態度の育成や習慣化を目的としている。集団指導は学習指導要領に、個別指導は学校保健安全法に基づく違いはあるが、児童・生徒の発達段階と健康問題を踏まえて、相互に関連づけて実施されている。

　このような観点から保健教育を構成する考え方に対して、2016（平成 28）年の中央教育審議会答申では「健康・安全・食に関する資質・能力」について言及する中で、「従来教科等を中心とした「安全学習」「保健学習」と特別活動等による「安全指導」「保健指導」に分類されている構造については、資質・能力の育成と教育課程全体における教科等の役割を踏まえた再整理が求められる」と指摘している。2017（平成 29）年改訂の小・中学校学習指導要領では、保健学習や保健指導の用語を用いた分類は行わず、教科等の名称で説明したうえで保健教育としてひとくくりにして（第 2 章第 1 節参照）、これまで保健学習や保健指導と呼んでいたもののうち、学校保健安全法第 7 条及び第 9 条に規定した個別指導を保健指導と呼ぶことになった。

　本節では、これまでの保健指導の本来的な目的や役割に照らして、教育課程における保健教育のうちの特別活動における保健の指導、教育課程外における保健教育として行われる日常生活における指導、児童・生徒の実態に応じて行われる個別指導を保健指導としてとらえることにした。

#### （2）　保健指導の意義

　近年の科学技術の急速な進歩や生活水準の向上、医学・公衆衛生の発展、インターネットなどの情報化社会の進展によって、健康や安全に関する知識や情報は、学校教育だけでなく、家庭や地域においても一層身近なものになり、豊富に収集することが可能になってきた。しかし、児童・生徒が習得した知識を正しく取捨選択し、日常生活の中で実践化し、習慣化していくために

は、学校における保健指導が教育活動として推進される必要がある。すなわち、家庭における生活習慣の躾ではなく、態度の変容までもねらいとするところに学校における保健指導の意義がある。

### （3） 児童・生徒の健康問題と保健指導の必要性

　児童・生徒の健康問題には、従来から被患率の高いことで問題になっている近視やう歯のように定期健康診断で発見されるものだけではない。学校の教師による健康観察や各種の実態調査によっても様々な健康問題が指摘されている。例えば、心臓疾患、脳血管疾患、高血圧性疾患、肥満傾向、糖尿病などのいわゆる生活習慣病の増加と若年化は、豊かな食生活がもたらした栄養のアンバランスと、日常生活での身体活動量の不足が誘因とも言われている。また、交通事故、薬物乱用、飲酒、喫煙、不登校、いじめ、性の逸脱行動などの精神心理的な問題も増加している。また、夜型の生活時間と睡眠時間の減少、朝食欠食などの生活行動上の問題は、ねむけや体のだるさ、注意集中力の低下、肩こりなどの様々な訴えとして現れている。これらの健康問題には保健指導によって改善できるものも少なくない。

　表2-4は、学校の養護教諭らが児童・生徒の健康問題の中で「最近増えている」と実感しているものワースト10をあげたものである。教師の観察ということで、医学的根拠に乏しいという意見もあるが、学校教育現場においては無視できないものである。児童・生徒が本来的に持っている生物的・生理的機能の崩れ、身体感覚や身体機能の低下、ストレス、不安等による心身の不調、体質異常、生活習慣病の低年齢化、からだや命の破壊など、現代の児童・生徒の健康問題を反映している。

表 2-4　子どもに「最近増えている」という養護教諭らの実感ワースト 10

(%)

| 小学校　n = 329 | | 中学校　n = 210 | | 高等学校　n = 55 | |
|---|---|---|---|---|---|
| 1. アレルギー | 76.6 | 1. アレルギー | 78.1 | 1. 首、肩のこり | 74.5 |
| 2. 授業中じっとしていない | 72.3 | 2. 平熱 36 度未満 | 71.0 | 2. うつ的傾向 | 72.7 |
| 3. 背中ぐにゃ | 69.3 | 3. すぐ「疲れた」と言う | 70.0 | 3. アレルギー | 69.1 |
| 4. 視力が低い | 67.2 | 4. 夜、眠れない | 69.0 | 4. 夜、眠れない | 67.3 |
| 5. すぐ「疲れた」と言う | 63.5 | 5. 不登校 | 68.1 | 5. すぐ「疲れた」と言う | 65.5 |
| 6. 絶えず何かをいじっている | 62.6 | 6. 腰痛 | 63.8 | 5. 腰痛 | 65.5 |
| 7. 平熱 36 度未満 | 60.2 | 7. 腹痛・頭痛を訴える | 62.9 | 7. 症状が説明できない | 58.2 |
| 7. 症状が説明できない | 60.2 | 7. うつ的傾向 | 62.9 | 8. 平熱 36 度未満 | 56.4 |
| 9. 転んで手がでない | 58.4 | 9. 首、肩のこり | 61.9 | 8. 手足が冷たい | 56.4 |
| 10. 夜、眠れない | 57.4 | 9. 自閉的傾向 | 61.9 | 10. 自閉的傾向 | 54.5 |

注：表中の数字は、養護教諭らが回答した割合である。
注：阿部・野井・正木・他：子どものからだのおかしさに関する保育・教育現場の実感—「子どものからだの調査2010」の結果を基に—、日本体育大学紀要、41（1）、2011. より作成

## 2. 学校保健活動における保健指導の位置とその多様性

### （1）保健指導の位置

これまでの学校保健の分野では、図2-5に示すように保健指導には大別して2つの考え方がある。

#### 1）教育課程における保健指導

小・中・高等学校の学習指導要領の内容として示されている健康や安全に関する指導のうち、体育科・保健体育科、技術・家庭科、社会科などの教科学習指導と総合的な学習の時間を除いたものを保健指導と考えており、広義には生活指導や生徒指導に含まれている。教育課程の中の特別活動を中心に行われるので、特別活動における保健教育とも言われる。特別活動の内容は、学級活動（高等学校はホームルーム活動）、児童・生徒会活動、学校行事、クラブ活動（小学校高学年のみ）からなっている。

#### 2）教育課程以外の保健指導

保健指導は教育課程の中での学習指導要領による指導だけでなく、児童・生徒が学校にいるあらゆる機会をとらえて行われている。例えば、朝の会や帰りの会、休憩時間、昼休み時間、放課後など日常的な機会をとらえて行うものや、養護教諭や学校医等が保健室で行う個別の指導などがある。この個別の保健指導は、学校保健安全法第7条及び第9条に法的根拠が示されており、養護教諭その他の職員が児童・生徒の日常的な観察により健康上の問題があるときは必要な指導を行うことや、定期健康診断の事後措置の内容、学校医、学校歯科医、学校薬剤師の職務内容としても挙げられている。これらの保健指導は保健管理の必要性から行われることが多いので、保健管理に伴う保健指導とも言われている。

### （2）保健指導の多様性

保健指導には、教科外の場面（機会）、形態、方法には種々のものがある。保健指導の内容によっても機会、形態、方法はそれぞれ異なってくる。

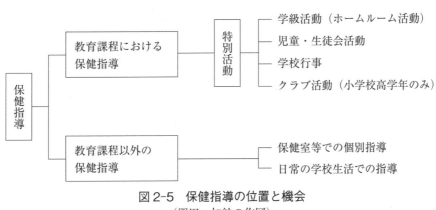

図2-5　保健指導の位置と機会
（門田・加納の作図）

### 1) 保健指導の機会

保健指導の機会（場面）としては、①学級活動（ホームルーム活動）での指導、②学校行事での指導、③児童・生徒会活動での指導、④課外活動（サークル・クラブ活動）での指導、⑤日常の学校生活での指導（朝の会や帰りの会など）、⑥機会をとらえての個別の指導などがある。

### 2) 保健指導の形態

保健指導の形態としては、①学校全体や学年集団を対象とした指導、②学級集団を対象とした指導、③サークル・クラブなど特定集団を対象とした指導、④健康問題を持つ個人を対象とした指導などがある。

### 3) 保健指導の方法

保健指導の方法としては、児童・生徒に直接に指導する場合として、①全校児童・生徒又は学年集団を対象とした講話、講演形式、②学級集団を対象とした授業形式、③問題を持つ個人を対象とした相談形式などがある。また、直接には指導スタイルがとれない場合として、健康手帳、保健だより、学級通信、給食だより、放送、掲示・ポスター・展示などがある。

このような保健指導の位置や多様性が、児童・生徒への保健指導の必要性は認識されながらも、学校教育活動での位置づけや指導内容を不明確にしている要因にもなっている。

## 3. 保健指導の目標と内容

### （1）保健指導の目標

特別活動における保健指導も当然のことながら教育活動として展開されるので、特別活動の目標が保健指導の基本的な目標になる。

中学校学習指導要領には、特別活動の目標として、次のように示されている。

---

集団や社会の形成者としての見方・考え方を働かせ、様々な集団活動に自主的、実践的に取り組み、互いのよさや可能性を発揮しながら集団や自己の生活上の課題を解決することを通して、次のとおり資質・能力を育成することを目指す。

(1) 多様な他者と協働する様々な集団活動の意義や活動を行う上で必要となることについて理解し、行動の仕方を身に付けるようにする。

(2) 集団や自己の生活、人間関係の課題を見いだし、解決するために話し合い、合意形成を図ったり、意思決定したりすることができるようにする。

(3) 自主的、実践的な集団活動を通して身に付けたことを生かして、集団や社会における生活及び人間関係をよりよく形成するとともに、人間としての生き方についての考えを深め、自己実現を図ろうとする態度を養う。

---

さらに、学級活動（ホームルーム活動）、児童・生徒会活動、学校行事の目標が示されている（第1章第3節参照）。これらの特別活動の目標は、小学校、中学校、高等学校ともにほぼ同様であり、この目標を踏まえて、それぞれの保健指導の内容や指導方法を検討することになる。

小学校の場合は、特別活動の各活動に「クラブ活動」（高学年のみ）があり、その目標として「異年齢の児童同士で協力し、共通の興味・関心を追求する集団活動の計画を立てて運営するこ

とに自主的、実践的に取り組むことを通して、個性の伸長を図りながら、第1の目標に掲げる資質・能力を育成することを目指す」とされている。

## （2）保健指導の内容

　ここでは、教育課程における保健指導として、中学校学習指導要領（2017 年告示）の内容から保健指導に関係の深いものを取り上げてみた（表 2-5）。小学校、高等学校の場合もほとんど同じような内容であるが、小学校、中学校、高等学校と学校段階が進むにしたがって、指導内容は深化し、高度化してくる。

　表 2-6 は、文部科学省の「小学校保健指導の手引（改訂版）」（1994 年）の目標と内容を示したものである。この手引は、特別活動における保健指導だけでなく、日常の学校生活における保健指導も含めたものになっている。

### 1）学級活動（ホームルーム活動）

　学級活動は、学校行事における健康安全・体育的行事とともに、特別活動における保健指導の中核的な位置を占めるものである。毎週1単位時間の学級活動の中で行われる場合と、朝の会や帰りの会などを利用する場合とがある。

　前者は、う歯や近視の予防、運動や食生活、生活習慣病の予防、感染症の予防のように系統的・計画的に指導されるもので、学級担任が担当するが、健康安全、性的な発達、食育、学校給食などの指導については、養護教諭、栄養教諭、学校給食栄養管理者など協力を得た指導も大切であることから、学習指導要領解説特別活動編では学級担任はこれらの教職員の参加、協力を考慮することとされている。

　後者は、学級担任が担当し、突発的、偶発的に発生する問題に対して指導することになる。例えば、地域でのインフルエンザや集団風邪の流行、交通事故や学校での事故の発生など、学校内外で発生した身近な健康や安全にかかわる問題を迅速、かつ、具体的に取り上げることによって児童・生徒の関心を深めることができる。

　学級活動での保健指導には、このように系統的・計画的に授業形式で行われるものや、朝の会や帰りの会のようにガイダンス形式で行われるものだけでなく、学級全体で取り組む環境整備活動のようなもの、保健、安全、給食などの各係で仕事の役割分担をするものなど、機会、形態、方法も様々である。これらの活動を相互に関連させることによって健全な生活態度の育成を図ることができる。

### 2）児童・生徒会活動

　児童・生徒が協力して諸問題に自発的、自治的に取り組む活動である。例えば、各種委員会の中の児童・生徒保健委員会の活動はその代表的なものである。健康、安全、食生活などに関する調査、広報活動、問題改善のための提案活動など、校内放送や掲示・展示などを通して行われることが多い。また、定期健康診断の測定・検査の補助者、運動会の救急処置班など各種学校行事に補助者として積極的に参加している。これらの活動には、保健主事、養護教諭など専門的立場

表2-5　特別活動の各活動・学校行事で保健指導に関係ある内容（中学校）

| | 内　容 |
|---|---|
| 学級活動 | (1) 学級や学校における生活づくりへの参画<br>　　ア　学級や学校における生活上の諸問題の解決<br>　　　　学級や学校における生活をよりよくするための課題を見いだし、解決するために話し合い、合意形成を図り、実践すること。<br>　　イ　学級内の組織づくりや役割の自覚<br>　　　　学級生活の充実や向上のため、生徒が主体的に組織をつくり、役割を自覚しながら仕事を分担して、協力し合い実践すること。<br>　　ウ　学校における多様な集団の生活の向上<br>　　　　生徒会など学級の枠を超えた多様な集団における活動や学校行事を通して学校生活の向上を図るため、学級としての提案や取組を話し合って決めること。<br>(2) 日常の生活や学習への適応と自己の成長及び健康安全<br>　　ア　自他の個性の理解と尊重、よりよい人間関係の形成<br>　　　　自他の個性を理解して尊重し、互いのよさや可能性を発揮しながらよりよい集団生活をつくること。<br>　　イ　男女相互の理解と協力<br>　　　　男女相互について理解するとともに、共に協力し尊重し合い、充実した生活づくりに参画すること。<br>　　ウ　思春期の不安や悩みの解決、性的な発達への対応<br>　　　　心や体に関する正しい理解を基に、適切な行動をとり、悩みや不安に向き合い乗り越えようとすること。<br>　　エ　心身ともに健康で安全な生活態度や習慣の形成<br>　　　　節度ある生活を送るなど現在及び生涯にわたって心身の健康を保持増進することや、事件や事故、災害等から身を守り安全に行動すること。<br>　　オ　食育の観点を踏まえた学校給食と望ましい食習慣の形成<br>　　　　給食の時間を中心としながら、成長や健康管理を意識するなど、望ましい食習慣の形成を図るとともに、食事を通して人間関係をよりよくすること。<br>(3) 一人一人のキャリア形成と自己実現<br>　　ア　イ　ウ　略 |
| 生徒会活動 | (1) 生徒会の組織づくりと生徒会活動の計画や運営<br>　　　生徒が主体的に組織をつくり、役割を分担し、計画を立て、学校生活の課題を見いだし解決するために話し合い、合意形成を図り実践すること。<br>(2) 学校行事への協力<br>　　　学校行事の特質に応じて、生徒会の組織を活用して、計画の一部を担当したり、運営に主体的に協力したりすること。<br>(3) ボランティア活動などの社会参画<br>　　　地域や社会の課題を見いだし、具体的な対策を考え、実践し、地域や社会に参画できるようにすること。 |
| 学校行事 | (1) 儀式的行事　(2) 文化的行事<br>(3) 健康安全・体育的行事<br>　　　心身の健全な発達や健康の保持増進、事件や事故、災害等から身を守る安全な行動や規律ある集団行動の体得、運動に親しむ態度の育成、責任感や連帯感の涵養、体力の向上などに資するようにすること。<br>○例　健康診断、薬物乱用防止指導、防犯指導、交通安全指導、避難訓練や防災訓練、健康・安全や学校給食に関する意識や実践意欲を高める行事、運動会（体育祭）、競技会、球技会など<br>(4) 旅行・集団宿泊的行事　　(5) 勤労生産・奉仕的行事 |

注：○印の例は、中学校学習指導要領解説「特別活動編」から抜粋
文部科学省：中学校学習指導要領（2017年告示）から抜粋

表2-6　小学校における保健指導の目標と具体的な内容

| 目標 |
| --- |
| (1) 心身の発育・発達、病気や異常など自分の健康状態を把握し、健康を保持増進できるようにする。 |
| (2) 自分たちに多い病気や日常かかりやすい病気などの予防に必要な事柄を理解し、それを実践できるようにする。 |
| (3) 体や衣服の清潔、日常かかりやすい病気などの予防に必要な事柄を理解し、健康な生活を実践できるようにする。 |
| (4) ごみの処理や室内の空気などの身近な環境と健康とのかかわりについて理解し、環境を維持・改善できるようにする。 |

| 具体的な内容 | | |
| --- | --- | --- |
| (1) 自分の健康状態の把握 | ア　心身の発育・発達、病気や異常など自分の健康状態を把握し、健康を保持増進できるようにする | (ア) 健康診断の目的と受け方<br>(イ) 身長、体重等自分の発育及び心の発達の様子<br>(ウ) 病気や異常と健康診断の後の措置 |
| | イ　発育・発達に伴う体や心の変化とそれに対する適応の仕方について知り、健康な生活ができるようにする | (ア) 性的な発達に伴う体や心の変化と男女差、個人差、それに対する適応の仕方<br>(イ) 月経の起こる仕組みと手当ての仕方<br>(ウ) 性的な悩みと不安の解消の仕方<br>(エ) 男女の理解と協力 |
| (2) 児童に多い病気などとその予防 | ア　体が不調なときの心得や日常かかりやすい病気とその予防について知り、健康に適した生活ができるようにする | (ア) 体が不調なときの心得<br>(イ) かぜ、胃腸炎などの日常かかりやすい病気とその予防の仕方 |
| | イ　自分たちに多い病気や異常とその予防について知り、それらの予防に必要な事がらを実践できるようにする | (ア) むし歯や歯肉の病気とその予防の仕方<br>(イ) 目の病気や異常とその予防の仕方<br>(ウ) 耳、鼻の病気や異常とその予防の仕方<br>(エ) その他児童に見られる病気や異常とその予防の仕方 |
| | ウ　自分たちがかかりやすい病気と予防について知り、それらの予防に必要な事柄を実践できるようにする | (ア) 予防接種とその受け方<br>(イ) インフルエンザとその予防の仕方<br>(ウ) 結核とその予防の仕方<br>(エ) プールでうつる病気とその予防の仕方<br>(オ) その他うつる病気とその予防の仕方 |
| | エ　知っておきたい病気の予防やけがの手当について知り、必要な事柄を実践できるようにする | (ア) エイズとその予防の仕方<br>(イ) 食中毒とその予防の仕方<br>(ウ) けがややけどの手当<br>(エ) 将来の生活習慣病とその予防の仕方 |
| (3) 健康生活 | ア　体や衣服などを清潔に保つことの意味について知り、常に清潔に保つことができるようにする | (ア) 手、足、頭などの体の清潔<br>(イ) ハンカチ、衣服の清潔 |
| | イ　日常の食べ物の選び方について知り、健康に適した食事ができるようにする | (ア) 食べ物のとり方と体の発育・発達<br>(イ) 食べ物のとり方と肥満・病気、健康増進 |
| | ウ　運動や休養・睡眠の意義について知り、健康に適した運動ができたり、休養・睡眠がとれるようにする | (ア) 運動の仕方と体の発育<br>(イ) 運動の仕方と肥満、健康増進<br>(ウ) 休養・睡眠のとり方と健康 |
| | エ　よい姿勢について知り、常によい姿勢を保つことができるようにする | (ア) 勉強のときの姿勢<br>(イ) 歩くときの姿勢 |
| | オ　明るく楽しい生活を送るために必要な事柄について知り、それを実践できるようにする | (ア) 心配ごとがあったときの対処の仕方<br>(イ) 気持ちのよい雰囲気づくりとみんなと楽しく過ごすための工夫 |
| | カ　健康に適した生活を実践するために必要な事柄について知り、常に健康的な生活ができるようにする | (ア) 健康に適した日課とその作り方<br>(イ) 健康的な規則正しい生活を実践するための工夫<br>(ウ) 喫煙、飲酒やシンナー等薬物乱用などの防止 |
| (4) 環境と健康 | ア　環境を清潔で衛生的に保つために必要な事柄について知り、それを実践できるようにする | (ア) 教室などの身近な環境の清潔と整理・整頓<br>(イ) 飲み水や水飲み場の清潔と便所の清潔<br>(ウ) 教室や勉強部屋などの明るさの保ち方や換気の仕方 |
| | イ　身近な環境を保全するために必要な事柄について知り、それを実践できるようにする | (ア) ごみの処理や再利用の仕方<br>(イ) 大気の汚れとそれに対する対処の仕方<br>(ウ) 河川など水の汚れとそれに対する対処の仕方<br>(エ) いろいろな物の再利用の仕方 |

（文部科学省「小学校 保健指導の手引」1994年3月改訂より）

から指導、助言が行われる。

### 3） 学校行事

学校行事には、健康安全・体育的行事における計画的な保健指導と、その他の行事に伴って行われる保健指導とに大別できる。

健康安全・体育的行事は、行事そのものが健康と安全の保持増進を図ることをねらいとしている。したがって、行事への参加というだけでなく、児童・生徒の積極的な参加と健康認識や態度の育成という行事のもつ意義を理解させる必要がある。健康安全的行事には、定期健康診断、避難訓練、交通安全指導、学校給食に関する行事などがある。

その他の行事としては、儀式的、文化的、旅行・集団宿泊的、勤労生産・奉仕的行事などがある。これらの行事には参加する児童・生徒の健康、安全的配慮が不可欠である。例えば、修学旅行のように郊外で宿泊を伴う行事には、事前の交通安全指導や食事指導などの自己の健康管理に関する生活指導が必要である。また、すべての行事において、事故災害の発生時の救急処置や応急手当に関する指導は必要である。

これらの学校行事における保健指導は、保健主事、養護教諭、保健体育教師が専門的立場で指導することはもちろん、学級担任をはじめすべての教師が保健指導の意義を理解しておくことが大切である。内容によっては学校医等の指導、助言を得ることも必要である。

### 4） 課外（サークル、クラブ）活動

中学校、高等学校の課外（サークル）活動、小学校の特別活動の中のクラブ活動は、異年齢集団の活動である。特に、運動部活動は体力・運動能力が異なる児童・生徒が同じ身体活動を行う場合も多い。したがって、健康と安全に関する指導は事故防止やスポーツ障害等の防止のためにも必要である。部員全体に共通する内容や個別の指導が考えられる。保健体育教師や指導教員は児童・生徒の健康状態や体力を的確に把握しておく必要がある。文化部の指導においても生活指導や生徒指導の内容として保健指導が行われる。

### 5） 日常の学校生活における保健指導

前述した「朝の会や帰りの会」の保健指導は学級集団を対象として行われるが、始業前、休憩時、昼休み時、放課後など児童・生徒が学校で生活しているあらゆる機会をとらえて随時行われている。児童・生徒の抱えている多様な健康問題について、機会をとらえての具体的な指導ができるという点で重要な意味を持っている。こうした日常の保健指導を充実・発展させるためには、学級担任、教科担任などすべての教師が個々の児童・生徒の心身の健康状態を観察でき、指導できる資質と能力が必要である。また、一人一人の児童・生徒に適切な指導ができるように協力体制を作っておくことが大切である。

### 6） 個別の保健指導

最近、身体的不調を訴えて保健室を訪れる児童・生徒が増えている。その背景には、いじめなどの心の健康問題が関わっていることから、養護教諭の行う健康相談が重要な役割を持ってきている。また、日常の健康観察によって健康上の問題があると認めた場合や、定期健康診断の事後

措置として養護教諭や学級担任などが行う保健指導、学校医、学校歯科医、学校薬剤師が行う保健指導や健康相談などがある。このような保健指導を充実するためには養護教諭、学級担任、教科担任、学校医等との連携と協力が不可欠であり、さらに、地域の医療機関や相談機関との連携が必要なことも多い。

**参考文献**

保健体育審議会：生涯にわたる心身の健康の保持増進のための今後の健康に関する教育及びスポーツの振興の在り方について（答申）、1997.

中央教育審議会答申：幼稚園、小学校、中学校、高等学校及び特別支援学校の学習指導要領等の改善及び必要な方策等について、2016.

子どものからだと心・連絡会議：子どものからだと心　白書（2010）、2010.

日本学校保健会：学校保健の動向（令和 2 年度版）、2020.

文部科学省：小学校保健指導の手引（改訂版）、大日本図書、1994

文部科学省：小学校歯の保健指導の手引（改訂版）、東山書房、1992.

文部科学省：学校給食指導の手引、慶應通信、1992.

文部科学省：小学校安全指導の手引（三訂版）、日本体育・学校健康センター、1993.

文部科学省：中学校安全指導の手引（三訂版）、日本体育・学校健康センター、1994.

日本学校保健会：喫煙、飲酒、薬物乱用防止に関する指導参考資料（小学校編、中学校編）、2011.

文部科学省：学校における性教育の考え方・進め方、ぎょうせい、1999.

文部科学省：食に関する指導の手引（第二次改訂版）、2019.

文部科学省：小・中学校学習指導要領、同解説特別活動編、2017.

文部科学省：教職員のための子どもの健康相談及び保健指導の手引、2011.

文部科学省：改訂「生きる力」を育む小学校保健教育の手引、2019.

文部科学省：改訂「生きる力」を育む中学校保健教育の手引、2020.

日本学校保健会：保健室利用状況に関する調査報告書〜平成 28 年度調査結果〜、2018.

日本学校保健会：学校保健の課題とその対応〜養護教諭の職務等に関する調査結果から〜、2012.

## 第4節　健康課題別保健教育

### 1.　性に関する教育（エイズ教育を含む）

#### （1）　目的・目標

　近年では、グローバル化、情報化といった社会状況の変化の中で、性情報の氾濫、SNS等を介した性犯罪、未成年者の性感染症、性自認・性的指向、人工妊娠中絶といった性に関する様々な課題が生じている。これらの課題に対し、学校では性に関する教育が求められている。その目的は自分や身近な他者（家族や友達）の生命、人格、人権を尊重しながら、性に関する考え方や行動を、生理的側面、心理的側面、社会的側面などから総合的にとらえ、正しい知識の理解とともに、生命尊重、人間尊重、男女平等の精神に基づく正しい異性観をもつことによって、自ら考え、判断し、意思決定の能力を身に付け、望ましい行動を取れるようにすることにある。

　この目的に向けて、学校保健の動向（2011年度）では、性に関する教育の目標を次の3点に整理している。

> ①　心身の発育・発達や性に関する知識の正しい理解に基づいて、健康の大切さを深く認識し、危険（リスク）を回避するとともに、自らの健康を管理し、改善することのできる能力を育てる。
> ②　生命や人格の尊重、男女平等の精神の下、自己や他者を尊重する態度を育み、望ましい人間関係を築くことのできる資質や能力を育てる。
> ③　家庭や社会の一員としての自らの在り方を理解し、社会の現状を正しく判断し、情報などに適切に対処するとともに、よりよい家庭や社会づくりに向けて責任ある行動を実践することのできる資質や能力を育てる。

#### （2）　新学習指導要領（2017、2018年）での取り扱い

##### 1）　学校の教育活動全体で

　第1章総則では、「学校における体育・健康に関する指導」は、児童・生徒の実態や課題に応じて、教育活動全体を通じて適切に行うことが示されており、性に関する教育も、各教科、道徳科及び総合的な学習、特別活動の時間等において、それぞれの特質を活かしながら関連性を持って実施することが大切である。中学校学習指導要領解説総則編（2017年）の第1章第1の2の(3)「健やかな体」）では、「心身の健康の保持増進に関する指導においては、情報化社会の進展により、様々な健康情報や性・薬物等に関する情報の入手が容易になっていることなどから、生徒が健康情報や性に関する情報等を正しく選択して適切に行動できるようにするとともに、薬物乱用防止等の指導が一層重視されなければならない。なお、生徒が心身の成長発達に関して適切に理解し、行動することができるようにする指導に当たっては、総則第4の1に示す主に集団の場面で必要な指導や援助を行うガイダンスと一人一人が抱える課題に個別に対応した指導を行う

カウンセリングの双方の観点から、学校の教育活動全体で共通理解を図り、家庭の理解を得ることに配慮するとともに、関連する教科等において、発達の段階を考慮して、指導することが重要である」と記されている。

このように、性に関する教育は、人の「性」について、命の教育や人権教育と関連付けながら、多角的な視点から学ぶことが大切である。そのためには、保健授業を中核としながら関連教科や「総合的な学習の時間」、ガイダンス、カウンセリングなどの学校の教育活動全体を通して、家庭、地域との連携を図る新学習指導要領で示された教科横断的に育成する資質・能力の視点から、性教育のカリキュラム・マネジメントの実現に努める必要がある。

## 2）保健授業

新学習指導要領における小・中・高等学校の保健授業で育成する3つの資質・能力の中で、性に関連する内容を整理すると次の通りである。主に「心身の発達」「心の健康」「感染症の予防」の学習内容と関連して扱われているが、児童・生徒の発達段階を考慮し、小・中・高等学校それぞれに示されている学習内容を体系的に学ぶことが大切である。

【知識及び技能】
・発育・発達の時期やその程度には、個人差があることを理解すること。
・思春期には、内分泌の働きによって生殖に関わる機能が成熟すること。
・性感染症の疾病概念や感染経路等について正しく理解し、予防や回復の方法を理解すること。
・心や精神機能の発達、自己形成について理解し、不安や悩みに適切に対処することができること。

【思考力、判断力、表現力等】
・心身の機能の発達と心の健康における事柄や情報などについて、保健に関わる原則や概念を基に整理したり、個人生活や社会生活と関連付けたりして、自他の課題を発見すること。
・感染症の予防や健康を守る社会の取組について、習得した知識を自他の生活に適用したり、応用したりして、疾病等にかかるリスクを軽減し健康を保持増進する方法を選択すること。
・性に関する諸課題に対して、自他の健康や家族生活及び社会生活と関連づけて考え適切な意思決定や行動選択の方法を判断すること。

【学びに向かう力・人間性等】
・生涯を通じて自己の性に対する認識を深め、課題を解決しながら明るく豊かな生活を営む態度を養うこと。
・自他の「生命」「人権」「人格」を尊重し、男女平等の精神に基づき、性別等にかかわらず、多様な生き方を認め合い、互いに協力し合って豊かな人間関係を築こうとする態度を養うこと。

## 3）エイズ教育

エイズを含めた性感染症に関する学習内容は、医学の発展やグローバル社会といった社会状況の変化に伴い更新していく必要がある。HIV感染者数及びエイズ患者数の推移を見ると、2008

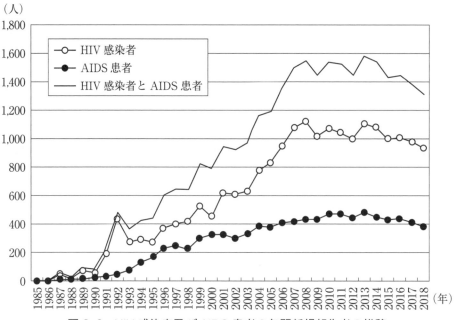

（人）

図2-6　HIV感染症及び AIDS 患者の年間新規報告者の推移
厚生労働省エイズ動向委員会 2018（平成30）年

（平成20）年以降は、ほぼ横ばいとなっている（図2-6）。また、エイズ治療薬の進歩により、体内の HIV の増殖を抑え、病気の進行を止めることが可能となり、HIV 感染者もほぼ通常の人と変わらない生活を送ることができるようになった。中学校保健授業では、「エイズ及び性感染症の予防」という単元の中で、「知識」の目標領域として、性感染症のひとつとしてエイズを取り上げ、性感染症の疾病概念や感染経路について理解できるようにすること、感染のリスクを軽減する効果的な予防方法を身に付ける必要があることを理解できるようにすることが掲げられている。具体例として、性感染症の主な感染経路は性的接触であることから、感染を予防するためには性的接触をしないことやコンドームの使用が有効であることなどである。また、「思考力、判断力、表現力等」としては、感染症の予防や健康を守る社会の取り組みについて、習得した知識を自他の生活に適用したり、応用したりして、疾病等にかかるリスクを軽減し健康を保持増進する方法を選択することが挙げられている。

　総合的な学習の時間、道徳科、特別活動等においては、感染症患者の差別や偏見を無くし、共生するために必要な人権教育に主眼が置かれている。例えば、感染症治療に関わる医師や患者の家族等の体験談から、人権や共生に関わる課題等について考えるといった実践がなされている。また、健康情報リテラシー（健康情報の活用力）を育成することを目的に、エイズや他の性感染症に関する最新の情報を調べ、複数の課題を設定して、グループで話し合う等の学習も推奨される。

## 2.　がん教育

### （1）　がん教育が学校教育に導入された背景

　がんは、生涯のうちに国民の2人に1人が罹ることが推測される病気であり、国民の基礎的教養として身に付けておくべき重要な課題となっている。

　2006（平成18）年のがん対策基本法に基づき、2012（平成24）年にがん対策推進基本計画が策定された。その基本計画に基づき、2014（平成26）年には、日本学校保健会に「がん教育の在り方に関する検討会」（以下2014年検討会）が設置され、2015（平成27）年には「学校におけるがん教育の在り方についての報告」（以下2015年報告）がなされた。

### （2）　がん教育とは

　2015年報告では、がん教育を、「健康教育の一環として、がんについての正しい理解と、がん患者や家族などのがんと向き合う人々に対する共感的な理解を深めることを通して、自他の健康と命の大切さについて学び、共に生きる社会づくりに寄与する資質や能力の育成を図る教育」としている。

### （3）　がん教育の目標

　2014年検討会では、がん教育の目標について次の2点が示された。

① 「がんについて正しく理解することができるようにする」：がんが身近な病気であることや、がんの予防、早期発見・検診等について関心をもち、正しい知識を身に付け、適切に対処できる実践力を育成する。また、がんを通じて様々な病気についても理解を深め、健康の保持増進に資する。

② 「健康と命の大切さについて主体的に考えることができるようにする」：がんについて学ぶことや、がんと向き合う人々と触れ合うことを通じて、自他の健康と命の大切さに気付き、自己の在り方や生き方を考え、共に生きる社会づくりを目指す態度を育成する。

　この目標に向けて、2014〜2016年度の3年間、がんの教育総合支援事業として、モデル校による授業実践が行われた。その結果、がんに対する知識理解やがんに対する正しい認識の形成について成果が見られた一方で、学校の教育活動全体を通して関連する教科や総合的な学習の時間、道徳、特別活動と関連を図りながら実施するためのカリキュラム・マネジメントや外部講師（医師等）の確保等に課題が見られたことが指摘されている。

### （4）　がん教育の学習内容

　文部科学省は、2015年の報告を受け、がん教育の具体的な学習内容として、9項目、即ち、①がんとは（がんの要因等）、②がんの種類とその経過、③我が国のがんの状況、④がんの予防、⑤がんの早期発見・がん検診、⑥がんの治療法、⑦がん治療における緩和ケア、⑧がん患者の生

活の質、⑨がん患者への理解と共生を挙げている。

### 1）小学校：体育科保健領域

大単元「病気の予防」において、6年生の「喫煙、飲酒、薬物乱用と健康」の中で、「喫煙を長い間続けると、がんや心臓病などの病気にかかりやすくなるなどの影響があることについても触れるようにする」ことが示されている。

### 2）中学校：保健体育科保健分野

大単元「健康な生活と疾病の予防」において、第2学年の「生活習慣病の予防」の中でがんを扱うことになっている。中学校学習指導要領解説（保健体育編）では、がんの予防に関して、次の学習目標が示されている。

---

がんの予防

　がんは、異常な細胞であるがん細胞が増殖する疾病であり、その要因には不適切な生活習慣をはじめ様々なものがあることを理解できるようにする。また、がんの予防には、生活習慣病の予防と同様に、適切な生活習慣を身に付けることなどが有効であることを理解できるようにする。なお、生活習慣病の予防の内容と関連させて、健康診断やがん検診などで早期に異常を発見できることなどを取り上げ、疾病の回復についても触れるように配慮するものとする。

---

中学校は、がんの起きるメカニズム、がんの要因、がんの予防法を中心に学習内容が示されている。保健授業では、実生活を振り返り、自他の生活習慣に関する課題について考え、がんの危険因子を予防するための方法を理解することが重要である。

### 3）高等学校：保健体育科科目保健

大単元「現代社会と健康」において、「生活習慣病などの予防と回復」の中でがんを扱うことになっている。高等学校学習指導要領解説保健体育編では、がんに関し、次の学習目標が示されている。

---

　がん、脳血管疾患、虚血性心疾患、高血圧症、脂質異常症、糖尿病などを適宜取り上げ、これらの生活習慣病などのリスクを軽減し予防するには、適切な運動、食事、休養及び睡眠など、調和のとれた健康的な生活を続けることが必要であること、定期的な健康診断やがん検診などを受診することが必要であることを理解できるようにする。その際、がんについては、肺がん、大腸がん、胃がんなど様々な種類があり、生活習慣のみならず細菌やウイルスの感染などの原因もあることについて理解できるようにする。がんの回復においては、手術療法、化学療法（抗がん剤など）、放射線療法などの治療法があること、患者や周囲の人々の生活の質を保つことや緩和ケアが重要であることについて適宜触れるようにする。

---

中学校保健分野の学習内容から発展して、がんの種類別要因、がん検診及び治療方法と回復、緩和ケアを中心に学習内容が示されている。

### 4）　教科等横断的な学習活動とカリキュラム・マネジメント

　がん教育には、人の生き方や QOL に関連して、「命の教育」「人権教育」「共助、公助」等の内容も含まれるため、体育科、保健体育科を中心とした教科等の学習、「総合的な学習の時間」、特別活動と関連づけながら教育活動全体を通して進めることが必要である。そのため、新学習指導要領（2017、2018 年）の教育方針である「社会に開かれた教育課程」を目指して、外部講師の活用も含めた総合的な計画を立案するなど、カリキュラム・マネジメントに努めることが重要である。

### 3.　薬物乱用防止教育

### （1）　薬物乱用防止教育の必要性

　薬物乱用は児童生徒における多様化・複雑化している現代的な健康課題の一つである。2005（平成 17）年中央教育審議会 の「健やかな体を育む教育の在り方に関する専門部会」は「これまでの審議状況―すべての子どもたちが身に付けているべきミニマムとは？―」において、自他の命を大切にし、次の世代へつなげ、情報を正しく理解し、知識を行動に結び付けるという 4 つの視点を踏まえて検討が行われた結果、保健授業で取り扱う具体的な内容の一つとして、「薬物乱用の有害性について理解し、薬物乱用を促す要因に気づき避けることができる」が取り上げられている。

　薬物依存状態に陥るとそこから抜け出すのは極めて難しい。有機溶剤、大麻、覚醒剤等の乱用は、社会復帰にも困難を伴う。学校教育を受ける学齢期は、こうした健康に関する危険行動に陥りやすい時期でもあり、最初の段階での防止、すなわち、まだ喫煙、飲酒、薬物乱用を経験していない児童生徒を対象とする「一次予防」が最も本質的な対策となる。一次予防は、依存性薬物を使用するきっかけそのものを除く、各個人がきっかけとなる要因を避ける、あるいは拒絶することができるようになるからである。

　青少年の薬物乱用問題は、情報化社会、交通手段の進展に伴い地域格差が少なくなっていることを踏まえ、どこにおいても、誰にでも起こりうる深刻な問題としてとらえる必要がある。

### （2）　薬物乱用防止に関する教育の目標

　薬物乱用防止に関する教育の目標は、児童生徒の飲酒、薬物乱用を未然に予防することはもとより、生涯を通して健康・安全で活力のある生活を送ることができるような資質や能力を育てることであり、具体的には次のような視点が必要である。
　○喫煙、飲酒、薬物乱用が健康や社会に及ぼす影響、それらに対する社会的対策について知識を身に付け、理解する。
　○喫煙、飲酒、薬物乱用に関わる要因に気付き、喫煙、飲酒、薬物乱用をしないという意志決定のための能力を身に付け、自らの生活をコントロールできる。
　○地域や社会生活において、喫煙、飲酒、薬物乱用防止のための活動ができる。

## （3） 学校における薬物乱用防止教育の取り扱い

中学校学習指導要領解説総則編（2017年）の第1章第1の2の（3）「健やかな体」では「情報化社会の進展により、様々な健康情報や性・薬物等に関する情報の入手が容易になっていることなどから、生徒が健康情報や性に関する情報等を正しく選択して適切に行動できるようにするとともに、薬物乱用防止等の指導が一層重視されなければならない」と記されている。

このように、薬物乱用防止教育は、学校の教育活動全体を通じて行われるが、薬物乱用と健康との関わりについては主として体育科・保健体育科を中心として、自分を大切にする自尊感情（セルフエスティーム）を高める必要がある。これに加えて、公徳心、遵法精神などについては関連教科、道徳、特別活動を中心として育成する必要がある。

## （4） 薬物乱用防止教育の内容

小・中学校学習指導要領（2017年）、高等学校学習指導要領（2018年）では、薬物乱用に関する内容として、主に小学校では薬物乱用が健康に与える影響について、中学校では薬物乱用には人間関係や社会環境が影響することから、それぞれの要因に適切に対処する必要があることについて、高等学校では薬物乱用による心身の健康や社会への影響に関わる対策について取り扱うことになっている。具体的には次の通りである。

①薬物乱用・依存の成り立ち（薬物乱用とは、1回の使用でも問題とされる薬物とは、薬物乱用の現状）、②薬物乱用の心身への影響（シンナー等有機溶剤の害、大麻（マリファナ）・覚醒剤・その他の薬物の害）、③薬物乱用関連の社会的問題（乱用者を取り巻く問題、薬物関連の事件・事故）、④薬物乱用防止の対策（取締強化と法規制、薬物乱用者・依存者の治療、薬物乱用を許さない社会環境づくり・国際協力の推進）、⑤意志決定能力の育成（薬物乱用の誘惑の手口の分析、薬物乱用の勧めを断るスキルの習得）

これらの項目の中から、児童・生徒の実態及び発達段階を考慮し、児童・生徒の必要とする内容を適切に選択して指導することが大切である。また、薬物乱用が法律で禁止されているという生徒指導上の問題としての観点からのみとらえるのではなく、生活行動が関わる重大な健康問題の1つであり、生涯を通じて健康な生活を送るという観点から喫煙をしない、問題となる飲酒をしない、薬物の乱用をしない態度など賢明な行動選択能力を育成することも大切である。

## （5） 薬物乱用に関わる基礎知識（危険ドラッグについて）

数年前には、「合法」と称してハーブなどの形態で販売されたいわゆる「脱法ドラッグ」の乱用者が罪を犯したり、重大な交通死亡事故を引き起こしたりする事案が後を絶たなかった。この「脱法ドラック」が社会問題となっていることを受け、これらは危険な薬物であるという内容にふさわしい呼称名が募集され、「危険ドラッグ」の名称となった。危険ドラッグとは、特定の物質を指すものではなく、規制薬物の化学構造式の一部を変更することによって法規制の対象から外れる乱用物質の総称である。2013（平成25）年の「医薬品医療機器等法」の改正により、指

定薬物について、その所持や使用等を禁止し、違反した場合には罰則が科せられることとなった。

　今後も新たな薬物が流通することが考えられることから、児童・生徒には信用できない場所で（人が）売っている物（もらった物）を体に入れない（食べない、吸わない）という薬物乱用防止教育の原則を徹底する必要がある。

### 4．ヘルスリテラシー

#### （1）ヘルスリテラシーとは

　保健教育において、教科横断的に育成すべき汎用的能力として、「ヘルスリテラシー」が注目されている。WHO（1991 年）は、ヘルスリテラシーについて、「健康を保持増進するように、情報を得て、理解し、利用するための動機づけと能力を決定する認知的・社会的スキル」と定義している。Nutbeam（2000 年）は、ヘルスリテラシーの概念を、機能的リテラシー、相互作用的リテラシー、批判的リテラシーの 3 つに分類し、「ヘルスリテラシーとは、ヘルスプロモーションにおける新しい概念であり、健康教育とコミュニケーション行動の結果として構成されるものである」と説明している。

　Nakayama ら（2015 年）は、日本人成人の病気の予防に関するヘルスリテラシーは、欧州人に比して、知識理解においては大きな差は見られないが、評価と活用においては困難を感じている割合が高いことを明らかにしている。

　中学校学習指導要領解説保健体育編（2017 年）では、健康に関する課題解決力と課題解決に向けた健康情報活用力（ヘルスリテラシー）の育成が重視されている。

　山本ら（2018 年）は、日本の中学生用に開発した尺度を用い、中学生のヘルスリテラシーを測定した結果、中学生全体のヘルスリテラシー尺度得点平均値は、5 段階尺度法（5 点満点）の 3.1（SD（標準偏差）0.7）であり、日本の学校教育において、ヘルスリテラシーが十分に育成されていない可能性を指摘している。

#### （2）ヘルスリテラシーの概念構造

　山本ら（2018 年）は、ヘルスリテラシーの測定結果を因子分析し、ヘルスリテラシーの概念が①健康管理思考力、②生活習慣改善力、③健康情報リテラシー、④ヘルスコミュニケーション、⑤アサーションの 5 因子 3 構造から成り立ち、それぞれの因子が相互に関連している概念構造を示している（図 2-7）。

#### （3）ヘルスリテラシーの育成

##### 1）山本らのヘルスリテラシーの概念構造に基づく課題解決過程

　図 2-7 に示したように、保健教育において、ヘルスリテラシーを育成するにあたっては、健康情報リテラシーを基盤に、他の 4 因子を関連付けながら課題解決過程を経る必要がある。

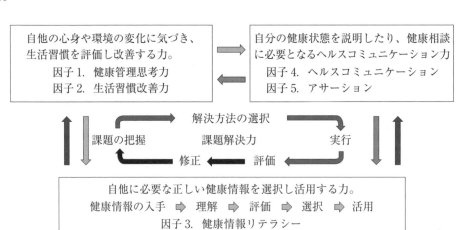

図2-7　保健教育で育成するヘルスリテラシーの概念構造
(山本ら、2018)

## 2）新学習指導要領（2017、2018年）における健康情報活用力の育成

　中央教育審議会答申（2016年）では、中学校保健分野で育成を目指す資質・能力として、健康課題を把握し、適切な情報を選択、活用し、課題解決のための適切な意思決定をするために必要な能力として次の5つを挙げている。

　①　自他の健康課題を発見する力

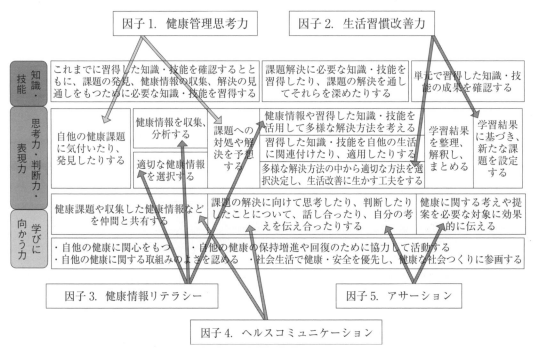

図2-8　中学校学習指導要領保健分野の課題学習過程とヘルスリテラシー5因子との関係
「幼稚園、小学校、中学校、高等学校及び特別支援学校の学習指導要領等の改善及び必要な方策等について」
（中央教育審議会答申、2016）添付資料をもとに筆者が作成。

② 健康情報を収集し批判的に吟味する力

③ 健康情報や知識を活用して多様な解決方法を考える力

④ 多様な解決方法の中から、適切な方法を選択・決定し自他の生活に生かす力

⑤ 自他の健康の考えや解決策を表現する力

その添付資料には、体育科・保健体育科の保健授業の学習過程において、図 2-8 に示したように、この 5 つの力が「思考力、判断力、表現力」の目標領域と関連していることがイメージされている。この関連に、山本らのヘルスリテラシーの下位概念である「健康管理思考力」「生活習慣改善力」「健康情報リテラシー」「ヘルスコミュニケーション」「アサーション」を重ね合わせると図 2-8 に示したように「思考力、判断力、表現力等」と密接に関係していることが窺える。

以上、保健教育において、ヘルスリテラシーを育成するには、「思考力、判断力、表現力」の課題解決過程にヘルスリテラシーの 5 因子を関連付けながら進めることが肝要である。

### 5. 心の健康教育

#### （1）心の健康教育とは

心の健康教育とは、兵庫県教育委員会心の教育総合センター（2009）によると、「児童・生徒の心の育成において、心の健康増進（問題予防）と心の健康を取り戻す（問題対処）ための学校における教育活動である」と定義されている。

#### （2）対処の仕方（技能）形成

##### 1）不安、悩みへの対処、ライフスキル

新学習指導要領では、育成すべき資質能力の 1 つとして、新しく「知識及び技能」が設定された。その技能として、小学校では、「不安、悩みへの対処の仕方」、中学校では「心の健康を保つには、欲求やストレスに適切に対処する」とされている。その具体的な対処法として、リラクゼーションや相談、リフレーミングが取り扱われているが、WHO（1994）が提唱したライフスキルも有効な方法の 1 つである。ライフスキルとは「日常生活の諸問題に適切かつ積極的に対処し行動するために必要な心理的社会的能力」であり、5 組 10 種類が挙げられている（1-1 意志決定スキル、1-2 問題解決スキル、2-1 創造的思考スキル、2-2 批判的思考スキル、3-1 コミュニケーションスキル、3-2 対人関係スキル、4-1 自己認識スキル、4-2 共感スキル、5-1 情動抑制スキル、5-2 ストレスマネジメントスキル）。

#### （3）心の健康の基本知識（ストレス）について

児童・生徒のストレス症状の特徴は次の通りである。

1）事件や事故、大きな災害に遭遇すると、恐怖や喪失体験などの心理的ストレスによって、心の症状だけでなく身体の症状も現れやすい。

2）事故等発生時における児童生徒のストレス反応は誰にでも起こり得ることであり、ストレ

スが強くない場合には、心身に現れる症状は悪化せず数日以内で消失することが多い。

3）症状は心理的ストレスの種類、内容、ストレスを受けてからの時期によって変化する。

4）情緒不安定、体調不良、睡眠障害など年齢を問わず見られる症状と、年齢や発達の段階によって異なる症状がある。

5）幼稚園から小学校低学年までは、腹痛、嘔吐、食欲不振、頭痛などの身体症状が現れやすく、それら以外にも興奮、混乱などの情緒不安定や、行動上の異変（落ち着きがなくなる、理由なくほかの児童・生徒の持ち物を隠す等）などの症状が出現しやすい。

小学校の高学年以降になると、身体症状とともに、元気がなくなって引きこもりがちになる（うつ状態）、ささいなことで驚く、夜間に何度も目覚めるなどの症状が目立つようになり、大人と同じような症状が現れやすくなる。事故等発生時における児童・生徒のストレス反応は誰にでも起こり得ることであり、ストレスが強くない場合には、心身に現れる症状は悪化せず数日以内で消失することが多いが、生命に関わりかねない体験、性被害などの激しいストレス（心的外傷あるいはトラウマ）にさらされた場合は、次のような疾患を発症することがある。

①　急性ストレス障害 Acute Stress Disorder（以下「ASD」という）。ASD の主な症状は、次のようなものである。

　〇再体験症状（侵入症状）

　　・体験した出来事を繰り返し思い出し、悪夢を見たりする

　　・体験した出来事が目の前で起きているかのような生々しい感覚がよみがえる（フラッシュバック）

　〇陰性気分

　　・否定的、悲観的な感情に支配される

　〇解離症状

　　・自分自身や周囲に現実感を得ることができない（ボーっとする、時間の流れが遅い）

　　・トラウマとなる出来事の重要な部分が思い出せない

　〇回避症状

　　・体験した出来事と関係するような話題などを避けようとする

　　・人や物事への関心が薄らぎ、周囲と疎遠になる

　〇過覚醒症状

　　・よく眠れない、イライラする、怒りっぽくなる、落ち着かない、集中できない、極端な警戒心をもつ、ささいなことや小さな音で驚く等このような症状がトラウマ（心的外傷）が体験後に 3 日から 1 か月持続した場合を ASD と呼ぶ。

②　心的外傷後ストレス障害 Post Traumatic Stress Disorder（以下「PTSD」という）。

事故等発生後に、ASD で見られる再体験症状（侵入症状）、回避症状、認知と気分の陰性の変化、過覚醒症状などの強いストレス症状が 1 か月以上持続した場合は PTSD と呼ぶ。また、これらの症状は、事故等発生から半年以上も経過してから出現する場合があることを念頭に置く必

要がある。PTSD は ASD と異なり、時間とともに自然治癒しないことが多い。そのため、周囲が早期に気付くことが重要である。

ASD でも PTSD でも、幼稚園から小学校低学年までは、典型的な再体験症状や回避症状ではなく、トラウマ（心的外傷）となる場面を再現するような遊びをしたり、恐怖感を訴えることなく興奮や混乱を呈したりすることがある点に注意を要する。

※「トラウマ」とは、もともと "けが（外傷）" を意味する言葉であるが、それを現在の "心的外傷" の意味に用いたのは精神分析の創始者フロイトである。当初は、心因性の症状（歩けなくなる、失神する等）を生み出すような情緒的にショッキングな出来事を指していたが、最近では、長く記憶にとどまるつらい体験を一般にトラウマと呼ぶことが多い。 一方、PTSD におけるトラウマとは、事件や事故、災害など生命の危機や身体の保全が脅かされるような状況を体験するか目撃し、強い恐怖を味わった場合に限定されている。一般的な意味でのトラウマは時間の経過とともに自然に解消することがあるが、PTSD の場合には多くは治療が必要である。

## 6. 防災教育・犯罪被害防止教育

### （1）防災教育

#### 1）学校での取り扱い

小・中学校学習指導要領（2017 年）、高等学校学習指導要領（2018 年）の総則には、「学校における体育・健康に関する指導は、児童（生徒）の発達の段階を考慮して、学校の教育活動全体を通じて適切に行うものとする。特に、学校における食育の推進並びに体力の向上に関する指導、安全に関する指導及び心身の健康の保持増進に関する指導については、体育科（保健体育科）の時間はもとより、家庭科（技術・家庭科）、特別活動、自立活動などにおいてそれぞれの特質に応じて適切に行うよう努めることとする。また、それらの指導を通して、家庭や地域社会との連携を図りながら、日常生活において適切な体育・健康に関する活動の実践を促し、生涯を通じて健康・安全で活力ある生活を送るための基礎が培われるよう配慮しなければならない」と記されている。

このように、「安全に関する指導」（安全教育）は学校の教育活動全体を通じて適切に行うとされている。この安全教育の一部としての防災教育は様々な危険から児童・生徒等の安全を確保するために行われる。

#### 2）防災教育の目標

目標は「『生きる力』を育む学校での安全教育（文科省 2013）」によると、安全教育の目標に準じて、表 2-7 のように、幼稚園児から高校生まで、児童・生徒等の発達の段階に応じてア、イ、ウ別に設定されている。

この目標の実現のためには、児童・生徒等に防災に関する知識・理解を深め、災害発生時には自分の命を守るためにどのように行動すればよいのか、災害発生後に自分たちに何ができるの

### 表 2-7　発達の段階に応じた防災教育

---

ア　自然災害等の現状、原因及び減災等について理解を深め、現在及び将来に直面する災害に対して、的確な思考・判断に基づく適切な意志決定や行動選択ができる。（知識、思考・判断）
イ　地震、台風の発生等に伴う危険を理解・予測し、自らの安全を確保するための行動ができるようにするとともに、日常的な備えができる。（危険予測、主体的な行動）
ウ　自他の生命を尊重し、安全で安心な社会づくりの重要性を認識して、学校、家庭及び地域社会の安全活動に進んで参加・協力し、貢献できる。（社会貢献、支援者の基盤）

---

#### 高等学校段階における防災教育の目標

安全で安心な社会づくりへの参画を意識し、地域の防災活動や災害時の支援活動において、適切な役割を自ら判断し行動できる生徒

| ア　知識、思考・判断 | イ　危険予測・主体的な行動 | ウ　社会貢献、支援者の基盤 |
|---|---|---|
| ・世界や日本の主な災害の歴史や原因を理解するとともに、災害時に必要な物資や支援について考え、日常生活や災害時に適切な行動をとるための判断に生かすことができる。 | ・日常生活において発生する可能性のある様々な危険を予測し、回避するとともに災害時には地域や社会全体の安全について考え行動することができる。 | ・事前の備えや災害時の支援について考え、積極的に地域防災や災害時の支援活動に取り組む。 |

#### 中学校段階における防災教育の目標

日常の備えや的確な判断のもと主体的に行動するとともに、地域の防災活動や災害活動や災害時の助け合いの大切さを理解し、すすんで活動できる生徒

| ア　知識、思考・判断 | イ　危険予測・主体的な行動 | ウ　社会貢献、支援者の基盤 |
|---|---|---|
| ・災害発生のメカニズムの基礎や諸地域の災害例から危険を理解するとともに、備えの必要性や情報の活用について考え、安全な行動をとるための判断に生かすことができる。 | ・日常生活において知識を基に正しく判断し、主体的に安全な行動をとることができる。<br>・被害の軽減、災害後の生活を考え備えることができる。<br>・災害時には危険を予測し、率先して避難行動をとることができる。 | ・地域の防災や災害時の助け合いの重要性を理解し、主体的に活動に参加する。 |

#### 小学校段階における防災教育の目標

日常生活の様々な場面で発生する災害の危険を理解し、安全な行動ができるようにするとともに、他の人々の安全にも気配りできる児童

| ア　知識、思考・判断 | イ　危険予測・主体的な行動 | ウ　社会貢献、支援者の基盤 |
|---|---|---|
| ・地域で起こりやすい災害や地域における過去の災害について理解し、安全な行動をとるための判断に生かすことができる。<br>・被害を軽減したり、災害後に役立つものについて理解する。 | ・災害時における危険を認識し日常的な訓練等を生かして、自らの安全を確保することができる。 | ・自他の生命を尊重し、災害時及び発生後に、他の人や集団、地域の安全に役立つことができる。 |

#### 幼稚園段階における防災教育の目標

安全に生活し、緊急時に教職員や保護者の指示に従い、落ち着いて素早く行動できる幼児

| ア　知識、思考・判断 | イ　危険予測・主体的な行動 | ウ　社会貢献、支援者の基盤 |
|---|---|---|
| ・教師の話や指示を注意して聞き理解する。<br>・日常の園生活や災害発生時の安全な行動の仕方が分かる。<br>・きまりの大切さが分かる。 | ・安全・危険な場や危険を回避する行動の仕方が分かり、素早く安全に行動する。<br>・危険な状況を見付けた時、身近な大人にすぐ知らせる。 | ・高齢者や地域の人と関わり、自分のできることをする。<br>・友達と協力して活動に取り組む。 |

---

障害のある児童生徒等については、上記のほか、障害の状態、発達の段階、特性及び地域の実態等に応じて、危険な場所や状況を予測・回避したり、必要な場合には援助を求めることができるようにする。

---

（文部科学省「学校防災のための参考資料」、2013）

かなど、発達の段階に応じて正しく判断し行動できるようにする。また、行事や避難訓練、防災管理等の計画立案にあたっては、教職員の防災意識・知識の向上を図る情報発信、家庭・地域の防災組織と連携した活動を積極的に取り入れていくことが重要であり、その実践が災害に強い学校・地域づくりに進展していくことになる。

### （2）犯罪被害防止教育

「犯罪被害の防止」は前回の学習指導要領改定（2008年）時に新しく取り入れられた内容である。この内容は、新学習指導要領（2017、2018年）においても踏襲された。新たに、教育目標が育成すべき3つの資質・能力として整理され、そのうちの「知識」として習得することになった。加えて、「思考力・判断力・表現力等」として、犯罪被害を防止するために、危険の予測や回避の方法を考え、それらを表現できることが強調された。「学びに向かう力・人間性等」としては「健康・安全の大切さに気付き、自己の健康の保持増進や回復に進んで取り組む態度を養う」とされた。この保健授業を中核としながらも学校の教育活動全体で取り扱う現代的課題の1つとして重視された。

犯罪を防止するには、主体、安全行動、環境の3要因からの対応が必要である。この3要因のうち、主体と行動に視点をあてると、犯罪の防止には、周りの状況を把握し（認知）、その状況に対して予測し、どのような行動をとるのか判断し、実際に行動をとるといった過程（状況の把握―予測―判断―行動）を経ることになる。この中でも、特に認知が適切にできずに、犯罪被害に巻き込まれることが多いといわれている。しかし、認知だけでは犯罪被害は防ぐことができず、これと並んで「予測」することで犯罪被害を未然に防ぐことができる（危険予知）。

### 7．食育（食物アレルギー）

### （1）学習指導要領等における食育の位置づけ

学校における食に関する指導（食育）は、従来、給食の時間や関連教科などにおいて、食生活と心身の発育・発達などの内容に関しての指導が行われてきているが、食育の推進が大きな国民的課題となり、小・中学校学習指導要領（2008年）、高等学校学習指導要領と特別支援学校学習指導要領（2009年）の総則に「学校における食育の推進」が位置づけられた。2016（平成28）年には、中央教育審議会は「幼稚園、小学校、中学校、高等学校及び特別支援学校の学習指導要領等の改善及び必要な方策等について（答申）」において、食を取り巻く社会環境が変化し、栄養摂取の偏りや朝食欠食といった食習慣の乱れ等に起因する肥満や生活習慣病、食物アレルギー等の健康課題が見られるほか、食品の安全性の確保や食糧自給率向上、食品ロス削減等が顕在化していると述べている。

これらを受けて、小・中学校・特別支援学校（小学部・中学部）学習指導要領（2017年）、高等学校学習指導要領（2018年）、特別支援学校（高等部）学習指導要領（2019年）の総則に、「学校における食育の推進」が明確に位置づけられた。また、幼稚園教育要領、幼保連携型認定

こども園教育・保育要領、保育所保育指針においても、食育に関する内容が充実された。

　さらに、小学校学習指導要領総則第5学校運営上の留意事項で「他の小学校や、幼稚園、認定こども園、保育所、中学校、高等学校、特別支援学校などとの間の連携や交流を図る」と、学校間の連携を図ることが求められている。中学校、特別支援学校、高等学校の学習指導要領でも同様の記載がなされている。以下では、食物アレルギーに着目して述べる。

### （2）食物アレルギー

1) 概念：一般的には、特定の食物を摂取することによって、皮膚・呼吸器・消化器あるいは全身性に生じるアレルギー反応のことをいう。
2) 有病率：日本学校保健会の「平成25年度学校生活における健康管理に関する調査事業報告書」によると、有病率は、小学生4.5%、中学生4.71%、高校生3.95%、中等教育学校生4.97%である。
3) 症状：症状は多岐にわたり、じんましんのような軽い症状からゼーゼー・呼吸困難・嘔吐・ショックなどの中等症、アナフィラキシーショックのような命に関わる重い症状まで様々である。
4) 対策：学校での食物アレルギーに対する取り組みとしては、学校内でのアレルギー発症をなくすことが第一目標だが、同時に児童・生徒の健全な発育発達の観点から、不要な食事制限をなくすことも重要である。学校は管理指導表を参考に対応する必要がある。

① 原因食物の把握

「原因食物の除去」が唯一の予防法であるため、個々の児童生徒の食物アレルギー及びそれによるアナフィラキシーの原因となる食物を知ることは、学校での取組を進める上で欠かせない。食物アレルギーはあらゆる食物が原因となるが、学童期では、鶏卵、乳製品が約50%を占め、実際に学校給食で起きた食物アレルギー発症事例の原因食物は甲殻類（エビ、カニ）やソバ、果物類（特にキウイフルーツ）が多くなっている。次いで魚類、ピーナツ、軟体類、木の実類、大豆で全体の9割近くを占める。

② 治療（予防）法

「原因となる食物を摂取しないこと」が唯一の治療（予防）法である。万一症状が出現した場合には、速やかに適切な対処を行うことが重要である。じんましんなどの軽い症状に対しては、抗ヒスタミン薬の内服や経過観察により回復することもあるが、ゼーゼー・呼吸困難・嘔吐・ショック等の中等症から重症の症状には、アナフィラキシーに準じた対処が必要である。

③ 緊急時に備えた処方薬

緊急時に備え処方される医薬品としては、皮膚症状等の軽症症状に対する内服薬とアナフィラキシーショックに対して用いられるエピペン®がある。学校給食での対応としては、学校給食が原因となるアレルギー症状を発症させないことを前提として、各学校、調理場の能力や環境に応じて食物アレルギーの児童・生徒の視点に立ったアレルギー対応給食を提供することを目指し

て、学校給食における食物アレルギー対応を推進することが望まれる。

　なお、調味料、だし、添加物は食物アレルギーの原因食物に関連するものであっても症状誘発の原因となりにくく、ほとんどの患者で除去が不要な項目である。管理指導表においてこれらのものまでも除去が必要であるとされた場合には給食の提供が難しくなる。

　④　食物・食材を扱う授業・活動

　ごく少量の原因物質に触れるだけでもアレルギー症状を起こす児童生徒がいる。このような児童・生徒は、原因物質を食べるだけでなく、吸い込むことや触れることも発症の原因となるので、個々の児童・生徒に応じたきめ細かい配慮が必要である。以下に例をあげる

　○牛乳パックの洗浄

　児童・生徒が給食後に牛乳パックの解体、洗浄をする場合、作業中に牛乳が周囲に飛び散る。微量の牛乳が皮膚に接触するだけで症状をきたす最重症の児童・生徒にとっては、周囲で行われるだけでも大変危険である。

　○ソバ打ち体験授業

　ソバ粉が宙を舞ったり、練るときに皮膚に触れたりするため、ソバアレルギーの児童・生徒にとっては大変危険である。

　○小麦粘土を使った図工授業

　粘土に含まれる小麦が皮膚に接触することによりアレルギー症状をきたす。小麦アレルギーの児童・生徒が在籍する場合には、粘土の原料にも留意する。

　○宿泊を伴う校外活動

　配慮の中心は、宿泊先での食事である。事前に宿泊先と連絡を取り、その児童・生徒の重症度に合わせた最大限の配慮をお願いする。エピペン®を含む持参薬の有無や管理方法、万一発症した場合の対応など、保護者、主治医、学校医、宿泊先などを交えて十分に情報を交換し、対応を協議する。宿泊を伴う校外活動は、全ての児童・生徒にとって貴重な体験であり、食物アレルギーの児童・生徒もできるだけ参加できるよう配慮したい。

**参考文献**

大津一義、他：性の指導総合事典、ぎょうせい、1992.

大津一義、他：エイズ教育推進マニュアル、千葉県教育庁学校教育部学校保健課、1997.

厚生労働省エイズ動向委員会：エイズ発生動向年報、2018.

日本学校保健会：学校保健の動向（平成 23 年度版）、2011.

大津一義、山本浩二：小・中学校におけるがん教育（授業）の開発、小・中学校保健教授用資料、大日本図書、2018.

大津一義：がん患者とともに生きることの大切さを学ぶ学習指導過程の効果的な開発、保健の科学、vol.59、2017.

文部科学省：平成 28 年度「がんの教育総合支援事業成果報告書」、2016.

文部科学省：学校におけるがん教育の在り方について報告、2015.

中央教育審議会：健やかな体を育む教育の在り方に関する専門部会これまでの審議状況〜すべての子どもたちが身に付けているべきミニマムとは？〜、2005.

日本学校保健会：喫煙・飲酒薬物乱用に関する指導参考資料、小学校編、2010.

日本学校保健会：喫煙・飲酒薬物乱用に関する指導参考資料、中学校編、2011.

日本学校保健会：喫煙・飲酒薬物乱用に関する指導参考資料、高等学校編、2012.

大津一義、山田浩平、黒崎宏一：保健がめざすアクティブ・ラーニング、中学校保健体育教授用資料、大日本図書、2017.

山本浩二、渡邉正樹：中学生におけるヘルスリテラシーの構造と保健知識及び生活習慣との関連～中学生用ヘルスリテラシー尺度の開発と保健教育への応用の検討～、日本教科教育学会誌、2018.

WHO: health promotion glossary, 1991.

World Health Organization: Ottawa Charter for Health Promotion, Health Promotion, 1986.

Nutbeam D: Health literacy as a public health goal, a challenge for contemporary health education and communication strategies into the 21st century, Health Promotion International, 2000; 15.

Nakayama K, Osaka W, Togari T, et al: Comprehensive health literacy in Japan is lower than in Europe a validated Japanese-language assessment of health literacy, BMC Public Health, 23（15），2015.

兵庫県教育委員会心の教育総合センター：心の健康教育プログラム、2009.

文部科学省初等中等教育局児童生徒課：学校教育における心の健康保持について、新たな自殺総合対策大綱の在り方に関する検討会、2018.

文部科学省：子供に伝えたい自殺予防～学校における自殺予防教育導入の手引～、2014.
　　http://www.mext.go.jp/b_menu/shingi/chousa/shotou/063_5/gaiy ou/1351873.htm

大津一義：実践からはじめるライフスキル学習～ 喫煙・飲酒・薬物・性・などの課題に対応～、東洋館出版社、2001.

大津一義、山田浩平：新学習指導要領中学校保健授業の改善～ライフスキル形成の充実・強化～、小学校保健教授用資料、大日本図書、2017.

文部科学省：学校防災のための参考資料「生きる力」を育む防災教育の展開、2013.

大津一義、山田浩平：新学習指導要領における小学校保健授業の展開、小学校保健教授用資料、大日本図書、2018.

大津一義、山田浩平：新学習指導要領における中学校保健授業の展開、中学校保健体育教授用資料、 大日本図書、2018.

大津一義、山田浩平：新学習指導要領「主体的・対話的で深い学び」をめざした中学校保健授業の改善、中学校保健体育教授用資料、大日本図書、2018.

日本学校保健会：学校生活における健康管理に関する調査事業報告書、2013.

中央教育審議会：幼稚園、小学校、中学校、高等学校及び特別支援学校の学習指導要領等の改善及び必要な方策等について（答申）、2016.

文部科学省：小学校学習指導要領、同解説総則編、同解説体育編、2017.

文部科学省：中学校学習指導要領、同解説総則編、同解説保健体育編、2017.

文部科学省：高等学校学習指導要領、同解説保健体育編、2018.

厚生労働統計協会：国民衛生の動向（2020/2021）、2020.

日本学校保健会：学校保健の動向（令和2年度版）、2020.

## 第 5 節　健康の認識及び態度と健康行動

### 1.　知識と態度と行動との関係

　知識と態度と行動に関する先行研究を概観すると、その代表的なモデルとして "KAP モデル" が挙げられる。この KAP とは、知識（Knowledge）、態度（Attitude）、行動（Practice）のそれぞれの頭文字をとっており、知識と行動との間には「心（態度）」が介在しており、行動の改善には、この心に働きかけて、いかに揺さぶり突き動かすかが大切であるという考えに基づいている。例えば、"喫煙は健康に害がある" ということを知っていながら、実際にはなかなか止められない（分かっちゃいるけど止められない）という人をしばしば見かける。

　この知識から行動への移行過程の強化は、図 2-9 に示したように、単なる個々の知識に留まるのではなく、より高次の知識及び知的能力の形成とこれと密接に関係するより高次の "心の構え" ないし態度の形成とによってなされ得ると考えられている。図はブルームの「教育目標の分類学」を参照に、大津らが行動様式の形成過程を認識形成過程と情意形成過程との相互関係に基づいて作成した仮想モデルである。認識及び情意形成過程における各要素は、上方に行くほど内面化（深化）が高まり、より高次になると仮定されている。

### 2.　健康行動の概念と行動変容理論

　これまでは、行動一般について、知識及び態度と行動との関連をみてきたが、ここでは健康行動に限定して、その変容に関する理論（行動変容理論）について言及する。健康行動に関する研究は米国が盛んであるが、その流れは健康行動の概念・分類に関する研究と健康行動に影響をお

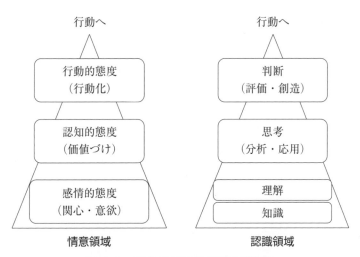

図 2-9　情意及び認識領域の階層性
（大津一義、2012 年）

よぼす要因・変容に関する研究の2つに大別できる。


### (1) 健康行動の概念・分類に関する研究

　健康行動については、その解釈は一様ではない。キャスル（Kasl）と コブ（Cobb）（1966年）は、健康行動を概念的に次の3つに分類している。

　1）健康時行動（health behavior）：自分が健康であると考えている人が、症状のない段階で病気の予防又は発見のためにとる行動（健康診断や予防接種を受けるなど）。社会的役割を平常通り遂行できる。医師などの客観的判断に基づいても、健康であるかあるいは疾病が潜在している状態である。

　2）不調時行動（illness behavior）：自分が病気ではないかと感じている人が、医師の診察を受ける、家族に相談するなど。社会的役割遂行が多少困難。客観的判断に基づく病気が潜在あるいは顕在している。

　3）疾病時行動（sick-role behavior）：主観的にも客観的にも病気である人が病気を治療して、社会復帰するための行動。

　この分類は、健康行動の分類の先駆的役割をなし、多くの研究者に引用されたが、予防的健康行動に限定しすぎ、範囲が狭すぎるとして、その後、広範囲にかつ日常行動の実際に基づいて分類がなされるようになった。

　ハリス（Harris）ら（1979年）は、健康行動を「客観的にみて効果があろうとなかろうと、またその人の健康状態にもかかわりなく、個人が健康を守ったり、増進したり、推持するためにとった全ての行動」とより広く定義し、次の5群に分類している。

　1）健康行動 Health Practice（よく眠る、リラックスする、食事に注意する、過労を避ける、寒冷を避ける、食物を制限する、体重に気をつける）

　2）危険な環境からの回避行動（犯罪を避ける、環境汚染を避ける）

　3）安全行動（物を固定する、救急箱や緊急電話を備える）

　4）薬物乱用ないし依存の防止行動（禁酒、禁煙）

　＊Health Risk 行動について、米国の疾病管理予防センター（CDC：Centers for Disease Control and Prevention, 2002）が喫煙、飲酒、薬物乱用、交通安全上の行動、性的行動、不適切な食行動、運動不足、暴力、自傷行為に分類して包括的にとらえている。

　5）予防的健康管理行動（身体や歯などを点検する）

　このように、ハリスらの見解は「本人の意志」を重視しているが、他者の健康を守るという考え方が欠落している。このことは、佐久間の「日常生活における全般的な行動のうち、健康の保持増進ならびに傷病から自己及び一定の集団を保護しようとする希求に基づく行動である」という定義や、宮坂の「本人が自覚していてもいなくても健康のためになる行動―健康増進からリハビリまでの一切を含む総称と考えている。そして、それには個人的なものも集団的なものも含まれると思う」という考え方と比較すると明らかであろう。そこで、健康行動を「客観的にみて

効果があろうとなかろうと、またその人の健康状態にもかかわりなく、ある人が自己あるいは他者の健康のためにとるすべての行動」と定義することにする。

### （2）健康行動に影響をおよぼす要因・変容に関する研究（行動変容理論）

健康行動はどのような要因によって、どのようなプロセスを経て形成されるのであろうか。この点についての研究は米国で盛んであるが、その流れをみると次の 3 つに大別できる。

① 個人的行動（主として予防的健康行動）における意志決定のメカニズムを重視する心理学的立場からの研究

② 個人的行動（主として医療行動）に対する社会集団のおよぼす影響を重視する社会学的側面からの研究

③ ①と②の研究を止揚しようとする研究

これらの研究成果は次のような代表的な行動変容理論としてまとめられている。

### 1）Health Belief Model（HBM）

これは健康行動（主として予防的健康行動）の変容は信念によって大きく左右されるという仮定にたっている。このことを初めて検証したのはホッフバウム（Hochbaum, 1958）である。彼は結核の胸部 X 線撮影の受診行動と 3 つの信念、即ち

① 特定の疾病にかかる可能性に対する信念（結核にかかるかもしれないと信じている）

② 特定の疾病の重症性に対する信念（気がつかないうちに結核にかかってしまうことがあることを信じている）

③ その予防行動をとった場合の効果に対する信念（結核は集団検診で早期発見できると信じている）

との関連を調べ、信念の数が多いほど受診率が高いという結果を報告している。ちなみに 3 つの信念を持っている者の受診率は 81.5％であるが、全く持っていない者の受診率は 21.3％にすぎなかった。

これを踏まえて、ベッカー（Becker, 1974）らは広範囲の予防的健康行動を想定して、その変容を予測し得る因子として、これら 3 つの信念に加え"修飾因子"や"行動のきっかけ"の因子を仮定している（図 2-10）。

この行動のきっかけには、医師や看護師、教師などの健康関連の専門家からの勧めや身近な人の病気など、他者からのアプローチがある。このアプローチは「ソーシャルサポート」と呼ばれる。ソーシャルサポートとは、対象者の行動・生活習慣の実践と継続を支援するために、周囲の人（家族、友人等）の協力が必要であるという考え方である。家族や周囲の人々から情緒的な支援を得たり、具体的な協力を得たりすると、人は困難な課題に挑戦する勇気がでると言われる。これは単に情緒的支援を得ることだけでなく、ある行動を選択し、それを実行したことを周囲の人々が受け入れて評価してくれていると感じることに意義がある。

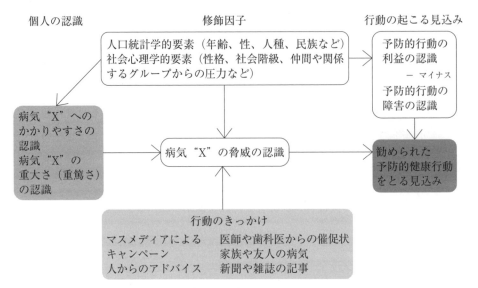

図 2-10　健康信念モデル Health Belief Model
(Becker ら 1975 年)

### 2）社会的認知理論

　社会的認知理論では、人の行動は"個人的要因"、"環境要因"及び"行動の特性"という３つの相互作用によって影響を受けるとする相互決定論を基盤としている。社会的認知理論は自己効力感や結果期待、セルフコントロールなど多くの構成概念を有しているが、ここではその中核概念である自己効力感（Self-efficacy）と、この概念と関連が深いセルフエスティームの２点について説明する。

① 　自己効力感（Self-efficacy）（図 2-11）

　人は「ある行動が望ましい結果をもたらす」と考え（結果期待）、かつ「その行動をうまくやることができる」という自信があると（効力期待）、その行動をとる可能性が高くなる。この自己効力感の高い人は、将来を肯定的にとらえ、物事をポジティブに考えることができるとともに、失敗に対する不安を感じることなく、積極的に行動することができる。

　結果期待：ある行動の結果として期待される健康状態や、その先にある QOL 向上等の成果物のこと。健康行動の先に健康状態があり、健康状態の先に QOL 向上があり、その行動と QOL が結びつく時、その行動をとる可能性が高くなると考えられる。

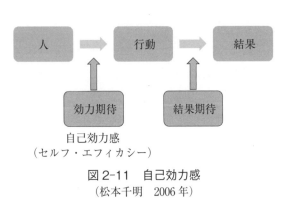

自己効力感
（セルフ・エフィカシー）

図 2-11　自己効力感
（松本千明　2006 年）

　効力期待（自己効力感）：「自分はその行動をうまくやることができるんだ」という自信のこと。自己効力感が高い人は、行動をするのに必要な努力を惜しまず、失敗や困難を伴っても諦めにくいと言われる。自

己効力感を如何に高めるかが行動変容を促すための課題となる。

この自己効力感を高めるには、次の 4 つの方法が必要である。

1. 遂行行動の成功経験

　実際に行動を行ってみて、うまく行うことができたという経験があること

2. 代理的経験（モデリング）

　例え自分はその行動を行った経験はなくても、人がうまく行うのを見て自分にもできそうだと思うこと

3. 言語的説得

　人から「あなたならできるよ」などと言われること

4. 生理的・情動的状態

　その行動をすることで生理的状態や感情面で変化が起きること

② セルフエスティーム（Self-esteem）

セルフエスティームは自尊感情とも自尊心、自己肯定感などとも訳されている。セルフエスティームとは、自分を「肯定的に認め」、自分に「自信を持ち」、自分を「価値ある者と誇れる気持ち」ということである。これは、他の人が自分をどう見ているかというのではなく、自分が自分自身をどう思い、どう感じるかということである。セルフエスティームのレベルの高い人は、他者を肯定的にとらえる傾向があり、こころ温かく人と接することができる。また、困難な場面に遭遇しても、他者に依存するのではなく、自ら進んで解決しようとする。

### 3）行動変容のステージモデル（Trans theoretical model）

理論横断的（trans theoretical）とも言われるとおり、健康行動が変化していく段階・ステージに関連している理論を包括したモデルである。図 2-12 に示したように "行動変容ステージ" は、行動の変容（時間の流れと共に現れる現象）を「無関心期」「関心期」「準備期」「行動期」

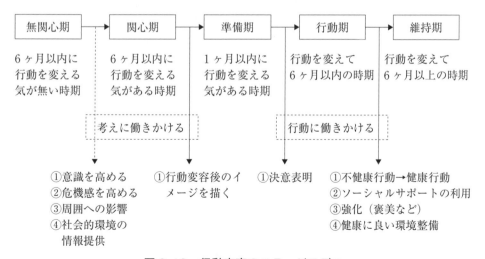

図 2-12　行動変容のステージモデル

（大津一義、2012 年）

「維持期」の連続した5つのステージに分けられている。この時間の流れは、いつも順調に一方向に進むだけでなく、場合によっては元のステージに逆戻りすることもある。各ステージに応じて適切な対応を図ることにより、次のステージに進むことが期待される。自己効力感は変容ステージが後期に進むに従って高くなる傾向にある。また、行動に対する費用対効果を意味する意思決定バランスにおいては、変容ステージが後期に進むに従って、行動に関する利益（効果）の知覚が高まり、費用（障害）の知覚が低くなるとされている。

　変容プロセス（変容への働きかけ）には、認知的プロセス（考えへの働きかけ）と行動的プロセス（行動への働きかけ）があり、それぞれは5要素を有している。

【認知的プロセス（考えに働きかける）】

①　意識高揚：健康行動への変化を支持するような新たなアイディア等を発見し学習する。

②　情動的経験：不健康行動のリスクに伴うネガティブな感情（恐怖、不安）を経験する。

③　周囲への影響：周囲への健康行動のプラスと不健康行動のマイナスの影響を認識する。

④　自己再評価：行動変容が人としてのアイデンティティにおいて重要であると認識する。

⑤　社会的環境の情報提供：健康行動の変化を支援する方向に社会的規範が変化していると認識する。

【行動的プロセス（行動に働きかける）】

①　行動置換：不健康行動がより健康的な行動と認識に置き換わる（間食→ガムを噛む等）。

②　援助関係：健康行動のためのソーシャルサポートを求め利用する（子どもの協力等）。

③　強化管理：前向きな行動変容への報酬を増やす（家族からの褒美など）。

④　自我の開放：変化することを公約する。

⑤　環境整備：健康行動へのきっかけや暗示を増やす（入手しやすい所に食物を置かない、目標を書いた紙を貼る等）。

## 4）ストレスマネジメント論（ソーシャルサポート含む）（図2-13）

　ストレスマネジメント論は、ストレスを感じることが健康状態に影響を及ぼす可能性があるため、ストレスをうまくマネジメントすることによって、健康行動を支援するという考えに基づき開発された。ストレスが健康状態に影響を及ぼす具体的プロセスとして、以下の3つが考えられている。

①　ストレッサー（ストレスの原因）により、ストレスホルモンの分泌が促進されたり、交感神経系が刺激されることが身体に影響（血糖の上昇や血圧の上昇等）を及ぼす場合。

②　ストレッサーによる不安や緊張を減らすために健康にとって好ましくないコーピング行動（過食、飲酒、喫煙等）をとる場合。

③　ストレスによって、食事、運動、薬物療法、セルフケア等への関与度が低下する場合。

　ストレスが症状として表出するまでには、一定のプロセスを辿ると言われている。図2-13に示したように、ストレッサーに直面すると、人はまずそのストレッサーがどれくらい害のあるものなのかといった潜在的な脅威を認知・評価する（一次評価）。同時に、ネガティブな情動反応

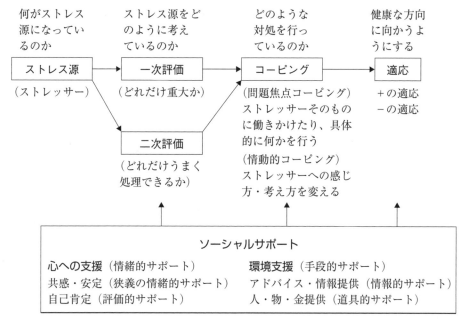

**図 2-13　ストレスマネジメント論（ソーシャルサポート含む）**
（大津一義、2012 年）

を抑えようとするために、ストレッサーに対する処理能力を認知・評価する（二次評価）。その上で、ストレッサーに対して実際に処理を行う（コーピング）ことになる。コーピングには、ストレッサーへの感じ方や考え方を変容させる“情動焦点コーピング”とストレッサーに対してアプローチする“問題焦点コーピング”の2種類がある。

　働きかけの重点ポイントは次の通りである。

① 　ストレッサーを明確にする。

② 　ストレッサーへの見方、とらえ方を変える（プラス面を見るなど）。

③ 　コーピングの実施にあたっては、ソーシャルサポートを活用する。問題焦点コーピングの場合は環境支援、情動焦点コーピングの場合は心への支援を主として活用する各プロセスには図のようなコーピングを手助けするソーシャルサポートが関わっている。

**参考文献**

Kasl S, Cobb S : Health Behavior, Illness Behavior, and Sick-Role Behavior, Archives of Environmental Health, Vol.12, 1966.

Harris D, Guten S : Health-protective Behavior, An exploratory study, Journal of Health and Social Behavior, Vol.20, No.1, 1979.

佐久間淳：生活構造と保健行動、小泉明編著「生活と健康」（講座 現代と健康、別巻 2）、大修館、1978.

宮坂忠夫：巻頭言、保健行動について、学校保健研究、Vol.23 No.1, 1981.

Hochbaum G : Public participation in medical screening programs, Asocio-psychological study, public Health Service Publication, No.572, U.S. Goverment Prnting Office, 1958.

Becker M, Maiman L : Sociobehavioral determinants of compliance with health and medical care recommendations,

Medical Care 13（1），10-24, 1975.

大津一義　編著：ヘルスプロモーション論、日本ウェルネススポーツ大学、2012.

松本千明：健康行動理論の基礎、15、医歯薬出版、2006.

# 第**3**章

# 学校における保健管理Ⅰ（主体管理と生活管理）

## 第1節　学校における保健管理の意義と展開

　学校保健を効果的に進めていくためには、学校における保健教育と保健管理の相互の関連を図りながら、総合的な保健活動として展開していく必要があることは言うまでもない。しかし、学校保健の歴史的な発展過程において、その中核をなしてきたのは保健管理である。そして、現在でも、狭義に学校保健という場合は、学校における保健管理を意味することからも理解できるように、保健管理は学校保健の内容としてはもちろん、学校教育の一環としても極めて重要な役割をもっている。

　そこで、ここでは、まず学校における保健管理の意義を確かめ、次いで、その内容や展開過程を構造的・体系的にとらえてみることにする。

### 1. 学校における保健管理の意義

　学校における保健管理の基盤とされている学校保健安全法第1条には、その目的が次のように明記されている。

> 　「この法律は、学校における児童生徒等及び職員の健康の保持増進を図るため、学校における保健管理に関し必要な事項を定めるとともに、学校における教育活動が安全な環境において実施され、児童生徒等の安全の確保が図られるよう、学校における安全管理に関し必要な事項を定め、もつて学校教育の円滑な実施とその成果の確保に資することを目的とする」

　学校における保健管理の意義も、基本的には地域保健や産業保健と同様に、児童・生徒（幼児及び学生を含む、以下同じ）と職員の健康と安全を確保することにある。しかし、学校における保健管理の意義を考える場合、学校保健の特性、すなわち、児童・生徒の発達的特性、生活の場としての特性、教育の場としての特性を踏まえておく必要がある。

　児童・生徒は心身ともに発達する権利を持っているので、国及び地方公共団体は保護者とともに児童・生徒の健康な発達を保障する責任がある。学校はこの責任の一端を担うものであり、また、心身の健全な発達を図ることは、学校教育そのものの目的達成をねらいとする活動としての意義がある。

　また、学校は家庭及び地域とともに、児童・生徒と職員の生活の場である。したがって、彼らの生存権・健康権を保障するという立場から、健康的でしかも安全な環境が確保されなければな

らない。そして、学校では児童・生徒に教育を受ける権利（学習権）を保障し、その場を提供しなければならない。このように、学校における保健管理は、児童・生徒が十分に学習できるように、心身の健康を保持増進し、健康と安全を確保できるような施設・設備を整えるための活動としての意義がある。

　最近では、学校における保健管理の意義を、憲法に明示されている基本的人権としての児童・生徒の発達権、生存権、健康権、学習権を保障するという立場からとらえるようになってきている。

## 2. 学校における保健管理の領域構成と機能

### （1）保健管理の領域

　学校における保健管理の意義から考えて、その対象は必然的に「人」（児童・生徒及び職員）と、彼らを取り巻く「物」とに大別できる。そして、児童・生徒及び職員にかかわる事項は、直接的に心身（主体）の状態を対象とする内容と、主体と環境との間に介在する主体の生活（行動）を対象とする内容とに分けることができる。

　また、「物」にかかわる事項としては、学習や生活の場としての学校、家庭、地域の環境衛生や安全の問題がその内容となる。これらの関連を模式的に示すと、図3-1のようになる。そこで、学校における保健管理の領域

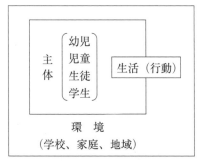

図3-1　主体、生活、環境の相互関係
（高石「新版学校保健概説」を一部修正）

は、その対象から対人管理と対物管理（環境管理）に大別し、さらに、対人管理を主体管理（心身の管理）と生活（行動）管理に分ける考え方が一般的になされている。このように、学校における保健管理の領域を、主体管理、生活管理、環境管理の3領域で構成する考え方は、最近の健康の成立条件に関する疫学的理論によっても支持されている。

　図3-2は、小倉が主体と環境との相互関係を調節する生活（行動）を支点として、人間の健康状態を表すモデルを示したものである。この考え方は、環境の条件と心身の状態に応じて判断し、適切な行動をとることによって人間の健康は保持増進されるとするもので、安全の確保や事故・災害の防止にも当てはめて考えることができ、極めて示唆に富んでいる。

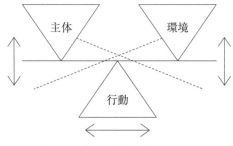

図3-2　健康成立条件のモデル
（小倉「学校保健活動」より）

## （2）保健管理の内容

　学校における保健管理の内容は、学校保健安全法及びその他の学校保健関係法規によって規定されているもの、公衆衛生関係法規によるもの、法的な規定はみられなくても、学校教育上の必要性に基づいて行われるものまで、その内容は多彩である。また、それらの内容は相互に関連しており、しかも、保健教育の内容とも密接に関連している。したがって、保健管理の内容を画一的に分類することは極めて困難である。表3-1は、保健管理の主な内容を、主体管理、生活管理、環境管理の３領域に分類して、それぞれ最も関連の強いと考えられる領域に当てはめてみたものである。

表 3-1　学校における保健管理の領域と内容

| 領域 | | | 主な内容 |
|---|---|---|---|
| 対人管理 | 主体管理 | 健康状態の評価（健康問題の発見） | 健康診断とその事後措置、保健調査、新体力テスト、健康観察、健康相談 |
| | | 健康の保持増進 | 学校給食と食育の推進、給食だよりの発行、体育指導、健康手帳の活用、保健だよりの発行 |
| | | 健康障害の管理 | 疾病管理、感染症の予防、救急処置、心の健康問題、心身障害児への対応 |
| | 生活管理 | 学校の生活管理 | 日課表、時間割の編成、休憩時間中の遊びや運動、学校生活の情緒的雰囲気 |
| | | 家庭の生活管理 | 食事と排便、睡眠と休養、遊びと運動、学習、服装、生活時間と生活リズム |
| 対物管理 | 環境管理 | 学校環境の衛生管理 | 環境衛生検査と事後措置、施設・設備の点検と衛生管理、学校環境の美化・緑化 |
| | | 学校環境の安全管理 | 安全点検と事後措置、施設・設備の安全管理、危険又は危害等発生時対処 |

（門田の作成）

### 1）主体管理

　心身の管理あるいは保健事業などとも呼ばれる。児童・生徒の心身の健康を保持増進し、教育の成果を確かなものにしていくための活動がその内容となる。心身の発達や健康状態を直接対象とする領域であり、健康問題の発見、疾病異常の治療と予防など、医学的・保健学的な専門知識・技術を必要とする活動も多い。

### 2）生活管理

　児童・生徒の学校生活が健康的に営まれるような条件の提供と、学校生活中の行動の規制や指導という２つの側面がある。また、学校生活と家庭生活とは不可分な関係にあることから、家庭での健康生活の指導や行動の規制なども生活管理の内容となる。

### 3）環境管理

　学校の施設・設備など物的環境及びそれらを取り巻く物理的、化学的（空気、水、音、光）な環境条件を健康的に整備することである。この場合、環境の衛生管理だけでなく、施設・設備の

安全管理や危険又は危害等発生時対処も重要な内容となる。

### （3）　保健管理の機能

　学校における保健管理の意義やその内容から、学校教育（学校経営）における保健管理の機能ないし役割として、次の３点が考えられる。

### 　1）　教育診断的機能

　学校教育の基本的な目標は、教育基本法や学校教育法に示されているように、児童・生徒の心身の健康な発達にある。したがって、学校において、児童・生徒の発達や健康状態、健康生活の実践状況、学校環境衛生の状態、事故・災害の実態などを、定期的に、あるいは、日常的に把握（評価）することは、学校教育上の諸問題を科学的、客観的に明らかにすることになる。このように、保健管理の諸活動は、教育の成果を確かめ、今後の教育目標の設定や教育計画の作成などに具体的な示唆を与える教育診断（学校経営診断）的な機能をもっている。

### 　2）　教育の条件整備的機能

　児童・生徒の健康の保持増進を図り、学習能率の向上を図るためには、それらを阻害する要因を早期に発見し、除去する必要がある。児童・生徒の健康状態と学習能率とは密接に関係しており、健康上の問題があれば学習能率は低下するし、学校の施設・設備の不備やそれを取り巻く環境の衛生条件の悪化は、学習能率を低下させるだけでなく、健康を害し、疾病を発生させることになる。また、時間割や日課表の編成など学校生活のあり方も学習能率に関係してくる。このように、教育の成果を学習能率の向上という観点からみると、保健管理の諸活動は、教育のための条件整備的な機能をもっているといえる。

### 　3）　教育活動的機能

　学校における保健管理は、本質的には教育活動ではなく、その意義のところでも述べたように、学校という教育の場で児童・生徒の発達権、健康権、学習権を保障するための管理的活動である。しかし、保健管理の諸活動を児童・生徒の立場からみると、彼ら自身の健康と安全を確保するための活動であり、その活動の成果に理解と関心を示すものである。したがって、保健管理の諸活動に児童・生徒を積極的に参加、協力させることは、保健管理の効果を高めるとともに、保健に関する経験学習あるいは保健指導の機会として重要な役割をもっている。学校におけるあらゆる活動を教育活動とする現在の考え方からすると、保健管理の諸活動は教育活動の一環であると言える。

## 　3.　学校における保健管理の展開

### （1）　保健管理の展開過程

　学校における保健管理を展開するにあたっては、まず、その対象である児童・生徒の健康状態を評価（把握）して健康問題の有無を確認し、健康問題がある場合は早期にその改善・解決をしなければならない。そして、健康問題が改善・解決されたり、あるいは、健康問題がない場合

にはその健康状態の保持増進を図っていく必要がある。一方、健康を害するような疾病を予防し、健康問題の発生を防止するための対策をとらなければならない。

　これらは、次のような3つの活動に要約することができる

　①　健康状態の評価（健康状態の把握あるいは健康問題の発見）のための活動

　②　健康問題の改善・解決のための活動

　③　健康の保持増進（健康障害の防止及び疾病の予防を含む）のための活動

この3つの活動はそれぞれが並列的に位置づけられるのではなく、図3-3に示したように連続的な過程（プロセス）として考えることができる。そして、この繰り返しによって健康の保持増進がなされることになる。

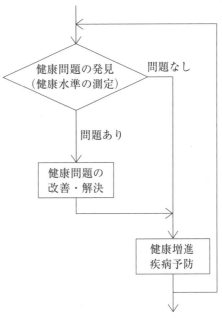

図 3-3　保健活動のシステム
（田中、江口「健康調査の実際」より）

　このような保健管理の展開過程は、主体管理、環境管理、生活管理の3領域に適用できる。たとえば、主体管理の内容の1つとして、毎年定期的に児童・生徒の健康診断を実施して発達や健康状態を評価（測定、検査）し、その結果に基づいて医療の指示、疾病の予防処置、保健指導など健康問題を改善し、さらに、健康の保持増進のための措置がとられている。環境管理については、環境衛生検査や安全点検を実施し、その結果に基づいて施設・設備の修理・改善をし、衛生的、安全的な環境を維持するための措置が講じられている。生活管理については、生活や行動上の問題を調査、観察し、保健指導によって健康的な生活・行動に改善させ、さらに、日常の実践化、習慣化をめざす指導が行われている。

### （2）　保健管理の展開条件

　保健管理を実施する場合、地域保健、産業保健、学校保健のいずれにも共通する基本的な条件がある。しかし、学校における保健管理は教育行政の中で展開されるものであるので、学校独自の問題点も多い。以下に、学校における保健管理の展開のための基本的条件とその問題点を簡単に述べる。

### 1）　保健活動（health services）に対するニード（need）の高揚

　保健活動を提供する側（学校）とそれを受ける側（児童・生徒）に十分なニードが醸成されていれば保健管理の目的は半ば達成される。学校の場合、児童・生徒の保健管理に対する意識や関心は未だ十分とは言えない。また、学校の教職員も保健管理の必要性を十分に認識・理解している者は必ずしも多くない。

### 2) 社会的、経済的な条件整備

人的、物的、経済的な条件によって保健管理の諸活動は大きな制約をうける。学校の場合、保健室の未整備、器械・器具の不足、養護教諭の未配置、専門医の不足、予算不足など保健管理を十分に展開できない条件が多い。

### 3) 保健活動を提供する側の質の向上

保健活動の成果を高めるには、共通理解に基づく運営組織と、その組織を構成する人たちに専門的な知識・技術が要求される。学校の場合、学校保健委員会などの保健活動組織の未設置のところが多い。また、学校は教育機関であり、教師の保健管理に対する高度な知識・技術は要求できない。したがって、質の向上を図るためには地域の保健・医療機関、保健所などとの連携・協力が必要とされる。

### 4) 保健活動の継続性

保健活動は、一時的な、あるいは断続的なものであってはならない。継続性、持続性によって初めてその成果を期待できる。学校の場合、学校医、学校歯科医、学校薬剤師は非常勤であるので出校日は限られており、継続性を欠きやすい。継続性のある保健管理を遂行するためには、学校と家庭との連携・協力が不可欠である。

## 4. 保健管理に伴う保健指導

### （1） 保健管理に伴う保健指導の意味

保健指導という用語は学校教育の分野だけでなく、医学・公衆衛生の分野でも慣用されており、また、家庭や社会でも日常的に用いられており、必ずしも明確な定義はなされていない。一般に公衆衛生の分野では、保健指導は医療や看護に関する専門的な知識・技術によって、一定の資格（例えば医師、歯科医師、薬剤師、保健師など）を有する専門職の行うもので、保健管理の一環としての重要な機能となっている。学校における保健管理においても、学校保健安全法で学校医、学校歯科医、学校薬剤師は保健管理に関する専門的事項に関し、技術及び指導に従事することが定められ、同法施行規則（第22条、第23条、第24条）で学校医、学校歯科医、学校薬剤師は職務執行の準則の1つとして健康相談と保健指導を行うことになっている。

一方、学校における保健管理の実際の展開にあたっては、医学的な立場からだけでなく、児童・生徒の健康を保持増進し、教育効果を高めるために教育上の必要性に基づいて保健指導が行われている。これが同時に保健教育の一環としての保健指導の機会にもつながってくる。

例えば、始業前、休憩時間、昼休み時間、放課後などに学級担任が随時に行う保健指導や、保健室での応急処置、健康相談、定例身体測定などの機会に養護教諭が行う保健指導がある。これらは、教育課程に基づく保健指導と区別して、教育課程外における保健指導、あるいは、保健管理に伴う保健指導と呼ばれている。

このような保健管理に伴う保健指導によって、児童・生徒の健康生活能力の発達を図ることができるとともに、保健管理の効果を一層向上させることができる。図3-4は、これらの2つの保

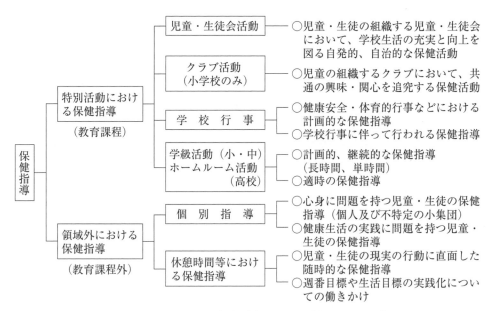

図3-4　保健指導の内容（小、中、高校を一括して）
（高石「新版学校保健概説」を一部修正）

| 学校保健（教育保健） | | |
|---|---|---|
| 保健教育 | 保健管理 | |
| | 保健指導　　教諭（学級担任）　　　　　養護教諭 | 保健管理 |
| 保健教授（学習） | 保健教育における保健指導（2次的）　　　保健管理に伴う保健指導（1次的）<br><br>　　　学級保健指導　　集団的 — 形態 — 個人的<br>　　　　　　　　　　共通的、一般的 — 内容 — 個別的、特殊的<br>　　　　　　　　　　生活化 — 目標 — 課題解決的<br>　　　　　　　　　　教科指導的 — 方法 — ガイダンス的<br>　　　　　　　　　　　　　　　　　　　　　カウンセリング的　健康相談 | |
| 教授＝学習過程 | 生活指導（生活形成過程） | 管理＝経営過程 |

図3-5　学校保健の構成と保健指導
（小倉学・他「学校健康相談・指導事典」を一部修正）

健指導の内容構成を示したものである。教育課程における保健指導（保健教育における保健指導とも呼ばれる）は主として集団指導として実施されることが多く、保健管理に伴う保健指導は個別指導として行われる場合が多い。

## （2）保健管理に伴う保健指導の位置・特質

　学校における保健指導には、保健教育における保健指導と保健管理に伴う保健指導とがあるが、両者は画然と区別されるほどの本質的な違いはなく、相対的にみた場合に、比重の違い、力

点の置き方に違いがある。図3-5は、小倉学が学級活動における保健指導と健康相談としての保健指導を取り上げ、その指導形態、指導内容、目標、方法、分担（担当者）を対比させて示したものである。このような保健指導の位置づけは、保健管理に伴う保健指導の特質を理解する上で示唆に富んでいる。このように保健管理に伴う保健指導は、個別の保健指導として行われることが多いが、学級活動の徹底と充実を図るための教育相談やカウンセリングとも密接に関係しているので、実際の指導にあたってはこれらの相互の関連を図る必要がある。

**参考文献**

元山正、他：改訂保健科教育法、光生館、1983.

田中恒男、江口篤寿編：健康調査の実際、医歯薬出版、1976.

小倉学：学校保健活動、東山書房、1980.

中野英一、野辺地慶三：八訂公衆衛生概説、光生館、1980.

高石昌弘：新版学校保健概説、同文書院、1996.

小倉学、他編：学校健康相談・指導事典、大修館書店、1980.

日本学校保健会：学校保健活動推進マニュアル、2003.

文部科学省：小・中学校学習指導要領、同解説特別活動編、2017.

文部科学省：高等学校学習指導要領、2018.

## 第2節　健康診断

　健康診断は、学校における保健管理の中核として位置づけられ、学校教育法及び学校保健安全法の規定に基づいて実施される。

### 1.　健康診断の種類

　健康診断は就学時に行われるものと、幼児、児童、生徒、学生（以下、児童・生徒）を対象とするもの、職員（教職員）を対象とするものに分類される。
　学校保健安全法は、学校における健康診断の実施主体、対象などについて規定している。また、学校保健安全法施行規則には、健康診断の方法や技術的基準が示されている。健康診断の種類別に実施主体や時期、法的根拠をまとめたものが表3-2である。

表 3-2　学校保健安全法に基づく健康診断の種類と実施主体等

| 種　類 | 実施規定 | | 実施主体 | 法的根拠 |
|---|---|---|---|---|
| 就学時健康診断 | 義務教育への就学にあたって | | 市町村の教育委員会 | 第 11 条 |
| 幼児・児童・生徒・学生の健康診断 | 定期 | 毎学年定期に | 学　校 | 第 13 条 |
| | 臨時 | 必要があるとき | | |
| 職員の健康診断 | 定期 | 毎学年定期に | 学校の設置者 | 第 15 条 |
| | 臨時 | 必要があるとき | | |

（学校保健安全法より）

　就学時の健康診断と児童・生徒及び職員の定期に行う健康診断は、健康診断の結果に基づいて、それぞれ就学に関する指導、治療・検査の指示、学習又は運動・作業の軽減、勤務の軽減等の適切な事後措置が行われる。

### 2.　児童・生徒の健康診断

　児童・生徒の健康診断には、定期と臨時の2種類があるが、その主眼は定期健康診断に置かれている。

#### （1）定期健康診断
#### 1）定期健康診断の意義
　児童・生徒の定期健康診断は、学校保健安全法に規定された保健管理の内容であるだけでなく、学習指導要領において特別活動の健康安全・体育的行事に位置づけられており、教育活動の一環として実施されるという側面がある。したがって、管理的意義と教育的意義の両方を備えて

いると言える。

　定期健康診断は、児童・生徒の発育発達の状態や疾病異常などの健康上の課題を定期的に把握して、健康状態に応じた保健管理上及び教育上適切な措置を取り、健康の保持増進を図ることをねらいとして行われる。健康診断は学校の教員に加えて、学校医、学校歯科医などによって専門的立場からの健康情報が得られるため、保健管理において重要な資料となる。また、教育的意義として、児童生徒が健康診断の必要性を理解するとともに自己の健康状態を把握し、健康意識を高める機会となる。したがって、健康診断と保健指導を効果的に組み合わせるなど、教育活動を念頭においた実施計画を講じることが重要である。

### ２）定期健康診断の特質

　児童・生徒の定期健康診断は、公衆衛生学的な集団検診方式に基づいて実施されるスクリーニング検査である点にその特質がある。つまり、健康な児童・生徒の集団から健康上の問題やその疑いのある者を選び出し、その結果を本人と保護者に通知することで、精密検査や診断、治療につなぐものである。しかし、定期健康診断は毎年１回のみであることから、疾病や異常の早期発見や健康状態の把握のためには、臨時の健康診断や日常の健康観察、保健調査などを含めて包括的に判断するものとしてとらえておくことが重要である。

### ３）定期健康診断の内容

　2015（平成27）年に学校保健安全法施行規則の一部改正が行われた際に、児童・生徒の健康診断は、家庭における健康観察を踏まえ、学校生活を送るにあたり支障があるかどうかについて、疾病をスクリーニングし、児童・生徒の健康状態を把握するという役割と、学校における健康課題を明らかにすることで、健康教育の充実に役立てるという役割が示された。さらに、事後措置のあり方として、健康診断の結果、心身に疾病又は異常が認められず、健康と認められる児童・生徒についても、事後措置として健康診断の結果を通知し、当該児童・生徒の健康の保持増進に役立てる必要があることについても言及されている。

　定期健康診断の検査項目として、以下の11項目が挙げられている（学校保健安全法施行規則第6条）。

　　一　身長及び体重

　　二　栄養状態

　　三　脊柱及び胸郭の疾病及び異常の有無並びに四肢の状態

　　四　視力及び聴力

　　五　眼の疾病及び異常の有無

　　六　耳鼻咽頭疾患及び皮膚疾患の有無

　　七　歯及び口腔の疾病及び異常の有無

　　八　結核の有無

　　九　心臓の疾病及び異常の有無

　　十　尿

### 表 3-3　児童・生徒の定期健康診断の項目一覧

2020 年 4 月 1 日現在

| 項目 | 検査・診察方法 | | 発見される主な疾病・異常 | 幼稚園 | 小学校 1年 | 2年 | 3年 | 4年 | 5年 | 6年 | 中学校 1年 | 2年 | 3年 | 高等学校 1年 | 2年 | 3年 | 大学 |
|---|---|---|---|---|---|---|---|---|---|---|---|---|---|---|---|---|---|
| 保健調査 | アンケート | | 既往症、現症 | ○ | ◎ | ◎ | ◎ | ◎ | ◎ | ◎ | ◎ | ◎ | ◎ | ◎ | ◎ | ◎ | ○ |
| 身長 | | | 肥満及びやせ傾向 | ◎ | ◎ | ◎ | ◎ | ◎ | ◎ | ◎ | ◎ | ◎ | ◎ | ◎ | ◎ | ◎ | ◎ |
| 体重 | | | | ◎ | ◎ | ◎ | ◎ | ◎ | ◎ | ◎ | ◎ | ◎ | ◎ | ◎ | ◎ | ◎ | ◎ |
| 栄養状態 | | | 栄養不良、貧血、肥満及びやせ傾向 | ◎ | ◎ | ◎ | ◎ | ◎ | ◎ | ◎ | ◎ | ◎ | ◎ | ◎ | ◎ | ◎ | ◎ |
| 脊柱・胸郭 四肢 骨・関節 | | | 側わん症、骨・関節の異常、姿勢・歩行の異常 | ◎ | ◎ | ◎ | ◎ | ◎ | ◎ | ◎ | ◎ | ◎ | ◎ | ◎ | ◎ | ◎ | △ |
| 視力 | 視力表 裸眼の者 | 裸眼視力 | 屈折異常、不同視 | ◎ | ◎ | ◎ | ◎ | ◎ | ◎ | ◎ | ◎ | ◎ | ◎ | ◎ | ◎ | ◎ | △ |
| | 視力表 眼鏡等をしている者 | 矯正視力 | | ◎ | ◎ | ◎ | ◎ | ◎ | ◎ | ◎ | ◎ | ◎ | ◎ | ◎ | ◎ | ◎ | △ |
| | 視力表 眼鏡等をしている者 | 裸眼視力 | | △ | △ | △ | △ | △ | △ | △ | △ | △ | △ | △ | △ | △ | △ |
| 聴力 | オージオメータ | | 聴力障害 | ◎ | ◎ | ◎ | ◎ | △ | ◎ | △ | ◎ | △ | ◎ | ◎ | △ | ◎ | △ |
| 目の疾病及び異常 | | | 感染性眼疾患、その他の外眼部疾患、眼位の異常 | ◎ | ◎ | ◎ | ◎ | ◎ | ◎ | ◎ | ◎ | ◎ | ◎ | ◎ | ◎ | ◎ | ◎ |
| 耳鼻咽喉頭疾患 | | | 耳疾患、鼻・副鼻腔疾患、口腔咽喉頭疾患、音声言語異常 | ◎ | ◎ | ◎ | ◎ | ◎ | ◎ | ◎ | ◎ | ◎ | ◎ | ◎ | ◎ | ◎ | ◎ |
| 皮膚疾患 | | | 感染性皮膚疾患、湿疹、アレルギー疾患 | ◎ | ◎ | ◎ | ◎ | ◎ | ◎ | ◎ | ◎ | ◎ | ◎ | ◎ | ◎ | ◎ | ◎ |
| 歯及び口腔の疾患及び異常 | | | う歯、歯周疾患、歯列・咬合の異常、顎関節症状、発音障害 | ◎ | ◎ | ◎ | ◎ | ◎ | ◎ | ◎ | ◎ | ◎ | ◎ | ◎ | ◎ | ◎ | △ |
| 結核 | 問診・学校医による診察 | | 結核 | | ◎ | ◎ | ◎ | ◎ | ◎ | ◎ | ◎ | ◎ | ◎ | | | | |
| | エックス線撮影 | | | | | | | | | | | | | | ◎ | | | ◎ 1学年(入学時) |
| | エックス線撮影 ツベルクリン反応検査 喀痰検査等 | | | | ○ | ○ | ○ | ○ | ○ | ○ | ○ | ○ | ○ | | | | |
| | エックス線撮影 喀痰検査・聴診・打診 | | | | | | | | | | | | | ○ | | | ○ |
| 心臓の疾患及び異常 | 臨床医学的検査 その他の検査 | | 心臓の疾病異常 | ◎ | ◎ | ◎ | ◎ | ◎ | ◎ | ◎ | ◎ | ◎ | ◎ | ◎ | ◎ | ◎ | ◎ |
| | 心電図検査 | | | △ | ◎ | △ | △ | △ | △ | △ | ◎ | △ | △ | ◎ | △ | △ | △ |
| 尿 | 試験紙法 | 蛋白等 | 腎臓疾患 | ◎ | ◎ | ◎ | ◎ | ◎ | ◎ | ◎ | ◎ | ◎ | ◎ | ◎ | ◎ | ◎ | △ |
| | | 糖 | 糖尿病 | △ | | | | | | | | | | | | | △ |
| その他の疾病及び異常 | 臨床医学的検査 その他の検査 | | 結核疾患、心臓疾患、腎臓疾患、ヘルニア、言語障害・精神障害、骨・関節の異常、四肢運動障害 | ◎ | ◎ | ◎ | ◎ | ◎ | ◎ | ◎ | ◎ | ◎ | ◎ | ◎ | ◎ | ◎ | ◎ |

注：◎ほぼ全員に実施されるもの
　　○必要時または必要者に実施されるもの
　　△検査項目から除くことができるもの
日本学校保健会「児童生徒等の健康診断マニュアル（平成 27 年度改訂）」を一部修正

十一　その他の疾病及び異常の有無

　これらの項目は、学年ごとにほぼ全員に行われるもの、必要時に実施されるもの、検査項目から除くことができるものに区別されている（表3-3）。

　色覚検査は2003年に定期健康診断の項目から外されたが、学校生活や日常生活、進路の選択において児童・生徒の不利益につながる事例が生じているため、現在は保護者の同意のもとに希望者に実施している。色覚異常は先天性でX染色体劣性遺伝の形式によって遺伝するため、男子の約5%、女子の約0.2%にみられる。

### 4）定期健康診断の方法及び技術的基準

　定期健康診断の方法と技術的基準は、学校保健安全法施行規則第3条（就学時健康診断と同じ項目）及び第7条に示されている。また、方法及び技術的基準に関する補足的な事項は、文部科学省から通達されている。適切な方法と技術的基準に拠って実施することが正確な結果につながるため、実施計画立案の段階から、これらを遵守するための具体的な方策を勘案することが重要である。

### 5）健康診断票

　児童・生徒の健康診断を実施した際には、学校保健安全法施行規則第8条の規定に基づいて、健康診断票を作成しなければならない。健康診断票は、本書附録に示す通り、児童生徒健康診断票（一般）と同（歯・口腔）が表裏となっており、小・中学校用、高等学校用、幼児健康診断票に分けられる。これらの健康診断票は、児童・生徒が進学及び転学した場合は、進学先又は転学先に送付しなければならない。健康診断票は公簿として取り扱われ、同規則によって5年間保存することとなっている。

### 6）定期健康診断の事後措置

　学校保健安全法第14条では、定期健康診断の事後措置として、健康診断の結果に基づき、疾病の予防処置を行い、または治療を指示し、並びに運動及び作業を軽減する等適切な措置をとることを規定している。また、学校保健安全法施行規則第9条において、健康診断を行ったときは、21日以内にその結果を幼児、児童又は生徒にあっては当該幼児、児童又は生徒及びその保護者に、学生にあっては当該学生に通知するとともに、次の基準による措置をとることが示されている。

　一　疾病の予防処置を行うこと。

　二　必要な医療を受けるよう指示すること。

　三　必要な検査、予防接種等を受けるよう指示すること。

　四　療養のため必要な期間学校において学習しないよう指導すること。

　五　特別支援学級への編入について指導及び助言を行うこと。

　六　学習又は運動・作業の軽減、停止、変更等を行うこと。

　七　修学旅行、対外運動競技等への参加を制限すること。

　八　机又は腰掛の調整、座席の変更及び学級の編制の適正を図ること。

　九　その他発育、健康状態等に応じて適当な保健指導を行うこと。

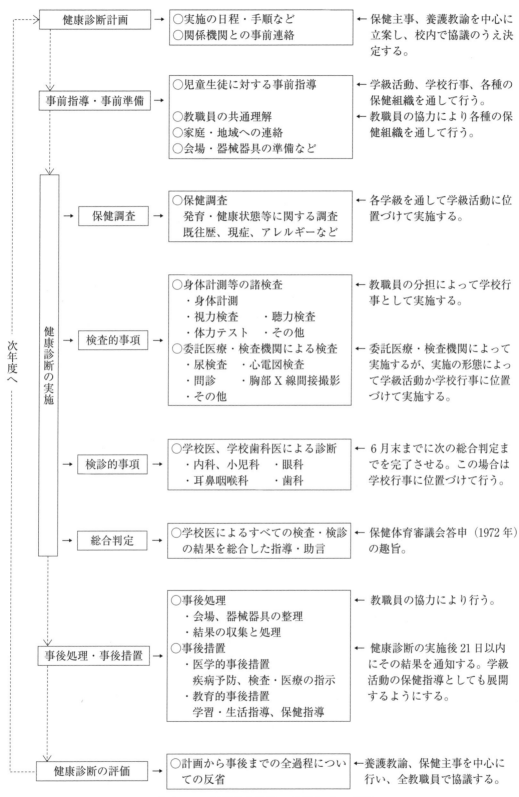

次年度へ

| | |
|---|---|
| 健康診断計画 → | ○実施の日程・手順など<br>○関係機関との事前連絡 | ← 保健主事、養護教諭を中心に<br>立案し、校内で協議のうえ決<br>定する。 |

事前指導・事前準備 → | ○児童生徒に対する事前指導<br><br>○教職員の共通理解<br>○家庭・地域への連絡<br>○会場・器械器具の準備など | ← 学級活動、学校行事、各種の<br>保健組織を通して行う。<br>← 教職員の協力により各種の保<br>健組織を通して行う。

健康診断の実施

保健調査 → | ○保健調査<br>発育・健康状態等に関する調査<br>既往歴、現症、アレルギーなど | ← 各学級を通して学級活動に位<br>置づけて実施する。

検査的事項 → | ○身体計測等の諸検査<br>・身体計測<br>・視力検査　　　・聴力検査<br>・体力テスト　　・その他<br>○委託医療・検査機関による検査<br>・尿検査　・心電図検査<br>・問診　　・胸部Ⅹ線間接撮影<br>・その他 | ← 教職員の分担によって学校行<br>事として実施する。<br><br>← 委託医療・検査機関によって<br>実施するが、実施の形態によっ<br>て学級活動か学校行事に位置<br>づけて実施する。

検診的事項 → | ○学校医、学校歯科医による診断<br>・内科、小児科　・眼科<br>・耳鼻咽喉科　　・歯科 | ← 6月末までに次の総合判定ま<br>でを完了させる。この場合は<br>学校行事に位置づけて行う。

総合判定 → | ○学校医によるすべての検査・検診<br>の結果を総合した指導・助言 | ← 保健体育審議会答申（1972年）<br>の趣旨。

事後処理・事後措置 → | ○事後処理<br>・会場、器械器具の整理<br>・結果の収集と処理<br>○事後措置<br>・医学的事後措置<br>疾病予防、検査・医療の指示<br>・教育的事後措置<br>学習・生活指導、保健指導 | ← 教職員の協力により行う。<br><br>← 健康診断の実施後21日以内<br>にその結果を通知する。学級<br>活動の保健指導としても展開<br>するようにする。

健康診断の評価 → | ○計画から事後までの全過程につい<br>ての反省 | ← 養護教諭、保健主事を中心に<br>行い、全教職員で協議する。

図 3-6　定期健康診断の展開とその手順
（高石「新版学校保健概説」を一部修正）

　なお、結核の有無の結果に基づく措置は、健康診断に当たった学校医その他の医師が学校保健安全法施行規則別表第1に定められた生活規制の面及び医療の面の区分を組み合わせて決定する指導区分に基づいて行うことになっている。

　これらの事後措置は、医学的事後措置として主に保健管理的活動の一環として実施されるものと、教育的事後措置として教育活動の一環として実施されるものに大別される。いずれの活動も、個別の保健指導や健康相談として、児童・生徒の個人を対象に展開するものと、学級活動における保健指導のように、児童・生徒の集団を対象として展開されるものがあり、それぞれが相互に補完し合う関係であることが望まれる。

## 7）定期健康診断の計画と実施

　定期健康診断の展開とその手順を図3-6に示す。

　実施計画は、学校保健安全法第5条に定められている「学校保健計画の策定等」に基づいて立案されなければならない。その際、定期健康診断が保健管理的側面だけではなく、特別活動の学校行事として位置づけられていることから、教育計画に基づく授業として展開されることを加味する必要がある。計画は一般的には保健主事と養護教諭が中心となって原案を作成するが、学校保健委員会や教職員会議などにおいて十分に検討され、全職員の共通理解と協力のもとに決定されることが重要である。児童・生徒の定期健康診断の実施主体は「学校」となっており、全教職員がそれぞれの役割を遂行することで、有意義な教育活動となるからである（表3-4）。

表3-4　定期健康診断に際しての学校職員の役割分担（例）

| | 保健主事 | 養護教諭 | 学級担任 |
|---|---|---|---|
| 実施計画 | 立案<br>職員会議に提出 | 立案に参画 | 資料提供 |
| | 協　議 | | |
| | 共通理解 | | |
| 学校医、検査機関等との連絡調整 | 総合的連絡・調整 | 技術的連絡 | |
| 器械、器具 | 確保、点検 | | |
| 会場の設営、整備 | 連絡・調整 | 具体的使用計画 | 設営に協力 |
| 記録簿整備 | | 保健調査表、健康診断票、保健管理一覧表、健康手帳等の整備、取り扱い方の徹底 | |
| 事前指導 | 全校に徹底 | 必要資料の整備 | 児童・生徒に徹底<br>担任級の記録整理 |
| 保健調査 | | 各学級に徹底<br>全校記録の整備 | 児童・生徒に配布<br>保護者に連絡 |
| 測定・調査 | | 指　導 | 実　施 |
| 検査機関の諸検査 | 連絡・調整 | 検体の採取、検査実施に協力 | |
| 学校医等の検診 | 連絡・調整 | 検診に協力 | |
| 事後措置 | 総合計画 | 記録等の整備、生活指導、治療指導等 | |

（1981年版「国民衛生の動向」を一部修正）

## 8）　定期健康診断とその結果の活用

　定期健康診断が、教育活動の一環として位置づけられていることから、定期健康診断の機会そのものが、児童・生徒の健康に関する科学的認識と実践的能力を養う保健教育の場となることを理解し、積極的に活用すべきである。健康診断を計測や検査の機会としてだけではなく、事前に効果的な保健指導を実施することにより、児童・生徒が自分自身を健康の主体としてとらえ、健康認識を高める学習の機会としてとらえることも可能である。さらに、定期健康診断の結果は、個人の健康状態の把握に加え、基本統計量を求め、統計的に分析することにより、集団の健康課題を明確にすることができる。これらの分析結果は、学校保健計画の立案や保健教育に反映させ、全体の健康状態の改善に役立てることが可能である。文部科学省が毎年実施している「学校保健統計調査」の報告に示される全国平均と比較することによって、学校や学年単位での健康課題の傾向を分析することができる。

## （2）　臨時健康診断

　臨時の健康診断は、必要があるときに行うものとされ、以下の例が示されている（学校保健安全法施行規則第10条）。
　一　感染症又は食中毒の発生したとき
　二　風水害等により感染症の発生のおそれのあるとき
　三　夏季における休業日の直前又は直後
　四　結核、寄生虫病その他の疾病の有無について検査を行う必要のあるとき
　五　卒業のとき
　学校は児童・生徒が長時間にわたって集団で生活する場であり、感染症が発生した場合には容易にクラスターとなり得る。したがって、感染症や食中毒などが発生したり、その危険性が高い場合には、予防や流行拡大、重症化を防ぐために必要な検査項目について臨時の健康診断を実施する必要がある。臨時の健康診断においても、家庭や日常の健康状態を把握するために保健調査を行っておくことが望ましい。

## 3．就学時健康診断

## （1）　就学時健康診断の対象と意義及び内容

　就学時に行われる健康診断は、市町村の教育委員会が就学予定者の心身の状況を把握し、保健上必要な勧告、助言を行うとともに適切な就学を図るために実施される。
　就学時健康診断について学校保健安全法第11条では、「市町村の教育委員会は、学校教育法第十七条第一項の規定により翌学年の初めから同項に規定する学校に就学させるべき者で、当該市町村の区域内に住所を有するものの就学に当たって、その健康診断を行わなければならない」と規定し、義務教育諸学校への就学の前年に予定者を対象に健康診断を実施するとしている。
　就学時健康診断は保健管理のためだけではなく、初めて義務教育諸学校へ入学するにあたり、

本人と保護者に対して健康の重要性を意識づける役割を持つ。疾病や異常がある場合には円滑に学校生活が送れるよう、入学時までに必要な治療を行ったり、生活習慣を整えたりするための動機づけの機会となる。また、学校生活に支障となるような疾病や、視覚障害、聴覚障害、知的障害、肢体不自由、病弱、発達障害などをスクリーニングし、保健上の助言に加えて就学支援に結び付けることも重要である。

　就学時健康診断の実施時期、検査項目、保護者への通知は、学校保健安全法施行令に定められ、検査の方法と技術的基準は、学校保健安全法施行規則第3条に示されている。

### （2）　就学時健康診断の事後措置と活用

　就学時健康診断の事後措置として、その結果に基づき、治療を勧告し、保健上必要な助言を行い、就学の義務の猶予若しくは免除又は特別支援学校への就学に関し指導を行う等適切な措置をとることが規定されている（学校保健安全法第12条）。具体的には健康診断票を作成し、保護者に結果と所要事項を記載して通知すること及び、必要に応じて保護者と面談を行うことである。また、発育や栄養状態、その他の観察内容から虐待が疑われる場合は、速やかに児童相談所等に通告することもある。

　障害や病弱等の疑いがある場合には、教育相談と就学支援を行う。特別支援学校への就学が適当と認められた場合は、市町村の教育委員会から都道府県の教育委員会に対し通知を行うことになっている。就学先の決定に当たっては、本人と保護者の意向を尊重し、関係部局、関係者間で十分に協議することが、児童・生徒の学習と発育及び健康を含めた学校生活の充実に寄与すると考えられる。

### 4.　職員（教職員）の健康診断

### （1）　職員の健康診断の意義と内容

　学校教育は職員が健康を維持しながら、様々な教育活動を滞りなく推進できることで、高い成果が得られるものである。職員の健康状態は児童・生徒の学習活動に大きな影響を及ぼすため、学校の設置者は職員の健康の保持増進を図る責務がある。なお、ここでいう職員とは、校長、教諭、養護教諭、栄養教諭、事務職員など、学校の教育活動に係るすべての職員を含む。

　近年、OECD（経済協力開発機構）諸国の中で、日本の教員の勤務時間が最も長いことが判明し、職員の過重労働に注目が集まっている。また、公立学校の精神疾患による休職者数はここ数年間増加傾向にある。労働安全衛生法に基づくストレスチェック制度の活用などにより、心身の疾病や異常を早期発見し早期治療に結び付けることが、学校教育の円滑な運営につながるといえる。

　学校保健安全法第15条では、学校の職員における毎学年定期の健康診断と臨時の健康診断について規定がなされている。また、学校保健安全法施行規則第13条には検査項目、14条には方法と技術的基準が示されている。

## （2）　職員の健康診断の事後措置

　学校の設置者は、職員の健康診断の結果に基づき、治療を指示し、及び勤務を軽減する等適切な措置を取らなければならないことが規定されている（学校保健安全法第16条）。

　事後措置として健康に異常があると認められた場合には、生活規制の面と医療の面の区分を組み合わせて指導区分を決定することになっている（学校保健安全法施行規則第16条）。

### 5.　保健調査の実施とその活用

　保健調査は、広く健康に関する情報について実態を調査するものである。児童・生徒の健康に関する情報は、健康診断、教師の健康観察、保健室の来室記録や相談記録等から得られるが、それらの関連要因は学校外での児童・生徒の生活行動にある場合も少なくない。したがって家庭や地域を含め包括的に情報をとらえる必要がある。学校において行われる保健調査の種類と内容を表3-5に示した。これらの保健調査は、健康状態の経時的変化や、生活行動上の特徴、生活背景などが把握できるものが望ましい。実施においては個人情報に配慮すること、結果の正確性には限界があることを認識しておくことも必要である。

　また、学校で実施する保健調査は、主として定期健康診断の一部として、児童・生徒の健康状態を把握するとともに、定期健康診断の検査項目に先立って、必要な情報を得るために実施される調査を指すことが多い。定期健康診断の項目に含まれる保健調査は、学校保健安全法施行規則第11条において小学校、中学校、高等学校、高等専門学校の全学年で全員に実施するものとされている。保健調査はその役割と目的に鑑みて、新学年当初に、本人又は保護者によっ

**表3-5　学校における保健調査の種類と内容**

1.　就学時生育歴調査
　　出生時の状況（体重、仮死、分娩形式）
　　乳児期の栄養（母乳、人工、混合）
　　乳幼児期の心身の発達状況、予防接種歴
2.　罹病・疾病調査
　　既往症、現症、体質・アレルギー傾向
　　感染症罹患状況
3.　発育・健康調査
　　形態の発育状況、体格（肥満、やせ）
　　二次性徴の発現、体力、健康意識
4.　自覚症状調査
　　身体的・精神的自覚症状、疲労自覚症状
　　起立性調節障害、自律神経不安定傾向
5.　生活行動調査
　　生活時間、食生活、嗜好品、清潔習慣
　　排便、運動、遊び、学習、手伝い・作業
　　生活意識
6.　精神・心理調査
　　性格傾向、神経症傾向、不安・悩み
　　不満、楽しみ
7.　生活環境調査
　　家族状況（家族の構成、健康状態など）
　　生活背景　公害の影響、住居の条件
　　　　　　　都市・農村の別、交通機関
　　　　　　　社会経済的・文化的環境など
8.　その他の調査
　　欠席調査、事故・傷害調査
　　性に関する意識・行動調査

（門田の作成）

て正確に記載される必要がある。調査項目として含むべき内容は表3-6に示す通りであるが、地域や学校の実態に即した内容を検討し、学校医及び学校歯科医等の助言・指導を得た上で、継続使用することを前提として作成する必要がある。また、内容や項目は、保健管理や保健教育に活用することを想定した上で精選し、集計や整理が容易で客観的分析が可能なものとする。家庭での生活背景や、現在までの発育・発達の状態及び現在の健康状態が把握できる内容とするが、個

表 3-6　保健調査票の項目と内容（例）

| 調査項目 | 調査内容 |
|---|---|
| 属性 | 氏名、性別、生年月日、住所、連絡先 |
| 既往症 | 心臓病、腎臓病、ひきつけ・てんかん、その他 |
| 学校生活管理指導表等 | 学校生活管理指導表（小、中、高校生用）・（アレルギー疾患用）<br>糖尿病連絡表、川崎病調査票、その他 |
| 予防接種歴 | 定期接種、任意接種、既往歴、副作用、その他 |
| 結核 | 結核性の病気の既往、予防薬の服用歴、家族の結核既往歴、咳や痰の症状、外国での居住歴、その他 |
| 内科 | 食欲不振、頭痛・腹痛、下痢・便秘、易疲労感などの現症、その他 |
| 皮膚科 | かゆみ、発疹、かぶれなどの現症、アレルギー症状、その他 |
| 耳鼻科 | 聞こえ、発音、鼻汁、鼻づまり、鼻出血、咽頭痛などの現症、アレルギー症状、その他 |
| 眼科 | 視力、色覚、眼位、目の疲れ、かゆみ、充血、目やにな どの現症、アレルギー症状、眼鏡・コンタクトレンズの使用、その他 |
| 歯科 | 痛み、顎関節の異常、歯並び、かみ合わせ、口臭、歯肉出血などの現症、その他 |
| 整形外科 | 背骨の湾曲、関節の痛み、片脚立ち、しゃがみこめないなどの現症、姿勢、その他 |
| 現病歴、その他 | 現在医療機関で治療中や経過観察中の病気やけが、健康上学校に伝えておきたいこと |

（奥田の作成）

人のプライバシーに配慮し、身上調査にならないようにする。重要な個人情報を多く含むため、取り扱いには十分に配慮しなければならない。

## 6. 新体力テストの活用

### （1）体力測定の意義

　我が国では 1964（昭和 39）年以来、体力と運動能力に関する調査が継続して行われている。この調査の結果は、体育・スポーツ活動の指導の観点において活用されてきたが、近年の児童・生徒の著しい体格の向上や、運動習慣と健康との関連が明らかになる中で、児童・生徒の発育発達及び健康状態の指標として重要な意義を有することが認識されてきた。

　健康の保持増進のためには、適切な運動、食事、休養、睡眠の習慣が重要であることは周知の事実である。加えて、運動習慣は体力や運動能力に関連するだけではなく、児童・生徒の達成感や挑戦、自己肯定感などの心理的側面にも影響を及ぼしており、この点で、体力測定は心身の機能向上のための保健管理及び保健教育のあり方の検討に寄与するものと言える。

　1999（平成 11）年度より、学校教育における体力測定の方法として導入されている新体力テストは、国民の体位の変化、スポーツ医・科学の進歩、高齢化の進展等を踏まえ、それまでの体力測定を全面的に見直したものである。基礎運動能力評価、体力評価、健康評価が可能な検査として、所要時間の短縮と、天候の影響を受けず場所の確保が容易であること、運動能力に加えて健康の基盤としての体力の意義、児童期から高齢期における国民の体力の現状を明らかにし、そ

の推移を把握できるもの、そして30年以上にわたり蓄積されてきたこれまでのデータを比較・活用できることなどの観点から策定された。各年齢層において文部科学省から実施要項が示され、全国で統一した方法で毎年5月〜10月に実施されている。その結果は「体力・運動能力調査報告書」として公表され、体力、運動能力の指標として活用するとともに、学校保健統計調査報告と並んで、健康に関する指導の改善に役立てることができる。

### （2） 体力測定の内容と活用

　表3-7は、最も一般的に理解されている体力の考え方を示したものである。体力を広義の概念でとらえた場合、その測定には医学的検査、人類学的検査、生理学的検査、心理学的検査などが必要となる。学校教育においては、基礎運動能力と狭義の体力（身体的作業能力）、健康の3領域について新体力テストを用いた評価が行われている。新体力テストの内容は、表3-8に示す8項目の実技テスト項目に対応して、基礎運動能力評価では走跳投に関わる「走能力」「跳躍能力」「投球能力」を評価する。また、体力評価では「スピード」「全身持久力」「瞬発力」「巧緻性」「筋力」「筋持久力」「柔軟性」「敏捷性」の体力要因を評価する。健康評価では「心肺持久力」「筋力・筋持久力」「柔軟性」について評価する。

　児童・生徒の定期健康診断の検査項目には、胸囲及び肺活量、背筋力、握力等を加えることができる（学校保健安全法施行規則第6条）。しかし、これらの項目は任意であるために、発達や健康に関する情報として積極的に活用されているわけではない。健康診断の結果と体力測定の結果を健康状態の総合的な評価として活用することが、保健管理の充実につながると言える。

　体力測定と保健教育との関係性については、2017（平成29）年に告示された小・中学校学習指導

表3-7　体力の内容

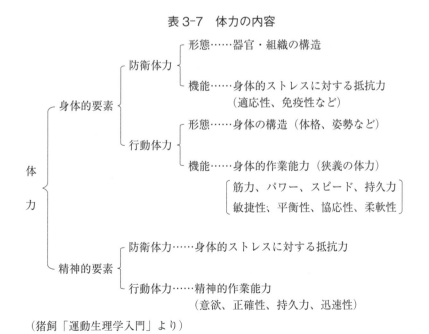

（猪飼「運動生理学入門」より）

表 3-8　新体力テストの内容

| 対象年齢 | 共通項目 | 年齢別項目 |
|---|---|---|
| 6 〜 11 歳 | | 反復横とび<br>20m シャトルラン（往復持久走）<br>50m 走<br>立ち幅とび<br>ソフトボール投げ |
| 12 〜 19 歳 | 握力<br>上体起こし<br>長座体前屈 | 反復横とび<br>持久走（1,500m、1,000m）<br>20m シャトルラン（往復持久走）<br>　※持久走か 20m シャトルランのどちらかを選択<br>50m 走<br>立ち幅とび<br>ハンドボール投げ |
| 20 〜 64 歳 | | 反復横とび<br>急歩<br>20m シャトルラン（往復持久走）<br>　※急歩か 20m シャトルランのどちらかを選択<br>立ち幅とび |
| 65 〜 79 歳 | | 開眼片足立ち<br>10m 障害物歩行<br>6 分間歩行 |

（文部科学省「新体力テスト」より抜粋）

要領解説の総則編において、体育・健康に関する指導を効果的に進めるためには、全国体力・運動能力、運動習慣等の調査などを用いて児童・生徒の体力や健康状態等を的確に把握し、学校や地域の実態を踏まえて、それにふさわしい学校の全体計画を作成し、地域の関係機関・団体の協力を得つつ、計画的、継続的に指導することが重要であるとされている。さらに、これらの指導を通して、児童・生徒が積極的に心身の健康の保持増進を図っていく資質・能力を身に付け、生涯を通じて健康・安全で活力のある生活を送るための基礎を培う配慮についても言及している。今後は体力測定の機会とその結果を、様々な教育活動の場面で横断的に活用することが重要である。

**参考文献**

日本学校保健会：就学時の健康診断マニュアル（平成 29 年度改訂）、2017.

日本学校保健会：児童生徒等の健康診断マニュアル（平成 27 年度改訂）、2015.

日本学校保健会：学校保健の課題とその対応〜養護教諭の職務等に関する調査結果から〜、2012.

高石昌弘：新版学校保健概説、同文書院、1996.

猪飼道夫：運動生理学入門、杏林書院、1969.

文部科学省スポーツ・青年局：子どもの体力向上のための取組ハンドブック、2012.

文部科学省：新体力テスト〜有意義な活用のために〜、ぎょうせい、2000.

文部科学省：小・中学校学習指導要領、同解説総則編、2017.

日本学校保健会：学校保健の動向（令和 2 年度版）、2020.

文部科学省：学校保健統計調査（令和元年度）、2020.

文部科学省：平成 30 年度体力・運動能力調査、2019.

## 第 3 節　健康観察と健康相談

### 1.　健康観察

#### （1）　健康観察の意義

　健康観察とは、学級担任や養護教諭をはじめ教職員が、児童・生徒の学校生活の様子を健康状態や行動について観察することである。児童・生徒の健康状態がその日の学校生活に支障がないかどうかを判断し、その状態に応じた適切な保健指導や生活指導などを行わなければならない。また、健康問題が発見された場合には、その原因を明らかにして、保健管理上あるいは教育上必要な措置をとらなければならない。児童・生徒の疾病や心理的ストレスの兆候をはじめとし、深刻な悩みの原因となるいじめ、不登校、虐待、そして精神疾患などに対して、健康観察はその発見に重要な役割を担っている。

　学校生活の中で、児童・生徒と直接接する機会を多く持つ学級担任は、日頃の観察から児童・生徒の健康状態や行動の些細な変化をとらえることができ、授業や課外活動を通じて接する教職員は、学級担任とは異なる場面で児童・生徒の些細な変化をとらえることができる。また、養護教諭は、保健の専門的視点から、児童・生徒の保健室利用や健康診断の様子を通じて、児童・生徒を観察し、担任やその他の教職員からの情報と併せて、心身の健康状態の異常に気づくことができる。

　このように児童・生徒に関わる全ての教職員が行う健康観察は、観察の内容や判断にはある程度の違いが伴うにしても、児童・生徒の日常的、継続的な観察と相互の情報交換によって、児童・生徒の健康問題を学校生活の場面から発見することができる重要な機会としての意義を持っている。

　学校保健安全法第 9 条（保健指導）では「養護教諭その他の職員は、相互に連携して、健康相談又は児童生徒等の健康状態の日常的な観察により、児童生徒等の心身の状況を把握し、健康上の問題があると認めるときは、遅滞なく、当該児童生徒等に対して必要な指導を行うとともに、必要に応じ、その保護者に対して必要な助言を行うものとする」として、教師の行う健康観察について規定している。

#### （2）　健康観察の実施者と実施時期

##### 1）　実施者

　健康観察は、原則的にはすべての教師が行うものであるが、児童・生徒に接する機会が最も多い学級担任が中心的役割を果たしている。各教科担当教師はその授業中に、部活動顧問は課外活動中に、養護教諭は保健室を通してそれぞれの立場と場面を通じて健康観察を行う必要がある。

　図 3-7 は、健康観察の実施から後述する事後措置までの流れをフローチャートで示したもの

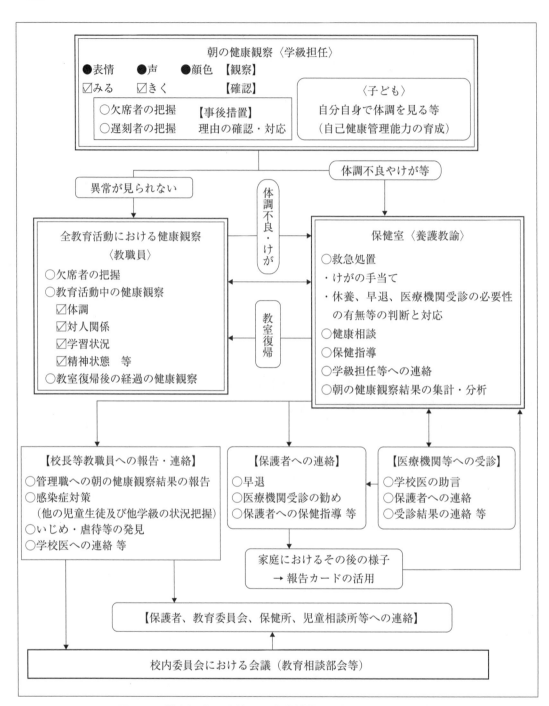

図 3-7　健康観察の実施から事後措置までのフローチャート
文部科学省：「教職員のための子どもの健康観察の方法と問題への対応」（2009 年）

である。

### 2）観察の機会と方法

健康観察は、理論的には、学校生活の中で教師と児童・生徒が接するあらゆる機会、場所で行われなければならない。しかし、一般的には「朝の健康観察」と言われるように、実施時期、実施場所、実施者を決めて行う formal（形式的）な観察と、1日の学校生活を通して、いろいろな場所で行う informal（形式的でない）な観察とがある。

### ①　形式的な観察

朝の集会や朝のホームルーム（話し合い）の時間に学級担任が行う健康観察は、その日の健康観察の出発点として重要である。朝の健康観察は、児童・生徒が「その日の学校生活に支障のない健康状態かどうか」、風邪やインフルエンザ等の感染症の流行時期であれば「発熱や咳・下痢等（感染症の初期徴候）はないか」が観点となる。朝の健康観察は、出席をとったり、話しかけたりするなど児童・生徒とのコミュニケーションの中で観察をする必要がある。

同様に、帰りのホームルームの時間も健康観察の機会として重要であり、「今日1日が健康的であったかどうか」「明日も健康な状態で登校できそうか」などが観察の観点となる。

### ②　形式的でない観察

朝や帰りのホームルームの時間を利用した健康観察を除いた、登下校時、授業中、休憩時間、給食時、課外活動時など、様々な機会を利用して行う健康観察は、児童・生徒の動的な場面での観察として重要である。この健康観察は児童・生徒の行動観察の機会でもある。すべての教師がいろいろな場面で健康観察を行う心構えを持っておく必要がある。

## （3）健康観察の観点と内容

健康観察の内容には、児童・生徒の外観や顔つきなど全般的な身体的症状だけでなく、動作や姿勢などの行動、服装、態度も重要な内容となる。また、児童・生徒からの心身の状況について

表 3-9　健康観察の観点と内容

| 臨床医学的な観察 | 保健的な立場からの観察 | 学習生活の中の観察 |
|---|---|---|
| 1. 発　熱 | 1. 顔色・顔つき | 1. 学習集中力の変化 |
| 2. 蒼　白 | 2. 皮膚の変化 | 2. 顔の表情 |
| 3. 発　疹 | 3. 苦痛の状況 | 3. 動作行動の変化 |
| 4. 頭　痛 | 4. 倦怠感（異和感の有無） | 4. 学力の低下原因のはっきりしないもの |
| 5. 腹　痛 | 5. 肢体の支持状況の変化 | 5. 感情の動揺 |
| 6. 嘔　吐 | 6. 体重の変化 | 6. 友だちづき合いの変化 |
| 7. けいれん | 7. 生活内容の変化 | 7. 欠席の状況 |
| 8. むくみ | 8. 重要な既往歴からの観察 | 8. 姿勢の悪さ |
| 9. 頻　尿 | 9. その他身体の異常徴候 | 9. 給食の食べ方 |

（江口・他「保健室の仕事」より）

の訴えを聴き、教師の方から体調、便通、食欲、睡眠の状態などについて聴取することも、児童・生徒の健康状態や生活・行動を的確にとらえることができる。表3-9 は、健康観察の観点と内容を示したものである。

### （4）健康観察の記録と事後措置

#### 1）観察結果の記録

　健康観察は、児童・生徒の心身の健康状態に変化がない場合でも、健康観察記録表（図3-8）や健康観察カードなどに、その記録を残しておく必要がある。これらの記録は児童・生徒に心身

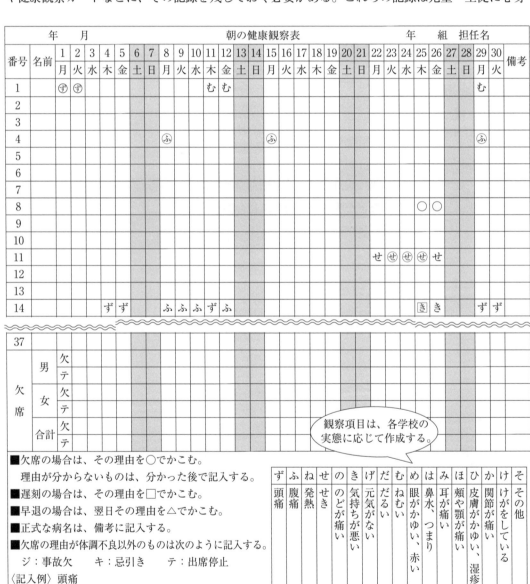

図 3-8　朝の健康観察表　小学校・中学校・高等学校用（例）
（文部科学省：「教職員のための子どもの健康観察の方法と問題への対応」（2009 年））

の健康問題がおきた場合、その変化の時期や問題の背景を確認できる重要な資料となる。特に、学級担任は教科担当教師や養護教諭と連絡を密にし、その日又は数日間にわたる観察結果の収集を記録することによって、健康問題の早期発見に努めなければならない。

### 2）観察後の処置

学級担任など一般教師によって健康上の問題が発見された児童・生徒は、保健室に連れて来られる。養護教諭は、医学的、保健学的立場から問診や観察を行い、養護診断の結果、次のような処置をとる。

① 授業にそのまま参加、あるいは見学として参加し学習させる。

② 保健室又は休養室で休養させる。

③ 家庭に連絡し、自宅での休養を勧め早退させる。

④ 学校医等に相談し、医療機関の受診をするよう保護者へ連絡する。

⑤ 後日、健康相談を行う。

養護教諭は、観察後の処置を行う際には、健康問題に応じて、担任やその他の教師間で相談し、適切な保健指導や学習指導などを行う。

### 3）観察結果の活用

児童・生徒個人の観察結果の集計（月別、学期別など）によって、その児童・生徒の体質、罹病傾向、生活行動上の問題などが明らかになり、総合的な健康状態の評価に役立てることができる。また、個別的な保健指導や健康相談、健康診断の際の資料として活用できる。

学級別、学年別などの毎日の観察結果の集計は、その日の児童・生徒の集団の健康状態を把握でき、感染症の早期発見に役立つことも少なくない。また、児童・生徒に共通した健康問題や行動上の問題の一般的傾向をとらえることもできる。学級や学年などに共通した問題は、学級活動（ホームルーム活動）における保健指導に活用して、児童・生徒の健康問題に対する理解を深め、健康の保持増進を図る実践的能力・態度を養うことができる。

このように健康観察の結果は、保健管理上あるいは教育上極めて有効な資料として活用できる。

## 2. 健康相談

### （1）健康相談の意義と特質

### 1）意義

健康相談は、学校の教師が児童・生徒の発達に即して彼らと一緒に心身の健康問題を解決していく過程で、自己理解を深め、自分自身で問題を解決しようとする人間的な成長につながることから、健康の保持増進だけでなく教育的な意義が大きく、学校教育において重要な役割を担っている。このように健康相談は、児童・生徒に自己の健康状態を理解（自己理解）させ、健康問題を自主的に解決（自己指導）する能力を高める個別的な保健指導の機会として重要な意義を持っている。

　しかしながら、近年、児童・生徒の心身の健康問題の多様化に伴い、児童・生徒が学校生活により よく適応していけるように、教師がお互いに連携し、学校全体で問題の解決に取り組み、児童・生徒や保護者等を支援することが必要になってきた。そのため、学校医、学校歯科医、学校薬剤師等の校内関係者だけでなく、スクールカウンセラー、スクールソーシャルワーカー、地域の医療・福祉・行政をはじめとする関係機関との連携が必要となってきた。このように健康相談は、児童・生徒に関わる全ての教師が担うようになり、さらに支援の必要な児童・生徒にチームとして学校の教職員が関わるようになった。このことは、学校保健安全法第8条（健康相談）に「学校においては、児童生徒等の心身の健康に関し、健康相談を行うものとする」、第9条（保健指導）に「養護教諭その他の職員は、相互に連携して、健康相談又は児童生徒等の健康状態の日常的な観察により、児童生徒等の心身の状況を把握し、健康上の問題があると認めるときは、遅滞なく、当該児童生徒等に対して必要な指導を行うとともに、 必要に応じ、その保護者に対して必要な助言を行うものとする」、第10条（地域の医療機関等との連携）に「学校においては、救急処置、健康相談又は保健指導を行うに当たっては、必要に応じ、当該学校の所在する地域の医療機関その他の関係機関との連携を図るよう努めるものとする」と規定されていることからも理解できる。

　これらのことから、健康相談は、学校医、学校歯科医、学校薬剤師の職務としてだけでなく、養護教諭その他の教職員も担当するものとして位置づけられ、保健指導の内容として明確になった。

　2）　特質

　学校における健康相談には、医療的な健康相談と養護教諭の専門性を活かしたカウンセリング的な健康相談がある。

　医療的な健康相談は、ケガや病気の相談、健康診断の事後措置として行われる健康相談であり、養護教諭は学校医等の助言を基に受診の必要性の有無、疾病予防、治療等の相談を行い、学校医等は学校と地域の医療機関等との連携役が求められる。また、メンタルヘルスの課題やアレルギー疾患を持つ児童・生徒に関わる学級担任やその他の教職員は、児童・生徒が学校生活に適応できるようにそれぞれの立場で、健康相談を担うことになる。

　養護教諭の専門性を活かしたカウンセリング的な健康相談は、児童・生徒の健全な成長や発達を妨げる心身の健康問題に対して、児童・生徒が自ら解決・改善に向かうための支援を継続的に行う健康相談である。この相談は、養護教諭が中心となって学級担任やその他の教諭と相互に連携して行われる。

　表3-10は、学校で行われる健康相談や教育相談などの相談活動を示したものである。

表 3-10　学校における相談活動

| 名　称 | 健康相談 | | 教育相談 | カウンセリング |
|---|---|---|---|---|
| 根拠 | 学校保健安全法<br>第 8 条・第 9 条・第 10 条<br>学校保健安全法施行規則<br>第 22 条・第 23 条・第 24 条 | 保健体育審議会答申（平成 9 年）<br>中央教育審議会答申（平成 20 年）<br>教育職員免許法施行規則　第 9 条 | 学校教育法　第 11 条<br>学校教育法施行規則第 26 条<br>教育職員免許法施行規則　第 10 条<br>中学校・高等学校学習指導要領解説（特別活動編）<br>生徒指導提要 | スクールカウンセラー活用事業実施要領 |
| 担当者 | 養護教諭・学校医・学校歯科医・学校薬剤師・学級担任等関係する教員 | 養護教諭 | 生徒指導担当教員全教職員 | スクールカウンセラー |
| 特徴 | 医療に関する相談が中心 | 心と体の健康に関する継続的な相談 | いじめ・不登校・非行・虐待なども含む | |
| 位置づけ | 学校保健活動の保健管理 | | 特別活動 | スクールカウンセラー活用事業 |
| 対象 | 児童・生徒／保護者 | | | |

（田中の作成）

## （2）健康相談の対象と内容

### 1）健康相談の対象

　健康相談の対象は、学校の教師が保健管理上又は教育上の必要性から児童・生徒の健康問題について健康相談を必要とする者と、健康問題について健康相談を希望するすべての児童・生徒又はその保護者であり、対象の範囲は広い。健康相談の対象について、文部科学省の「教職員のための子どもの健康相談及び保健指導の手引き」（2011 年）では、次のように示している。

①　健康診断の結果、継続的な観察指導を必要とする者
②　保健室等での児童生徒の対応を通して健康相談の必要性があると判断された者
③　日常の健康観察の結果、継続的な観察指導を必要とする者（欠席・遅刻・早退の多い者、体調不良が続く者、心身の健康観察から健康相談が必要と判断された者等）
④　健康相談を希望する者
⑤　保護者等の依頼による者
⑥　修学旅行、遠足、運動会、対外運動競技会等の学校行事に参加させる場合に必要と認めた者
⑦　その他

### 2）健康相談の内容

　社会の変化に伴い、児童・生徒の健康問題も身体的な疾病問題から精神・心理的な問題へと健康相談の内容は変わってきている。

　学校保健安全法の制定（1958年）当時は、感染性疾患を中心とした身体的な疾病・異常に対する相談が主な内容であった。しかし、最近では、心臓疾患、腎臓疾患などの慢性的疾患、肥満、やせ、起立性調節障害、貧血、軽度の頭痛、腹痛、疲れやすさなど、さらには、生活環境の急変や社会情勢の多様化・複雑化によって、不定愁訴、情緒不安定、適応障害、心身症、生活行動上の問題、いじめや虐待、不安や悩み、自殺など精神保健面での児童・生徒や保護者への指導や助言を必要とする内容が増加している。

## （3）　健康相談の基本的なプロセス

　図3-9は、前述の文部科学省の手引きに示されている健康相談の基本的なプロセスを示したもので、次のような手順になっている

　①　健康相談対象者の把握（相談の必要性の判断）

　②　問題の背景の把握

　③　支援方針・支援方法の検討

　④　実施・評価

## （4）　健康相談の運営

### 1）　健康相談の担当者

　健康相談の担当者については、学校医、学校歯科医、学校薬剤師は、職務執行の準則の1つとして健康相談に従事することが定められている（学校保健安全法施行規則第23条、第24条、第25条）。また、学校保健安全法の改正に伴う文部科学省通知（2008年）では、第8条（健康相談）について「児童生徒等の多様な健康課題に組織的に対応する観点から、特定の教職員に限らず、養護教諭、学校医・学校歯科医・学校薬剤師、担任教諭などの関係職員による積極的な参画が求められるものであること」とされている。この通知により、養護教諭その他の教職員の行う日常的な健康観察による児童・生徒の健康状態の把握や必要な指導は「健康相談」として位置づけられることになった。

### 2）　健康相談の実施回数、実施場所等

　文部科学省通達（1958年）では「学校医又は学校歯科医の行う健康相談は、毎月定期的に、及び必要があるときは臨時に、時刻を定めて行うこととし、保健室において行うものとすること」とされている。そして、健康相談の実施場所は、学校保健安全法第7条（保健室）に「学校には、健康診断、健康相談、保健指導、救急処置その他の保健に関する措置を行うため、保健室を設けるものとする」と規定されている。また、養護教諭によるカウンセリング的な健康相談も保健室や相談室で日常的に行われている。

### 3）　健康相談実施上の留意点

　学校医・学校歯科医・学校薬剤師の健康相談や保健指導は、事前の打合せを十分に行い、相談の結果については養護教諭、学級担任その他の教師等と共通理解を図り、連携して支援を進めて

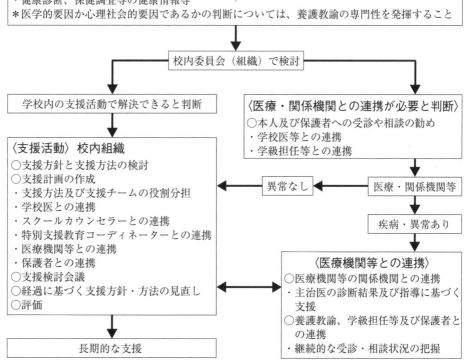

健康相談の対象者
①健康診断の結果、経過観察が必要とされた児童生徒
②保健室等での対応を通して健康相談が必要とされた児童生徒
③日常の健康観察の結果、健康相談が必要とされた児童生徒
④健康相談を希望する児童生徒
⑤保護者等から相談依頼のあった児童生徒
⑥学校行事に参加させる場合に必要と認めた児童生徒
⑦その他

単発で終了

継続的な支援が必要と判断

〈医学的要因
　　（病気・障害等の有無）の把握〉
・健康観察の実施
　よく聞く、見る、触れる、バイタルサインの
　確認等
・保健室利用状況の確認（利用状況・来室時間
　帯等）
・健康診断、保健調査等の健康情報等

〈心理社会的要因・環境要因の把握
　　（友人関係や家族関係等）〉
・関係教職員との情報交換
　（問題理解のための事実関係が把握できる情
　報）
・個人面談
・保護者との面談等

＊医学的要因か心理社会的要因であるかの判断については、養護教諭の専門性を発揮すること

校内委員会（組織）で検討

学校内の支援活動で解決できると判断

〈医療・関係機関との連携が必要と判断〉
○本人及び保護者への受診や相談の勧め
・学校医等との連携
・学級担任等との連携

〈支援活動〉校内組織
○支援方針と支援方法の検討
○支援計画の作成
・支援方法及び支援チームの役割分担
・学校医との連携
・スクールカウンセラーとの連携
・特別支援教育コーディネーターとの連携
・医療機関等との連携
・保護者との連携
○支援検討会議
○経過に基づく支援方針・方法の見直し
○評価

異常なし

医療・関係機関等

疾病・異常あり

〈医療機関等との連携〉
○医療機関等の関係機関との連携
・主治医の診断結果及び指導に基づく
　支援
○養護教諭、学級担任等及び保護者と
　の連携
・継続的な受診・相談状況の把握

長期的な支援

（相談の必要性の判断）

対象者の把握

問題の背景の把握

支援方針・支援方法の検討

実施・評価

新養護概説　少年写真新聞社 2009　一部改変

図3-9　学校における健康相談の基本的なプロセス
文部科学省「教職員のための子どもの健康相談及び保健指導の手引き」（2011年）

いく必要がある。健康相談の実施に際しては、児童・生徒、保護者が相談しやすい環境を整え、相談者のプライバシーが守られるように十分配慮することが大切である。また、継続支援が必要な者については、校内組織や関係機関と連携して実施する必要がある。

### （5）　健康相談の活用

　学校における健康相談は、健康に関する情報収集としての機能だけでなく、児童・生徒に対する個別的な保健指導の機会としても重要な役割を持っている。また、健康相談を健康診断の事後措置や健康観察後の措置として実施することは、保健管理の位置づけにもなっている。個別的な保健指導は、学習指導要領によって教育活動の一環として計画的に実施されることにもなっている。特別活動における学級活動は集団的な保健指導の機会であるが、個々の児童・生徒に対する指導の徹底・充実を図るためには、個別の指導を行うこととされている。

　中学校、高等学校の教育相談は、その相談内容が児童・生徒の発達・健康上の問題に関連するものも少なくないことから、個別的な保健指導の機会でもある。健康相談を積極的に活用することにより、保健管理としての個別的な保健指導と、教育活動としての個別的な保健指導が相互に関連し、保健指導の効果を高めることができる。

### 　3．健康観察・健康相談・健康診断の相互関係

　学校における保健管理の実際の展開に当たっては、児童・生徒の一人一人の健康状態を総合的に評価し、保健管理上及び教育上の必要性に基づいて具体的な対応が検討されなければならない。これまでに、児童・生徒の定期健康診断を中心に、健康に関する情報収集の手段を取り上げ、その意義と実際及びその活用について述べてきたので、ここでは健康情報の収集手段の相互関係について考えてみる。

　表3-11は、これまで述べてきた健康情報の収集手段を要約し、一括して示したものである。これをみると、それぞれの手段は、児童・生徒の健康状態の総合的評価の一部であり、いずれが欠けても総合的な評価はできないことが分かる。このように、児童・生徒の健康状態の評価は、学校医、学校歯科医、学校薬剤師などの医療関係者によってのみ行われるべきものではなく、養護教諭や学級担任など学校の教師が重要な役割を果たしているのである。

　図3-10は、健康観察、健康相談、健康診断の相互関係を示したものである。なお、保健調査と体力テストは、定期健康診断の実施手順及び検査項目との関連を考えて、健康診断の内容として位置づけている。

　日常の健康観察や健康相談によって収集された健康情報は、健康診断の際の資料として活用され、健康診断の結果とともに、児童・生徒の健康状態の総合的評価として集約されることになる。この健康状態の総合的評価は、学校医や養護教諭など保健管理の専門職員が中心となって行われ、健康診断の結果に基づく事後措置として、実際的な保健活動としてフィードバックされることになる。

表 3-11　児童・生徒の健康情報の収集手段

| 方　法 | 担当者 | 内　容 | 回　数 |
|---|---|---|---|
| 定期健康診断 | 全教師 | 教育的 | 年1回 |
| | 委託検査・医療機関 | 医学的 | |
| | 学校医、学校歯科医 | 医学的 | |
| 健康観察 | 学級担任・その他の教師 | 教育的 | 日常（毎日） |
| | 養護教諭 | 保健的 | |
| 保健調査 | 学級担任 | 教育的 | 年1回 定期健康診断前 |
| | 養護教諭 | 保健的 | |
| | 学校医、学校歯科医 | 医学的 | |
| 体力テスト | 保健体育教師 | 体育的 | 年1回 |
| | 学級担任 | 体育的 | |
| 健康相談 | 学校医、学校歯科医、学校薬剤師、養護教諭 | 医学的 | 毎月定期的 又は必要時 |
| 健康相談 | 養護教諭 学級担任・その他の教師 | 保健的 | 日常（毎日） |

（門田の作成）

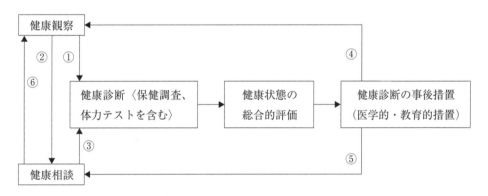

①健康観察で収集した情報を健康診断に活用する。
②健康観察で問題の発見された者を健康相談の対象にする。
③健康相談で収集した情報を健康診断に活用する。
④健康診断の事後措置に基づいて、日常の健康観察を行う。
⑤健康診断の事後措置として健康問題の改善・解決を図る。
⑥健康相談の結果に基づいて、日常の健康観察を行う。

図 3-10　健康観察、健康相談、健康診断の相互関係
（門田の作図）

　児童・生徒の健康状態の総合的評価をもとに、個別的あるいは集団的な保健活動が展開されることになるが、いずれの場合も教育的立場からの対応がなされなければならない。その意味で、学校における保健管理は教育的管理とも言われている。

**参考文献**

文部科学省：教職員のための子どもの健康観察の方法と問題への対応、2009.

文部科学省：教職員のための子どもの健康相談及び保健指導の手引、2011.

福田邦三、他：学校保健室の活動、杏林書院、1980.

高石昌弘：新版学校保健概説、同文書院、1996.

教員養成系大学保健協議会：学校保健ハンドブック（第7次改訂）、ぎょうせい、2019.

学校保健・安全実務研究会編著：新訂版学校保健実務必携（第5次改訂版）、第一法規、2020.

日本学校保健会：学校保健の課題とその対応～養護教諭の職務等に関する調査結果から～、2012.

三木とみ子、他：養護教諭が行う健康相談・健康相談活動の理論と実際、ぎょうせい、2013.

津島ひろ江、他：学校における養護活動の展開（改訂7版）、ふくろう出版、2020.

保健体育審議会：生涯にわたる心身の健康の保持増進のための今後の健康に関する教育及びスポーツの振興のあり方について（答申）、1997.

中央教育審議会：子どもの心身の健康を守り、安全・安心を確保するために学校全体としての取組を進めるための方策について（答申）、2008.

采女智津江・他：新養護概説（第11版）、少年写真新聞社、2019.

文部科学省：中学校学習指導要領、同解説特別活動編、2017.

文部科学省：高等学校学習指導要領、同解説特別活動編、2018.

日本学校保健会：学校保健の動向（令和2年度版）、2020.

厚生労働統計協会：国民衛生の動向（2020/2021）、2020.

江口篤寿編：保健室の仕事（第2版）、医学書院、1974.

## 第4節　健康障害の管理

　学校における保健管理の対象となる児童・生徒期は、乳幼児期や一般成人に比べて、死亡率は最も低い時期である。また、受療率や有病率も全体的に低く、学校生活において特別な配慮を必要とするような健康障害を持っている者の割合はそれ程多くはない。しかし、児童・生徒期における疾病異常や傷害に対して適切な対応がなされなかったために、健康障害が悪化する例は決して少なくない。さらに、学校は集団生活の場でもあることから、感染症が流行したり、急病や事故による傷害が発生することも少なくない。したがって、学校においては、児童・生徒の健康障害の発生を防止すると同時に、その健康障害を悪化させないように健康障害の程度に応じた教育的措置を講じることが必要である。

　ここでは、児童・生徒の健康障害の管理として、感染症以外の疾病管理、感染症の予防、救急処置について述べる。

### 1. 疾病管理

#### （1）疾病管理の意義

　感染症以外の児童・生徒の疾病については、その発生要因は学校生活だけでなく、家庭、地域を含めた児童・生徒の生活構造全体にかかわっているものが多い。また、遺伝的な体質や機能的な障害によるものも少なくない。児童・生徒の疾病異常の治療及びその他の医学的措置は、学校医及びその他の地域医療機関においてなされるので、学校での疾病管理は、疾病異常のある者に対して、日常の学校生活の中でどのように対応していくかが重要な課題となる。

　学校においては、定期健康診断や日常の健康観察、健康相談などによって健康問題の発見された者、あるいはその疑いのある者に対しては学校医、学校歯科医その他の医師の診断・処置を受けさせ、その結果を学校に報告させることになっている。そして、学校では医学的立場からの指示・指導に基づいて、有疾病異常者の健康障害の程度を把握し、その程度に応じた教育的措置をとることになる。

　一般に、児童・生徒の疾病管理を行う場合には、児童・生徒の被患率に着目し、量的にみた疾病の重要性から疾病異常を分類したり、学校生活に特別な配慮の必要性の有無から、質的にみた疾病の重要性で疾病異常を分類する場合が多い。ここでは、教育の場という学校の特性を考慮して、児童・生徒の疾病管理を、被患率が高く、日常生活には特別の支障がないことから、保健指導に重点をおいてその予防や回復を図っていくものと、学校生活の中で疾病異常の程度を悪化させないように、特別の配慮が必要なものとに分けて述べることにする。

　児童・生徒の疾病異常の被患率については、定期健康診断の結果を文部科学省は「学校保健統計調査の結果の概要」として毎年公表している。

（2）　保健指導に重点をおいた疾病の管理

　1）　主に集団指導の対象になる疾病

　定期健康診断の結果、児童・生徒の被患率が高い疾病異常がこれに該当する。

　①　う歯

　う歯の被患率は、2019（令和元）年度の学校保健統計では、小学校 44.8%、中学校 34.0%、高等学校 43.7% と高いが、近年は減少傾向にあり、戦後間もない 1950 年頃の被患率までに減少している。う歯の対策は、日常生活での全身の健康と歯の抵抗性の向上、う蝕原性の微生物の働きの抑制、発酵性の高い糖分の摂取を控えること、歯口清掃などの予防対策が第一である。併せて重要な対策は、う歯の早期発見と早期治療である。特に、永久歯のう歯対策は、健康保持や体力向上のためにも重要である。

　学校でのう歯対策の基本は、学級での保健指導や「保健だより」などを通して、う歯の予防と早期発見、早期治療の重要性を理解させることと、未処置者に対する早期治療の指示を徹底させることである。

　児童・生徒の集団の歯の健康指標とされるものに、12 歳の永久歯の一人当たり平均う歯等（喪失歯及びう歯）数がある。DMF 指数又は DMFT 指数（Decayed, Missing, Filled Tooth）とも言われ、国際的な指標として用いられており、指数 2.0 以下が目安とされている。我が国の指数は 2004 年度に 1.91 となり、2019 年度は 0.70（う歯数 0.69、喪失歯数 0.01）となって、欧米レベルにまで減少した。

　このように、近年はう歯の被患率は減少傾向にあるにもかかわらず、最近「口腔崩壊」といわれる現象が問題になってきている。「口腔崩壊」という語句に明確な定義はないが、未治療のう歯が 10 本以上や歯根しかないような未処置の歯が何本もあり、食べ物をうまく噛めない状態を指している。栄養状態が悪くなり、体の成長やあごの発達などに影響する恐れがある。歯科を受診できない背景として貧困問題との関連からも注目され始めている。

　②　近視

　裸眼視力 1.0 未満の者の被患率は、2019（令和元）年度の学校保健統計では、小学校 34.6%、中学校 57.5%、高等学校 67.6% と学校段階が進むにしたがって高くなり、最近は増加傾向にある。裸眼視力 1.0 未満の者の中では、近視が大部分を占めている。近視は治療効果はあまり期待できないので、近視の前駆期としての偽近視（仮性近視）の状態を早期に発見し、これに対応することが必要である。近視と診断された者に対しては、眼科医の専門的な指導によって眼鏡やコンタクトレンズの必要性の指示を受けることが、学習能率の向上や事故・傷害の防止のためにも望ましい。学級での保健指導などを通して、日常生活の中での照明環境や近業時の正しい姿勢保持、テレビ視聴時間やスマホ使用の制限など近視予防の対策を指導していくことが必要である。

　なお、小学校低学年には、視力の生理的変化から、近視と見なされている者の中に軽度遠視が含まれていることがあるので、低視力者の取り扱いには慎重でなければならない。

③　その他の被患率の比較的高い疾病

学校保健統計からみて、児童・生徒の被患率の比較的高い疾病異常としては、う歯以外の歯及び口腔の疾病異常、扁桃肥大、鼻・咽頭炎、中耳炎、結膜炎、寄生虫卵保有などがある。これらの中には小児の生理的な扁桃肥大のようなものもあるので注意する必要がある。

学校でのこれらの疾病異常の対策は、予防可能なものに対する保健指導や生活指導の充実と、治療可能なものについては、定期健康診断の事後措置としての早期治療の指示に重点をおくことが必要である。

### ２）　主に個別指導の対象になる疾病

定期健康診断によって発見されるものだけでなく、日常の学級担任の行う健康観察や養護教諭の行う健康相談などによって発見されるものも多い。個別指導の対象となる疾病異常の被患率は高くはないが、その種類や程度は多様である。

①　肥満傾向

肥満には、内分泌障害など何らかの基礎疾患があってその症状として生ずる症候性肥満と、過食と運動不足が主な要因である単純性肥満とに大別される。児童・生徒の肥満は単純性肥満が大部分であり、栄養指導と体育指導に重点を置いた保健指導が基本的な対策である。児童・生徒の肥満は、成人になってからの肥満、高血圧、高脂血症などの生活習慣病にも関連していると言われており当面の重要課題の一つである。

肥満の判定には、皮下脂肪厚の計測が望ましいが、学校での保健管理の実際には身長に対する体重の相対的関係から肥満度、ローレル指数、BMI（body mass index）などの指数を用いることが多い。これらの指数を用いる場合には、性別、年齢別の判定基準が必ずしも明確ではないので、肥満の判定には慎重な配慮が必要である。

文部科学省の学校保健統計調査では、2006 年度から性別、年齢別、身長別標準体重から肥満度（過体重度）を算出し、肥満度が 20%以上を肥満傾向児、−20%以下を痩身傾向児としている。これらを小学校高学年から中学校 3 年生でみると、2019 年度の出現率は肥満傾向児が 8 〜 11%、痩身傾向児が 2 〜 4%となっており、この 10 年間でおおむね横ばいもしくはやや増加傾向となっている。

②　その他の疾病

その他の個別指導の対象となる疾病異常としては、起立性調節障害、貧血、ぜん息、アレルギー、栄養不良、脊柱側わん症、種々の不定愁訴などがある。これらには明らかな疾病とは言えないものもあり、いわゆる虚弱体質とか、健康のゆがみあるいは半健康とも言われているものである。

これらの健康問題は日常の健康的な食生活、適度の身体運動、生活リズムの確立などによって改善されるものが少なくない。したがって、学校では生活管理を中心とした保健指導に重点を置いて、養護教諭や学校医による個別指導が行われる必要がある。

（3）　学校生活に特別の配慮が必要な疾病の管理

　1）　生活管理に配慮を必要とする疾病

　学校での生活管理が極めて重要とされているものに、心臓疾患、腎臓疾患、アレルギー疾患がある。これらの疾患は、被患率は少ないが慢性的な経過をとり、予後も不良なことがあるので、長期間にわたって生活規正や医療面の措置が必要とされる。学校では早期発見と悪化を防止するための生活管理に特別の配慮が行われる。

　①　心臓疾患

　児童・生徒の心臓疾患の多くは、先天性疾患とリウマチ性心疾患である。近年、学校生活の中での児童・生徒の突然死の問題とも関連して、心臓疾患の早期発見・治療と生活管理が重視されるようになってきた。

　学校では児童・生徒の定期健康診断の項目に「心臓の疾病及び異常の有無」が位置づけられ、保健調査を用いて既往症、現症を調査し、臨床医学的検査その他の検査によって検査することになっており、心電図の検査やその他必要な臨床医学的検査などが行われる。最近では、心臓疾患の早期発見のために心電図や心音図を導入して、集団検診方式を確立している地域が多くなってきた。2019年度の被患率は、心電図異常が2〜4%、心臓の疾病・異常が0.5〜1%となっている。

　心臓疾患の発見された児童・生徒に対しては、学校医や専門医による早期治療と、学校での生活管理に特別の配慮がなされる。日本学校保健会保健管理調査研究委員会の心臓・腎臓等管理指導小委員会では、2011（平成23）年に改訂版・学校生活管理指導表（小学生用、中学・高校生用）を作成している（表3-12）。

　この指導表は、健康の保持増進を図るという立場から、疾病異常者に許容される身体運動を積極的に取り入れている点が高く評価され、学校での保健管理に活用されている。

　②　腎臓疾患

　児童・生徒の腎臓疾患は、急性腎炎、慢性腎炎、ネフローゼが主なものである。腎臓疾患は、身体的疾患を有する児童・生徒の長期欠席の原因の第1位を占めており、死亡率も比較的高かった。しかし、最近は、早期発見・治療と適切な生活管理によって治癒する者も多い。学校では児童・生徒の定期健康診断の項目に「尿」の検査が位置づけられ、保健調査を用いた既往症、現症の調査と、早朝尿（起床直後の尿）の検査によって、腎臓疾患の早期発見に努めている。尿の検査は、蛋白等について試験紙法によって検査することになっている。腎臓疾患の早期発見を目的として、一般には蛋白と潜血の検査が行われるが、糖などについても併せて検査されることが多い。2019年度の被患率は蛋白検出の者が2〜4%、腎臓疾患が0.1〜0.5%となっている。

　腎臓疾患についても、集団検診方式が確立されている地域が多い。日本学校保健会では、心臓病と同様の趣旨で生活管理指導表を作成しており、学校の保健管理に活用されている。

　③　アレルギー疾患

　最近、児童・生徒に食物アレルギー、アレルギー性鼻炎、気管支ぜん息、アトピー性皮膚炎、アレルギー性結膜炎などのアレルギー疾患が増加してきた。食物アレルギーのように学校給食の

## 表3-12　学校生活管理指導表（中学・高校生用）

［2011年度改訂］

| 氏名 | 　　　　男・女　　年　月　日生（　）才 | 中学校　　　　　　　年　月　日 |
| --- | --- | --- |

高等学校　　　年　　組

| ①診断名（所見名） | ②指導区分<br>要管理：A・B・C・<br>　　　　　D・E<br>管理不要 | ③運動部活動<br>（　　　）部<br>可（ただし、）・<br>　　　　　禁 | ④次回受診<br>（　）年（　）<br>　　　カ月後<br>または異常がある<br>とき | 医療機関 ＿＿＿＿＿＿<br><br>医　師 ＿＿＿＿＿ 印 |
| --- | --- | --- | --- | --- |

【指導区分：A…在宅医療・入院が必要　　B…登校はできるが運動は不可　　C…軽い運動は可　　D…中等度の運動まで可　　E…強い運動も可】

| 体育活動　＼　運動強度 | | | 軽い運動（C・D・Eは"可"） | 中等度の運動（D・Eは"可"） | 強い運動（Eのみ"可"） |
| --- | --- | --- | --- | --- | --- |
| *体つくり運動 | 体ほぐしの運動<br>体力を高める運動 | | 仲間と交流するための手軽な運動、律動的な運動<br>基本の運動（投げる、打つ、捕る、蹴る、跳ぶ） | 体の柔らかさおよび巧みな動きを高める運動、力強い動きを高める運動、動きを持続する能力を高める運動 | 最大限の持久運動、最大限のスピードでの運動、最大筋力での運動 |
| 器械運動 | （マット、跳び箱、鉄棒、平均台） | | 準備運動、簡単なマット運動、バランス運動、簡単な跳躍 | 簡単な技の練習、助走からの支持、ジャンプ・基本的な技（回転系の技を含む） | 演技、競技会、発展的な技 |
| 陸上競技 | （競走、跳躍、投てき） | | 基本動作、立ち幅跳び、負荷の少ない投てき、軽いジャンピング（走ることは不可） | ジョギング、短い助走での跳躍 | 長距離走、短距離走の競走、競技、タイムレース |
| 水泳 | （クロール、平泳ぎ、背泳ぎ、バタフライ） | | 水慣れ、浮く、伏し浮き、け伸びなど | ゆっくりな泳ぎ | 競泳、遠泳（長く泳ぐ）、タイムレース、スタート・ターン |
| 運動領域等 | 球技 | ゴール型：バスケットボール、ハンドボール、サッカー、ラグビー | ランニングのないゆっくりな運動 | 基本動作（パス、シュート、ドリブル、フェイント、リフティング、トラッピング、スローイング、キッキング、ハンドリングなど） | （身体の強い接触を伴わないもの）基本動作を生かした簡易ゲーム（ゲーム時間、コートの広さ、用具の工夫などを取り入れた連携プレー、攻撃・防御） | 簡易ゲーム・応用練習・ゲーム・競技　タイムレース | 試合・競技 |
| | | ネット型：バレーボール、卓球、テニス、バドミントン | | 基本動作（パス、サービス、レシーブ、トス、フェイント、ストローク、ショットなど） | （身体の強い接触を伴う運動） | |
| | | ベースボール型：ソフトボール、野球 | | 基本動作（投球、捕球、打撃など） | | |
| | | ゴルフ | | 基本動作（軽いスイングなど） | クラブで球を打つ練習 | |
| 武道 | 柔道、剣道、相撲 | | 礼儀作法、基本動作（受け身、素振り、さばきなど） | 基本動作を生かした簡単な技・形の練習 | 応用練習、試合 |
| ダンス | 創作ダンス、フォークダンス<br>現代的なリズムのダンス | | 基本動作（手ぶり、ステップ、表現など） | 基本動作を生かした動きの激しさを伴わないダンスなど | 各種のダンス発表会など |
| 野外活動 | 雪遊び、氷上遊び、スキー、スケート、キャンプ、登山、遠泳、水辺活動 | | 水・雪・氷上遊び | スキー、スケートの歩行やゆっくりな滑走平地歩きのハイキング、水に浸かり遊ぶなど | 登山、遠泳、潜水、カヌー、ボート、サーフィン、ウインドサーフィンなど |
| 文化的活動 | | | 体力の必要な長時間の活動を除く文化活動 | 右の強い活動を除くほとんどの文化活動 | 体力を相当使って吹く楽器（トランペット、トロンボーン、オーボエ、バスーン、ホルンなど）、リズムのかなり速い曲の演奏や指揮、行進を伴うマーチングバンドなど |
| 学校行事、その他の活動 | | | ▼運動会、体育祭、球技大会、スポーツテストなどは上記の運動強度に準ずる。<br>▼指導区分、"E"以外の生徒の遠足、宿泊学習、修学旅行、林間学校、臨海学校などの参加について不明な場合は学校医・主治医と相談する。 | | |

その他注意すること

<br><br>

《軽い運動》　同年齢の平均的な生徒にとって、ほとんど息がはずまない程度の運動。
定義《中等度の運動》　同年齢の平均的な生徒にとって、少し息がはずむが苦しくない程度の運動。パートナーがいれば楽に会話ができる程度の運動。
《強い運動》　同年齢の平均的な生徒にとって、息がはずみ息苦しさを感じるほどの運動。

*体つくり運動：レジスタンス運動（等尺運動）を含む。

資料：日本学校保健会

食事内容に配慮が必要なものやアトピー性皮膚炎、アレルギー性結膜炎のようにプール指導の際に配慮が必要なものなど、学校生活において留意しなければならない疾患も多い。そこで、日本学校保健会に設置された「学校におけるアレルギー疾患に対する取組推進検討委員会」では2019（令和元）年に改訂版・学校生活管理指導表（アレルギー疾患用）を作成して、心臓疾患、腎臓疾患と同様に学校の保健管理での活用を推奨している（表3-13）。

　アレルギー疾患の2019年度の被患率はアトピー性皮膚炎が2〜4％で最も多いが、アレルギー疾患の中にショックなどの重篤な症状を起こすものに食物アレルギーがある。原因食物がからだに作用し、アナフィラキシーという粘膜、皮膚、消化器、呼吸器など多臓器にわたる症状が30分以内に出現するもので、鶏卵、牛乳、小麦の3品目で約7割を占めている。小学生に0.5％程度いるといわれ、発症時にはアドレナリン自己注射（エピペン）を早期にする必要がある。学校給食で発症した例も報告されているので、学級担任や養護教諭は保健調査によって既往歴を把握

## 表3-13　学校生活管理指導表（アレルギー疾患用）

**表 学校生活管理指導表（アレルギー疾患要）**

名前＿＿＿＿＿＿＿＿（男・女）＿＿＿年＿月＿日生　＿＿年＿組　　　　　　　　　提出日＿＿＿年＿＿月＿＿日

※この生活管理指導表は、学校の生活において特別な配慮や管理が必要となった場合に医師が作成するものです。

| 病型・治療 | 学校生活上の留意点 | ★保護者 |
|---|---|---|
| **[アナフィラキシー／食物アレルギー（あり・なし）]**<br>**A 食物アレルギー病型**（食物アレルギーありの場合のみ記載）<br>1. 即時型<br>2. 口腔アレルギー症候群<br>3. 食物依存性運動誘発アナフィラキシー<br><br>**B アナフィラキシー病型**（アナフィラキシーの既往ありの場合のみ記載）<br>1. 食物（原因　　　　　　　　　　）<br>2. 食物依存性運動誘発アナフィラキシー<br>3. 運動誘発アナフィラキシー<br>4. 昆虫（　　　　　　　　　　）<br>5. 医薬品（　　　　　　　　　　）<br>6. その他（　　　　　　　　　　）<br><br>**C 原因食物・除去根拠**　該当する食品の番号に〇をし、かつ〈 〉に除去根拠を記載<br>1. 鶏卵　　〈　〉<br>2. 牛乳・乳製品〈　〉<br>3. 小麦　　〈　〉<br>4. ソバ　　〈　〉<br>5. ピーナッツ〈　〉<br>6. 甲殻類　〈　〉（すべて・エビ・カニ）<br>7. 木の実類〈　〉（すべて・クルミ・カシュー・アーモンド　）<br>8. 果物類　〈　〉（　　　）<br>9. 魚類　　〈　〉（　　　）<br>10. 肉類　　〈　〉（　　　）<br>11. その他1〈　〉（　　　）<br>12. その他2〈　〉（　　　）<br>［除去根拠］該当するもの全てを〈 〉内に記載 ①明らかな症状の既往 ②食物経口負荷試験陽性 ③IgE抗体等検査結果陽性 ④未摂取<br>（　）に具体的な食品名を記載<br><br>**D 緊急時に備えた処方薬**<br>1. 内服薬（抗ヒスタミン薬、ステロイド薬）<br>2. アドレナリン自己注射薬（「エピペン®」）<br>3. その他（　　　　　　　　　　） | **A 給食**<br>1. 管理不要　　2. 管理必要<br>**B 食物・食材を扱う授業・活動**<br>1. 管理不要　　2. 管理必要<br>**C 運動**（体育・部活動等）<br>1. 管理不要　　2. 管理必要<br>**D 宿泊を伴う校外活動**<br>1. 管理不要　　2. 管理必要<br>**E 原因食物を除去する場合により厳しい除去が必要なもの**<br>※本欄に〇がついた場合、該当する食品を使用した料理については、給食対応が困難となる場合があります。<br>鶏卵：卵殻カルシウム<br>牛乳：乳糖・乳清焼成カルシウム<br>小麦：醤油・酢・味噌<br>大豆：大豆油・醤油・味噌<br>ゴマ：ゴマ油<br>魚類：かつおだし・いりこだし・魚醤<br>肉類：エキス<br>**F その他の配慮・管理事項**（自由記述） | **★保護者**<br>電話：<br><br>**★連絡医療機関**<br>医療機関名：<br><br>電話：<br><br>記載日<br>　　年　　月　　日<br>医師名<br>　　　　　　　　㊞<br>医療機関名<br><br>［緊急時連絡先］ |
| 病型・治療 | 学校生活上の留意点 | ★保護者 |
| **[気管支ぜん息（あり・なし）]**<br>**A 症状のコントロール状態**<br>1. 良好　　2. 比較的良好　　3. 不良<br><br>**B-1 長期管理薬（吸入）**　　薬剤名　　投与量／日<br>1. ステロイド吸入薬　　（　　　）（　　　）<br>2. ステロイド吸入薬／長時間作用性吸入ベータ刺激配合剤（　　　）（　　　）<br>3. その他　　　　　　（　　　）（　　　）<br><br>**B-2 長期管理薬（内服）**　　薬剤名<br>1. ロイコトリエン受容体拮抗薬（　　　）<br>2. その他　　　　　　　　　　（　　　）<br><br>**B-3 長期管理薬（注射）**　　薬剤名<br>1. 生物学的製剤（　　　）<br><br>**C 発作時の対応**　　薬剤名　　投与量／日<br>1. ベータ刺激薬吸入（　　　）（　　　）<br>2. ベータ刺激薬内服（　　　）（　　　） | **A 運動**（体育・部活動等）<br>1. 管理不要　　2. 管理必要<br>**B 動物との接触やホコリ等の舞う環境での活動**<br>1. 管理不要　　2. 管理必要<br>**C 宿泊を伴う校外活動**<br>1. 管理不要　　2. 管理必要<br>**D その他の配慮・管理事項**（自由記述） | **★保護者**<br>電話：<br><br>**★連絡医療機関**<br>医療機関名：<br><br>電話：<br><br>記載日<br>　　年　　月　　日<br>医師名<br>　　　　　　　　㊞<br>医療機関名<br><br>［緊急時連絡先］ |

**裏** 学校生活管理指導表（アレルギー疾患用）

名前＿＿＿＿＿＿＿＿＿＿　（男・女）＿＿＿ 年＿＿月＿＿日生　＿＿年＿＿組　　　　　　　　　　提出日＿＿＿ 年＿＿月＿＿日

| | 病型・治療 | 学校生活上の留意点 | 記載日 |
|---|---|---|---|
| **アトピー性皮膚炎**（あり・なし） | **Ａ重症度のめやす**（厚生労働科学研究班）<br>1. 軽症：面積に関わらず、軽度の皮疹のみ見られる。<br>2. 中等症：強い炎症を伴う皮疹が体表面積の10％未満に見られる。<br>3. 重症：強い炎症を伴う皮疹が体表面積の10％以上、30％未満に見られる。<br>4. 最重症：強い炎症を伴う皮疹が体表面積の30％以上に見られる。<br>＊軽度の皮疹：軽度の紅斑、乾燥、落屑主体の病変<br>＊強い炎症を伴う皮疹：紅斑、丘疹、びらん、浸潤、苔癬化などを伴う病変<br><br>**Ｂ-1 常用する外用薬**<br>1. ステロイド軟膏<br>2. タクロリムス軟膏（「プロトピック®」）<br>3. 保湿剤<br>4. その他（　　　　）<br>**Ｂ-2 常用する内服薬**<br>1. 抗ヒスタミン薬<br>2. その他〔　　〕<br>**Ｂ-3 常用する注射薬**<br>1. 生物学的製剤 | **Ａプール指導及び長時間の紫外線下での活動**<br>1. 管理不要　　2. 管理必要<br>**Ｂ動物との接触**<br>1. 管理不要　　2. 管理必要<br>**Ｃ発汗後**<br>1. 管理不要　　2. 管理必要<br>**Ｄその他の配慮・管理事項**（自由記述） | 年　　　月　　　日<br>医師名<br>㊞<br>医療機関名 |
| | 病型・治療 | 学校生活上の留意点 | 記載日 |
| **アレルギー性結膜炎**（あり・なし） | **Ａ病型**<br>1. 通年性アレルギー性結膜炎<br>2. 季節性アレルギー性結膜炎（花粉症）<br>3. 春季カタル<br>4. アトピー性角結膜炎<br>5. その他（　　　　）<br><br>**Ｂ治療**<br>1. 抗アレルギー点眼薬<br>2. ステロイド点眼薬<br>3. 免疫抑制点眼薬<br>4. その他（　　　　） | **Ａプール指導**<br>1. 管理不要　　2. 管理必要<br>**Ｂ屋外活動**<br>1. 管理不要　　2. 管理必要<br>**Ｃその他の配慮・管理事項**（自由記述） | 年　　　月　　　日<br>医師名<br>㊞<br>医療機関名 |
| | 病型・治療 | 学校生活上の留意点 | 記載日 |
| **アレルギー性鼻炎**（あり・なし） | **Ａ病型**<br>1. 通年性アレルギー性鼻炎<br>2. 季節性アレルギー性鼻炎（花粉症）<br>主な症状の時期：春、夏、秋、冬<br><br>**Ｂ治療**<br>1. 抗ヒスタミン薬・抗アレルギー薬（内服）<br>2. 鼻噴霧用ステロイド薬<br>3. 舌下免疫療法（ダニ・スギ）<br>4. その他（　　　　） | **Ａ屋外活動**<br>1. 管理不要　　2. 管理必要<br>**Ｂその他の配慮・管理事項**（自由記述） | 年　　　月　　　日<br>医師名<br>㊞<br>医療機関名 |

学校における日常の取組及び緊急時の対応に活用するため、本票に記載された内容を学校の全教職員及び関係機関等で共有することに同意します。

保護者氏名＿＿＿＿＿＿＿＿＿＿

資料：日本学校保健会

しておくとともに、エピペンの使用法や使用後の医療機関との連携についても理解しておく必要がある。

### 2）教育上特別の配慮を必要とする障害

身体面や精神面の機能の障害があるために、学校での生活管理はもちろん、教育上特別の配慮を必要とするものに知的障害、病弱・身体虚弱、視覚障害、聴覚障害、言語障害、自閉症・情緒障害、肢体不自由などの「心身障害児」の問題がある。心身障害児は、その障害の種類と程度に応じて特別支援学級や特別支援学校において適切な教育が行われている。2018（平成30）年5月現在、義務教育段階の特別支援学級及び特別支援学校の在学者数は、小、中学校の特別支援学級が約25万6千人、特別支援学校が約7万3千人となっている。これは、同じ年齢段階にある児童・生徒全体の約3.4％にあたる。最近では、学習障害（LD：Learning Disabilities, or, Learning Disorders）、注意欠陥・多動性障害（ADHD：Attention Deficit Hyperactivity Disorder）、自閉症スペクトラム障害・アスペルガー症候群（ASD：Autism Spectrum Disorder）なども増加している。なお、1979（昭和54）年から特別支援教育の義務制が実施されるようになり、心身障害児の不就学者は大幅に減少してきた。

　心身障害児は、身体面と精神面の両面にハンディキャップを持っている者が多く、一般の疾病に対する抵抗力も弱い。したがって、日常の学校生活における保健管理は、普通学級の児童・生徒に比べて、感染症の予防、疾病管理、安全管理などについて、特別な配慮がなされる必要がある。特別支援学校において教育を施すべき児童・生徒の心身の障害の程度は、学校教育法施行令第22条の3に定められ、また、その基準は文部科学省初等中等教育局長通達「教育上特別な取り扱いを要する児童・生徒の教育措置について」（1978年通達、1999年改正）が示されている。

## 2. 感染症の予防

### （1）学校における感染症の予防の意義

　感染症の予防に関しては、「感染症の予防及び感染症の患者に対する医療に関する法律」（略称：感染症予防法）、「予防接種法」などの公衆衛生関係法規があり、これらの感染症の予防に関係する諸法規は、一般の公衆衛生活動の要求する範囲において学校及び児童・生徒等に適用される。

　しかし、学校は同年齢の児童・生徒の集団生活の場であり、小学生や中学生のように年齢の低い児童・生徒には感染症への感受性も高い者が多い。また、学齢期に流行しやすい特有の感染症や、公衆衛生関係法規では重視されていなかったり、あるいは全く規定されていない感染症でも学校では放置できないものも少なくない。さらに、学校での感染症の流行は、児童・生徒の発達や健康に影響を及ぼすだけでなく、教育活動の円滑な実施を阻害する。

　そこで、学校における感染症の予防に関しては、公衆衛生上の必要性だけでなく、さらに教育上の必要性に基づいて学校保健安全法において出席停止や臨時休業など学校独自の対策が定められている。

### （2）学校において予防すべき感染症の種類

　学校において予防すべき感染症の種類については、学校保健安全法施行規則第18条に、次のように分類して示されている。

第一種　エボラ出血熱、クリミア・コンゴ出血熱、痘そう、南米出血熱、ペスト、マールブルグ病、ラッサ熱、急性灰白髄炎、ジフテリア、重症急性呼吸器症候群、中東呼吸器症候群及び特定鳥インフルエンザ

第二種　インフルエンザ（特定鳥インフルエンザを除く）、百日咳、麻しん、流行性耳下腺炎、風しん、水痘、咽頭結膜熱、結核及び髄膜炎菌性髄膜炎

第三種　コレラ、細菌性赤痢、腸管出血性大腸菌感染症、腸チフス、パラチフス、流行性角結膜炎、急性出血性結膜炎、その他の感染症

　このような分類は、病理学的又は医学的立場からの分類ではなく、学校現場でどのような予防措置を行ったら適切かという学校保健の立場からの分類である。

　疫学的には、第一種は、「感染症の予防及び感染症の患者に対する医療に関する法律」に定め

られた感染症で、その汚染の拡大が速度も早く、範囲も広く、致命率も高いことなどから、予防
対策が進んだ今日でも一度発生するとその被害が少なくない感染症である。第二種は、主に飛沫
感染するもので、児童・生徒等の罹患が多く、学校において流行を広げる可能性が高い感染症で
ある。第三種は、学校教育活動を通じ、学校において流行を広げる可能性がある感染症である。
恒常的（定期的）な発生はないが、集団生活への侵襲を防止すべきもので、第一種及び第二種以
外のすべての警戒を要する感染症とされている。なお、第三種の「その他の感染症」は、新しい
感染症が出現したり、流行が変化したようなときに備えたものと言われている。

### （3）　学校における感染症の予防対策

　学校における感染症の予防対策は、一般の感染症の場合と同様に、感染源対策、感染経路対
策、感受性者対策の3つの基本的原則がある。

　学校における感染源対策は、患者及び保菌者、潜伏期にある者の隔離で、出席停止の措置がと
られる。感染経路対策は病原体の伝播を防ぐための対策で、臨時休業の措置や学校施設・設備等
の消毒などが行われる。感受性者対策は、児童・生徒に感染症の免疫を獲得させるための予防接
種の実施と、予防接種の開発されていない感染症への抵抗力（一般に自衛的体力あるいは防衛体
力といわれる）の増強である。

　学校における感染症の予防対策については、学校保健安全法及び同施行令、同施行規則に定め
られているものの他に、文部科学省から多くの通達・通知が出されている。

　以下では、学校における感染症の予防対策として、出席停止、臨時休業、予防接種について述
べる。

### 1）　出席停止

　学校保健安全法第19条の出席停止は、校長がその理由及び期間を明らかにして、中学校以下
の児童・生徒はその保護者に、高等学校の生徒又は大学生は本人に指示する。表3-14は、感染
症にかかっている者の出席停止の基準を示したものである。第一種の感染症は、「感染症の予防
及び感染症の患者に対する医療に関する法律」に定められたもので、その規定に基づいて患者の
収容など緊急かつ強力な防疫措置が講じられるので、出席停止の基準は特に定められていない。
第二種及び第三種の感染症は、それぞれ具体的な基準が示されている。また、第一種及び第二種
の感染症は、かかっている疑いがあり、または、かかるおそれのある児童・生徒もその予防処置
の実施状況、患者の発生状況、その他の事情を考慮して、学校医などの意見を聞いて、必要と認
めたときは適当な期間の出席停止の指示をすることができる。校長は出席停止の指示をしたとき
は学校の設置者に、その理由、期間、人数等を報告しなければならない。

　出席停止の指示は、かつては細菌感染の感染症が多かったことから学校という集団生活の防
衛を第一に考えて、汚染を排除する意味で患者に強制してきた。最近では学校における感染症も
赤痢など一部のものを除いてウィルス感染が主になってきており、出席停止の指示も、感染した
個々の児童・生徒の健康を重視し、出席停止によってその休養と回復を待つという考え方に変

表 3-14　学校において予防すべき感染症と出席停止の基準

令和 2 年（2020）4 月 1 日現在

| | 感染症の種類 | 出席停止の期間の基準 | 考え方 |
|---|---|---|---|
| 第一種 | エボラ出血熱<br>クリミア・コンゴ出血熱<br>痘そう<br>南米出血熱<br>ペスト<br>マールブルグ病<br>ラッサ熱<br>急性灰白髄炎<br>ジフテリア<br>重症急性呼吸器症候群<br>中東呼吸器症候群<br>特定鳥インフルエンザ | 治癒するまで | 感染症予防法の一類感染症及び二類感染症（結核を除く）。<br>感染症予防法に規程される新型インフルエンザ等感染症、指定感染症及び新感染症は、第一種の感染症とみなす。 |
| 第二種 | インフルエンザ（特定鳥インフルエンザを除く） | 発症した後 5 日を経過し、かつ解熱した後 2 日（幼児にあっては、3 日）を経過するまで<br>（特定鳥インフルエンザ及び新型インフルエンザ等感染症を除く） | 飛沫感染する感染症で児童生徒の罹患が多く、学校において流行を広げる可能性が高いもの。 |
| | 百日咳 | 特有の咳が消失するまで又は 5 日間の適正な抗菌性物質製剤による治療が終了するまで | |
| | 麻しん | 解熱した後 3 日を経過するまで | |
| | 流行性耳下腺炎 | 耳下腺、顎下腺又は舌下腺の腫脹が発現した後 5 日を経過し、かつ、全身状態が良好になるまで | |
| | 風しん | 発しんが消失するまで | |
| | 水痘 | すべての発しんが痂皮化するまで | |
| | 咽頭結膜熱 | 主要症状が消退した後 2 日を経過するまで | |
| | 結核<br>髄膜炎菌性髄膜炎 | 病状により学校医その他の医師において感染のおそれがないと認めるまで | |
| 第三種 | コレラ<br>細菌性赤痢<br>腸管出血性大腸菌感染症<br>腸チフス<br>パラチフス<br>流行性角結膜炎<br>急性出血性結膜炎<br>その他の感染症 | 病状により学校医その他の医師において感染のおそれがないと認めるまで | 学校教育活動を通じ、学校において流行を広げる可能性があるもの。 |

資料：学校保健安全法施行規則などにより作成

わってきている。

## 2）臨時休業

　学校保健安全法第 20 条による臨時休業とは、学校における感染症の予防の必要があるときに、学校の設置者が臨時に学校の全部または一部の休業（学校閉鎖又は学級閉鎖とも言われる）を行うことである。臨時休業は、出席停止が児童・生徒の個々に対して行われる措置であるのに対して、学校あるいは学級の集団を対象に行われる措置であり、しかも、授業の休止という教育行政

にかかわる問題でもあるので、学校の設置者が行うこととされている。しかし、実際に感染症が発生した場合には、学校保健安全法に基づく事務処理を委任されている校長の判断と申し出によって、学校の設置者が臨時休業の措置を決定することが多い。

　臨時休業の措置を、どのような場合に行うべきかについての基準を一律的に定めることは困難な問題である。一般的には、学級担任や養護教諭による児童・生徒の健康観察、有病者や欠席率の増加などの学校現場の情報や、地域での感染症の流行状況の情報を把握し、学校医などの意見を聞いて、公衆衛生上及び教育上の要請を勘案して決定される。臨時休業の措置も、現在では、多数欠席による授業進度の不揃いを是正する教育目的が感染症阻止の目的よりも優先することが多いので、学校では臨時休業中の児童・生徒に対する生活指導、保健指導、学習指導に十分な配慮が必要である。

　学校保健安全法では、学校における感染症の予防目的で出席停止や臨時休業の措置が定められているが、表3-15に示したように、学校における感染症の多くは患児が病原体を排出する期間は発病前からであり、かなり長期間にわたって出席停止や臨時休業を行わなければ予防効果は薄い。実際にこれらの措置の適用で効果があるのはインフルエンザのように感染源となる期間の短いもの限られている。

　臨時休業の例外的な措置として、2020（令和2）年3月には世界的に流行している新型コロナウイルスの感染拡大を防ぐために、政府による2週間の一斉休業の要請が行われ、全国の小・中・高等学校及び特別支援学校のほとんどが休業した。多くの人が密集する場に出かけることの自粛も要請されたために、児童・生徒の学習指導だけでなく、食生活や運動不足、ストレスなど様々な問題が指摘された。4月の新学期からは文部科学省が指針で示した3密、すなわち、換気の悪い密閉空間、多数が集まる密集場所、間近の会話で発生する密接場面という3つの環境が重なるのを避けて対応することになった。しかし、4月になって感染防止対策として全国に緊急事態宣言が発せられたことから、全国の多くの学校での授業再開は宣言解除後の6月からとなった。

### 3）予防接種

　我が国で接種可能な感染症ワクチンの種類を表3-16に示した。定期接種と任意接種があり、それぞれ生ワクチンと不活化ワクチンとがある。

表3-15　感染症病原体の潜伏期間と感染源となる主な機関

| 疾病名 | 潜伏期間 | 感染源となる期間 |
|---|---|---|
| インフルエンザ | 1日〜 3日 | 発病直前から後3日 |
| 百　日　咳 | 7日〜10日 | カタル期から第4週まで |
| 麻　　　疹 | 11日〜13日 | 前駆期のはじめから発疹後4日まで |
| 流行性耳下腺炎 | 18日〜21日 | 腫脹前7日から後9日まで |
| 風　　　疹 | 14日〜21日 | 発疹前1週から発疹後4日まで |
| 水　　　痘 | 13日〜17日 | 発疹前2日から後7日まで |
| 咽　頭　結　膜　熱 | 5日〜 7日 | 発病前から後7日まで |

（杉浦・他「新・学校保健」より）

① 予防接種法による定期接種

予防接種法によって定期接種を行う疾病は、表 3-17 に示した 16 種類が定められている。これらの疾病の他に、その発生及び蔓延を予防するために、特に接種を行う必要がある場合に接種される痘そうがある。定期接種は対象年齢から、小学校入学までに多くの接種を済ませている。義務教育諸学校の児童・生徒に該当するのは、ジフテリア・破傷風混合、日本脳炎、ヒトパピローマウイルス感染症である。予防接種は感染症予防の積極的方法の一つであるが、その考え方は集団接種から個別接種へ、社会防衛から個人防衛へと変わってきた。児童・生徒に接種を受けさせることは保護者の義務ではなく、接種を受けさせるように努めなければならないという努力義務になっている。なお、日本脳炎ワクチンは、その使用と重症の急性散在性脳脊髄炎との因果関係が認められたことから、厚生労働省は「定期の予防接種における日本脳炎ワクチン接種の積極的勧奨の差し控えについて」（2005 年）という勧告を行っていた。その後、新たなワクチンが開発され、2010 年から積極的推奨が再開されたが、念のため、戸外へ出るときには、できる限り長袖、長ズボンを身につける等、日本脳炎ウイルスを媒介する蚊に刺されないよう注意喚起を行うことにしている。

② 任意接種

任意接種のワクチンの種類は、前述の表 3-16 に示した。インフルエンザは全年齢（特に、幼児、小、中学校の児童・生徒、高齢者）に毎年接種を奨励している。予防接種を実施する場合には、まれに副作用や後遺症などの事故を起こすことがあるので、事前に問診票などによって健康

表 3-16　我が国で接種可能な感染症ワクチンの種類

2020 年 10 月現在

| 定期接種（対象年齢は政令で規定） | 任意接種 |
| --- | --- |
| 生ワクチン<br>　BCG<br>　麻疹・風疹混合（MR）<br>　麻疹（はしか）、風疹、水痘<br>　ロタウイルス：1 価、5 価<br><br>不活化ワクチン・トキソイド<br>　百日咳・ジフテリア・破傷風・不活化ポリオ<br>　混合（DPT-IPV）<br>　百日咳・ジフテリア・破傷風混合（DPT）<br>　ポリオ（IPV）<br>　ジフテリア・破傷風混合トキソイド（DT）<br>　日本脳炎、B 型肝炎、肺炎球菌（13 価結合型）<br>　インフルエンザ菌 b 型（Hib）<br>　ヒトパピローマウイルス（HPV）：2 価、4 価<br>　インフルエンザ<br>　肺炎球菌（23 価莢膜ポリサッカライド） | 生ワクチン<br>　流行性耳下腺炎（おたふくかぜ）<br>　黄熱<br>　帯状疱疹（水痘ワクチンを使用）<br><br>不活化ワクチン・トキソイド<br>　破傷風トキソイド<br>　成人用ジフテリアトキソイド<br>　A 型肝炎<br>　狂犬病<br>　髄膜炎菌：4 価<br>　帯状疱疹<br><br>※定期接種を対象年齢以外で受ける場合 |

資料：国立感染症研究所

表3-17　定期の予防接種の対象疾病と対象者

2020年10月現在

| 疾病 | 対象者 |
|---|---|
| ジフテリア | ①生後三月から生後九十月に至るまでの間にある者<br>②十一歳以上十三歳未満の者 |
| 百日せき | 生後三月から生後九十月に至るまでの間にある者 |
| 急性灰白髄炎 | 生後三月から生後九十月に至るまでの間にある者 |
| 麻しん | ①生後十二月から生後二十四月に至るまでの間にある者<br>②五歳以上七歳未満の者であって、小学校就学の始期に達する日の一年前の日から当該始期に達する日の前日までの間にある者 |
| 風しん | ①生後十二月から生後二十四月に至るまでの間にある者<br>②五歳以上七歳未満の者であって、小学校就学の始期に達する日の一年前の日から当該始期に達する日の前日までの間にある者 |
| 日本脳炎 | ①生後六月から生後九十月に至るまでの間にある者<br>②九歳以上十三歳未満の者 |
| 破傷風 | ①生後三月から生後九十月に至るまでの間にある者<br>②十一歳以上十三歳未満の者 |
| 結核 | 生後一歳に至るまでの間にある者 |
| Hib 感染症 | 生後二月から生後六十月に至るまでの間にある者 |
| 肺炎球菌感染症<br>（小児がかかるものに限る） | 生後二月から生後六十月に至るまでの間にある者 |
| ヒトパピローマ<br>ウイルス感染症<br>（子宮頸がんなど） | 十二歳となる日の属する年度の初日から十六歳となる日の属する年度の末日までの間にある女子 |
| 水痘 | 生後十二月から生後三十六月に至るまでの間にある者 |
| Ｂ型肝炎 | 一歳に至るまでの間にある者 |
| ロタウイルス<br>感染症 | 生後六週に至った日の翌日から、生後三十二週に至る日の翌日までの間で厚生労働省令で定めるワクチンの種類ごとに厚生労働省令で定める日までの間にある者 |
| インフルエンザ | ①六十五歳以上の者<br>②六十歳以上六十五歳未満の者であって、心臓、腎臓若しくは呼吸器の機能又はヒト免疫不全ウイルスによる免疫の機能に障害を有するものとして厚生労働省令で定めるもの |
| 肺炎球菌感染症<br>（高齢者がかかるものに限る） | ①六十五歳の者<br>②六十歳以上六十五歳未満の者であって、心臓、腎臓若しくは呼吸器の機能の障害又はヒト免疫不全ウイルスによる免疫の機能の障害を有するものとして厚生労働省令で定めるもの |

資料：予防接種法施行令

状態を把握し、事故防止に十分な注意を払う必要がある。また、実施後の保健指導や生活指導も十分に行われなければならない。

### 4）その他の予防対策

予防接種の開発されていない感染症や、いわゆる「かぜ」などの感染症の予防対策として、児童・生徒の健康・体力の保持増進がある。多くの学校現場では、うがいや手洗いの励行、皮膚の鍛錬、十分な睡眠、適度の身体運動、栄養のバランスのとれた食事などの実践化、習慣化が「健

康・体力づくり」として推進されている。これらは感染症の予防だけでなく、一般の疾病の予防にも役立つものである。健康・体力の保持増進の基本は、食事、運動、睡眠、及び、生活リズムの確立にあることを児童・生徒に認識させ、自主的な保健管理能力を育成することは、感染症の予防対策として重要なことはもちろん、学校における保健管理の基本的な課題でもある。

### 3. 救急処置

#### （1） 救急処置の意義

　学校においては、児童・生徒の健康を保持し、事故・災害を防止するために万全の対策がとられなければならない。しかし、学校は多数の児童・生徒の教育と生活の場であり、日常の教育活動の中での急病や事故による傷害はかなりの頻度で発生している。学校の管理下において児童・生徒の急病や傷害などの突発的な健康障害が発生した場合には、速やかに適切な救急処置を行うことが教師の責任として要求される。

　救急処置とは、予測できない突発的な傷病に対して、あくまでも正規の医療を受けるまでの応急的な措置であり、医師の行う治療に役立つものでなければならない。すなわち、傷病の発生時を最悪の状態として、それ以上悪化をさせないで、医師の手に渡すことを意味するものである。

　学校において教師が行う救急処置も、このような基本的な原則に基づいて実施される。しかし、学校での救急処置は、学校という特性から、すべての教師が児童・生徒の突発的な傷病に対して適切な処置がとれるように、救急処置の基本的な知識・技術を修得しておかなければならない。そして、どのような傷病に対しても対処できるような救急処置体制を整えておくことが必要である。また、学校では傷病に対して適切な処置を行うと同時に、その原因の究明、今後の安全対策、事故防止対策などの安全管理面への配慮と、救急処置に関する児童・生徒への安全指導と保健指導が特に重視される。

#### （2） 救急処置の基本的原則とその手順

##### 1） 救急処置の基本的原則

　救急処置の実際に当たっては、次のような基本的事項について留意しておく必要がある。

　① 傷病や周囲の状況の把握

　救急処置の第一歩は、落ち着いて状況を正しく把握することである。傷病や周囲の環境条件の現状の的確な把握によって、正しい救急処置をすることができる。

　② 救急処置の手順及び方針の決定

　傷病には、寸刻を争って処置しなければ生死にかかわるような緊急性の高いものがある。傷病者が同時に多発した場合には傷病の状況によって緊急の度合いを判断し、緊急性の高い重病者を優先するトリアージをしなければならない。処置後には、ただちに医師を招くか、搬送するか、しばらく観察するかなどを判断する必要がある。

③　関係者及び家族への連絡

　必要があれば救急車、医師への緊急連絡を直ちに行い、また、家族などにも必要事項を連絡する。連絡は、「いつ」「どこで」「だれが（何が）」「どうした」など、必ず正確な情報を通報する。不確実な情報は、救急活動を妨げることがある。連絡・通報が必要な場合、周囲の人の協力を得るとよい。

④　医療機関への搬送

　救急処置をした後での医療機関への患者の搬送は、非常に重要である。搬送を誤ると傷病者の症状を悪化させることが多い。搬送に当たっても、患者の苦痛をやわらげ、症状を悪化させないように、正しい搬送をしなければならない。必要によっては、資材・人員の確保など周囲の人の協力を得る。

⑤　事後処理と事後の確認

　救急処置を行った後では、傷病発生時の状況、傷病の発生時刻、場所、処置の内容、処置後の傷病の状態など正しく記録し、使用した消耗資材などは必ず補充しておく。救急処置後の正しい記録は、事後の報告に必要だけでなく、今後の救急処置計画や整備体制に役立てることができる。医師や家族との連絡などの事後確認も重要である。

**2）　救急処置の手順**

　学校で発生する傷病者には、保健室での応急手当のみで回復し、特に医療を必要としないような軽症の場合から、障害を残したり、死亡事故に至るものまで多種多様である。したがって、適切かつ正しい救急処置を行うためには、傷病者の緊急性の順位を整理し、救急処置の実施上の手順を確立しておくことが必要である。

　傷病者の中で、次の傷病は、緊急性が高く、寸刻を争って処置しなければ直接生命にかかわる。

①　大出血

②　呼吸停止・心臓停止

③　服毒・中毒

④　意識障害・ショック状態

　以上の傷病・症状がある場合には、ただちに止血、心肺蘇生（気道確保・人工呼吸・胸骨圧迫）、胃洗浄（嘔吐）、適切な体位、保温などの救急処置がなされなければならない。

**3）　自動体外式除細動器（Automated External Defibrillator）**

　心臓が細かく震え血液の流れが止まる「心室細動」を起こした人に、電気ショックを与えて細動を取り除き、心臓の動きを正常に戻す医療機器である。救命に不可欠とされアメリカでは早くから一般に普及していた。我が国では2004（平成16）年から医療従事者以外の一般の人でも使えるようになったことから、学校などの公共施設を中心に設置が進んでいる。しかし、設置されていても AED の適切な装着がなされず死亡事故の報告もある。学校の教師は学内での設置場所を確認し、装着方法についても実技講習を受けておく必要がある。

　なお、図 3-11、図 3-12 は、救急処置の基本的原則に基づいた手当の順序を示したものである。

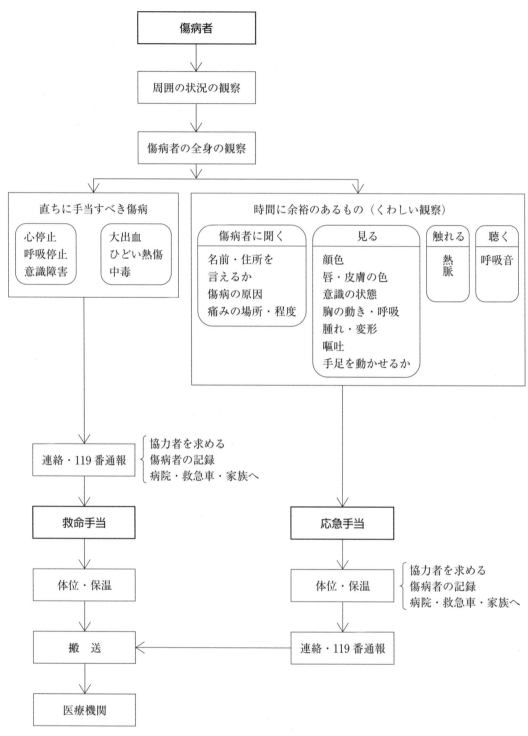

図 3-11　手当の手順
(「日赤救急法講習教本」より)

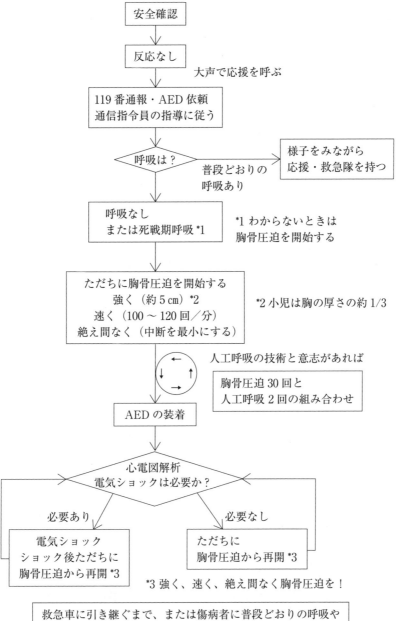

図 3-12　一次救命処置（Basic Life Support）の手順（心肺蘇生と AED
　　　を用いた除細動）
資料：JRC（日本版）蘇生ガイドライン 2015

### （3） 児童・生徒にみられる突発的な傷病

　学校において児童・生徒にみられる突発的な傷病は、彼らの発育段階の特性や学校環境の特性から発生する傷病だけでなく、家庭などにおける日常生活の中で発生する傷病も含めて、その種類、程度は極めて多彩である。

　以下に、日常の学校生活の場で児童・生徒にみられる突発的な傷病を、主として外科的な傷病、主として内科的な傷病、及び、その他の傷病とに大別して列記しておく。

#### 1） 主として外科的な傷病

　　創傷（擦過傷、切創、裂創、刺創、挫創など）、外傷・打撲傷、骨折、捻挫、脱臼、つき指、アキレス腱外傷、肉離れ、こむらがえり、鼻出血、歯牙破折、咬傷、虫刺傷、薬剤腐蝕、火傷、熱傷、凍傷、しもやけ、溺水、靴ずれ・まめ

#### 2） 主として内科的な傷病

　　頭痛、発熱、腹痛、下痢、便秘、嘔吐、吐き気、咽頭痛、胸痛、呼吸困難、せき・喘息、ひきつけ、てんかん発作、過換気症候群、けいれん、失神、意識障害、ショック、脳貧血、熱中症、車酔い

#### 3） その他の傷病

　　目の異物、耳・鼻の異物、気管・食道の異物、歯痛、歯肉出血、発疹・湿疹、かぶれ、月経痛、光化学病、ガス中毒、シンナー中毒、日光皮膚炎

　これらのすべての傷病の救急処置に精通することは、養護教諭でもかなり困難なことである。しかし、これらの傷病の中で外科、内科などの各科に共通した、ごく基本的な救急処置は決して難しいものではないので、養護教諭だけでなく、すべての教師が救急処置関係書によって基本的な知識・技術を習得しておくことが必要である。なお、心肺蘇生（気道確保・人工呼吸・胸骨圧迫）、自動体外式除細動器（AED）の使用、止血、包帯、固定、搬送などの技術については、できるだけ実技講習を受けておくことが望ましい。

### （4） 学校における救急体制

　学校において救急処置が適切に行われるためには、学校全体の緊急連絡体制を確立しておく必要があり、どういう時に、どのような救急処置を行うかなど学校における救急処置計画を全教職員が共通理解し、各々の役割分担を明確にしておく必要がある。

#### 1） 校内での救急体制

　校内で傷病が発生した場合、最初に発見した教師が救急処置を行うことはいうまでもないが、さらにどのように対応するかという連絡体制を確立しておく必要がある。

　また、救急処置用器具、衛生材料、救急薬品などの所在を明確にし、常に十分な資材を確保しておかなければならない。なお、学校において備えておくべき救急薬品と衛生材料、保健室の整備などについては、第5章第5節「保健室の機能と運営」のところで述べている。

　図3-13は、緊急連絡網の一例を示したものである。養護教諭配置校では、養護教諭が傷病発見者からの通報を受け、救急処置を行うとともに、傷病の程度や学校及び地域の実情等に応じ

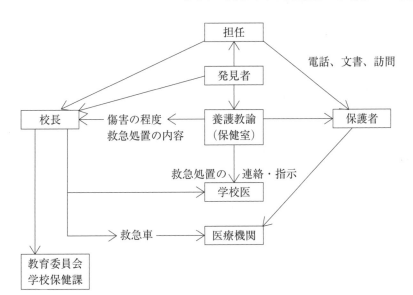

注：・事故発生後、すみやかに保護者に連絡し、早く引き渡すこと。
　　・生死にかかわる場合や、傷害の程度が大きい場合は、必要以上の心理的
　　　負担を保護者に与えないように留意する。

**図 3-13　学校における災害発生時の緊急連絡網（例）**
（門田の作図）

て、医師や救急車への連絡あるいは搬送など適切な判断と措置がとられる。また、学校では保健室を救急センターとして位置づけておくことが望ましい。養護教諭不在時の場合や、養護教諭未配置校においても、適切な処置がとれるように救急体制を整備しておかなければならない。

### 2）校外での救急体制

　学校では遠足や修学旅行など校外での教育活動が行われる。このような場合にも、突発的な傷病に備えて適切な措置ができる救急体制を確立しておくことが重要である。また、遠足や修学旅行に際しては、事前に、交通事情、連絡方法、救急病院の有無など詳しく調査しておく必要がある。校外での突発的な傷病の中でも、特に、事故・災害による傷病が発生した場合には、速やかに事故発生の要因分析を行い、安全管理と安全指導のあり方について再検討しておかなければならない。このように学校における救急体制は、学校安全の内容としても重要な位置づけをなしている。

**参考文献**

船川幡夫、高石昌弘編：学校保健管理（学校保健シリーズ 1 巻）、杏林書院、1981.

高石昌弘：新版学校保健概説、同文書院、1996.

文部科学省：学校保健統計調査 ― 令和元年度の結果の概要 ―、2019.

日本学校保健会：児童生徒等の健康診断マニュアル（平成 27 年度改訂）、2015.

日本学校保健会：学校保健の動向（令和 2 年度版）、2020.

日本学校保健会：児童生徒の健康状態サーベイランス事業報告書（平成 30 年度・令和元年度）、2020.

日本学校保健会：（平成 23 年度改訂）学校生活管理指導表（小学生用、中学・高校生用）、2011.

日本学校保健会：（令和元年度改訂）学校生活管理指導表（アレルギー疾患用）、2019.

日本学校保健会：学校のアレルギー疾患に対する取り組みガイドライン（令和元年度改訂）、2020.

文部科学省：文部科学統計要覧（令和2年版）、2020.

厚生労働統計協会：国民衛生の動向（2020／2021年版）、2020.

杉浦守邦、他：新・学校保健、東山書房、2011.

日本学校保健会：学校において予防すべき感染症の解説、2018.

文部科学省：学校における新型コロナウイルス感染症に関する衛生管理マニュアル〜『学校の新しい生活様式』〜、2020.

日本スポーツ振興センター：学校の管理下の災害「令和元年版」、2019.

日本赤十字社：赤十字救急法講習教本、日赤会館、2002.

日本救急医療財団心肺蘇生法委員会監修：改訂5版救急蘇生法の指針（市民用）、へるす出版、2016.

救急振興財団：応急手当講習テキスト（改訂5版）〜救急車がくるまでに〜、東京法令出版、2016.

日本蘇生協議会：JRC（日本版）蘇生ガイドライン2015、2016.

## 第5節　生活管理

### 1. 生活管理の意義と価値

　健康の保持増進を支援するものに生活（行動）管理がある。疾病や傷害を起こした場合、その治療や回復を促進する目的で、医学的立場から生活や行動に制限が加えられることがある。学校における保健管理の内容では「健康障害の管理」と言われるものである。例えば、児童・生徒の定期健康診断の結果に基づき、疾病の予防処置を行い、治療を指示し、運動や作業を軽減する等の事後措置は生活管理の一つである。しかし、人間の生活との関連において健康をとらえる現代では、人間を取り巻く環境（学校、家庭、職場、地域など）の中で、生活の諸要素（食生活、運動、睡眠、休養など）が個人又は集団の健康レベルに関与していることは否定できない。これらの諸要素を健康にとってプラス要因か、マイナス要因か判断して、日常の生活においてプラス要因を多くし、マイナス要因を少なくする方向に管理する必要がある。この方向は、個人又は集団の健康状態の度合いあるいは健康の水準によって左右されるが、生活の諸条件が関与していることは明らかである。

　現代の生活は、放置しておけば健康レベルを引き下げる要因が多く存在し、健康の保持増進のための努力を意識的にしなければならない。また、日常生活においてこれといった支障がなければ、積極的に心身の状態のレベルアップのための努力をすることが軽視される傾向にある。このような健康についての意識や偏見を早急に是正する保健教育が必要であることは言うまでもない。小栗一好は「健康とは、自分の能力を十分に発揮しながら、幸福な人生生活を送って、長寿を保つことのできる心身の理想的状態のことである」とし、現在はもちろん将来にわたって自己の健康をいかに保持増進させるかということを目指した生活設計が必要であるとしている。最近では、「よりよく生きていく」ための積極的対応が強調され、生活や行動の課題はますます重視されるようになった。

　このために「生活とは何か」ひいては「人生とは何か」ということが問われなければならない。松原治郎は「私たちの日常的に営む生活とは、よりよく生きるという目的に向かって展開される生活行動の複雑な体系であり、目的志向的な各種の生活欲求が、一定の社会的状況のもとで各種の生活手段を用いながら、その充足を目指して各種の生活行動を選択して遂行される過程である」と述べている。そして、第1に、生命を維持する、生存するという、まさに「生きること」、第2に、維持するより効率的にするという「より豊かに生きること」、第3に、長期の見通しに立った「人間らしく生き続けること」であるとしている。このように生活の目標ひいては人生の目標に至るまでの生活の過程が、山本幹夫のいう「健康の水準」の指標となり、高石昌弘のいう「水準の切り上げ」の目標となる。高石昌弘は、「われわれの生活は構造＝機能のシステムとして捉えることができる。そして、意図的、意識的な実践行動によって、より上位の健康状態

に向かわせることである。さらに、将来への展望に立って自らの新しい役割を積極的に切り開いて行こうとする体制を作り出さなければならない。その意味において生活設計という考えが必要である」と述べている。

　生活管理は、健康状態の把握を身体的、精神的、社会的な視点から行わなければならない。「健康のつまずき」または「健康のゆがみ」に対しては当然それなりの努力がなされ、「健康水準の切り上げ」に必要な生活設計がある。それには生活の方向と目標があり、日常生活を健康の回復、保持そして増進のために設計し、運営しなければならない。生活設計には、生物的なヒトとしての健康生活から、社会的な人間としての社会生活まで、種々の領域や段階があり、様々な管理の理念と方式がある。しかし、社会的存在としての人間らしく生き続けるための基本的な生活の条件や内容には、それ程大きな違いはないと考えられる。少なくとも健康の保持増進のためには、内在的には運動、休養・睡眠、栄養など、外在的には環境など日常生活の内容全体をよりよい条件や状態に改善する努力が必要である。

## 2. 学校の生活管理（学校給食と体育指導の推進）

### （1）　学校の生活管理の意義

　学校は教育の場であり、児童・生徒の集団生活の場である。その教育課程を通して人間形成を意図し、教育を受ける児童・生徒は、発育発達の旺盛なライフステージにあり、この時期に受ける教育機能によって、心身ともに健康な国民及び社会の形成者として成長する。学校では各教科の授業を受け、また教科外の指導を受けて、心身の健康の保持増進を図り、また、生涯を通じて健康な生活を営める教育がなされている。学校の生活管理は、主体者たる児童・生徒の健康増進をどのように取り扱うかということである。以前は、学校衛生の対象として学校生活が考えられ、学級編成、授業編成、時間割編成、学校行事などから、健康観察、疲労や事故の防止、授業中の衛生的配慮などまで多岐にわたって検討され、教育管理的色彩が強かった。これは、学校生活が「保健」としてとらえられ、また公衆衛生学的観点から展開され、疾病予防と危害防止を重点に運営されたからである。施設・設備などの教育環境が、対物管理の内容であるのに対して、主体としての児童・生徒の生活行動が健康の成立条件として考えられるようになった今日では、学校の生活管理を、単に学校での生活衛生として取り扱うことはできなくなった。

　学校生活では、教育が人格や能力の形成に向けて、円滑かつ効果的に行われるための条件整備が優先されることは言うまでもないが、現在の健康に対する他律的保障としての管理的性格に偏在してはならない。学校生活は、児童・生徒の自主的能力に依存しており、どのように自己管理能力を養成するかにかかっている。そして、発育発達期にある児童・生徒の心身の状態は、成長の側面と学習の側面から考える必要がある。前者は、児童・生徒が持つ「発達の可能性」の開花によってその目的が達成され、心身両面に加えて社会面の機能もバランスよく発達させなければならない。後者は、児童・生徒が持つ「学習の可能性」の発展によってその目標水準に到達するので、学ぶ力を学び取る力に育て、さらに、学び続ける力にまで伸展させなければならない。

学校には在校時間、授業時間などの社会的規範があり、学級活動などの集団的規範がある。また、児童・生徒自身には学習への態度、意欲、行動、受容能力などがある。このような教育環境によって規制される学校生活の要求や期待によって、個人の態度や行動が形成されるので、児童・生徒の学校生活はこの関係の中で考慮されなくてはならない。彼らの主体的要因（心身の状態）と学校生活の環境的要因（教育集団）との関連において、どのように健康能力を育成し、効率よく機能させるかが問題となってくる。児童・生徒は生得的に健康志向であり、その生活行動は教育集団によって左右されると言っても過言ではない。それには、身体機能の恒常性からくる生体のリズムを感知し、それに適した生活行動のリズムを知覚し、評価することが必要である。そして思考させ、工夫（創造）させることである。次に、生理的欲求からくる行動欲求を分析し、その心理的反応を明白にする必要がある。現象面からの把握しかできない児童・生徒にとっては、その欲求の由来を追求し、行動の動機とすべきである。願望を心理的規制によって態度に変化させ、学習集団による経験によって意識や態度を形成さることである。「健康を守りたい、病気になりたくない」といった観念的な視座から「毎日元気に学校へ行きたい、勉強したい」といった機能的な視座へ転換して、動機づけを重視した学校での生活管理を展開する必要がある。

　ここでは、学校生活において児童・生徒の心身の健康増進に大きな役割を果たしている「学校給食」と「体育指導」について述べることにする。

### （2）　学校給食の推進
#### 1）　学校給食の意義

　我が国の学校給食は1900年代の始めに貧困家庭の児童・生徒の就学奨励と栄養補給をねらいとした、いわゆる社会福祉的な事業の一環として始まったものである。その後次第に普及し、国の教育行政としても取り上げられるようになったが、第2次世界大戦の影響を受けて一時中断された。戦後の学校給食は、1946（昭和21）年に来日した米国教育使節団による児童・生徒の栄養問題の重要性の指摘や、連合国からの学校給食用物資（小麦粉、粉ミルクなど）の援助などが契機となって始まったものである。そして、学校給食の考え方も貧困欠食児や虚弱児の栄養補給から、すべての児童・生徒の体位の向上及び健康の増進へと変わり、急速に全国に普及した。

　このような社会的背景から、学校給食の法制化が要望されるようになり、1954（昭和29）年には学校給食法が制定され、実施態勢の基盤が整備された。さらに、小・中学校学習指導要領に特別活動における学級活動や学校行事の内容として位置づけられ、学校における食育の推進を図る上で重要な教育活動になってきた。

#### 2）　学校給食法の概要
##### ①　学校給食法の目的

　学校給食法第1条に、その目的は児童・生徒の心身の健全な発達に資し、食に関する正しい理解と適切な判断力を養い、学校給食の普及充実及び学校における食育の推進を図ると示されている（付録参照）。すなわち、心身の健全な発達という学校教育の目的と、学校給食を活用した食

育の推進を図るという学習指導要領のねらいが示されている。

② 学校給食の目標と定義

　同法第2条に、栄養の摂取、食事の正しい理解、豊かな学校生活、食生活の自然の恩恵、食生活と勤労、食文化の理解、食料の生産・流通・消費など、7つの目標が示され、学校教育の目的を実現するために、目標が達成されるよう努めなければならないとされている。また、第3条で、学校給食の定義づけがなされ、第2条の目標を達成するために義務教育諸学校において、児童・生徒に対して実施される給食をいうとされている。このように学校給食は単なる栄養補給ではなく、教育活動の一環として展開されるものである。

③ 学校給食の性格

　学校給食法には、義務教育諸学校の設置者の任務が示されているが、学校給食の実施を義務づけるものではなく、その実施を奨励する法規である。なお、「夜間課程を置く高等学校」と「特別支援学校の幼稚部及び高等部」には学校給食法と同じ趣旨の法律が定められており、幼稚園には実施についての文部科学省通知が出されている。

## 3) 学校給食の内容

① 学校給食の形態と実施状況

　学校給食は、学校給食実施基準（付録参照）において、年間を通じ、原則として毎週5回以上、授業日の昼食時に実施されるもので、その食事の形態は、完全給食、補食給食、ミルク給食に区分されている。完全給食とはパン又は米飯（これらに準ずる小麦粉食品、米加工食品その他の食品を含む）、ミルク及びおかず、補食給食とはミルク及びおかず、ミルク給食とはミルクのみである。完全給食以外の場合は弁当などを持参させる必要があり、学校給食法の趣旨からすると完全給食が望ましい。

　学校給食の実施状況はかなり高く、2018（平成30）年5月現在の普及率を小学校及び中学校の学校総数でみると、小学校99.1%、中学校89.9%となっている。完全給食では小学校98.5%、中学校86.6%となっており、中学校での普及が少し遅れている。公立小・中学校での調理方式別実施状況は、学校数の比率でみると2018年度では単独調理場方式は小学校47.2%、中学校25.5%、共同調理場方式は小学校52.0%、中学校62.4%となっている。

② 学校給食による栄養摂取状況

　「学校給食実施基準」に学校給食で供される食物の栄養内容が示され、児童・生徒1人1回当たりの摂取基準が定められている。この基準は日本人の食事摂取基準に基づいて、児童・生徒の栄養所要量を満たすことを目標に定められている。家庭の食事で不足しがちな栄養を補給する意味もある。

　戦後の学校給食は、アメリカ合衆国等から小麦粉の援助を受けて始まったこともあり、パン食を基調として実施されてきたが、1976（昭和51）年から米飯が取り入れられ、現在、完全給食実施校で週3回程度を目途にその普及推進が図られている。

４）　学校給食関係職員

　学校給食には学校の教職員のすべてがかかわっているが、特に、学校給食栄養管理者、栄養教諭、学校給食調理員が関係している。

①　学校給食栄養管理者

　学校給食の栄養に関する専門的事項をつかさどる職員として、共同調理場及び単独調理実施校に配置されている。その資格は、学校給食法第７条に規定されており、栄養教諭又は栄養士の免許を有する者で、学校給食の実施に必要な知識若しくは経験を有するものでなければならない。その職務内容については、「学校栄養職員（現、学校給食栄養管理者）の職務内容について」（文部科学省通知1986年）に示されている。その内容は、学校給食実施計画への参画、栄養管理、栄養指導、衛生管理、物資購入、食品保管、施設・設備の推進改善、検食の実施などとなっている。

②　栄養教諭

　学校教育法で小学校に置かれる教員であり、「児童の栄養の指導及び管理をつかさどる」（中、高等学校に準用）とされている。そして、学校給食法第３章に「学校給食を活用した食に関する指導」の内容が示されている。

③　学校給食調理員

　学校給食栄養管理者などの指導を受けて主として調理業務に従事する。計画された献立に従って調理し、配食すること、及び、感染症、食中毒の発生防止のために、自己の健康の保持に努め、学校給食施設・設備の清潔保持、購入物資の検収などの業務を担っている。

　小・中学校学習指導解説体育編・保健体育編や特別活動編に、学校給食栄養管理者や栄養教諭の教科の学習指導、特別活動での学級活動や学校行事などへの参画が提示され、食や給食に関する指導にこれらの教職員が教科担任や学級担任をサポートするティームティーチングが導入されるようになった。

５）　学校給食の施設・設備とその管理

　学校給食の重要な施設である食堂（ランチルーム）が設置されている学校は小・中学校ともに少ないが、最近では児童・生徒が空き教室に集まって食事を取るランチルーム方式も増えている。学校給食を活用した食育の推進を図るとともに、施設・設備の衛生管理上からも、今後は専用食堂の設置の推進など給食環境を整備していく必要がある。実施に必要な施設・設備とその衛生管理については、「学校給食衛生管理基準」（文部科学省告示2009年）に示されている。施設・設備は、学校給食が集団給食として実施されることを考えると、食中毒の防止など衛生管理に十分な配慮がなされなければならない。地域によって共同調理場による給食センター方式も多くなっているが、給食センターから学校への給食搬入過程の衛生管理も重要である。

６）　児童・生徒の食生活と給食指導

　最近の食生活の変化は、児童・生徒の健康にも様々な影響をもたらしてきており、過食による肥満、血清脂質異常、高血圧など生活習慣病の若年化傾向や栄養摂取のアンバランス、朝食欠食

者の増加など、豊かな食料事情のもとで新たな問題が起こってきている。このような児童・生徒の栄養や食生活上の問題を改善し、健康の保持増進を図るためには、学校給食を通じての給食指導のあり方が極めて重要になっている。

　小、中、高等学校学習指導要領の総則でも「学校における体育・健康に関する指導」が設けられており、健康に関する指導が学校の教育活動全体で行われることになっている。特に、「食育の推進に関する指導」は保健体育科、技術・家庭科及び特別活動の時間はもとより、各教科、道徳科及び総合的な学習の時間などにおいてもそれぞれの特質に応じて適切に行うように努めることとされている。また、小、中学校での特別活動における学級活動の内容として、食育の観点を踏まえた学校給食と望ましい食習慣の形成があげられている。健康安全・体育的行事にも、学校給食に関する意識や実践意欲を高める行事があげられている。さらに、保健学習の内容として取り上げられる栄養や食生活の問題は、学校給食の内容とも密接に関連している。したがって、学校における給食指導は教育課程における教科指導や特別活動の内容と、学校給食法に基づく目的・目標や実施内容との関連を図りながら教育活動の一環として展開される必要がある。

　このような給食指導の推進に重要な役割を果たしているものに、学校給食栄養管理者や栄養教諭が毎月発行している「給食だより」がある。学級活動での給食指導と関連づけることによって、児童・生徒や保護者の学校給食への理解と関心を深めるのに大いに役立っている。

### （3）　体育指導の推進

#### 1）　体育指導の意義

　体育指導という場合には「体育」の概念を明らかにしておく必要がある。ここでは体育指導の意味を、概括的に、身体運動を通しての健康・体力の保持増進の手段としてとらえることにする。

　身体運動は栄養、休養・睡眠と並んで健康・体力の保持増進の基本的要因として欠くことはできない。特に、心身の発育発達期にある児童・生徒には、適度の身体運動は筋肉をはじめとした運動器官に刺激を与え、その機能の発達を促進させ、健康・体力の向上に役立つものである。また、身体機能の発達だけでなく、精神の緊張や解放によって、心の健康にもよい影響を及ぼすものである。しかし、児童・生徒を取り巻く環境は必要とされる身体運動量を減少させたり、制限させてきている。そして、肥満児、脊柱側わん症、土踏まずの形成の遅れ、背筋力や柔軟性の低下など、身体運動量の不足に起因すると考えられる健康問題が指摘されるようになってきた。一般社会でも、科学技術の進歩による筋肉労働の減少や交通機関の発達による身体運動の不足、作業の単調化などによる偏った運動や姿勢の固定化などが問題になってきており、今日の生活を考えると、適切な身体運動の実践が重要な課題とされている。これらのことから、身体運動の実践を通して健康・体力の保持増進をねらいとする体育指導は、児童・生徒の現在の発達の必要性を満たすだけでなく、生涯にわたって、生活の中に運動を活用していく能力や態度を養い、その習慣化を図る上で極めて重要な意義・役割を持っていると言える。

## 2） 教育活動としての体育指導

学校における体育指導については、教育課程の中で教科や特別活動の内容として位置づけられている。ここでは、学習指導要領における体育指導のねらいと位置づけについて簡単に述べる。

① 学習指導要領の総則「学校における体育・健康に関する指導」

健康で活力に満ちた児童・生徒の育成は、学校教育の基本的目標の１つである。そこで、学習指導要領の総則に「学校における体育・健康に関する指導」の項が設けられ、学校の教育活動全体を通じて積極的にその推進が図られることになっている。そして、体力の向上と健康の増進については、保健体育科（小学校では体育科）や特別活動などにおいて十分指導するように努めることになっている。

したがって、学校においては、保健管理の内容としての体育指導と学習指導要領の内容との相互の関連を図りながら計画的、継続的な体育指導を行わなければならない。健康・体力の保持増進のための身体運動の重要性を児童・生徒に認識させ、学校だけでなく、家庭や地域においても継続して実践する習慣を形成させることが大切である。

② 保健体育科における体育指導

保健体育科（小学校では体育科）は、各教科の学習内容の中で直接的に身体運動の実践を通して健康・体力の保持増進を図ることをねらいとした教科である。すなわち、身体運動を通して児童・生徒の心身の発達を促すとともに、行動力に満ちた身体の形成を図ることが保健体育科の重要な役割である。体力については、一般的に行動体力と防衛体力とが考えられるが、体育指導が身体運動を主な内容としていることから、行動体力を指すこととされている。

保健体育科は、健康・体力の保持増進という健康生活の基本にかかわる教科であり、広い意味では、すべての教育活動と関連している。したがって、指導計画の作成や学習指導に当たっては、他教科の内容や保健管理の内容との関連を明確にし、効果的な体育指導ができるように配慮することが必要である。

③ 特別活動における体育指導

特別活動は望ましい集団活動を通して、心身の調和的な発達を図り、健康生活に必要な自主的・実践的態度を育成することをねらいとしている。特別活動の中で直接的に体育指導に関係しているものには、運動クラブ（小学校高学年のみ）、運動会や各種競技会などの体育的行事がある。また、遠足などのように活動の種類によっては、健康増進や体力向上を図る上で極めて関連の深いものがある。

これらの計画や運営には、保健体育科の学習の成果に期待するところが大きく、教科で学習したことが特別活動の基礎になるとともに、特別活動を通して教科での学習の成果をより確かなものにすることができる。

④ その他の教育活動に関連した体育指導

その他の教育活動のうち、体育指導と関連の深いものには、課外活動としての運動部活動や休憩時間などの活動がある。運動部活動は、学校の計画する教育活動で、クラブ活動との関連が深

い。また、始業前、業間時、昼食時、放課後などの休憩時間を活用した体育指導も体力や健康の増進に効果的な活動である。これらの体育指導は、保健体育科や特別活動の学習を深めたり、日常生活と結びつけることによって一層効果的なものになる。「健康・体力づくり」をねらいとして、全校的な取り組みを行ったり、学校と地域が一体となって健康と体力の増進を図っているところも多い。

このように体育指導は、健康生活の基本としての身体運動の重要性を児童・生徒に認識させ、その習慣化をねらいとするものである。学校の教師は、健康・体力づくりが単にスポーツのために存在するのではなく、保健管理の内容としても極めて有意義なものであることを理解しておかなければならない。

### 3) 体育指導と保健管理

体育指導のねらいは、身体運動を通しての健康・体力の保持増進を図ることにあるので、身体運動による健康障害があってはならない。また、体育指導には事故・傷害も少なくない。したがって、学校での体育指導に当っては、保健体育教師はもちろん、すべての教師が児童・生徒の健康状態や事故・傷害に対しては十分に配慮しておくことが必要である。

#### ① 体育指導における保健的配慮

学校での体育指導にあたっては、定期健康診断や新体力テストなどによって得られた情報を基に、児童・生徒の健康・体力の状況を的確に把握し、健康レベルに応じた指導を計画的に行う必要がある。また、傷害の防止も兼ねて、体育指導中は常に児童・生徒の健康観察を十分に行う必要がある。近年、運動中の突然死が問題になっているが、このような事故を未然に防止するためにも、特に、虚弱者や有疾者の体育指導には学校医等による医学的管理が重要である。体育指導は児童・生徒の発達段階に応じて指導内容が異なるはずであり、運動による疾病の防止、運動後の疲労の回復などについても配慮する必要がある。また、身体面での鍛錬的な指導だけでなく、身体運動による精神的な効果についても配慮されなければならない。

#### ② 体育指導における安全的配慮

体育指導では、事故・傷害の防止という観点から、その環境、施設・設備、器械・器具、服装などについて安全面の配慮がなされなければならない。運動による傷害の原因には、児童・生徒の心身の状態や態度、行動だけでなく、施設や用具の不備、運営上の問題、指導者の管理上の問題がある場合が少なくない。運動による傷害を防止するためには、その発生原因を取り除くように、事前の点検などを十分に行い、潜在的な危険の発見に努める必要がある。

### 3. 家庭の生活管理（健康手帳と保健だよりの活用）

### （1）家庭の生活管理の意義

家庭は、児童・生徒にとって最も基本的な生活単位であり、常に家庭生活をその行動の起点としている。このことは、「家庭は我々の生活の拠点である。家族の健康と安全を保持し、憩いの場を与え、明日への活動力の再生の場である」と言われることからも理解できる。現代の技術革

新、産業、経済の著しい成長がもたらした社会構造の変化は、家族構成や家庭生活にも多くの影響を及ぼし、直接、間接に、児童・生徒の健康と安全にも影響を与えている。例えば、「生活リズムの乱れ」「栄養のアンバランスと運動不足」「健康と安全の保持機能の減退」などは、成長期の児童・生徒にとってはマイナス条件であって、家庭生活の中で、健康の保持増進を考えるときに排除しなければならない問題である。

　家庭生活での健康増進の柱は、学校生活と同様に、基本的には運動、休養・睡眠、栄養であり、「生活設計」を忘れてはならない。特に、発育発達期にある児童・生徒には、外遊びや運動が身体機能の完成と能力の向上の面から、食事の量や質が健康の保持増進の面から、休息・睡眠が疲労回復の面から重要である。しかも、児童・生徒は生体のリズムを基盤に成長し、それにあった生活リズムがあり、それを尊重しなければならない。しかし、多くの場合、生理的欲求として出てくるので、それにあわせた保護者の主観的な判断基準による「生活設計」に留まっていることが多い。

　現在、個人の日常生活における運動、休養・睡眠、栄養が健康増進の３側面として考えられているが、「動きたいときに動き」「休みたいときに休み」「食べたいときに食べる」といった動物的対応は許されない。個人、集団あるいは巨視的、微視的な視点によって、ライフサイクルのとらえ方には差異があり、ライフサイクルのそれぞれの時点（ライフステージ）で、生活の構造＝機能システムに独自の内容がある。児童・生徒は、生活時間、生活空間、生活手段などの構造的諸要素によって、生活機能が秩序化されているので、望ましい発育発達を期待するならば、体調のリズムを整える必要がある。児童・生徒には人間としての生体リズムがあり、それは自然のリズムであって、人為的に歪めてはならないし、ずれがあれば直さなくてはならない。健康的で安全な生活を設計するのは生活主体者（個人）であるが、児童・生徒の場合、小、中、高校と段階的に、健康の必要性と重要性を認識したり、意識したりする度合いが高まってくる。年少者に対しては主に保護者がその任にあたって、実践を支援しなくてはならない。健康増進のための生活設計は、健康の保持増進を目安に、具体的な生活目標（遊びや運動、就寝や起床、食事や間食、テレビ視聴、携帯電話やスマホ使用、家庭学習などの時間設定など）に向けて、自らの生活内容をコントロールすることでもある。もちろん実践不可能な設計や継続不可能な内容は避けるべきであるし、賞賛を含めて支援活動を怠ってはならない。

　児童・生徒の生活行動は、学校では社会として、また集団としての規範があり、教育環境によって拘束されている。この学校生活によって秩序性や規律性を身につけているので、家庭生活を「憩いの場」や「解放の場」として過保護や放任してはならない。学校の生活管理は、教育の目的、目標に沿った長期的展望のもとに行われており、家庭生活で乱してはいけない。家庭では学校が実施している生活管理の延長で行うべきであり、健康と安全のための生活管理は、家庭も協力すべきである。「健康手帳」「保健だより」「学校だより」「学級通信」「給食だより」などで家庭と学校との連携を図り、児童・生徒との対話の中で情報を得て確認することが必要である。

　ここでは、家庭生活と学校生活との連携を図る上で重要な役割を果たしている「健康手帳」と

「保健だより」について述べる。

### （2）　健康手帳の活用

#### 1）　健康手帳の意義

　健康手帳は、児童・生徒が、自己の健康状態を理解し、健康を増進する意欲と健康生活の実践を期待して使用されるもので、彼らの自主的な保健管理能力の育成を主な使用目的としている。その記録を通して、学校の教師や保護者も児童・生徒の健康状態や健康生活の状態を知ることができ、彼らの健康の保持増進を図る上で、極めて重要な意義と役割を持っている。

#### 2）　健康手帳の使用目標・内容・要領

　文部科学省から各都道府県教育委員会・知事あてに、その使用を奨励する通知（1961年）が出されている。学校保健安全法の趣旨を生かし、児童・生徒の保健管理及び保健指導を徹底することが望ましいというもので、使用目標、内容、使用要領からなり、健康手帳の参考案が添えられている。その後も現在に至るまで、文部科学省からしばしば使用を奨励する通知が出され、日本学校保健会からも健康手帳が発行されている。しかし、その使用の法的な拘束力はなく、学校の主体性に任されている。

①　健康手帳の使用目標

次のような目標で使用される。

1. 自己の健康を理解させ、健康の保持増進のために必要な事項を実践させる。
2. 健康について、学校と家庭との相互連絡を密にし、保健管理及び保健指導の徹底を図る。
3. 定期健康診断及び健康相談に活用する。
4. 保健体育の学習や学級での保健指導に活用する。

②　健康手帳の内容

　一般的には、次のような内容があげられるが、学校や地域の実情を勘案して適宜工夫する必要がある。

1. 家庭環境、家族状況、生育歴、既往症、体質と罹病傾向
2. 定期健康診断の記録と疾病異常の治療及び検査の指示
3. 保健指導と健康相談の記録
4. 予防接種の記録、病気とけがの記録
5. 季節別又は月別の身体発育状況（身長、体重など）の記録、新体力テストの記録
6. 学校と家庭の連絡事項
7. その他必要な事項

③　健康手帳の使用上の留意点

　学級担任が取り扱い、児童・生徒が保持していることを原則とする。その使用や活用には、保健主事、養護教諭、栄養教諭、保健体育教師、学校医、学校歯科医、学校薬剤師などの協力を得

る必要がある。実際の使用にあたっては、次のような点に留意する必要がある。

1. 保健主事や養護教諭の協力を得て、児童・生徒が自主的に活用するように指導する。
2. 学級、学校、地域の実情に合うような活用を工夫する。
3. 保健指導を実施したときは、その状況を記録させ、必要に応じて担任が記録する。
4. 家庭と学校とで連絡の必要なときは、内容や事柄を記入して、相互の連絡を図る。
5. 定期的、又は、必要に応じ、担任は手帳を点検し、その結果に基づいて適切な指導を行う。
6. 保護者に、家庭で児童・生徒の保健管理や指導を行うよう要請する。
7. 記録の結果は、自主的な保健管理や健康生活の習慣形成に活用する。

### 3）保健指導の資料として活用

　保健管理の一環としての発達や健康の記録簿として終わってはならない。記録されている内容は、児童・生徒の発育発達や、心身の健康問題などの指導・相談ができる生きた素材、資料として個別の保健管理や保健指導に役立てることができる。記録を通して、児童・生徒は自己の保健管理や健康生活の実践の成果を確認することができ、自主的保健管理能力や健康生活の実践力を高めることができる。母子手帳と健康手帳の内容の関連などを考えて、保護者の理解と協力を得て学校における保健管理の手段として、積極的に活用することが望まれる。

## （3）保健だよりの活用
### 1）保健だよりの意義

　保健だよりは、児童・生徒の健康に関する情報を、児童・生徒はもちろん、学校の教師、家庭の保護者に共通に伝達する広報活動の1つである。学校における保健管理を円滑かつ効果的に進めるためには、児童・生徒、教師、保護者が健康の保持増進という共通の目標に向かって健康生活を実践する必要がある。特に、保護者が児童・生徒の健康の実態や健康生活の実践状況、保健についての基本的な知識や事柄、学校の保健活動の内容などを理解することは、児童・生徒の健康の保持増進に欠くことができない。保健だよりは、児童・生徒の健康情報を、集団的に伝達し、しかも、視覚に訴え、興味を喚起して、共通理解を深める手段として重要な意義を持っている。多くの学校で発行されているが、法的な拘束力はないので、家庭数による配布であったり、配布を担当する学級担任の理解と協力が十分でない学校もある。

### 2）保健だよりの作成手順と発行
#### ①　保健だよりの作成と発行の手順

　保健だよりの年間発行回数、形式、対象、内容などの主な事項は、学校保健委員会などで検討され、あらかじめ学校保健計画や学校安全計画の中に組み入れておく必要がある。一般的には、養護教諭が中心になって作成し、学級担任を通して児童・生徒と保護者に配布される。

#### ②　保健だよりの発行時期、対象、内容等

　保健だよりは、発行の対象が児童・生徒向け、保護者向け、児童・生徒と保護者向けなどによって、その発行の時期や内容も異なってくるので、学校や地域の実情に応じたものが作成され

なければならない。一般的には、学校保健計画の内容を基本として、保健だよりの特質に適合した内容が精選され決定される。発行の時期・回数については、月ごと、季節ごとの保健に関する社会的行事、学校の健康安全的行事、疾病傾向などを把握させるためには、最低毎月1回の継続的発行が必要である。夏休みや冬休みなどの長期休暇の前や、感染症の流行期などには臨時の発行も必要である。また、保健だよりの目的を達成するためには、その対象に応じて、できるだけ視覚に訴え、興味を喚起し、しかも、理解しやすいものになるように、文字、絵、図、表、カットなどの形式にも工夫する必要がある。

### 3）保健指導の資料として活用

　保健だよりのねらいを達成するためには、児童・生徒だけでなく、保護者にも関心を持たせ、読ませる工夫がなされなければならない。保健だよりは、その目的、対象、内容を明確にして、計画的、継続的に発行されるものであるが、保健だよりのねらいが達成されるかどうかは、保健だよりを直接配布する学級担任の指導によるところが大きい。したがって、学級担任は、保健だよりの配布の機会を集団的な保健指導の機会として活用し、児童・生徒の保健に対する理解を深め、実践化を図るような指導を行う必要がある。また、保健だよりは、養護教諭を中心に作成され、発行されることが多いが、学級担任は直接の配布者として、保健だよりに対して理解と関心を持ち、保健指導という観点からその成果を評価し、よりよい保健だよりの作成に協力していかなければならない。学校では、保健だよりの他にも、保健に関する放送、ポスター、掲示などの保健広報活動が行われているので、学級担任は保健だよりとこれらの広報活動を関連づけることによって、効果的な保健指導を展開することができる。

**参考文献**

高石昌弘：新版学校保健概説、同文書院、1996.

小栗一好：六訂学校保健概説、光生館、1981.

山本幹夫：健康管理論 ― 実践的公衆衛生学 ―、光生館、1975.

松原治郎：生活とは何か「現代のエスプリ」(52)、至文堂、1971.

高石昌弘：思春期とポジティブ・ヘルス、保健の科学、19 (7)、1977.

信本昭彦：生活設計と健康増進、高石・斎藤編著「健康増進（現代学校保健全集11）」、ぎょうせい、1982.

公衆衛生審議会：生活習慣病に着目した疾病対策の基本的方向性について（意見具申）、1996.

保健体育審議会：生涯にわたる心身の健康の保持増進のための今後の健康に関する教育及びスポーツの振興の在り方について（答申）、1996.

小倉学：学校保健活動、東山書房、1980.

小倉学：学校保健、光生館、1983.

日本学校保健会：児童生徒の健康状態サーベイランス事業報告書（平成30年度・令和元年度）、2020.

厚生労働省：平成30年国民健康・栄養調査結果の概要、2020.

厚生労働統計協会：国民衛生の動向（2020／2021）、2020.

文部科学省：学校保健統計調査（令和元年度）、2020.

文部科学省：平成30年度体力・運動能力調査、2019.

文部科学省：学校給食実施状況等調査 ― 平成30年度結果の概要、2019.

日本学校保健会：学校保健の動向（令和2年度版）、2020.

国崎　弘、他：養護教諭の保健指導、第一法規、1982.

文部科学省：食に関する指導の手引（第二次改訂版）、2019.

文部科学省：小学校学習指導要領、同解説体育編、同解説特別活動編、2017.

文部科学省：中学校学習指導要領、同解説保健体育編、同解説特別活動編、2017.

日本学校保健会：わたしの健康手帳、2012.

健康教室編集部：健康教室、月刊、東山書房

学校給食研究会：学校給食、月刊、全国学校給食会

# 第4章

# 学校における保健管理Ⅱ（環境管理）

## 第1節　学校環境衛生

　児童・生徒を取り巻く学校環境衛生を考えた場合、単に物的ないし理化学的な環境の衛生学的条件だけでなく、教師と児童・生徒、あるいは、児童・生徒の相互間の人間関係や、学級集団の雰囲気など精神的環境を含んだ広義の環境条件を問題にしなければならない。しかし、ここでは環境衛生を物的ないし理化学的な環境に限定し、その意義・目的、法的根拠、及び、環境衛生検査の実際などについて概説する。

### 1.　学校環境衛生の意義と目的

#### （1）　学校環境衛生の意義

　環境衛生の定義について、WHOの環境衛生専門委員会は「環境衛生は、人間の身体の発育、健康及び生存に有害な影響を及ぼし、あるいは及ぼす可能性のある人間の物質的な生活環境の全ての条件を調整することである」としている。

　このような環境衛生の目的に対して、学校環境衛生の意義を考える場合には、一般の公衆衛生の諸問題とはかなり異なった、次のような学校保健の特性を考慮しておく必要がある。

##### 1）　児童・生徒は発育発達しているという特性

　学校保健の主たる対象である児童・生徒は、発育発達の途上にあり、しかも成人に比べて抵抗力が弱く、環境の影響を受けやすい。また、発育発達の個人差も大きく、対象である児童・生徒の年齢も幼稚園児から大学生までと範囲も広い。したがって、学校環境が児童・生徒の発育発達を阻害したり、疾病に罹患することがないように、発育発達の段階を踏まえた環境条件の衛生的な維持がなされなければならない。

##### 2）　学校のもつ集団生活の場としての特性

　学校は密集した集団生活の場であり、しかも学級の児童・生徒はほとんど同じような行動をとっている。そのために、ひとたび呼吸器系、消化器系の感染症が発生すると、学級内の流行はもとより、学年あるいは学校全体に流行しやすい。また、プール施設や学校給食施設の普及によって種々の感染症や食中毒の集団発生の危険性も大きい。最近の公衆衛生の充実と予防接種体制の整備によって感染症は減少したとはいえ、学校での感染症予防対策は軽視できない。

### 3）学校は教育の場であるという特性

学校は児童・生徒の教育を目的とする施設であるから、教育ないし学習能率の向上という観点から環境の至適条件の維持がなされなければならない。例えば、教室内の空気、温度、照度、騒音、机・いすなどの校具の適否は、児童・生徒の心身の健康状態に影響を及ぼすと同時に、直接的あるいは間接的に教育活動に影響を及ぼしているのである。

### （2）学校環境衛生の目的

学校環境衛生の意義から、その目的は次の4点に要約することができる。

① 児童・生徒の心身の発達を促進させ、健康の保持増進を図る。

② 児童・生徒の健康を障害する要因を除去し、疾病を予防し、傷害を防止して、健康的かつ安全的な環境を確保する。

③ 児童・生徒の学習能率の向上を図る。

④ 清潔で美的な環境条件を整備して、児童・生徒の情緒を安定させ、快適な学校生活を送らせる。

以上のような学校環境衛生の意義・目的を達成するための活動が組織的、計画的に展開される必要がある。このような環境衛生活動は、学校経営の立場からは教職員による管理的活動として行われるものである。しかし、学校は児童・生徒を教育する場であることを考えると、環境衛生活動は教育活動から遊離した管理的活動として行われるべきものではなく、児童・生徒の学習の対象としての教育的活動として展開される必要がある。つまり、児童・生徒にとって学校環境は教職員の側からの受動的な管理・維持の立場にとどめるべきではなく、児童・生徒が主体的に環境に働きかけ、健康的な環境条件に維持及び改善していくような積極的な態度・能力を養う教育の場でなければならない。ここにも学校環境衛生の重要な意義・目的がある。

## 2. 学校環境衛生の法的根拠

学校環境衛生に関係する法規には、大別して学校保健関係法規と公衆衛生関係法規とがある。ここでは学校保健安全法と学校給食法を中心に述べる。

### （1）学校保健安全法・同施行規則

学校保健安全法では、第5条で「学校保健計画の策定等」について、また、第6条で「学校環境衛生基準」に関してそれぞれ規定している。すなわち、学校においては環境衛生検査に関する事項について計画を立て、これを実施しなければならないこと、文部科学大臣は児童・生徒等及び職員の健康を保護する上で維持されることが望ましい基準として「学校環境衛生基準」（付録参照）を定めることになっている。そして、学校の設置者と校長は学校環境衛生の維持・改善に努めなければならないことになっている。

この学校保健安全法第6条の規定を受けて、同施行規則第1条で毎学年定期に、必要がある場

合には臨時に環境衛生検査を行うこと、同第2条で日常的な点検と維持又は改善を図ることが定められている。そして、同第22条〜第24条で学校医、学校歯科医、学校薬剤師の学校保健計画の立案への参与、学校医は学校薬剤師と協力して環境衛生の維持及び改善に関して必要な指導・助言を行うこと、学校薬剤師は定期、及び臨時の環境衛生検査に従事し、環境衛生の維持及び改善に関して必要な指導及び助言を行うことなどが定められている。

### （2）　学校環境衛生基準

　学校保健安全法の規定によって文部科学大臣が定める「学校環境衛生基準」（以下、「基準」という）には、次の項目が示されている。

① 　教室等の環境（換気、保温、採光、照明、騒音等）

② 　飲料水等の水質及び施設・設備

③ 　学校の清潔、ネズミ、衛生害虫等及び教室等の備品の管理

④ 　水泳プール

⑤ 　日常における環境衛生

⑥ 　雑則（臨時の検査、定期及び臨時の検査記録の5年間保存義務、毎授業日の点検記録は3年間保存に努めること）

　表4-1は、「基準」に示された項目の検査時期を一覧できるように要約したものである。これらの項目について、定期検査と臨時検査及び日常点検の時期、検査項目、検査方法、判定基準、事後措置などが示されている。しかし、この「基準」に示されている検査項目や検査方法には学校現場の現状に即していないものや、判定基準の中には、一般の公衆衛生関係法規の基準と比較して、衛生学的基準が緩和されているものがあるなど問題点もある。

### （3）　公衆衛生関係法規の適用

　学校保健安全法施行規則第1条（環境衛生検査）に「法第5条の環境衛生検査は、他の法令に基づくもののほか、毎学年定期に、法第6条に規定する学校環境衛生基準に基づき行われなければならない」とされている。これは、学校保健安全法と同じ検査項目が他の公衆衛生関係法規において学校で実施することが定められている場合には、その法規に基づく検査を実施すればよいという意味である。

　学校に適用される公衆衛生関係法規については、例えば、水道法、下水道法などがあるが、これらの法規の主なものについては第1章第2節（学校保健の行政と関係法規）にあげておいた。

### （4）　学校給食法

　学校給食法第9条において、文部科学大臣は学校給食の実施に必要な施設及び設備の整備及び管理、調理の過程における衛生管理等において維持されることが望ましい基準として「学校給食衛生管理基準」（文部科学省告示2009年）を定めることになっている。そして、学校給食を実施

表 4-1　学校環境衛生検査の項目及び時期

| 定期検査 | | 臨時検査 | 日常点検 |
|---|---|---|---|
| 検査項目 | 検査時期 | | |
| 第1　教室等の環境に係わる項目<br>　換気及び保温等 | | 　次のような場合、必要があるときは、臨時に必要な検査を行う。 | 毎授業日の点検<br>教室等の環境 |
| 　（1）換気　（2）温度　（3）相対湿度 | 毎学年2回 | | （1）換気 |
| 　（4）浮遊粉じん　（5）気流　（6）一酸化炭素 | 毎学年2回 | （1）感染症又は食中毒の発生のおそれがあり、また、発生したとき。 | （2）温度 |
| 　（7）二酸化窒素 | 毎学年2回 | | （3）明るさとまぶしさ |
| 　（8）揮発性有機化合物 | 毎学年1回 | | （4）騒音 |
| 　（9）ダニ又はダニアレルゲン | 毎学年1回 | | 飲料水等の水質及び施設・設備 |
| 　採光及び照明 | | （2）風水害等により環境が不潔になり又は汚染され、感染症の発生のおそれがあるとき。 | （5）飲料水の水質 |
| 　（10）照度　（11）まぶしさ | 毎学年2回 | | （6）雑用水の水質 |
| 　騒音 | | | （7）飲料水等の施設・設備 |
| 　（12）騒音レベル | 毎学年2回 | | 学校の清潔及びネズミ、衛生害虫等 |
| 第2　飲料水等の水質及び施設・設備に係わる項目 | | （3）新築、改築、改修等及び机、いす、コンピュータ等新たな学校用備品の搬入等により揮発性有機化合物の発生のおそれがあるとき。 | （8）学校の清潔 |
| 　水質 | | | （9）ネズミ、衛生害虫等 |
| 　（1）水道水を水源とする飲料水（専用水道を除く）の水質 | 毎学年1回 | | 水泳プールの管理 |
| 　（2）井戸水等を水源とする飲料水の水質 | 水道法に規定 | | （10）プール水等 |
| 　（3）井戸水等を水源とする飲料水の原水の水質 | 毎学年1回 | | （11）附属施設・設備等 |
| 　（4）雑用水の水質 | 毎学年2回 | （4）その他必要なとき。 | |
| 　施設・設備 | | | |
| 　（5）飲料水に関する施設・設備 | | | |
| 　　水道水を水源とする飲料水 | 毎学年1回 | | |
| 　　井戸水等水源とする飲料水 | 毎学年2回 | | |
| 　（6）雑用水に関する施設・設備 | 毎学年2回 | | |
| 第3　学校の清潔、ネズミ、衛生害虫等及び教室等の備品の管理に係わる項目 | | | |
| 　学校の清潔 | | | |
| 　（1）大掃除の実施 | 毎学年3回 | | |
| 　（2）雨水の排水溝等 | 毎学年1回 | | |
| 　（3）排水の施設・設備 | 毎学年1回 | | |
| 　ネズミ、衛生害虫等 | | | |
| 　（4）ネズミ、衛生害虫等 | 毎学年1回 | | |
| 　教室等の備品の管理 | | | |
| 　（5）黒板面の色彩 | 毎学年1回 | | |
| 第4　水泳プールに係わる項目 | | | |
| 　水質 | | | |
| 　（1）遊離残留塩素　（2）pH値　（3）大腸菌<br>　（4）一般細菌<br>　（5）有機物等（過マンガン酸カリウム消費量） | 使用日の積算が30日以内ごとに1回 | | |
| 　（6）濁度　（7）総トリハロメタン | 使用期間中の適切な時期に1回以上 | | |
| 　（8）循環ろ過装置の処理水 | 毎学年1回 | | |
| 　施設・設備の衛生状態 | | | |
| 　（9）プール本体の衛生状況等 | 毎学年1回 | | |
| 　（10）浄化設備及びその管理状況　（11）消毒設備及びその管理状況　（12）屋内プール | 毎学年1回<br>毎学年1回 | | |

（「学校環境衛生基準」より抜粋）

する学校の設置者と校長又は共同調理場の長は、この基準に照らして適切な衛生管理に努めなければならないことになっている。

### 3. 学校保健安全法による環境衛生の主な内容

　学校における環境衛生検査には、主に定期検査と日常検査（日常点検）とがある。学校での環境衛生活動の実際の展開は、学校薬剤師の行う定期検査及びその結果に基づく事後措置と、教職員が行う日常検査とその処置が重要な活動になってくる。教職員が行う日常検査とその処置には、主に学級担任あるいは授業担当者が責任をもって行う教室内の環境衛生と、養護教諭、保健主事あるいはその他の教師がそれぞれ役割分担を決め、その責任のもとに行う教室外の環境衛生とが考えられる。

　ここでは、教室内と教室外に大別して、環境衛生の主な内容について述べる。

#### （1）　教室内の環境衛生

　教室は、児童・生徒が学校生活の中でその多くの時間を過ごす場所であり、また、主な学習の場所でもある。したがって、日常における教室内の環境衛生は、児童・生徒の健康の保持増進はもちろん、学習能率の向上という観点からも重要である。

　以下では、学級担任あるいは授業担当者が教室内で日常留意すべき実際上の環境衛生と問題点について述べる。

#### 1）　教室内の採光及び照明

　教室内の照度を十分に保つことは、児童・生徒の学習能率を向上させ、しかも、快適に学習させるために不可欠の条件である。また、目の疲労防止や近視予防の立場からも重要である。

　「基準」では、定期の照度検査は照度計で測定すること、測定箇所は図4-1に示す9か所で、これに最も近い児童・生徒等の机上で、最大照度、最小照度を測定すること、黒板面では同じく9か所で、垂直面照度を測定することになっている。教室以外の照度は、床上75cmの水平照度を測定することになっている。そして、判定基準は、表4-2、表4-3によることとしている。○印の作業の場所は、局部照明によって、その照度を得てもよい。ただし、「教室及びそれに準ずる場所の照度」の下限値を「300ルクス（lx）」とし、「教室及び黒板の照度」は「500ルクス以上であることが望ましい」とされている。

　学校においては定期検査はもちろん、日常検査においても、教室などの視作業を行う場所及び黒板面にあっては測定点中の最小照度が、その他のところにあっては平均照度が、この基準が確保されることが望ましい。照度については、最小照度の確保とともに、明暗の照度分布が重要であって、教室内の照度分布のバラツキは目の疲労の原因になる。「基準」では、教室及び黒板の最大照度と最小照度の比は10：1を超えないことが望ましく、この基準を超えた場合でも20：1を超えてはならないとしている。窓に近い座席では、直射日光が当たると20：1を超える場合もあるので、カーテンなどで直射日光を遮るなどの処置が必要である。なお、テレビ及びコン

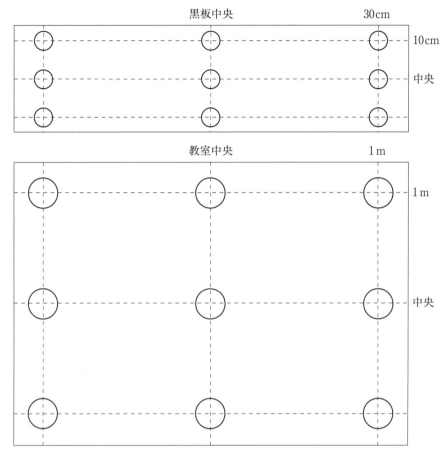

図 4-1　照度の測定位置
（「学校環境衛生基準」より）

表 4-2　照度の基準（JIS）学校（屋外）

| 照度 Lx | 場　　　　　所 | |
|---|---|---|
| 150<br>100 | バスケットボールコート、<br>バレーコート、テニスコート、〇ソフトボールのバッテリー間、水泳プール | |
| 75 | | 徒手体操場、器械体操場、<br>陸上競技場、サッカー場、<br>ラグビー場、ハンドボール場、ソフトボール場 |
| 50 | ——— | |
| 30<br>20<br>10<br>5 | 構内通路<br>（夜間使用） | ——— |

注：〇印の作業の場所は、局部照明によってその照度を得てもよい。
資料：日本産業規格照度基準

表 4-3　照度の基準（JIS）学校（屋内）

| 照度 Lx | 場　　所 | | 作　　業 |
|---|---|---|---|
| 1,500<br>1,000<br>750 | ——— | 製図室、被服教室、電子計算機室 | ○精密製図　○精密実験<br>○ミシン縫　○キーパンチ<br>○図書閲覧　○精密工作 |
| 500 | 教室、実験実習室、実習工場、研究室、図書閲覧室、書庫、事務室、教職員室、会議室、保健室、食堂、厨房室、給食室、放送室、印刷室、守衛室、電話交換室、屋内運動場 | | ○美術工芸制作　○板書<br>○天秤台による計量 |
| 300 | | 講堂、集会室、ロッカー室、昇降口、廊下、階段、洗面所、便所、公仕室、宿直室、渡り廊下 | ——— |
| 200<br>100<br>75 | ——— | | |
| 50<br>30 | 倉庫、車庫、非常階段 | | |

備考：視力や聴力の弱い児童・生徒が使用する教室、実験実習室などの場合は、2 倍以上
　　　の照度とする（聴力の弱い児童・生徒の場合は、主として他人のくちびるの動きを
　　　見て言葉を理解する助けとしている）。
　注：○印の作業の場所は、局部照明によって、その照度を得てもよい。
　資料：日本産業規格照度基準

ピュータの画面の垂直面照度は、100 ～ 500 ルクス程度が望ましいこと、コンピュータを使用する教室等の机上の照度は 500 ～ 1,000 ルクス程度が望ましく、画面等に反射や陰が見られないこととしている。

　また、「まぶしさ」があっても、学習能率を低下させるだけでなく、目の疲労を増すことになる。教室内のまぶしさの原因は窓と光源である。「基準」では、教室内の不利な位置にある児童・生徒から見て、黒板の外側 15° 以内の範囲に輝きの強い光源（昼光の場合は窓）があってはならないこと、見え方を妨害するような光沢が黒板面及び机上面にないこと、見え方を妨害するような電灯や明るい窓等が、テレビ及びコンピュータの画面に映じていないこととなっている。なお、教室内の不利な位置とは、机の最前列または最後列の両端などが考えられる。

　毎授業日の点検では、黒板面や机上等の文字、図形等がよく見える明るさがあること、黒板面、机上面及びその周辺に見え方を邪魔するまぶしさがないこと、黒板面に光るような箇所がないこととなっている。

## 2）教室内の騒音

　騒音とは、音の種類、性質、大小に関係なく、聞く人に不快感を与え、作業、会話、休息、睡眠などの生活活動を妨げるような一切の音をいう。このように、騒音は環境衛生学上の主観的な概念であって、物理的な音とは異なるが、生活の安寧と健康を守るために一定の基準が定めら

れ、規制する努力がなされている。

　「基準」では、定期の騒音レベルの測定は、積分・平均機能を備える普通騒音計（JIS）又はそれ以上の精度の測定器を用い、A特性で5分間、等価騒音レベル（LAeq）を測定する。従来の普通騒音計を用いて測定する場合は、普通騒音（$LA_{50}$）から換算式によって等価騒音レベルを算出する。なお、騒音レベルが変動しない定常騒音であれば等価騒音レベルの値と普通騒音レベルの中央値の値は同じであるが、騒音レベルが変動する場合は、等価騒音レベルの方が数dB（デシベル）高くなる。

　教室は、校内及び校外の騒音の影響を受けない環境が望ましく、定期検査の判定基準について「教室の騒音レベルは、窓を閉じているときは50dB以下、窓を開けているときは55dB以下であることが望ましい」となっている。定期検査は、測定結果が著しく基準値を下回る場合は、以後教室等の内外の環境に変化が認められない限り、次回からの検査を省略することができる。

　なお、毎授業日の騒音は、学習指導のための教師の音声が聞き取りにくいことがないこととなっている。

　図4-2は、従来の普通騒音計で測定した身近にある騒音の例を示したものであるが、これをみると日常生活での騒音レベルを実感することができる。学校での騒音源には、校内と校外とがある。校内騒音には放送音、話し声、音楽練習、作業音などがある。校外騒音には交通機関、工場、建築作業による音などがある。教室での騒音の影響は主に心理的な影響が問題となるが、騒音による不快感、精神的疲労、注意力や集中力の乱れなどからくる学習能力の低下などが考えられる。

　学校での騒音対策には種々の方法が考えられるが、校内騒音に対しては、廊下や階段を走ることを禁止したり、履き物の種類の制限、音楽教室の吸音設備の設置、授業中のマイクの使用制限などが考えられる。

　校外騒音に対しては、騒音発生源に対する対策とともに、防音のための植樹、教室の配置換え、防音壁や二重窓の設置などが考えられる。しかし、校外騒音に対する二重窓の設置などは、防音のために密閉された室内気象条件の悪化（通風と換気の低下、空気の汚染）による生理的・心理的影響も無視できない。また、交通機関に対する騒音対策として、静かな場所へ学校を移転せざるを得ない場合もある。

### 3）教室内の換気及び保温等

　学習の場である教室内の換気及び保温等を快適な条件に保つことは、学習能率の点から重視されなければならない。特に、教室のように多数の児童・生

| | |
|---|---|
| 150 | |
| 140 | ジェット機 |
| 130 | 航空機（音源） |
| 120 | （疼痛感）鉄砲発射音 |
| 110 | 板金作業 |
| 100 | 電車のガード下 |
| 90 | 騒がしい工場内 |
| 80 | もっとも繁華な街路 |
| 70 | 電話のベル |
| 60 | 普通の会話、都心の裏通り |
| 50 | 普通の事務所の中 |
| 40 | 静かな事務所や公園、図書館の中 |
| 30 | 放送用スタジオ内 |
| 20 | 木の葉の触れ合う音 |
| 10 | ささやき声（距離2m） |
| 0 | 最小可聴音（騒音レベル） |

図4-2　生活環境の普通騒音レベル（dB）
（吉田・他「新版公衆衛生学」より）

徒が集合するところでは空気は汚れやすくなり、十分な換気が必要になる。「基準」では、教室等の検査項目として、換気、温度、相対湿度、浮遊粉じん、気流、一酸化炭素、二酸化窒素、揮発性有機化合物、及び、ダニ又はダニアレルゲンをあげている。

　換気及び保温等の定期の検査項目及び検査方法は、表4-4に示したとおりである。検査にあたっては、各階1以上の教室を選び、特別の場合のほかは授業中の教室において、適当な場所1か所以上の机上の高さで行うことになっている。判定基準は、表4-5に示したとおりである。なお、浮遊粉じんと気流は、空調設備を使用していない教室等では必要と認める場合に検査を行い、一酸化炭素と二酸化窒素は、教室等で燃焼器具を使用していない場合に限り検査を省略することができる。

　毎授業日の換気は、教室に外部から入ったとき、不快な刺激や臭気がないこと、温度は17℃以上、28℃以下であることが望ましいとなっている。

　学校の場合、夏期に冷房を行っている教室がすべてではなく、夏期の教室の換気は窓の開放によって行われるところもある。実際に教室の換気及び保温等が問題になるのは、冬期の暖房器具の使用時である。とりわけ、石油ストーブやガスストーブなどの局所暖房器具の使用の際には、二酸化炭素が急増するし、一酸化炭素が発生する危険性もあるので、排気ガスの室外への換気について注意する必要がある。

### 表4-4　教室等の換気及び保温等の検査項目と検査方法

(1) 換気：二酸化炭素は、検知管法により測定する。
(2) 温度：0.5度目盛の温度計を用いて測定する。
(3) 相対湿度：0.5度目盛の乾湿球湿度計を用いて測定する。
(4) 浮遊粉じん：相対沈降径10μm以下の浮遊粉じんをろ紙に捕集し、その質量による方法（Low-Volume Air Sampler法）又は質量濃度変換係数（K）を求めて質量濃度を算出する相対濃度計を用いて測定する。
(5) 気流：0.2m／秒以上の気流を測定することができる風速計を用いて測定する。
(6) 一酸化炭素：検知管法により測定する。
(7) 二酸化窒素：ザルツマン法により測定する。
(8) 揮発性有機化合物：揮発性有機化合物の採取は、教室等内の温度が高い時期に行い、吸引方式では30分間で2回以上、拡散方式では8時間以上行う。
　ア．ホルムアルデヒド：ジニトロフェニルヒドラジン誘導体固相吸着／溶媒抽出法により採取し、高速液体クロマトグラフ法により測定する。
　イ．トルエン
　ウ．キシレン
　エ．パラジクロロベンゼン
　オ．エチルベンゼン
　カ．スチレン
　固相吸着／溶媒抽出法、固相吸着／加熱脱着法、容器採取法のいずれかの方法により採取し、ガスクロマトグラフ―質量分析法により測定する。
(9) ダニ又はダニアレルゲン：温度及び湿度が高い時期に、ダニの発生しやすい場所において1m²を電気掃除機で1分間吸引し、ダニを捕集する。捕集したダニは、顕微鏡で計数するか、アレルゲンを抽出し、酵素免疫測定法によりアレルゲン量を測定する。

（「学校環境衛生基準」より）

### 表4-5　教室等の換気及び保温等の判定基準（定期検査）

(1) 換気：換気の基準として、二酸化炭素は、1500ppm 以下であることが望ましい。

(2) 温度：17℃以上、28℃以下であることが望ましい。

(3) 相対湿度：30％以上、80％以下であることが望ましい。

(4) 浮遊粉じん：$0.10mg/m^3$ 以下であること。

(5) 気流：0.5m／秒以下であることが望ましい。

(6) 一酸化炭素：10ppm 以下であること。

(7) 二酸化窒素：0.06ppm 以下であることが望ましい。

(8) 揮発性有機化合物

　ア．ホルムアルデヒド：$100\mu g/m^3$ 以下で あること。

　イ．トルエン：$260\mu g/m^3$ 以下であること。

　ウ．キシレン：$200\mu g/m^3$ 以下であること。

　エ．パラジクロロベンゼン：$240\mu g/m^3$ 以下であること。

　オ．エチルベンゼン：$3800\mu g/m^3$ 以下であること。

　カ．スチレン：$220\mu g/m^3$ 以下であること。

(9) ダニ又はダニアレルゲン：$100匹/m^2$ 以下又はこれと同等のアレルゲン量以下であること。

（「学校環境衛生基準」より）

### 表4-6　二酸化炭素の濃度と症状

| $CO_2$ 濃度 | 症　　　　状 |
|---|---|
| 0.1　% | 公衆衛生上の有害限度 |
| 2.5 | 数時間の呼吸で症状がない |
| 3.0 | 呼吸の深さが増す |
| 4.0 | 粘膜に刺激を感じ、頭部圧迫感、数時間持続する疼痛、耳鳴り、血圧上昇、めまい、吐き気をもおす |
| 6.0 | 呼吸数は著しく増す |
| 8.0 | 呼吸困難 |
| 10.0 | 意識喪失 |
| 20.0 | 死 |

（吉田・他「新版公衆衛生学」より）

### 表4-7　一酸化炭素中毒の症状と濃度の関係

| CO 濃度 | 接触時間と中毒症状 |
|---|---|
| 0.02　% | 2〜3時間内に前頭部に軽度の頭痛 |
| 0.04 | 1〜2時間で前頭部痛、吐き気、2.5〜3時間で後頭部痛 |
| 0.08 | 45分で頭痛、めまい、吐き気、けいれん、2時間で失神 |
| 0.16 | 20分で頭痛、めまい、吐き気、2時間で致死 |
| 0.32 | 5〜10分で頭痛、30分で致死 |
| 0.64 | 1〜2分で頭痛、10〜15分で致死 |
| 1.28 | 1〜3分で致死 |

（吉田・他「新版公衆衛生学」より）

　表4-6、表4-7は、二酸化炭素と一酸化炭素の影響による身体症状を示したものである。実際に教室内の空気及び換気の衛生状態をどのように維持するかは難しい問題ではあるが、定期検査の結果を参考にしながら、毎授業時に適当な時間窓を開放したり、休憩時間にはできるだけ窓を全開し、授業開始時には外気に近い状態になるようにするなどの配慮が必要である。特に、密閉室内に多数の児童・生徒が集合している場合には、在室者の排出する体熱で温度も上がり、水分、二酸化炭素、臭気、じんあい、細菌なども増加して空気が汚れてくるので十分な換気がなされなければならない。

　ホルムアルデヒドなどの揮発性有機化合物は、近年、室内空気汚染等による健康影響が指摘され、いわゆる「シックハウス症候群」と呼ばれている。「基準」では、ホルムアルデヒド及びトルエンについては普通教室その他必要と認める教室において検査し、キシレン、パラジクロロベンゼン、エチルベンゼン、スチレンについては必要と認める場合に検査を行うことになっている。これらの項目は著しく基準値を下回る場合には、以後教室等の環境に変化が認められない限り、次回からの検査は省略することができる。

　ダニ又はダニアレルゲンは、児童・生徒のアレルギー様症状の原因とも考えられている。保健室の寝具、カーペット敷の教室等、ダニの発生しやすい場所で検査することになっている。

### 4）　教室等の備品の管理

　教室等には多くの備品があるが、ここでは学習の上から最も重要とされる机、いすと黒板を取り上げる。

### ①　いすの高さ

　机、いすは、児童・生徒が教室内での学習の際に常に使用するので、身体に不適合なものは、学習能力の低下をきし、疲労の増大、姿勢の悪化、脊柱わん曲や近視の誘因、内臓圧迫による消化機能の障害など、身体の健康に種々の影響を及ぼしてくる。発育発達期にある児童・生徒にとって、机、いすの適否は重要な問題になってくる。

　しかし、「基準」（2018年改正）では、教室等の備品の管理から、机、いすは削除された。机、いすの適合状況は、身長の発育が著しい小学校高学年から中学校の時期には、年2回程度は検査する必要がある。なお、表4-8は、2004（平成16）年に改正されたJIS学校用家具（普通教室用 机、いす）の基準を示したものである。この基準は、身長によって簡便に適合させることができるので便利である。

　　参考：「基準」（2009年告示）では、机、いすの高さについて、その適合状況を調べることになって
　　　　おり、次のような算出式で求めた高さが望ましいとされていた。
　　　　　　　　　　机面の高さは、座高／3＋下腿長　　　　いすの高さは、下腿長
　　ここでいう下腿長とは、座高計測の際の大腿部下面から足底までの垂直距離である。2016年から
　定期健康診断で座高の検査が削除されたことで、座高と下腿長が利用できなくなった。

表 4-8　机、いすの JIS 基準と標準身長（2004 年改正）

| | 机 | | | いす の高さ | 標準身長 （参考） |
|---|---|---|---|---|---|
| | 高さ | 奥行き | 幅（1 人用） | | |
| 0 号 | 400mm | 規定なし | | 220mm | 90cm |
| 1 | 460 | | | 260 | 105 |
| 2 | 520 | | 600mm | 300 | 120 |
| 3 | 580 | 450mm 500 | 650 | 340 | 135 |
| 4 | 640 | | 700 | 380 | 150 |
| 5 | 700 | | 750 | 420 | 165 |
| 6 | 760 | | | 460 | 180 |

（「日本工業規格 JIS による学校用机・いすの基準」より）

② 黒板面の色彩

　黒板は授業に際しての重要な教具であり、教室の中でもかなりの部分を占めている。黒板面は長期間の使用によって磨滅し、適度のざらつきや色彩のあざやかさが失われると、チョークの文字が見えにくくなり、目の疲労を増大させることになる。

　「基準」では、黒板の定期検査は、黒板検査用色票を用いて明度、彩度の検査をすることになっている。無彩色の黒板面は明度 3、有彩色の黒板面は明度 4、彩度 4 をそれぞれ超えないこととなっている。

　黒板はほとんど毎授業時に使用するものであるので、日常のチョーク粉の拭きとりの良否が問題になる。使用後は、常によく清掃したきれいな黒板拭きで、丁寧に拭きとる必要がある。また、黒板の表面は、チョークが付きやすいように、ある程度ざらつきを持たせてあるので、これを保持するために水拭きをしてはならない。画びょうなどで黒板面を傷つけると、そこにチョーク粉が入り取りにくくなるので注意が必要である。定期検査で判定基準を超える場合はもちろん、必要に応じて板面の塗り替えを行うことも必要である。

## （2）教室外の環境衛生

　学校には教室外にも多くの施設・設備がある。学校内の施設・整備の衛生は、児童・生徒が快適な学校生活を過ごすためにも重要な問題である。「基準」に示されている飲料水等の水質及び施設・設備、水泳プール、学校の清潔、ネズミ、衛生害虫等は主に教室外の環境衛生の対象になる。これらのうち水泳プール以外は、教室内の環境衛生の対象にもなる。

　以下では、これらの項目の中で重要と考えられるものを取り上げ、日常検査の実際上の問題点について述べる。

### 1）飲料水の衛生管理

　学校における飲料水の管理は、水系感染症の予防及び有害物質の混入による健康障害の予防という点から重要である。水系感染症では赤痢が最も多いが、A 型肝炎、感染性下痢症などがあ

表 4-9　水道水を原水とする飲料水の基準

| |
|---|
| 一般細菌：1mL の検水で形成される集落数が 100 以下であること。<br>大腸菌：検出されないこと。<br>塩化物イオン：200mg/L 以下であること。<br>有機物（全有機炭素（TOC））の量：3mg/L 以下であること。<br>pH 値：5.8 以上 8.6 以下であること。<br>色度・濁度：色度は 5 度以下、濁度は 2 度以下であること。<br>臭気・味：臭気、味は異常でないこと。<br>遊離残留塩素：0.1mg/L 以上保持すること。 |

注：遊離残留塩素については、水道法第 22 条（衛生上の措置）で、「給水栓における水が、
　　遊離残留塩素を 0.1mg/L（結合残留塩素の場合は、0.4mg/L）以上保持するように塩素
　　消毒をすること。ただし、供給する水が病原生物に著しく汚染されるおそれがある場合
　　又は病原生物に汚染されたことを疑わせるような生物若しくは物質を多量に含むおそれ
　　がある場合の給水栓における水の遊離残留塩素は、0.2mg/L（結合残留塩素の場合は、
　　1.5mg/L）以上とする」とされている。
（「水道法による水質基準」より）

る。有害物質としては、有機水銀、カドミウム、種々の農薬、地下水中のフッ素などがある。

　「基準」では、学校における飲料水の管理は、水質と施設・設備とに分けて行うことになっており、水質の定期検査項目として、表4-9 に示した項目をあげている。専用水道に該当しない井戸水等の給水栓水については、これらの項目について水道法の規定する回数を検査し、併せて、井戸水等の原水の水質を水道法に規定する専用水道が実施すべき水質検査の項目について毎学年1 回行うことになっている。

　日常検査では校内の給水栓水について遊離残留塩素が検出されることが必要である。また、臭、味、にごりのないことも調べる必要がある。遊離残留塩素は、塩素による消毒効果の判定に必要なもので、DPD 法（ジエチル－P－フェニレンジアミン法）によって検査することになっている。水道法による水道を使用している場合でも、何らかの原因で給水栓水の遊離残留塩素が足りないこともあるので、日常検査は欠くことはできない。また、簡易水道の場合は、必ずしも十分な消毒が行われていないこともあるので注意しなければならない。井戸水、その他の水道水以外の水を使用している場合には、学校において十分な塩素消毒を行わなければならない。

　日常検査での給水栓水における遊離残留塩素は、水系感染症の予防や清潔保持のためにも常に定期検査の基準が保たれていなければならない。給水栓水の遊離残留塩素は 0.1mg/L 以上保持されていること、水源が病原微生物によって著しく汚染されるおそれのある場合には 0.2mg/L以上保持されていなければならない。また、外観、臭気、味等に異常があってはならない。冷水器等飲料水を貯留する給水器具の給水栓水も同様の管理が必要である。

　施設・設備について、「基準」では、給水源の種類、維持管理状況等、貯水槽の清潔状態、雑用水に関する施設・設備について定期検査を行うことになっている。これらの検査によって施設・設備に故障、破損、老朽、漏水などがみられた場合、すみやかに補修や改造が行われなけれ

ばならない。

### 2）水泳プールの衛生管理

　最近、学校における水泳プールの増加が著しく、その衛生管理が重視されている。プールは一定水量に対して、一時に多数の児童・生徒が利用するので汚染されやすく、水系感染症が流行しやすい。プールで流行しやすい感染症には、アデノウイルスを病原体とする咽頭結膜熱（いわゆるプール熱）と流行性角結膜炎とがある。これらの感染症予防には、塩素消毒が行われている。ウイルスに対する塩素の効果については異論も多いが、有機物やアンモニアの含有量の低い条件では、遊離残留塩素が 0.4 〜 0.5mg/L でウイルスの不活化がおこるとされている。

　「基準」では、定期検査の事項として、水質以外に、施設・設備の衛生状態として、プール本体の衛生状況等、浄化設備及びその管理状況、消毒設備及びその管理状況をあげている。また、屋内プールの場合には、空気中の二酸化炭素、塩素ガス、水平面照度をあげている。

　プールの水質について、定期検査では、表 4-10 のような判定基準が示されている。遊離残留塩素濃度は 0.4mg/L 以上であることとなっているが、高すぎても目などに害があるので、上限値 1.0mg/L 以下であることが望ましいとされている。pH 値や大腸菌は、飲料水と同じ基準となっている。

### 表 4-10　水泳プールの水質判定基準（定期検査）

| |
|---|
| 遊離残留塩素：0.4mg/L 以上であること。また、1.0mg/L 以下であることが望ましい。 |
| pH 値：5.8 以上 8.6 以下であること。 |
| 大腸菌：検出されないこと。 |
| 一般細菌数：1mL 中 200 コロニー以下であること。 |
| 有機物等（過マンガン酸カリウム消費量）：12mg/L 以下であること。 |
| 濁度：2 度以下であること。 |
| 総トリハロメタン：0.2mg/L 以下であることが望ましい。 |
| 循環ろ過装置の処理水：循環ろ過装置の出口における濁度は、0.5 度以下であること。また、0.1 度以下であることが望ましい。 |

（「学校環境衛生基準」より）

### 表 4-11　水泳プールの管理（日常の毎授業日）

| |
|---|
| プール水等 |
| （ア）水中に危険物や異常なものがないこと。 |
| （イ）遊離残留塩素は、プールの使用前及び使用中 1 時間ごとに 1 回以上測定しその濃度は、どの部分でも 0.4mg/L 以上保持されていること。また、遊離残留塩素は 1.0mg/L 以下が望ましい。 |
| （ウ）pH 値は、プールの使用前に 1 回測定し、pH 値が基準値程度に保たれていることを確認すること。 |
| （エ）透明度に常に留意し、プール水は、水中で 3m 離れた位置からプールの壁面が明確に見える程度に保たれていること。 |
| 附属施設・設備等 |
| 　プールの附属施設・設備、浄化設備及び消毒設備等は、清潔であり、破損や故障がないこと。 |

（「学校環境衛生基準」より）

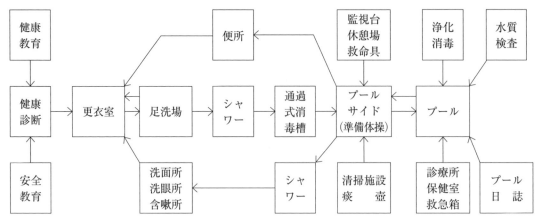

**図4-3　プールの衛生管理系統図**
（森下・小瀬「新水泳場管理学」より）

日常検査では、表4-11に示したようなプール水等と附属施設・設備等の水泳プールの管理をあげている。遊離残留塩素はプール使用前及び使用中は1時間に1回以上測定し、濃度がどの部分でも0.4mg/L以上保持されており、1.0mg/L以下であることが望ましい。pH値は、プールの使用前に1回測定し基準値程度に保たれていること、透明度は、水中で3m離れた位置からプールの壁面が明確に見える程度に保たれていなければならない。附属施設・設備、浄化設備及び消毒設備等は、清潔であり、破損や故障があってはならない。

プールの衛生管理で重要なことは、プール水を汚さないことであり、児童・生徒に対する指導の徹底と適切な管理・運営が伴わなければならない。図4-3は、プールの衛生管理系統図を示したものであるが、プールの事故は直接人命にかかわるものであるので、定期検査、日常検査ともに施設・設備の安全管理と児童・生徒の保健管理に十分な配慮がなされなければならない。

### 3）水飲み、洗口、手洗い場、足洗い場の衛生管理

学校における水飲み、洗口、手洗い場、足洗い場は、いずれも水を使用する場である。使用水の衛生的管理は、前述の飲料水の水質基準が保たれていなければならない。

日常の水飲み、手洗い、うがい、さらには学校給食後の歯みがきや洗口など使用頻度は極めて高い。「基準」では、水飲み、洗口、手洗い場、足洗い場の毎授業日の検査では、その周辺は排水の状況がよく、清潔であり、その設備は破損や故障がないこととしている。蛇口の破損の有無、清潔の状態には特に注意を払い、常に適当な水栓数が確保されていなければならない。水飲み、洗口、手洗い場は教室から近距離にあることが望ましい。足洗い場は、校舎や体育館などの清潔のために必要である。

### 4）学校の清潔、ネズミ、衛生害虫等

教室も含めて、校舎、体育館、校地、運動場などの施設・設備を衛生的に管理することは、単に環境衛生上の問題だけでなく、教育上も重要なことである。

「基準」では、定期検査では、学校の清潔、ネズミ、衛生害虫等について検査することになっ

ている。学校の清潔では、大掃除の実施、雨水の排水溝等、排水の施設・設備について検査することになっている。大掃除の定期の実施、排水溝の泥や砂等の堆積の有無、排水施設・設備の故障の有無などについて検査し、ネズミ、衛生害虫等では校舎、校地内に生息が認められないこととなっている。これらの内容は、学校を常に清潔に保つという点では環境衛生の最も基本的な事項である。

日常における環境衛生でも、毎授業日に学校の清潔及びネズミ、衛生害虫等を検査することになっており、次のような基準が示されている。

(ア) 教室、廊下等の施設及び机、いす、黒板等教室の備品等は、清潔であり、破損がないこと。
(イ) 運動場、砂場等は、清潔であり、ごみや動物の排泄物等がないこと。
(ウ) 便所の施設・設備は、清潔であり、破損や故障がないこと。
(エ) 排水溝及びその周辺は、泥や砂が堆積しておらず、悪臭がないこと。
(オ) 飼育動物の施設・設備は清潔であり、破損がないこと。
(カ) ごみ集積場及びごみ容器等並びにその周辺は、清潔であること。

ごみの非衛生的な処理は、学校環境を不潔にするだけでなく、ネズミ、ハエなどの有害昆虫・動物の発生源となり、種々の危害を及ぼすこともある。また、非衛生的な環境は、児童・生徒に不快感を与え、学習能率の低下をきたすことになる。

排水の管理、学校給食のごみ処理、教室や実習室のごみ処理、有害昆虫・動物の駆除、清掃による学校の清潔は、日常検査が不可欠である。これらの定期検査は、日常行われている検査及び処置が適切であるかどうかをチェックする役目を持っているので、教職員だけでなく児童・生徒の日常活動への参加が重要になってくる。

便所は不潔になりやすい場所であり、消化器系感染症が発生した場合には汚染源となりやすいので、日常の衛生管理が不可欠である。便所は定期検査の項目にはあげられてないが、清潔、採光、照明、換気の状態、ハエ、臭気の有無、専用手洗い施設、消毒設備の有無、専用清掃用具の有無、施設・設備の故障の有無などの検査が必要である。また、日常検査は、清潔、換気の状態、臭気の有無及び施設・設備の故障の有無、その他便所専用の手洗い、消毒液の管理状況等について行う必要がある。

## 4. 学校給食法による環境衛生の主な内容

学校給食の普及と推進を図り、その目的を達成するためには、衛生的な給食施設・設備（学校給食共同調理場を含む）で、児童・生徒に安全な給食が提供されなければならない。学校給食は集団給食であるので、食中毒の予防には特別の注意を払わなければならない。近年の学校給食の普及は著しく、2018（平成30）年度5月現在の学校給食の実施状況を学校総数でみると、完全給食では小学生98.5%、中学生86.6%となっている。それだけに、ひとたび学校給食による食中毒が発生すると、家庭などの食中毒とは異なり、その被害は多数の児童・生徒に及ぶことにな

る。

1996（平成 8）年に「腸管出血性大腸菌 O-157」を原因とする食中毒が学校給食においても発生し、5 人もの命が奪われる結果となった。これを踏まえ、学校給食の場でも、食品の安全確保は、製造者が責任を負うべきものという考えが基本の HACCP（Hazard Analysis and Critical Control Point）が導入されてきた。学校給食で、ひとたび食中毒が発生すると被害が拡大するため、HACCP システムは集団給食に最もふさわしい衛生管理手法である。また、2001（平成 13）年には、学校給食の場では直接的な被害は出なかったものの BSE（牛海綿状脳症・狂牛病）に感染した肉が市場に出回り、学校給食での牛肉の使用が控えられた。

原因施設別食中毒の発生件数・患者数では、学校はその発生件数は少ないにもかかわらず、1 件当たりの患者数が多いのが特徴である。2018 年の全国の発生件数は 1,330 件で、患者数は 17,282 名であるが、その内、学校は 21 件（1.6%）、患者数は 1,075 名（6.2%）となっており、学校給食の衛生管理の重要性が理解できる。食中毒の原因物質は、細菌感染型カンピロバクターとノロウイルスが約半数を占めている。

学校給食による食中毒の発生防止と発生した場合の原因を明らかにするために、責任者を定めて児童・生徒の摂食開始時間の 30 分前までに検食（異味、異臭その他の異常の有無、味付け、香りなど）してその結果を記録し、さらに、冷凍庫で保存食を 2 週間以上保存することになっている。

「学校給食衛生管理基準」（文部科学省告示 2009 年）では、次の 6 項目をあげ、定期、臨時、日常の検査事項、検査方法及び判定基準などが詳細に示されている。

① 総則
② 学校給食施設及び設備の整備及び管理
③ 調理の過程等における衛生管理
④ 衛生管理体制
⑤ 日常及び臨時の衛生検査
⑥ 雑則

学校給食の衛生管理は、給食施設・設備及び食品の衛生管理とともに、学校給食従事者の衛生管理が特に重要である。「基準」では、給食従事者は健康診断を年 3 回実施されていることが望ましく、検便は月 2 回以上実施することとされている。また、給食従事者には、手の消毒に常に留意させ、食品やまな板の洗浄・消毒にも十分に注意させる必要がある。また、最近は、地域によっては、学校での単独調理だけではなく、共同調理場による給食センター方式も増えているので、この場合には学校までの給食搬入過程についても衛生管理が行われる必要がある。

一方、実際に学校給食を食べる場所についてみると、専用の食堂を設置している学校はまだ少なく、多くの学校において児童・生徒の給食係が運搬して教室で食べている。したがって、給食時における手洗い指導だけでなく、給食係に対する指導や、教室内や机上面の清潔指導なども十分に行われなければならない。

## 5.　学校周辺の環境衛生

　学校周辺の環境衛生は、当然のことながら学校における環境衛生活動や教育活動に影響を及ぼしてくる。我が国では、近年、公害が大きな問題となってきているが、公害の被害を受けている学校も少なくない。

　学校教育法施行規則第 1 条第 2 項に「学校の位置は、教育上適切な環境に、これを定めなければならない」とされている。しかし、大気汚染や騒音などの公害の影響を受けて、教育上適切な環境にあるとは言えない学校も増加してきている。

　環境基本法などに基づいて、「大気汚染に係わる環境基準」「騒音に係わる環境基準」など一定の基準が定められ種々の対策が講じられているが、公害の影響は必ずしも減少しているとは言えないようである。実際に自動車やその他の交通機関の騒音の影響を受けている学校もかなりあるし、オキシダントによる光化学スモッグ情報や注意報は例年いくつかの都市で出されている。また、大気汚染による児童・生徒の呼吸器系を中心とした健康被害に関する報告も少なくない。

　文部科学省は、公害対策として体力づくりや健康づくりを指導奨励し、また、公害対策補助事業として、特別健康診断、移動教室、学校環境の緑化、施設・設備の整備及び改善についての予算措置を行っている。しかし、これらの対策は極めて消極的な対応策であって、公害問題に対する根本的な解決とは言えない。

　公害を中心とした学校周辺の環境衛生の維持・改善は、学校のみで進めることは不可能に近い。公害対策の根本は、地域保健と学校保健とが一体となった公害発生源に対する基本的な対応である。学校でとれる対策としては、学校関係者が公害の児童・生徒の健康や教育に及ぼす影響を早期に発見できるように、環境衛生検査や児童・生徒の健康観察と保健調査を計画的、組織的に実施し、問題点が発見されたり、その疑いのある場合には、学校を含む地域全体の問題としてその改善を要求していくことである。また、学校ではこのような管理的対策のほかに、学校独自の役割として、保健教育の面から公害教育が進められなければならない。

**参考文献**

杉浦守邦、他：新・学校保健、東山書房、2011.

三浦悌二、他：衛生学実習、南山堂、1980.

吉田克已、他：新版公衆衛生学、光生館、1979.

森下正三、小瀬洋喜：新水泳場管理学、東山書房、1971.

文部科学省：改正・学校環境衛生基準、2020.

日本学校保健会：学校環境衛生管理マニュアル「学校環境衛生基準」の理論と実践（平成 30 年度改訂版）、2018.

日本学校保健会：学校における水泳プールの保健衛生管理、2016.

厚生労働省：食中毒統計調査（平成 30 年）、2019.

厚生労働統計協会：国民衛生の動向（2020/2021）、2020.

日本学校保健会：学校保健の動向（令和 2 年度版）、2020.

## 第2節　学校安全管理

　近年、児童・生徒の事故・災害が激増してきたことから、学校における安全管理への関心が高まり、その重要性が強調されている。元来、安全と健康とは表裏一体の関係にあり、健康でない安全はなく、安全でない健康も存在しないことから、安全管理は学校における保健管理の重要な活動分野と考える。一方、文部科学省組織令第5条（初等中等教育局の所掌事務）に「学校安全（学校における安全教育及び安全管理をいう）」という規定がみられることから、安全管理は学校保健とは独立した学校安全の活動分野と考えられることもある。ここでは、学校安全の考え方と学校における安全管理の実際について述べる。

### 1.　学校安全の考え方

　安全とは、未見の事故を未然に防ぐことである。そのためには、我々を取り巻く環境が安全に保たれていることが必要であり、また、我々自身が環境に存在する危険を制御して安全に行動する必要がある。この考え方を学校における安全、すなわち、学校安全に置き換えると、学校安全とは、学校管理下における児童・生徒の安全を確保し、安全生活に関する能力・態度の発達を図る学校の諸活動であると言える。この学校安全は、一般的には、学校における安全管理と安全教育を包括する概念として理解されている。

　安全管理とは、児童・生徒の学校生活が安全に営まれるように、事故・災害の要因となる学校環境や児童・生徒の行動上の危険を早期に発見・除去し、事故・災害が発生した際には、適切な救急処置や安全措置ができるような体制を確立して、児童・生徒の安全を確保するための活動である。これに対して、安全教育とは、児童・生徒が安全について必要な事柄を理解し、これらを日常生活に適用し、安全な行動ができるようにすること、すなわち、安全に関する科学的認識と実践的能力・態度の発達をめざす教育である。

　学校安全の実際的な展開は、安全管理は学校保健安全法を中心とし、消防法その他の関係法規によって行われている。安全教育は学校教育法に基づく教育課程の基準としての学習指導要領によって行われている。また、学校管理下の児童・生徒の災害に対しては日本スポーツ振興センター法による救済制度がある。このように、学校安全は、教育面、管理面、災害救済措置などからその充実が図られている。最近では、不審者による児童・生徒への危険又は危害等発生時対処も危機管理の体制整備の一環として、学校安全の内容として取り上げられるようになった。

### 2.　学校安全管理の意義と構成

#### （1）　安全管理の意義

　児童・生徒にとって学校は家庭や地域とともに重要な生活の場である。しかも、事故・災害の防止能力の未発達な者の集団生活の場である。したがって、学校管理下における児童・生徒の安

全を確保し、その生命と健康を保障することは、少なくとも学校に第一義的な責任がある。このように児童・生徒の生命と健康を保障することは、憲法第13条及び第25条に示された基本的人権としての生存権・健康権につながる。また、安全な学校環境を確保し、安全な生活に必要な条件整備を行うことは、児童・生徒に安全な学習の場を提供することになる。憲法第26条では児童・生徒の教育権（学習権）を保障し、教育基本法第16条ではそのための教育行政の責任を明示している。このように安全管理の直接的な意義は、教育活動の円滑な実施のための条件整備としての安全の確保にある。

　一方、児童・生徒の安全を確保するためには、児童・生徒を学校側からの受動的な管理・保護のみに置くのではなく、彼らが現在ならびに将来にわたって主体的に判断し、安全な生活と行動を確保する能力・態度を育成する必要がある。この安全に関する科学的認識の発達は主に安全教育のねらいとするものであるが、安全管理の諸活動を安全に関する学習や指導の機会として教育的に展開することによってもその効果を期待できる。安全管理の教育的意義もまたここにある。

## （2）　安全管理の構成

　図4-4は、安全管理と安全教育を包括した学校安全の構造を示したものである。安全管理の領域は事故・災害の発生要因から、基本的には環境系の安全管理（対物管理）と、行動系の安全管理（対人管理）に分けることができる。

### 1）　対人管理の内容

　対人管理には、心身（主体）の安全管理と生活や行動の安全管理とがある。心身の安全管理は事故の発生要因につながりやすい児童・生徒の心身の状態の把握（観察）・分析、事故・災害発生時の救急処置体制などがその内容となる。生活や行動の安全管理は授業中、学校給食中、休憩時間中、課外活動中、始業前や放課後など学校内の生活や通学中など学校外の生活における行動の観察や規制・指導などがその内容となる。

### 2）　対物管理の内容

　対物管理は、校地、運動場、校舎等の学校のすべての施設・設備の安全状態を把握するための安全点検や、安全な施設・設備の維持及び危険箇所の改善などの活動や、学校環境の美化等の情操面への配慮などがその内容となる。また、火災や地震等の発生に備えた安全点検と安全措置も重要な内容である。

## （3）　安全管理の法的根拠

### 1）　学校保健安全法及び同施行規則の関係条項

　学校保健安全法では、第26条〜第30条において、学校安全に関する学校の設置者の責務、学校安全計画の策定等、学校環境の安全の確保、危険等発生時対処要領の作成等、地域の関係機関等との連携について規定している。さらに、学校保健安全法を受けて、同施行規則の第28条において、他の法令に基づくもののほか、児童・生徒等が通常使用する施設及び設備の安全点検

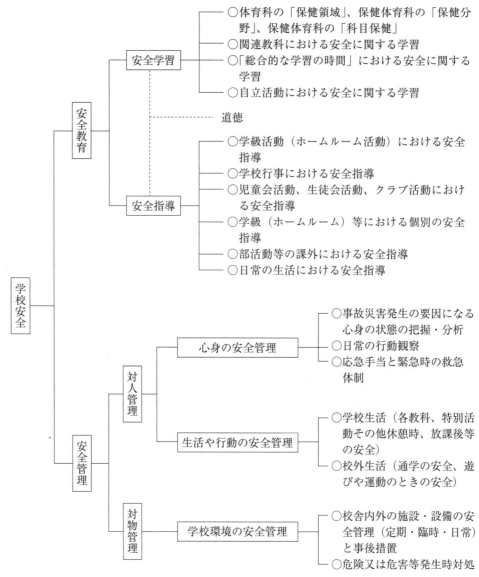

**図 4-4　学校安全の構造**
（2003 年版「国民衛生の動向」に一部加筆）

（毎学期１回以上の定期点検と必要があるときの臨時の点検）について、及び、第29条において、日常における環境の安全についての点検を規定している。

　２）　その他の安全管理に関する法規等

　施設・設備の安全基準については、建築基準法、消防法、幼稚園設置基準、小学校設置基準、中学校設置基準、高等学校設置基準などがある。

　注意義務や維持管理責任などの管理的行為については、刑法、民法、国家賠償法、自動車損害賠償保障法、道路交通法などの他に、学校における安全管理に関する各種の文部科学省の通達・通知などがある。

## （4）　安全教育の構成と法的根拠

安全教育は教育課程の領域構造から、安全学習と安全指導に分けられる。

### 1）　安全学習の内容

安全についての知識や技能の理解・習得を目指すもので、各教科の中の保健体育科（小学校では体育科）における保健の内容に含まれる安全に関する内容が中心となる。理科、技術・家庭科などの関連教科の内容との関連を図りながら、児童・生徒の発達段階に即して計画的・系統的に行われる教科学習である

### 2）　安全指導の内容

日常生活の中での当面する安全問題を的確に判断し、それに適切に対処したり、行動することができるような実践的態度や能力の育成を目指すものである。特別活動の中の学級活動（ホームルーム活動）や学校行事の内容として指導されるものと、学校生活の中の各種の機会をとらえて臨機に指導されるものとがある。

### 3）　安全教育の法的根拠

安全教育は、学校教育法に基づく教育課程の中に位置づけられ、幼稚園教育要領、及び、小、中、高等学校学習指導要領に示された一般的な基準の範囲内で行われる。また、日本スポーツ振興センター（旧、日本体育・学校健康センター）から発刊されている「小学校安全指導の手引」（1993 年）、及び「中学校安全指導の手引」（1994 年）には、安全指導の目標、内容、進め方、評価方法などが示されている。

## 3.　学校管理下の災害の実態

学校管理下における災害は、学校の保健室での処置で済むような軽微な傷病から、災害共済給付の対象になるものまでその範囲は広い。各学校の災害の実態は、学校の救急処置記録簿などの統計・分析からとらえることができるので、ここでは日本スポーツ振興センターの統計資料から、学校管理下の災害の実態を概観してみる。この場合の災害とは、同センター法の規定に基づいて一定額以上の医療費、障害見舞金、死亡見舞金などの給付を受けたものである。したがって、共済給付の対象にならない災害を統計的に分析すると、災害の実態の様相も異なる場合がある。

## （1）　負傷・疾病の発生状況

### 1）　災害共済給付状況

表 4-12 は、2018（平成 30）年度の負傷・疾病等の給付件数及び給付率を示したものである。給付率（合計）は 12.0％であるが、同一の負傷・疾病については療養が数か月に継続される場合には給付件数は各月が 1 件と数えられるので、給付率は実際の発生率より高くなる。2018 年度の発生率（合計）は 6.0％である。この給付率・発生率の年次推移をみると、例年ほぼ同じ傾向がみられる。また、これらの給付状況を性別にみると、例年、約 7：3 で男子が女子よりも多い。

表 4-12　災害共済給付状況（2018 年度）

| 学校種別 | 医療費（負傷・疾病） | | 障害見舞 | 死亡見舞 | 計 |
|---|---|---|---|---|---|
| | 件数 | 給付率 | 件数 | 件数 | |
| 小　学　校 | 553,185 | 8.3 % | 71 件 | 13 件 | 553,269 件 |
| 中　学　校 | 639,770 | 19.6 | 88 | 27 | 639,885 |
| 高等学校 全日制 | 671,467 | 20.8 | 224 | 28 | 671,719 |
| 高等学校 定時制 | 4,875 | 5.9 | 1 | 0 | 4,876 |
| 高等学校 通信制 | 2,211 | 1.5 | 4 | 0 | 2,215 |
| 高等専門学校 | 5,642 | 9.9 | 4 | 1 | 5,647 |
| 幼　稚　園 | 27,094 | 2.8 | 7 | 0 | 27,101 |
| 幼保こども園 | 17,012 | 3.3 | 1 | 1 | 17,014 |
| 保　育　所　等 | 58,363 | 3.3 | 3 | 4 | 58,370 |
| 計 | 1,979,619 | 12.0 | 403 | 74 | 1,980,096 |

資料：日本スポーツ振興センター

## 2）負傷・疾病の場合別、種類別、部位別発生割合

負傷・疾病の発生割合について、基本統計も 2018（平成 30）年度について行われているので、表 4-13 にその資料の一部を示す。

### ① 場合別発生割合

場合別発生割合をみると、小学校は休憩時間中が最も高率で、中学校、高等学校では課外指導中が高率を占めている。小、中、高等学校ともに、各教科や特別活動の授業中や課外指導中では体育的活動の占める割合が高くなっている。

### ② 種類別発生割合

種類別発生割合をみると、小、中、高等学校ともに、挫傷・打撲、骨折、捻挫、挫創、脱臼で全体の 75 ～ 85％を占めている。

### ③ 部位別発生割合

部位別発生割合をみると、小学校では上肢部が、また、中、高等学校では下肢部がそれぞれ最も高率である。小学校の児童や幼児に頭部と顔部の負傷が多いのは、幼児や児童の体格や運動機能の発達段階の特性によるものと考えられる。

## 3）疾病の種類別の状況

共済給付の対象となる疾病はかなり限定されているために、負傷の給付件数に比べて少なく、負傷と疾病の割合は、2018 年度では負傷 91.7％、疾病 8.3％で、例年、ほぼ同じような傾向を示している。2018 年度の疾病の種類別の発生状況をみると、小、中、高等学校ともにほぼ同じような傾向を示しており、運動に起因する疾病（筋腱疾患、骨疾患、関節疾患など）、負傷に起因する疾病（関節疾患、筋腱疾患、骨疾患など）、外部衝撃等に起因する疾病（骨疾患、脳・脊髄疾患、筋腱疾患、関節疾患など）が合わせて 80％前後となっている。その他に食中毒、異物の嚥下、接触性の皮膚炎、熱中症、溺水などがあげられている。最近では、心身の負担に起因する

表 4-13　負傷・疾病の場合別・種類別・部位別発生割合（2018 年度）

(1) 場合別発生割合（%）

|  | 各教科等 | 特別活動除学校行事 | 特別活動学校行事 | 課外指導 | 休憩時間 | 寄宿舎 | 通学中通園中 | 合計 |
|---|---|---|---|---|---|---|---|---|
| 総　　　数 | 31.5 | 4.0 | 5.3 | 32.3 | 21.4 | 0.1 | 5.3 | 100.0 |
| 小　学　校 | 29.1 | 8.8 | 3.8 | 2.4 | 47.9 | 0.0 | 8.0 | 100.0 |
| 中　学　校 | 26.5 | 2.4 | 5.9 | 50.3 | 11.5 | 0.0 | 3.3 | 100.0 |
| 高 等 学 校 | 22.6 | 0.8 | 8.2 | 58.9 | 4.2 | 0.2 | 5.2 | 100.0 |
| 高等専門学校 | 25.2 | 3.4 | 8.7 | 49.1 | 4.8 | 2.2 | 6.6 | 100.0 |
| 幼　稚　園 | 97.5 | − | − | − | − | 0.2 | 2.3 | 100.0 |
| 幼保こども園 | 99.0 | − | − | − | − | 0.0 | 1.0 | 100.0 |
| 保 育 所 等 | 99.1 | − | − | − | − | 0.1 | 0.9 | 100.0 |

(2) 種類別発生割合（%）

|  | 挫傷・打撲 | 骨　折 | 捻　挫 | 挫　創 | 脱　臼 | その他 | 合計 |
|---|---|---|---|---|---|---|---|
| 総　　　数 | 27.7 | 25.5 | 19.8 | 4.8 | 4.0 | 18.3 | 100.0 |
| 小　学　校 | 31.4 | 24.8 | 17.8 | 6.5 | 3.6 | 15.9 | 100.0 |
| 中　学　校 | 26.0 | 29.5 | 23.0 | 2.5 | 2.1 | 16.9 | 100.0 |
| 高 等 学 校 | 24.4 | 24.9 | 22.7 | 2.7 | 3.5 | 21.8 | 100.0 |
| 高等専門学校 | 21.7 | 28.4 | 22.4 | 3.4 | 3.3 | 20.8 | 100.0 |
| 幼　稚　園 | 29.6 | 17.1 | 5.6 | 14.1 | 12.3 | 21.3 | 100.0 |
| 幼保こども園 | 30.0 | 12.3 | 4.7 | 13.4 | 16.3 | 23.3 | 100.0 |
| 保 育 所 等 | 28.4 | 10.5 | 4.2 | 14.6 | 17.5 | 24.9 | 100.0 |

(3) 部位別発生割合（%）

|  | 頭　部 | 顔　部 | 体幹部 | 上肢部 | 下肢部 | その他 | 合計 |
|---|---|---|---|---|---|---|---|
| 総　　　数 | 5.9 | 17.7 | 9.0 | 31.5 | 34.2 | 1.7 | 100.0 |
| 小　学　校 | 8.0 | 23.3 | 6.2 | 34.1 | 27.0 | 1.4 | 100.0 |
| 中　学　校 | 4.4 | 10.7 | 10.5 | 33.9 | 39.0 | 1.5 | 100.0 |
| 高 等 学 校 | 4.4 | 10.1 | 12.8 | 26.5 | 44.4 | 1.8 | 100.0 |
| 高等専門学校 | 4.3 | 11.5 | 10.2 | 31.2 | 41.5 | 1.3 | 100.0 |
| 幼　稚　園 | 9.0 | 48.1 | 3.1 | 25.6 | 11.7 | 2.4 | 100.0 |
| 幼保こども園 | 8.9 | 48.7 | 2.8 | 26.1 | 10.1 | 3.4 | 100.0 |
| 保 育 所 等 | 8.1 | 49.9 | 2.5 | 25.8 | 9.7 | 3.9 | 100.0 |

資料：日本スポーツ振興センター

疾病もみられるようになっている。

## （2）障害・死亡の発生状況

### 1）障害の状況

　表 4-14 は、2018（平成 30）年度の障害の種類別の発生状況を学校種別に示したものである。「障害」は負傷・疾病が治った後に残った障害をいい、合計では 403 件である。「視力・眼球運動障害」が 25.8% と最も多く、次いで「外貌・露出部分の醜状障害」が 21.8%、「歯牙障害」が

表 4-14　障害種別の状況（件）（2018 年度）

| 障害種別 ＼ 学校種別 | 小学校 | 中学校 | 高等学校 | 高等専門学校 | 幼稚園保育所等幼保こども園 | 計 | 率(%) |
|---|---|---|---|---|---|---|---|
| 歯芽障害 | 4 | 12 | 52 | 0 | 0 | 68 | 16.9 |
| 視力・眼球運動障害 | 7 | 21 | 74 | 1 | 1 | 104 | 25.8 |
| 手指切断・機能障害 | 6 | 9 | 15 | 1 | 0 | 31 | 7.7 |
| 上肢切断・機能障害 | 3 | 0 | 4 | 0 | 0 | 7 | 1.7 |
| 足指切断・機能障害 | 0 | 0 | 1 | 0 | 0 | 1 | 0.3 |
| 下肢切断・機能障害 | 0 | 2 | 4 | 0 | 0 | 6 | 1.5 |
| 精神・神経障害 | 12 | 17 | 27 | 0 | 0 | 56 | 13.9 |
| 胸腹部臓器障害 | 3 | 5 | 18 | 1 | 0 | 27 | 6.7 |
| 外貌・露出部分の醜状障害 | 31 | 18 | 28 | 1 | 10 | 88 | 21.8 |
| 聴力障害 | 1 | 1 | 2 | 0 | 0 | 4 | 1.0 |
| せき柱障害 | 4 | 3 | 4 | 0 | 0 | 11 | 2.7 |
| そしゃく機能障害 | 0 | 0 | 0 | 0 | 0 | 0 | 0.0 |
| 計 | 71 | 88 | 229 | 4 | 11 | 403 | 100.0 |

資料：日本スポーツ振興センター

16.9%などとなっている。

障害の程度は、最も重度の第 1 級から最も軽度の第 14 級までに区分されており、第 14 級（例えば、片手の小指が用をなさなくなったもの、3 本の歯に歯科補綴を加えたものなど）が 131 件（32.5%）と最も多い。しかし、第 7 級以上の重い障害が 39 件あり、特に、労働能力のほぼ完全な喪失とされる第 3 級以上の重障害が 19 件ある。障害の発生件数及び障害の程度別件数ともここ数年ほぼ同じ傾向がみられる。

### 2）死亡の状況

表 4-15 は、2018（平成 30）年度の死亡見舞金の給付状況を学校種別に示したものである。死亡見舞金の給付が行われたのは 74 件で、突然死が 25 件（33.8%）と約 3 割を占め、次いで窒息死（溺死以外）が 15 件（20.3%）となっている。死亡見舞金の給付件数も、例年、ほぼ同じような傾向がみられる。

学校管理下の死亡でも第三者から損害賠償金が支払われた場合には死亡見舞金は支給されず、供花料の支給のみが行われる。例年、供花料のみの支給がかなりみられ、平成 30 年度では 10 件あり、その内、対自動車事故が 7 件となっている。

### 4．事故・災害の発生要因の分析

事故・災害を防止するためには、事故・災害の実態を統計的に把握するだけでなく、その原因を検討し、事故・災害の発生要因を分析して対策を講じることが必要不可欠である。事故・災害はある時突然に起こるものではなく、必ず原因＝結果の因果律に支配された現象であることを銘記しておく必要がある。

表 4-15　死亡見舞金の死因別給付状況（件）（2018 年度）

| 障害種別＼学校種別 | | 小学校 | 中学校 | 高等学校 | 高等専門学校 | 幼稚園保育所等幼保こども園 | 計 | 率（%） |
|---|---|---|---|---|---|---|---|---|
| 突然死 | 心臓系 | 2 | 3 | 6 | 0 | 0 | 11 | 14.9 |
| | 中枢血管系（頭蓋内出血） | 3 | 3 | 4 | 0 | 1 | 11 | 14.9 |
| | 大血管系など | 1 | 1 | 0 | 0 | 1 | 3 | 4.1 |
| 計 | | 6 | 7 | 10 | 0 | 2 | 25 | 33.8 |
| 頭部外傷 | | 1 | 3 | 6 | 0 | 0 | 10 | 13.5 |
| 溺　死 | | 1 | 1 | 2 | 0 | 0 | 4 | 5.4 |
| 頚髄損傷 | | 1 | 0 | 0 | 0 | 0 | 1 | 1.4 |
| 窒息死（溺死以外） | | 1 | 10 | 2 | 1 | 1 | 15 | 20.3 |
| 内臓損傷 | | 1 | 0 | 2 | 0 | 1 | 4 | 5.4 |
| 熱中病 | | 1 | 0 | 0 | 0 | 0 | 1 | 1.4 |
| 全身打撲 | | 1 | 6 | 5 | 0 | 1 | 13 | 17.6 |
| 電撃死 | | 0 | 0 | 0 | 0 | 0 | 0 | 0.0 |
| 焼　死 | | 0 | 0 | 0 | 0 | 0 | 0 | 0.0 |
| その他 | | 0 | 0 | 1 | 0 | 0 | 1 | 1.4 |
| 計 | | 13 | 27 | 28 | 1 | 5 | 74 | 100.0 |

資料：日本スポーツ振興センター

　ここでは、事故・災害の発生要因の分析的な考え方の主なものを紹介する。

## （1）　時系列的な考え方

　事故・災害の多くは突然に起こるものではなく、時間的な順序をおって、いろいろな条件（要因）が重なり、発生の危険度が増して初めて明白な結果としてもたらされる。この時系列的な過程は、一般的には、事故・災害の発生の経過にそって、基底的要因（背景要因）、発端要因（始動要因）、介在要因（媒介要因）、直接要因、結果に区分して説明される。表 4-16 は、この時系列的な考え方の例としてアメリカの公衆衛生局などが家庭災害の発生要因のとらえ方を示したものである。基底的要因（背景要因）から結果としての事故・災害の発生までの一連の過程の中で、危険に気づき安全性を回復する措置がとられれば事故・災害を防止できる。

## （2）　ドミノ理論

　ハインリッヒ（H. W. Heinrich）は、事故・災害の発生のメカニズムをいくつかの要因の連続的過程でとらえ、その連続性を分断することによって事故・災害の防止が可能であるとする考え方を提唱している。これは図 4-5 に示したような将棋の駒倒しにたとえて「ドミノ理論」といわれている。ハインリッヒは事故・災害の原因から発生にいたる時系列的過程として、次の 5 つの因子をあげている。

① 社会的環境及び家系的背景

② 人間の過失

③ 不安全行為又は物理的・機械的危険

④ 事故

⑤ 傷害

この５つの因子の中で①と②の因子は間接要因、③は直接要因とみなされるもので、事故・災

表 4-16　ガス爆発事故の時系列的分析の例

| 要　因 | 発生の経過 |
|---|---|
| ①基底的要因<br>（背景要因） | 人的（心身）及び環境要素で、事故のプロセスが進行するのを助成する役割を有する<br>　例、亀裂の入ったガス管やゆるんだコックなど不適当な設備<br>　　ガス漏れを探知できない管理人の手落ちなど人的な問題 |
| ②発端要因<br>（始動要因） | 明らかに事故のプロセスが開始される条件<br>　例、近くの工事などの振動でガス管の亀裂からガスが漏れ始める |
| ③介在要因<br>（媒介要因） | 始動要因を維持・助長し、直接要因へつなぐ役割をする条件<br>　例、窓を閉め切って仕事に熱中している |
| ④直接要因: | 明らかな結果をもたらす引き金の役割を果たす条件<br>　例、ガスの充満した部屋でたばこ、又は、ガスコンロの火をつける |
| ⑤結果 | 事故災害の発生<br>　例、ガス爆発事故の発生 |

資料：アメリカ公衆衛生局

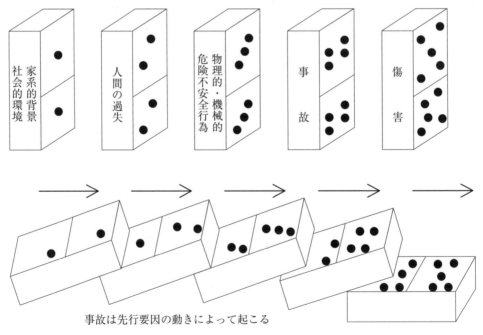

事故は先行要因の動きによって起こる

図 4-5　ドミノ理論
（吉田、南「学校安全」より）

害の防止には③の直接要因の排除が重要であるとされている。

### （3）　潜在危険論

　潜在危険とは、一般には事故・災害が起こって初めて気づかれる形態の危険で、結果として事故・災害の原因とみなされる。須藤春一は潜在危険として、図 4-6 に示したような環境の潜在危険、服装の潜在危険、行動の潜在危険、心身状態の潜在危険の 4 種をあげ、これらのいくつかが重なりあって事故・災害が発生するとしている。この潜在危険は「未成熟の事故」ともいわれ、それが時間の経過とともに徐々に成熟して事故・災害が発生する。この潜在危険を予測し、十分な注意を払って事前に除去することによって事故・災害を防止できる。

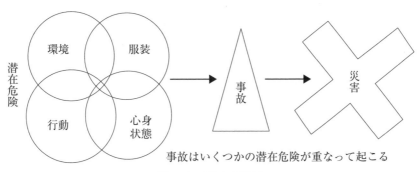

図 4-6　潜在危険論
（吉田、南「学校安全」より）

### （4）　疫学的理論
#### 1）　主体・原因・環境の 3 要因

　感染症成立の 3 要因である宿主（主体）、病原体、感染経路の条件を事故・災害という現象に適用したものである。ゴードン（J. E. Gordon）は、主体要因（Host）、原因物件（Agent）、環境要因（Environment）の 3 要因のバランスがくずれた時に事故・災害が発生するとしている。事故・災害の発生に最も大きく働いている要因を探り、それを除去することによって事故・災害を防止できる。

#### 2）　主体・環境・行動の 3 要因

　リーベル（H.R.Leavell）らは、健康成立条件の疫学モデルとして、主体、病因、環境の 3 要因をあげ、環境を支点とした台秤で表現した動的平衡論を提唱している。小倉は、この疫学モデルを基礎として、主体（人間）と環境の相互関係を調節する主体の行動を支点として取り上げ、人間の健康状態は主体、環境、行動の 3 要因のバランスで成り立つという考え方を提示している。（第 3 章第 1 節参照）。この考え方は、安全（事故・災害）にも適用できる。すなわち、環境の条件と主体の心身の状況に応じて判断し、行動することによって安全が確保される。主体と環境との相互関係の中で不安全な行動によって 3 要因のバランスがくずれ、人的傷害や物的損傷な

どの事故・災害が生じることになる。

このように、事故・災害の発生要因を系統的・構造的にとらえる考え方は、学校における安全管理を進める上で重要な手がかりを与えていると言える。

### 5. 学校安全計画とその展開

安全管理の具体的な展開にあたっては、学校での事故・災害の実態やその発生要因を把握し、事故・災害の防止対策を十分に検討した上で計画を立て、それをもとに実施、評価していく必要がある。

### （1） 学校安全計画の法的根拠

学校保健安全法第 27 条（学校安全計画の策定等）に、「学校においては児童生徒等の安全の確保を図るため、当該学校の施設及び設備の安全点検、児童生徒等に対する通学を含めた学校生活その他の日常生活における安全に関する指導、職員の研修、その他の安全に関する事項について計画を策定し、これを実施しなければならない」と定められている。なお、学校保健安全法第 5 条では「学校保健計画の策定等」について定めてあり、文部科学省通知（2008 年）では、学校保健計画と学校安全計画はそれぞれ個別に策定されるべきものとされている。

実際の学校安全計画の立案にあたっては、安全管理と安全教育の内容の調整と統合を図り、安全管理の諸活動の合理的な実施と、組織的な展開のための具体的な計画として学校保健活動のなかに位置づけられなければならない。

### （2） 学校安全計画の内容

学校安全計画は、全校的な立場から学校安全に関する諸活動の総合的・基本的な計画である。したがって、その内容は、安全管理の内容はもとより、安全教育の内容や安全管理と安全教育の調整と推進の役割をもつ組織活動の内容を明らかにする必要がある。学校安全計画の内容は、学校安全主任が中心となり、学校安全委員会や関係者の意見を聞いて決定される。

安全管理に関する内容は、一般的には次のような事項が考えられる。

  1） 施設・設備に関する事項
   ① 施設・設備の安全点検
    定期の点検、月例の点検、日常の点検、臨時の点検
   ② 施設・設備の安全措置
    危険物の除去、修理・取り替え、危険箇所の明示、使用規制・禁止
  2） 学校生活に関する事項
   ① 事故・災害の発生状況の把握
   ② 学校生活中の行動や場所の規制
   ③ 安全意識・安全行動の観察と調査

④　情緒の安定及び安全指導との関連

3）　事故・災害発生時の措置に関する事項

①　日常の救急体制

　校内での救急体制、遠足・修学旅行など校外での救急体制

②　火災・地震など非常災害時の体制

　防災組織、避難場所・経路、防災設備、避難訓練

4）　通学に関する事項

①　通学路の選定と点検

②　通学方法や通学中の行動の規制

③　通学中の危険等発生時対処要領の作成

5）　不審者等の侵入に関する事項

①　校内での危険等発生時対処要領の作成

②　警察署等の関係機関との連携体制

6）　その他の必要な事項

　安全教育に関する内容は、学習指導要領に一般的基準が示されているが、学校や地域の特性に応じて適切な内容を取り上げることが望ましい。また、組織活動としては、学校安全委員会の開催、消防署・警察署やPTAなど地域の関係組織・団体との連携、学校安全の評価などがある。

　学校安全計画には、年間計画、月間計画、週間計画などがある。計画の効果的な展開を図るためには、それぞれの計画ごとの具体的目標や活動内容の項目別の目標を定め、さらに具体的な実施計画が立案されなければならない。

### （3）　学校安全計画の展開

　学校安全計画の実際の展開には、校長や校内の学校安全主任を始め、教職員が学校安全について共通理解し、協力的な安全管理組織を確立する必要がある。そして、教職員の役割分担を明確にしておくことが大切である。また、安全管理の効果を高めるためには、地域の環境条件の実態や特性を考慮した指導が重要であり、必要に応じて、警察署、消防署、交通安全協会、PTAなどの関係組織や団体の協力を得ることも大切である。

## 6.　学校管理下の災害救済制度

　安全管理の推進にもかかわらず、児童・生徒の死傷事故は少なくないことから、学校管理下の児童・生徒の災害に対する救済措置の制度がある。以下に、現行の日本スポーツ振興センター法の制度について略述する。

### （1）　災害共済給付のねらい

　児童・生徒の学校管理下の災害のうち、学校の設置者に責任のある事故については、国家賠償法などの損害賠償制度がある。また、一般的な負傷・疾病に対しては、各種の社会保険による医療費などの給付制度がある。しかし、これらの制度のみでは、学校管理下の児童・生徒の災害に

対する救済措置は十分ではない。

　そこで、学校安全の普及充実と、学校管理下における児童・生徒の災害に対する救済制度の充実をねらいとしたものに、日本スポーツ振興センター法に基づく災害救済のための共済給付制度がある。この制度は児童・生徒の災害（負傷、疾病、障害、死亡）に対して、その保護者に災害共済給付金（医療費、障害見舞金、死亡見舞金など）を支給するものである。

### （2）災害共済給付の契約

　災害共済給付は、学校の設置者が児童・生徒の保護者の同意を得て、日本スポーツ振興センターとの契約に基づいて行われる。加入対象は、義務教育諸学校、高等学校、高等専門学校、幼稚園及び保育所の幼児・児童・生徒で、表4-17に示したような1人当たりの年額掛金が定められている。掛金は生活保護者などの特例を除き、学校の設置者と保護者が所定の割合で負担し、国が給付に要する経費の一部を補助している。義務教育諸学校ではほとんどの者が加入している。

表 4-17　災害共済給付制度における共済掛金額（2020 年度）

| 学校種別 | | 一般児童生徒等 | | 要保護児童生徒 | |
|---|---|---|---|---|---|
| 義 務 教 育 諸 学 校 | | 920 円 | （460 円） | 40 円 | （20 円） |
| 高等学校 | 全日制 | 2,150 円 | （1,075 円） | － | |
| | 定時制 | 980 円 | （490 円） | － | |
| | 通信制 | 280 円 | （140 円） | － | |
| 高 等 専 門 学 校 | | 1,930 円 | （965 円） | － | |
| 幼 稚 園 | | 270 円 | （135 円） | － | |
| 幼保連携型認定こども園 | | 270 円 | （135 円） | － | |
| 保育所等特定保育事業 | | 350 円 | （175 円） | 40 円 | （20 円） |

注：1.　（　）内は、沖縄県における共済掛金。
　　2.　共済掛金における保護者の負担割合は、義務教育諸学校は4割から6割、その他の学校は6割から9割で、残りの額を学校の設置者が負担する。
　　3.　災害共済給付契約に免責の特約を付けた場合は、上表の額に児童生徒等1人当たり15円（高等学校の通信制は2円）を加えた額が共済掛金の額（小学生であれば、1人当たり「935円」）になる。この免責の特約に係る分の掛金に関しては、学校の設置者が全額負担する。
　　4.　「要保護児童生徒」とは、生活保護法による保護を受けている世帯に属する義務教育諸学校、保育所等の児童生徒をいう。要保護児童生徒は、生活保護法の医療扶助があるため、障害見舞金又は死亡見舞金のみ支給対象となるため、一般の児童生徒とは別の共済掛金の額を定めている。
資料：日本スポーツ振興センター

## （3）災害共済給付の内容

　災害共済給付の対象となる災害には、「学校管理下の範囲」「災害の範囲」「給付金の範囲」により規制が行われる。

### 1）学校管理下の範囲

　学校管理下の範囲とは、一般に次のような場合とされている。

①　学校が編成した教育課程に基づく授業を受けている場合（保育所における保育中を含む）。

　　　例えば、各教科（科目）、道徳、自立活動、総合的な学習の時間、幼稚園における保育中、特別活動中（児童・生徒会活動、学級活動、ホームルーム、クラブ活動、儀式、学芸会、運動会、遠足、修学旅行、大掃除など）

表4-18　給付の対象となる災害の範囲と給付金額（2019年）

| 災害の種類 | 災害の範囲 | | 給付金額 |
|---|---|---|---|
| 負　傷 | その原因である事由が、学校の管理下で生じたもので、療養に要する費用の額が 5,000 円以上のもの | | 医療費<br>・医療保険並の療養に要する費用の額の 4/10（そのうち 1/10 の分は、療養に伴って要する費用として加算される分）ただし、高額療養費の対象となる場合は、自己負担額（所得区分により限度額が異なる。）に、療養に要する費用の額の 1/10 を加算した額<br>・入院時食事療養費の標準負担額がある場合はその額を加算した額 |
| 疾　病 | その原因である事由が、学校の管理下で生じたもので、療養に要する費用の額が 5,000 円以上のもののうち、文部科学省令で定めるもの<br>　・学校給食等による中毒　・熱中症<br>　・ガス等による中毒　　　・溺水<br>　・異物の嚥下又は迷入による疾病<br>　・漆等による皮膚炎<br>　・外部衝撃等による疾病<br>　・負傷による疾病 | | |
| 障　害 | 学校の管理下の負傷及び上欄の疾病が治った後に残った障害で、その程度により 1 級から 14 級に区分される | | 障害見舞金（障害等級表を参考）<br>4,000 万円〜88 万円<br>〔通学中の災害の場合 2,000 万円〜44 万円〕 |
| 死　亡 | 学校の管理下において発生した事件に起因する死亡及び上欄の疾病に直接起因する死亡 | | 死亡見舞金<br>3,000 万円〔通学中の場合 1,500 万円〕 |
| | 突然死 | 運動などの行為に起因する突然死 | 死亡見舞金<br>3,000 万円〔通学中の場合 1,500 万円〕 |
| | | 運動などの行為と関連のない突然死 | 死亡見舞金<br>1,500 万円〔通学中の場合も同額〕 |

※上表の「療養に要する費用の額が 5,000 円以上のもの」とは、初診から治ゆまでの間の医療費総額（医療保険でいう 10 割分）が 5,000 円以上の場合をいう。（医療保険でいう被扶養者（家族）で、例えば病院に外来受診した場合、通常自己負担額は医療費総額の 3 割分となる。）

また、上表のほか、災害共済給付の附帯業務として、次の事業を行っている。

◆供花料の支給：学校の管理下における死亡で、損害賠償を受けたことなどにより死亡見舞金を支給しないものに対し供花料（17 万円）を支給する。

◆へき地通院費：へき地にある学校（義務教育諸学校）の管理下における児童生徒の災害に対し、通院日数に応じ、1 日当たり定額 1,000 円の通院費を支給する。

資料：日本スポーツ振興センター

② 学校の教育計画に基づく課外指導を受けている場合。

例えば、部活動、林間学校、臨海学校、夏休みの水泳指導、生徒指導、進路指導など

③ 休憩時間中に学校にある場合、その他校長の指示または承認に基づいて学校にある場合。

例えば、始業前、業間休み、昼休み、放課後

④ 通常の経路及び方法により通学する場合（保育所への通園・降園を含む）。

例えば、登校（登園）中、下校（降園）中

⑤ 上記に掲げる場合のほか、これらの場合に準ずる場合として定める場合。

例えば、学校の寄宿舎にあるとき、学校外の授業等の場所、集合・解散場所と住居・寄宿舎との間の合理的な経路、方法による往復中など

## 2）災害の種類・範囲

表4-18は、災害の種類、災害の範囲、給付金の概要を示したものである。給付金のうち、死亡については第三者から損害賠償金が支払われた場合には、死亡見舞金は支給されず供花料の支給のみが行われる。また、給付金についても、医療費の支給開始後10年を経過した場合、風水害、震災などの非常災害による場合などには支給されないなどの制限がある。

**参考文献**

日本学校保健会：学校保健の動向（令和2年度版）、2020.

吉田螢一郎、南　哲：現代学校保健全集5・学校安全、ぎょうせい、1982.

小倉学：学校保健、光生館、1983.

学校保健・安全実務研究会編著：新訂版学校保健実務必携（第5次改訂版）、第一法規、2020.

厚生統計協会：国民衛生の動向（2003年）、2003.

文部科学省：小学校安全指導の手引（三訂版）、日本体育・学校健康センター、1993.

文部科学省：中学校安全指導の手引（三訂版）、日本体育・学校健康センター、1994.

文部科学省：小・中学校学習指導要領、2017.

文部科学省：高等学校学習指導要領、2018.

日本スポーツ振興センター：学校の管理下の災害「令和元年版」、2019.

# 第 5 章
# 学校保健活動の展開と運営

## 第1節　学校保健活動の展開

### 1．学校保健活動に対する共通理解・条件づくり

#### （1）共通理解・条件づくりの必要性

　学校保健活動は、養護教諭1人の活動や努力によって、問題が解決されるものではない。児童・生徒を取り巻く学級担任、養護教諭、栄養教諭、その他の一般教師、学校医、学校歯科医、学校薬剤師などの学校保健関係者、保護者、地域住民などの共通理解による共同の取り組みによってこそ効果的な実践活動となる。

　児童・生徒の健康の問題、すなわち学校保健活動を学校教育の課題として位置づけ、学校における教職員、関係者全体の問題として展開するためには、学校保健に対する共通理解と共通認識を出発点とすることが重要である。この学校保健に対する共通理解・認識なくしては、学校保健活動の創造的実践や効果は望めない。

　最近の児童・生徒の健康実態は、半健康・不健康、あるいは、ヒトとしての生命維持機能や動物的防御反射能力の低下・弱化と言われる状況下において、健康に発達することの保障がとりわけ重要とされている。しかし、学校教育現場では、学校保健活動は、不活発とか、不振と言われている。

　そこで、学校保健活動が不活発な要因をさぐり、活発化のためにどのような対策が必要なのか検討することにする。

　不活発の要因としては、次のような点が考えられる。

① 校長や教師全体が学校保健に対する理解や関心が低い。

② 学校保健の課題が教育活動としての教育計画等に位置づけられていない。

③ 児童・生徒の健康課題の背景は多様であり、解決のための効果的な実践がなされにくい。

④ 受験・教科優先の教育体制にある。

⑤ 教師は授業の他の雑務等を含めて極めて多忙である。

などである。しかし、児童・生徒の健康に対する管理者や教師集団の関心や理解の低さを嘆いていても事態は一向に改善されない。その学校の実態・現実を踏まえて、実態に応じた働きかけをするより他に方法がないと言える。その学校や教師の実態や意識に応じて、ねばり強く多様な働きかけを通して、教師一人一人の学校保健に対する理解や関心を高め、多くの教師の共通理解が

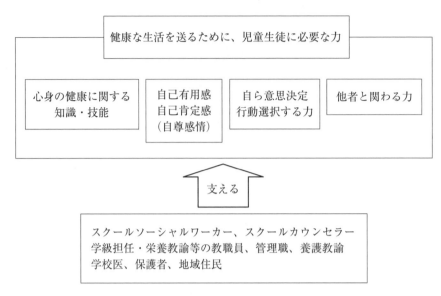

健康な生活を送るために、児童生徒に必要な力

| 心身の健康に関する<br>知識・技能 | 自己有用感<br>自己肯定感<br>（自尊感情） | 自ら意思決定<br>行動選択する力 | 他者と関わる力 |

支える

スクールソーシャルワーカー、スクールカウンセラー
学級担任・栄養教諭等の教職員、管理職、養護教諭
学校医、保護者、地域住民

＊児童・生徒を支えるために適切に連携し、それぞれの役割を果たすことが重要

心身の健康の保持増進を教育活動の基盤とすることにより、
児童生徒が安心して生活を送ることができる

**図 5-1　現代的健康課題を抱える子供たちへの支援**
資料：文部科学省（一部修正）

得られるよう取り組むことが大切である。

　特に、養護教諭は、児童・生徒が生涯にわたって健康な生活を送るために必要な力を育成するために、教職員や家庭・地域と連携し、日常的に「心身の健康に関する知識・技能」「自己有用感・自己肯定感（自尊感情）」「自ら意思決定・行動選択する力」「他者と関わる力」を育成する取組を実施する必要がある（図 5-1）。

### （2）　共通理解・条件づくりのための働きかけ

　学校保健に対する共通理解を図り、学校保健活動としての展開のための条件づくりを進めていくためには、養護教諭は学校保健関係者に対して次のような働きかけが必要である。

①　児童・生徒の健康実態を把握し、児童・生徒の健康にどんなことが問題となっているのか、その実態をリアルに、機会あるごとに、意識的に一人一人の教師に訴えることである。数名の教師が理解してくれるだけでも学校保健活動にとって大きな力となる。

②　児童・生徒の健康実態や問題について、職員会議等の集団の場で話題や課題として提起することである。この場合、健康実態について単なる課題の提起だけでなく、その問題の背景、解決のための実践方法、実践による展望をも含めた理論武装をしておくことが重要である。

③　養護教諭の日々の実践のあり方や仕事に対する姿勢、児童・生徒に対する教師性、教育的

力量の問題である。児童・生徒に対する愛情や仕事に対する熱意、専門職にふさわしい積極的、創造的な実践に対して、養護教諭の意見や要求は受け入れやすい。したがって、教師集団の理解や協力のなさだけを問題にするのではなく、養護教諭自身の仕事に対する姿勢や専門的力量を自問自答する必要がある。

④　児童・生徒の健康実態や養護教諭の仕事について、間接的であっても「保健だより」等を定期的、集中的に発行し、日常から児童・生徒の健康実態や養護教諭の専門的力量（仕事の質的内容）を発揮して、常に情報を提供し、理解や関心を深める素地を作っておくことである。

⑤　職場の民主化に努力することである。管理主義、権威主義的傾向の強い職場では、弱い立場の発言や要求はなかなか聞き入れてもらえない傾向にある。したがって、どんな問題やどんな立場の人の意見も討議できる民主的職場づくりを心がけることが必要である。

⑥　児童・生徒の健康問題について、集団で討議できる「学校保健委員会」「教員保健組織」を作ることである。この保健組織のあり方等については後述するが、学校保健に関する組織の有無は、学校保健活動あるいは教師の学校保健に対する共通理解を深めるためにも重要である。

　以上の諸点を踏まえて、教師集団の学校保健に対する理解や関心を高める「渦づくり」「条件づくり」をすることが大切である。特に養護教諭は「学校保健を組織する力量」、学校保健活動の渦・条件づくりの「核」としての重要な役割を担っていると言える。

## 2.　学校保健活動の展開過程

　学校保健活動が、教師集団の共通理解のもとに、教育活動として位置づけられて、諸実践が合理的、効果的、効率的であり、個々の教師の役割が明確化されて協力体制のとれる学校保健活動となるためには、どのような学校保健活動の過程（プロセス）や段階（ステップ）を踏めばよいかについて検討する必要がある。この学校保健活動の展開過程が明確でない場合、上述したように、学校全体の活動とならないし、健康の問題が教育や発達の課題として位置づけられないし、科学的、効果的な活動とならないからである。

　小倉は、学校保健活動のステップを、（1）問題の発見、（2）問題の分析（学校保健診断）、（3）計画（学校保健計画の立案）、（4）実施、（5）評価の5段階で指摘している。

　そこで、各段階での具体的な活動の内容や進め方について述べることにする。

### （1）　問題の発見

　第1のステップは、各学校における児童・生徒の健康問題（主体、環境、生活・行動）の把握・発見、選定である。学校保健活動は、児童・生徒の健康事実から出発すると言われている。各学校において、健康の実態と何が問題であるかを明確にする必要がある。健康問題の把握・発見の方法は、表5-1に示したとおりである。健康診断のように、ある時期に異常があるかどうか

表5-1　学校保健管理の領域・側面・方法

| 領域／側面 | 主体管理<br>（心身の管理） | 生活管理<br>（生活行動管理） | 環境管理<br>（衛生・安全管理） |
|---|---|---|---|
| 健康問題の把握<br>（健康状態の評価） | 健康観察、健康調査<br>健康相談（面接）<br>健康診断（調査、測定<br>検査、検診）<br>保健室来室記録<br>欠席調査、体力テスト | 生活行動観察<br>（学校での生活行動）<br>生活行動調査<br>（家庭での生活行動） | 環境衛生検査<br>（定期、臨時、日常）<br>安全点検<br>（定期、臨時、日常）<br>調査、観察 |
| 健康問題の改善・解決 | 保健指導・助言<br>健康相談（支援）<br>健康相談（ヘルスカウ<br>ンセリング）<br>家庭連絡<br>教育計画の調整 | 生活指導・助言<br>家庭連絡<br>不健康な生活行動の禁<br>止・規制（飲酒、喫煙、<br>薬物など） | 施設の修理・新設<br>不安全な行動の禁止・<br>規制 |
| 健康の保持増進<br>疾病・障害予防 | 学校給食、体育指導<br>疾病管理、感染症予防<br>救急処置・看護<br>臨機の保健指導 | 保健・生活指導（健康<br>生活の実践化・習慣化・<br>行動化）<br>臨機の保健・生活指導 | 施設の清掃・消毒<br>避難訓練<br>交通安全指導<br>臨機の保健・安全指導 |

計画的保健指導・保健学習
学校保健委員会・児童生徒保健委員会

（小倉「学校保健活動」を一部修正）

を専門医（学校医）によってチェックすることも必要であるが、児童・生徒の健康状態は日々変化するので日常的な健康観察も重要な健康問題の把握・発見の方法である。また、単なる健康観察でなく、児童・生徒への働きかけや交流を通して内面をも見通すことのできる把握が大切である。その他、欠席記録、事故・傷害記録等の分析により、学校全体での問題、児童・生徒一人一人の健康上の問題を把握・発見すべきである。

　種々の記録や統計が、記録のための資料であったり、学校行事のための健康診断であったり、統計資料としての健康診断であったりする場合が多い。したがって、種々の問題把握・発見の方法の長所、短所（利点、欠点）を踏まえた健康問題の把握・発見でなければならない。

　次に、健康上の問題や課題が明らかになっても、すべてが解決のために取り組めるものでもない。課題の緊急性や重要性、解決の可能性等を考慮した健康上の問題を選定しなければならない。そこで、課題選定に際して留意すべき点について述べてみる。

①　健康・安全上の危険度の高い環境、行動、疾病（感染性疾患を含む）等の緊急度を考慮すること。

②　多くの児童・生徒にとって共通の健康課題（う歯、近視、生活リズム、性など）を考慮すること。

③　課題解決にあたって、効果が上がりやすく、多くの教師にとって共通理解・参加が得られ

やすいものであること。

④　課題の解決法が科学的であり、費用、負担が過重でないこと。

⑤　児童・生徒の健康課題が発育発達上の本質的、基本的なものであること。

などを考慮して、健康問題の実践課題を選定しなければならない。

### （2）問題の分析（学校保健診断）

　児童・生徒の健康上の課題が、緊急性、重要性等を考慮して選定されたとしても、それらの課題の背景や要因が十分に分析されないと、解決のための手だてが的を得たものにならないし、効果的な課題解決法とならない。医師が患者の病状や病名を診断・検査して治療法を検討するように、学校保健活動においても、課題の背景や要因、課題そのものの中での問題について、情報収集のための調査や資料の分析により、課題解決のための処方箋を明確にする必要がある。

　小倉が指摘しているように（図5-2）、う歯の問題が課題として選定されたとしても、被患率の問題か、それとも治療率を問題にするのかなどの課題をより明確にし、治療率を問題にするのであれば、何故、未治療率＝未処置者が多いのかの要因を分析し、集団に対する対策、個々人に対する対策を検討しなければならない。問題を提起するとともに、その問題の要因分析、診断がなされることによって、問題解決のための具体的な実践方法が明らかにされる。この問題分析というステップは、学校保健活動の方向性（取り組みの視点）と、取り組みによる効果を上げるためにも重要である。

### （3）計画（学校保健計画の立案）

　学校保健計画の意義や立案のステップ、計画の内容等については、後述するので、ここでは学校保健計画立案の基本的な内容について述べる。

　計画は、可変的であり、立案したからといって固定的なものではない。しかし、計画は、単なる行事予定表であったり、カレンダー的なものでもない。このような機械的、形式的、お題目的

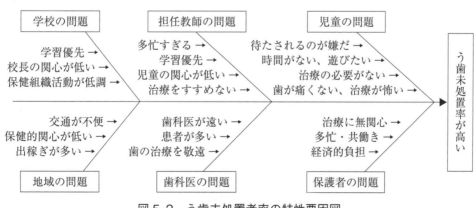

**図 5-2　う歯未処置者率の特性要因図**
（小倉「学校保健活動」より）

な計画は、計画の目標や目的、具体的な活動や行動内容、評価項目や評価方法も明らかでなく、ただ単に行事をこなすための計画予定表といったことになり、活動や行動が意識的、創造的な実践とはならないし、多くの教師の理解や協力も得られないものとなる。

そこで、学校保健計画立案にあたっては、次のようなことを考慮すべきである。

「何のために＝目的」「何を＝実践の課題」「どのように＝具体的な実践方法」「どのくらいの効果＝目標」「誰が＝実践者」「誰に行うのか＝働きかける対象」といった内容のことを計画の段階で検討しなければならない。

① 目的、目標の設定（何のために、活動や行動によって、どの程度までの改善、解決をするのかといった目的、目標の設定）。

② 具体的な活動や行動の計画（問題解決のために、どのような実践をするのか、それぞれの役割分担と実践方法を具体的に計画する）。

③ 評価項目と評価方法（目標をたてて実践しても、どれだけ目標が達成できたのか、実践方法等についても評価が重要であり、評価項目と方法について計画しておく）。

以上のような内容を盛り込んだ計画は少ない。学校保健活動が児童・生徒の健康を守り育てるものになるためには、このステップは重要である。


## （4）実　施

計画に沿って実践（実施）の段階となる。具体的な実施となると、指導資料の作成、打ち合わせや連絡、検査・測定に必要な器具（器材）の準備、会場の設営等を行い実施の運びとなる。実施の途中で、活動や行動に対する反応や意見等をキャッチし、実施方法や実施内容を常に評価すると同時に、実施による成果をも評価しながら計画を修正することも考慮しなければならない。


## （5）評　価

学校保健活動の場合、実施した結果、どれだけの目標を達成したかを評価することが困難なケースが多い。

そこで、健康課題について実施する場合、実施前における状態についての資料・記録をとっておく必要がある。例えば、う歯の被患率や治療率、事故・傷害の件数（どんな事故が、何時、どんなことをして、どんな場所で、誰が）、欠席記録（欠席理由、誰が、何時）、発育・発達状況等の実態記録が、諸実践の結果どのように変化したのか実施後の記録と比較検討しなければならない。

資料を得る方法としては、検査・測定、調査、記録の分析、観察、問診（面接）等がある。さらに児童・生徒、教師、保護者の意見や反応を聴取したり、観察しておく必要がある。この評価活動は、その学校での重点課題について、目標や目的を明確にして取り組んだ結果、どのような変化＝成果があったのか、今回の実践上の問題や今後の課題としてどのような問題が残されているのかを知る上で重要な活動である。

## 3.　学校における児童・生徒の現代的課題解決の基本的な進め方

　学校における児童・生徒の現代的課題解決の基本的な進め方として、文部科学省は「現代的健康課題を抱える子供たちへの支援〜養護教諭の役割を中心として〜」（2017 年）の中で、以下のように示している。

　様々な健康課題を抱える児童・生徒が、どの学校においても課題解決に向けた支援を確実に受けるためには、次の 4 つの基本的ステップが挙げられる。

　　ステップ 1（対象者の把握）
　　　　　　①体制整備
　　　　　　②気付く・報告・対応
　　ステップ 2（課題の背景の分析）
　　　　　　①情報の収集・分析
　　　　　　②校内委員会におけるアセスメント
　　ステップ 3（支援方針・支援方法の検討と実施）
　　ステップ 4（児童・生徒の状況確認及び支援方針・支援方法等の再検討と実施）

　健康課題を抱える児童・生徒へ適切に支援するために、学校としてステップ 1 からステップ 4 までの取組を適切に実施できたか、実施に当たり校内の教職員が有機的に連携できたか、また、適切に関係機関と連携できたかなどを自己点検し、改善につなげることが重要である。

　このため、校長のリーダーシップの下、学校医、スクールカウンセラー、スクールソーシャルワーカー等にも協力を得ながら、関係教職員が自己点検を実施し、その結果を踏まえて、学校の取組の改善を行う必要がある。なお、自己点検の結果は、学校の実情に応じて、学校評価（「自己評価」「学校関係者評価」「第三者評価」）の基礎資料として活用することが可能である。

**参考文献**
小倉学：学校保健活動、東山書房、1980.
三木とみ子、他：新訂養護概説、ぎょうせい、2018.
大谷尚子、他：養護概論、東山書房、2004.
杉浦守邦、他：養護概説（第 5 版）、東山書房、2011.
杉浦守邦、他：新・学校保健、東山書房、2011.
日本学校保健会：学校保健活動推進マニュアル、2003.
学校保健・安全実務研究会：新訂版・学校保健実務必携（第 5 次改訂版）、第一法規、2020.
日本学校保健会：学校保健の動向（令和 2 年度版）、2020.
文部科学省：現代的健康課題を抱える子供たちへの支援〜養護教諭の役割を中心として〜、2017.
日本学校保健会：学校保健の課題とその対応〜養護教諭の職務等に関する調査結果から〜、2012.

## 第2節　学校保健計画

　学校教育は目的的、意識的、計画的な実践活動である。第1節で述べた学校保健活動も同様に、全教職員の共通理解と協力のもとに展開される活動であるだけに、その計画そのものに加え、計画の策定と評価のプロセスが重要である。小倉は学校保健活動の時間的な過程を、問題の発見、問題の分析（学校保健診断）、計画化（学校保健計画の立案）、実施、評価の5段階に分けてとらえており、学校保健活動に学校保健計画が欠かせないことを明示している。

　学校保健活動は、①児童・生徒の健康の保持増進を図ること、②集団教育としての学校教育活動に必要な健康や安全への配慮を行うこと、③自己や他者の健康の保持増進を図ることができるような能力を育成することなどを目的とした概念である。学校保健計画はこれらの命題を前提としながら、児童・生徒の健康問題を把握・発見したり、問題の改善・解決のための効果的な諸実践が展開されたり、教職員全体の理解や協力、参加を得たりするための基礎となるものである。計画に基づいた有機的な活動が展開されるよう、学校保健計画の意義と内容、作成方法を理解し、立案、評価を行うことが重要である。

### 1.　学校保健計画の法的根拠とその意義

#### （1）　法的根拠

　学校保健計画は、学校保健安全法第5条（学校保健計画の策定等）に「学校においては、児童生徒及び職員の心身の健康の保持増進を図るため、児童生徒及び職員の健康診断、環境衛生検査、児童生徒に対する指導その他保健に関する事項について計画を策定し、これを実施しなければならない」と規定されている。2008（平成20）年の「学校保健法等の一部を改正する法律の公布について（通知）」では、学校保健計画を「学校において必要とされる保健に関する具体的な実施計画」として位置づけ、その内容や作成方法、保護者等の関係者への周知について留意することとしている。また、学校保健計画と学校安全計画はそれぞれ個別に策定されるべきものとしている。

#### （2）　意義と必要性

　学校保健計画の実質的な意義は、学校教育の様々な場面で展開される保健管理と保健教育の諸活動の統合と調整の役割を持つところにある。すなわち、教育課程に基づく学校教育カリキュラムの中に保健管理プログラムを計画的に組み込んでいくことである。したがって、学校保健計画は教科教育として行われる保健教育と、特別活動として行われる健康診断や保健指導等の計画とも関連づけることが重要である。

　以上のことから、学校保健計画の意義と必要性については、次のように要約することができる。

① 全教職員の学校保健活動（健康課題を解決するための実践方法等）についての共通認識が高まる。

② 学校全体の取り組みとしての学校保健組織活動に発展する。

③ 教育課程に基づく保健教育と保健管理の統合・調整を図り、学校保健活動を教育活動として位置づけることができる。

④ 学級担任その他のすべての教職員が、学校保健活動への参加・関与の機会を保障される。

⑤ 学校だけの取り組みでなく、家庭、地域との協働の取り組みへと発展拡大する。

## 2. 学校保健計画の立案過程

学校保健計画は、年間を見通した総合的な基本計画であり、その学校が学校経営において学校保健活動をどのように位置づけているか、また児童・生徒の健康課題をどうとらえ、その解決に向けてどのように取り組んでいるかなどを判断することができる。したがって、一部の教員だけで立案したり、前年度の計画をそのまま使用したりすることは避けなければならない。

### （1）学校保健計画の立案過程

小倉が示した、学校保健計画の立案までの手順（図5-3）は、健康問題の情報収集の段階から全教職員が関与することと、情報の分析と議論のプロセスの重要性を示唆している。

第1のステップは、健康上の問題の把握と発見である。

まず、その学校における児童・生徒の主体としての健康問題、生活・行動上の問題、環境上の衛生・安全の問題は何かを分析する。問題を明らかにするためには、表5-2のような資料、記録、あるいは、調査、検査・測定、点検により、健康や疾病の問題、危険な行動や環境等につい

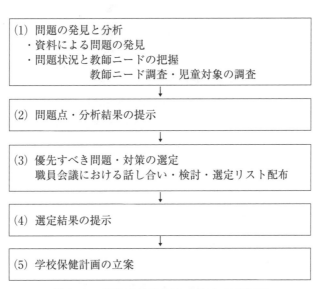

図5-3　学校保健計画の立案までの手順
（小倉「学校保健活動」より）

表 5-2　学校保健計画の立案に必要な保健情報

| |
|---|
| (1)　児童・生徒の健康状態に関する資料<br>　　定期健康診断結果の分析・統計（発育統計、疾病・異常の被患率等）<br>　　定期健康診断の事後措置による検査・治療状況<br>　　定例の身体計測の記録<br>　　体力テストの記録<br>　　疾病・異常による欠席状況など |
| (2)　児童生徒の健康生活に関する資料<br>　　健康生活の意識・知識・態度に関する調査<br>　　健康習慣に関する調査（就寝・起床・睡眠・学習・情報機器の使用などの生活時間、食事・間食など<br>　　食生活、運動・スポーツの実施状況、歯磨き習慣、排便習慣、清潔習慣）、など |
| (3)　保健室利用状況に関する資料<br>　　救急処置記録簿<br>　　健康相談記録、など |
| (4)　学校環境衛生に関する資料<br>　　定期・臨時の環境衛生検査の結果と事後措置の記録<br>　　日常検査の結果と事後措置の記録、など |
| (5)　学校安全に関する資料<br>　　定期・臨時の安全点検の結果と事後措置の記録<br>　　日常点検の結果と事後措置の記録、など |
| (6)　保健教育に関する資料<br>　　保健学習（教科保健学習）の実施状況<br>　　学級活動（ホームルーム活動）での保健指導の実施状況、など |
| (7)　学校保健組織活動に関する資料<br>　　各種委員会の活動記録（学校保健委員会、教職員保健委員会、児童・生徒保健委員会、PTA 保健委員会）、など |
| (8)　国・地域の各種保健統計に関する資料<br>　　文部科学省：学校保健統計調査報告、体力・運動能力調査報告、<br>　　日本スポーツ振興センター：学校の管理下の災害（基本統計）<br>　　厚生労働省：国民健康・栄養調査報告、感染症発生動向調査、食中毒発生状況、人口動態統計、など |

（門田の作成）

ての問題をリストアップしなければならない。また、学級担任からは学級の健康問題に関する情報を収集し、さらに全教職員からこれらの問題に対するニーズ、重点課題として取り上げる項目などに関する意見を集約する。このステップは、課題の明確化に必要な情報を広く集めるとともに、全教職員が学校保健計画立案に参画する意識の形成を可能にする。

　第2のステップは、第1のステップにより学校全体の共通課題となった問題について、その問題点の明確化と問題の分析結果を提示する段階である。

　全教職員の意見やニーズを集約し、それらの結果を教職員全体で共有し、健康課題について共通理解を図ることが重要である。

　第3のステップは、優先すべき問題・課題と対策の選定である。

　第2のステップで共有された健康上の課題の中から、どの課題を今年度の優先課題とするか、あるいは重点課題とするかを検討しなければならない。量的・質的に緊急度の高いもの、解決可

能なもの、効果のあがるものなど、種々の条件を考慮して課題を選定する。続いて、選定された課題に対する具体的で、最も効果的な取り組み方法を検討する。例えば「う歯」については多くの学校で健康課題としてあがってくるが、う歯の予防を課題とするか、う歯の治療を課題とするかによって、計画の内容が異なってくる。う歯の治療率の向上を重点課題とするならば、未処置者の背景を検討することにより、「近くに歯科医が少ない」ことや「本人や保護者のう歯に関する知識が不十分」であること、「保護者の子どもの健康への認識が不十分」であること、「経済的あるいは保護者の多忙」などの要因が明らかとなる。それらの要因を解決するための方策が、学校保健計画の具体的な内容となり、児童・生徒への保健指導、「保健だより」などを利用した保護者への啓発、学級担任に対するう歯指導の研修会の開催、歯科医に対する児童生徒への治療時間の延長、日曜診療の依頼など、問題が生じる背景に適合した対策を講じなければ、学校保健計画に基づいた健康課題の解決は望めない。このステップは、学校保健活動の具体的な内容を決定する重要なステップである。

　第4のステップは、第3のステップで検討した結果の提示と討議の段階である。

　優先すべき重点課題と対策について共通理解を図るとともに、その内容について全教職員の合意と協力がなければ、計画の遂行は不可能である。このステップは、問題の背景や課題解決の方法について、実質的で十分な討議が行われなければならない。全教職員の気づきや意見、疑問点、アイディアを反映させ、全教職員が学校保健活動に参画するという意識を醸成する段階でもある。

　第5のステップは、最終的な学校保健計画の立案である。

　この最終段階に至るまでには、多くの資料の収集と分析のための期間と、教職員間の共通理解と合意のための討議の機会を要する。このような過程を経て作成された学校保健計画は、学校全体がチームとして児童・生徒の健康課題の解決に向けて学校保健活動を推進するための原動力となる。

### 3. 学校保健計画の作成手順と留意事項

#### （1）学校保健計画の作成手順

　学校保健計画は、保健体育審議会答申（1972年、1997年）などにおいて保健主事が中心となり、学校保健活動の中心的存在である養護教諭の協力のもとに行うことが示されている。実際には保健主事と養護教諭が協働で作成したり、養護教諭が主になって作成することも多い。具体的な作成手順は図5-4に示す通りである。

#### （2）学校保健計画作成における留意事項

　学校保健計画の立案にあたっては、その目的と意義に鑑み、次のような事項に留意する必要がある。

①　前年度の学校保健計画の評価を総合的に行い、評価結果を次年度の改善に資するように十分配慮する。

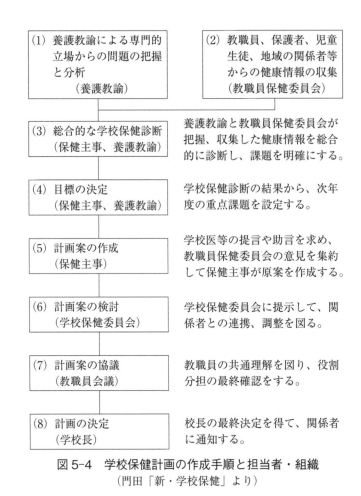

| (1) 養護教諭による専門的<br>立場からの問題の把握<br>と分析<br>（養護教諭） | (2) 教職員、保護者、児童<br>生徒、地域の関係者等<br>からの健康情報の収集<br>（教職員保健委員会） |

(3) 総合的な学校保健診断<br>（保健主事、養護教諭）　養護教諭と教職員保健委員会が把握、収集した健康情報を総合的に診断し、課題を明確にする。

(4) 目標の決定<br>（保健主事、養護教諭）　学校保健診断の結果から、次年度の重点課題を設定する。

(5) 計画案の作成<br>（保健主事）　学校医等の提言や助言を求め、教職員保健委員会の意見を集約して保健主事が原案を作成する。

(6) 計画案の検討<br>（学校保健委員会）　学校保健委員会に提示して、関係者との連携、調整を図る。

(7) 計画案の協議<br>（教職員会議）　教職員の共通理解を図り、役割分担の最終確認をする。

(8) 計画の決定<br>（学校長）　校長の最終決定を得て、関係者に通知する。

図 5-4　学校保健計画の作成手順と担当者・組織
（門田「新・学校保健」より）

② 地域や学校の実情（児童・生徒の健康問題、学校種別、学校規模、予算等）に即して作成する。

③ 前年度までに収集した保健情報を学校の実態との関連において十分に検討する。

④ 学校の教育方針、学校の諸行事等との有機的な関連を図り、実施計画の重点事項を精選する。

⑤ 学校における保健教育と保健管理の統合、調整を図り、相互の関係を明確にする。

⑥ 教育委員会、保健所、その他の関係諸機関との連絡、調整を十分に図る。

⑦ 学校保健関係者の理解と関心を深め、責任と役割分担を明確にする。

⑧ 家庭や地域社会の保健活動との連携を図る。

## 4. 学校保健計画の内容と評価

### （1） 学校保健計画の内容

　学校保健計画は、学校保健安全法に規定されている児童・生徒及び職員の健康診断、環境衛生検査、児童・生徒に対する指導、その他保健に関する事項の具体的な実施計画でなければならな

い。一方で、他の計画と同様に固定したものではなく、児童・生徒の生活や健康実態、環境の急な変化が生じた場合など、必要に応じて計画を修正、変更することもある。学校保健計画は、形骸化されたものであってはならず、名実ともに年間の学校保健の指針となるべきものである。したがって必要な内容が過不足なく含まれていなければならない。

　保健管理に関する内容として、学校保健管理を構成する主体管理、環境管理、生活・行動管理の3つの領域を含んだ内容であることがまず必要である。その上で、健康観察や保健調査、健康相談、健康診断及び事後措置、感染症の予防、学校環境衛生検査及び日常における環境衛生、その他の内容を含んでおかなければならない。また、保健教育に関する事項として、体育・保健体育科の保健に関する指導事項、関連教科における保健に関する指導事項、学級活動・ホームルーム活動における保健に関連する指導事項、学校行事の健康安全・体育的行事等の保健に関する行事、児童・生徒会活動で予想される保健に関する活動、総合的な学習の時間における健康に関連する活動内容等、個別の保健指導、その他の内容があげられる。さらに、組織活動に関する事項として、学校内における組織活動、学校保健に必要な校内研修、家庭、地域社会との連携、学校保健委員会、その他の内容があげられる。

　以上の内容に加え、学校保健計画に盛り込まれた内容が確実に実施されるために、計画そのものに以下の内容を含んでいなければならない。

①　目標、目的の設定（学校保健活動ごとの対象者とねらい、最終目標など）

②　活動・行動計画（具体的な活動や行動の方法、運営の役割分担、資源の活用方法、費用、実施時期と期間等）

③　活動結果の評価内容と評価方法

　これらの計画内容をもとに、活動ごとの詳細な実施要項や運営案の作成にさらに発展させることが適切な学校保健の運用につながる。

　2008（平成20）年の文部科学省通知「学校保健安全法等の一部を改正する法律の公布について」では、学校保健計画に関して以下のように記載されている。

---

(1) 学校保健計画は、学校において必要とされる保健に関する具体的な実施計画であり、毎年度、学校の状況や前年度の学校保健の取り組み状況等を踏まえ、作成されるべきものであること。

(2) 学校保健計画には、法律で規定された①児童・生徒及び職員の健康診断、②環境衛生検査、③児童・生徒に対する指導に関する事項を必ず盛り込むこととすること。

(3) 学校保健に関する取り組を進めるに当たっては、学校のみならず、保護者や関係機関・関係団体等と連携協力を図っていくことが重要であることから、学校教育法等において学校運営の状況に関する情報を積極的に提供するものとされていることも踏まえ、学校保健計画の内容については原則として保護者等の関係者に周知を図ることとすること。

## （2） 年間計画と月間計画

　1958（昭和33）年の文部科学省通達「学校保健安全法および同法施行令等の施行にともなう実施基準について」では、学校保健計画の年間計画と月間計画について、次のように示されている。

　　(1) 学校保健計画は、学校保健安全法、同法施行令および同法施行規則に規定された健康診断、健康相談あるいは学校環境衛生などに関することの具体的な実施計画を内容とすることはもとより、同法の運営をより効果的にさせるための諸活動たとえば学校保健委員会の開催およびその活動の計画なども含むものであつて、年間計画および月間計画を立てこれを実施すべきものであること。
　　　1) 年間計画は、おおむね次に掲げる事項についての時期、準備、運営等に関する具体的実施計画とすること。
　　　1. 法第13条の児童生徒等の定期または臨時の健康診断
　　　2. 法第14条の健康診断の結果に基づく事後措置
　　　3. 学校における伝染病および食中毒の予防措置
　　　4. 学校の環境衛生検査
　　　5. 学校の施設および設備の衛生的改善
　　　6. 大掃除
　　　7. 夏季保健施設の開催
　　　8. その他必要な事項
　　　2) 月間計画は、おおむね次に掲げる事項についての具体的実施計画とすること。
　　　1. 法第8条の健康相談
　　　2. 学校内の清潔検査
　　　3. 児童、生徒または幼児の身体および衣服の清潔検査
　　　4. 体重の検査
　　　5. 学校保健委員会などの開催および運営
　　　6. その他必要な事項
　　(2) 学校保健計画を立て、および実施するにあたっては、学校保健委員会の意見を聞き、また学校における保健管理と保健教育との関係の調整を図り、いっそう成果のあがるように努めることが必要であること。
　　(3) 学校保健計画の実施にあたっては、学校の職員の責任分担を明確にし、その円滑な実施を図ることが必要であること。

　以上の内容を踏まえ、表5-3に学校保健計画の一例を示した。


## （3） 学校保健計画の評価

　学校保健計画は、学校の教育目標や教育目的の具現化を図るための実施計画であり、児童・生徒の心身の健康の保持増進につながるものでなければならない。したがってその評価は、計画立案から実施にいたるまでの経過、手順や方法、内容、活動の成果等について総合的、客観的に実施し、次年度の計画立案の根拠資料となる必要がある。

　そのためには、学校保健計画の目標、保健管理の内容、保健教育の内容、組織活動等につい

表5-3　学校保健計画例（小学校）

| 月 | 保健目標 | 学校保健関連行事 | 保健管理 心身・生活 | 保健管理 環境 | 保健教育 保健学習・関連教科等 | 保健教育 学級活動 | 保健教育 個別・日常指導 | 組織活動 児童会活動 | 組織活動 教職員その他 |
|---|---|---|---|---|---|---|---|---|---|
| 4 | 〈自分のからだを知ろう〉 | 入学式／始業式／定期健康診断／大掃除 | ・保健調査・健康観察の確認と実施 ・健康相談 ・健康診断の計画と実施と事後措置（身体計測、内科検診、歯科検診等）・結核検診の問診 ・疾病異常者の生活指導 | ・大掃除 ・飲料水等の水質及び施設設備の検査 ・机、いすの高さ、黒板面の色彩の検査 | ・家庭「日常着の快適な着用」(6年)・生活「がっこうたんけん」(1年)・道徳「まさるの花火」(3年) | ・健康診断の目的・受け方(全学年)・保健室の利用の仕方(全学年) | ・健康診断の受け方・保健室の利用の仕方・身体・衣服の清潔・トイレの使い方・手洗いうがいの仕方 | ・組織づくりと年間計画作成・係分担 | ・組織づくり（職員保健部、PTA保健部、学校保健委員会等）・保健だよりの発行 |
| 5 | 体を清潔にしよう | 定期健康診断（6年）／修学旅行（6年）／新体力テスト | ・健康観察の実施・健康相談 ・健康診断の実施と事後措置（結核検診、耳鼻科検診、眼科検診、尿検査）・疾病異常者の生活指導 ・修学旅行前の健康調査と健康管理 | ・照度 ・まぶしさ ・騒音レベルの検査 | ・体育「心の健康」(5年)・理科「人の体のつくり運動」(4年)・道徳「からすとはと」(1年) | ・大きくなった私たち(3年)・きれいなからだとであらい(2年) | ・歯みがきの仕方・基本的な生活・遊具の正しい遊び方・光化学スモッグ | ・歯みがき調べ | ・職員保健部会・保健だより |
| 6 | 歯を大切にしよう | 歯の衛生週間／宿泊学習（5年）／プール開き／心肺蘇生法／臨時健康診断 | ・健康観察の実施・健康相談 ・水泳時の救急体制と健康管理 ・宿泊前の健康調査と健康管理 ・食中毒・感染症予防・熱中症予防 | ・水泳プールの水質及び施設設備の衛生状態の検査 | ・体育「病気の予防」(6年)・社会「公害から国民の健康や生活環境を守る」(5年) | ・歯ならびにあったみがきのしかた(3年) | ・むし歯の予防・手洗いうがいの仕方・雨の日の過ごし方・食中毒の予防・体の清潔、プール | ・歯の衛生週間について・梅雨時の健康・保健集会 | ・職員保健部会・PTA保健部会・心肺蘇生法講習会・保健だより |
| 7 8 | 夏を元気にすごそう | 大掃除／海の学校／学校保健委員会／終業式 | ・健康観察の実施・健康相談 ・水泳時の救急体制と健康管理 ・夏休みの健康生活指導と健康管理 | ・換気、温度、相対湿度、浮遊粉じん、気流等の検査 | ・体育「毎日の生活と健康」(3年)・家庭「夏の快適な住まいを工夫しよう」(5年) | ・薬物乱用絶対ダメ！(6年)・夏休みの生活調べ(全学年) | ・望ましい食生活・夏に多い病気の予防・歯みがきについて・夏の健康 | ・1学期の反省・保健集会 | ・職員保健部会・第1回学校保健委員会の開催・保健だより |
| | | | 評価の観点と基準 | | | | | | |

（文部科学省「保健主事のための実務ハンドブック」を一部修正）

て、計画時に具体的な評価の観点及び評価内容と基準を設定しておく必要があることはいうまでもない。評価にも学校の全教職員が関与し、取り組みの妥当性を検討するべきである。保健主事は養護教諭と協力して、全教職員が評価に関われるように、全体で評価する項目や保健活動ごとの評価項目を整理し、質問紙調査や評価カードなどを作成して、実質的な評価が行えるよう工夫する必要がある。学校保健活動の成果を数値等で客観的に評価するための工夫も重要である。

　学校保健計画は学校経営ビジョンや学校教育目標、教育課程の編成にも影響を及ぼす重要な計画である。その評価は教職員だけでなく、児童・生徒や保護者、学校保健関係者が当事者として、あるいは第三者として評価することが今後の学校保健の充実と推進のために必要不可欠である。

**参考文献**

文部科学省スポーツ・青年局：保健主事のための実務ハンドブック、2010.

文部科学省：現代的健康課題を抱える子供たちへの支援〜養護教諭の役割を中心として〜、2017.

日本学校保健会：学校保健の課題とその対応〜養護教諭の職務等に関する調査結果から〜、2012.

日本学校保健会：保健室経営計画作成の手引き（平成26年度改訂）、2015.

文部科学省：小・中学校学習指導要領、同解説特別活動編、2017.

小倉学：学校保健活動、東山書房、1980.

小倉学：学校保健、光生館、1983.

保健体育審議会答申：児童生徒等の健康の保持増進に関する施策について、1972.

保健体育審議会答申：生涯にわたる心身の健康の保持増進のための今後の健康に関する教育及びスポーツの振興のあり方について、1997.

杉浦守邦、他：新・学校保健（養護教諭講座⑦）、東山書房、2011.

日本スポーツ振興センター：学校の管理下の災害「令和元年版」、2019.

文部科学省：学校保健統計調査（令和元年度）、2020.

厚生労働統計協会：国民衛生の動向（2020/2021）、2020.

日本学校保健会：学校保健の動向（令和2年度版）、2020.

## 第 3 節　学校保健関係職員の職務内容

　学校保健はその領域構造から理解できるように、保健教育と保健管理の両面にわたって多くの内容を含んでいる。それらの内容は当然のことながら学校教育のなかで展開されなければならないが、学校保健の内容は学校の生活だけでなく、家庭や地域の生活も密接に関係している。したがって、学校保健には学校の教職員はもとより、学校医等の保健管理の専門職、保護者、さらには地域保健機関など関係する者が多い。学校保健の効果的な運営を図るためには、学校保健に関係するすべての者がその活動の意義・目標や内容を共通に理解し、協力して計画的・組織的に取り組む必要がある。

　ここでは、学校保健関係職員の構成と学校保健に関する職務内容について概観してみる。学校保健関係職員は、自己の職務内容はもちろん、他の関係者の職務内容についても十分に理解しておく必要がある。

### 1.　学校保健関係職員の種類

　学校保健は、学校教育のなかで展開されるものであるので、学校の職員は程度の差はあっても、すべての職員が何らかの形で関係している。学校の職員は、次のように常勤（専任）の教職員と非常勤の職員とに大別できる。

　常勤の教職員では、学校の総括責任者としての校長、校長を補佐する副校長、教頭、主幹教諭、指導教諭、教育計画等の連絡調整に当たる教務主任、保健に関する事項の管理に当たる保健主事、学校保健の専門職である養護教諭、学級担任、保健体育教師、栄養教諭など、少なくとも児童・生徒の教育に携わる教師は学校保健に関与している。又、事務職員は学校保健に関する事務内容や施設・設備の管理に関係している。

　非常勤の職員としては、学校医、学校歯科医、及び、学校薬剤師が保健管理に関する専門的事項に関し、技術及び指導に従事することになっている。

　以上のほかに、学校給食の栄養に関する専門的事項をつかさどる学校給食栄養管理者や学校給食調理従事員、各都道府県の教育委員会に置かれる学校保健技師なども学校保健の活動の実際に少なからず関係している。

　なお、表5-4 は、2019（令和元）年度の小、中学校の保健主事、養護教諭（本務）、学校医等の配置率（当該する職員がいる学校の割合）を示したものである。

### 2.　教職員の職務内容

　学校保健に関係する主な教職員として、校長、保健主事、養護教諭、学級担任、保健体育教師、栄養教諭を取りあげ、その職務内容の概要について述べる。

表 5-4　学校保健関係職員の配置率（％）（小、中学校）

（2019 年 5 月 1 日現在）

| 校 種 | | 保健主事 | 養護教諭 | 学校医 | 学校歯科医 | 学校薬剤師 |
|---|---|---|---|---|---|---|
| 小学校 | 国立 | 97.1 | 100.0 | 97.1 | 97.1 | 97.1 |
| | 公立 | 93.3 | 95.1 | 98.4 | 98.4 | 98.2 |
| | 私立 | 30.8 | 79.3 | 97.5 | 94.5 | 86.5 |
| | 計 | 92.5 | 95.0 | 98.4 | 98.3 | 98.0 |
| 中学校 | 国立 | 95.7 | 98.6 | 98.6 | 98.6 | 98.6 |
| | 公立 | 94.7 | 93.5 | 98.5 | 98.4 | 98.2 |
| | 私立 | 20.1 | 48.1 | 87.0 | 80.4 | 71.2 |
| | 計 | 89.0 | 90.0 | 97.7 | 97.0 | 96.1 |

注：養護教諭は本務がいる学校の配置率

資料：文部科学統計要覧

## （1）校 長

　学校教育法第 37 条第 4 項に、小学校の「校長は、校務をつかさどり、所属職員を監督する」と定められており、この規定は中学校、義務教育学校、高等学校、中等教育学校、特別支援学校に準用される。すなわち、校長は学校運営の責任者である。また、学校保健安全法第 31 条に「学校の設置者は、他の法律に特別の定めがある場合のほか、この法律に基づき処理すべき事務を校長に委任することができる」と規定されている。したがって、校務の一環をなす学校保健についても、校長はその総括責任者としての立場にある。実際の学校保健の運営にあたっては、校長の学校保健に対する理解と関心が直接、間接に影響を及ぼす。

　校長の学校保健に関する職務の主な内容はおよそ次のとおりである。

① 　学校保健に対する教職員の理解と関心を深め、協力的・組織的な活動を推進する。

② 　学校保健関係職員の役割分担について教職員の相互理解を深め、保健主事、養護教諭を支援する。

③ 　教育委員会等と連絡・交渉して、学校保健に関係する施設・設備を充実し、諸経費を確保する。

④ 　学校保健の運営について、関係機関・団体、PTA、地域社会との連携を図る。

⑤ 　児童・生徒及び教職員の健康の保持増進に努め、その健康状態に応じて学習条件や勤務条件等を考慮する。

## （2）保健主事

学校教育法施行規則第 45 条に、保健主事について次のように定められている。

「小学校においては、保健主事を置くものとする。

2. 前項の規定にかかわらず、第 4 項に規定する保健主事の担当する校務を整理する主幹教諭を置くときその他特別の事情のあるときは、保健主事を置かないことができる。

3. 保健主事は、指導教諭、教諭又は養護教諭をもつて、これに充てる。

　4.　保健主事は、校長の監督を受け、小学校における保健に関する事項の管理に当たる。」

　この規定は、中学校、義務教育学校、高等学校、中等教育学校、特別支援学校にも準用される。なお、規定の中の「特別の事情…」とは、小規模校の場合のような事情を考慮したものである。

　この保健主事は、戦後にアメリカのスクール・ヘルスコーディネータの考え方が導入されたもので、学校保健活動を推進するための連絡と調整を担当する教員として重要な役割を果たしてきた。1958 年に学校保健安全法が制定された際に、学校教育法施行規則に教諭をもって当てることが規定された。しかし、「保健に関する事項の管理に当たる」とされている他には法的な規定はなく、この解釈をめぐっては、後述する養護教諭の職務内容との関係から様々な論議がなされてきた。1995 年からは養護教諭も保健主事に当てることができることになった。

　保健主事の役割については、1972（昭和 47）年の保健体育審議会答申のなかで、次のように示されている。

　　　保健主事は、学校保健委員会の運営にあたるとともに養護教諭の協力のもとに学校保健計画の策定
　　の中心となり、また、その計画に基づく活動の推進にあたっては、一般教員はもとより、体育主任、
　　学校給食主任、学校医、学校歯科医および学校薬剤師等すべての職員による活動が組織的かつ円滑に
　　展開されるよう、その調整にあたる役割を持つものである。

　保健主事の役割と資質について、1997（平成 9）年の保健体育審議会答申においては、次のように示されている。

　　　保健主事は、健康に関する指導体制の要として学校教育活動全体の調整役を果たすことのみなら
　　ず、心の健康問題や学校環境の衛生管理など健康に関する現代的課題に対応し、学校が家庭・地域社
　　会と一体となった取り組みを推進するための中心的存在としての新たな役割を果たすことが必要であ
　　る。

　これらの答申の内容から、保健主事の基本的な役割は、学校保健に関する関係職員の理解と関心を深め、学校保健の計画、推進、調整にあたることであると考えられる。

　保健主事の具体的な役割として、日本学校保健会の保健主事資質向上委員会では、次のような内容を示している。

　①　学校保健と学校教育全体との調整

　②　学校保健計画の作成とその実施の推進

　③　保健教育の計画作成とその適切な実施の推進

　④　保健管理の適切な実施の推進

　⑤　学校保健に関する組織活動の推進

　⑥　学校保健の評価

　保健主事は、学校の内部組織として置かれるもので、校長の推薦によって当該学校を設置する地方公共団体の教育委員会が任命するものである。したがって、校長は、学校保健活動に十分な理解と実践力のある教員の中から保健主事を選任しなければならない。

### （3） 養護教諭

　学校教育法第37条に「小学校には、養護教諭を置かなければならない」と規定され、原則として必置制であり、中学校、義務教育学校、中等教育学校にも準用されるが、同法附則第7条に「小学校、中学校、義務教育学校及び中等教育学校には、当分の間、養護教諭を置かないことができる」という緩和規定が付けられている。また、高等学校の場合には同法第60条に「養護教諭を置くことができる」と規定されており、表現上は必置制ではない。そのために、養護教諭の全校配置、さらには、大規模校での複数配置が学校保健関係者から要望されているが、未だ実現されていない。

　養護教諭の職務については、学校教育法第37条第12項に「養護教諭は、児童の養護をつかさどる」と規定されている。この規定は中学校、義務教育学校、高等学校、中等教育学校にも準用されるが、これ以外の法的な規定はない。そのために養護教諭の職務については、同法第37条第11項の「教諭は、児童の教育をつかさどる」という規定との関連から「養護」の意味をめぐって、これまでにも多くの論議や解釈がなされている。

　学校における専門的な保健管理と保健指導を「狭義の養護」とするならば、それと教職の専門性である教育とを統合したものが「広義の養護」と解することができる。このことから、養護教諭の職務は、保健管理と保健指導の専門職として学校保健活動の運営、実施に当たるとともに、教育の専門職として学校教育の目的達成に努めることにあると言える。

　養護教諭の役割について、1972年の保健体育審議会答申では、次のように述べている。

　　　養護教諭は、専門的立場からすべての児童・生徒の健康および環境衛生の実態を的確に把握して、疾病や情緒障害、体力、栄養に関する問題等心身の健康に問題を持つ児童・生徒の個別の指導にあたり、また、健康な児童・生徒についても健康の増進に関する指導にあたるのみならず、一般教員の行う日常の教育活動にも積極的に協力する役割を持つものである。

　養護教諭の新たな役割と求められる資質について、1997年の保健体育審議会答申では、次のような内容が述べられている。

　①　ヘルスカウンセリング（健康相談活動）の充実
　　　身体的不調の背景にあるいじめなどの心の健康問題など心身の観察、問題の背景の分析、解決のための支援、関係者との連携など、養護教諭の職務の特質と保健室の機能を生かした心や体の両面への対応。
　②　個人又は集団の健康問題を捉える力量や解決のための指導力
　　　保健室を訪れた際の「心の健康問題と身体症状」に関する知識理解、観察の仕方や受け止め方等の判断力、対応力（カウンセリング能力）。健康に関する現代的課題の解決のための情報収集、課題を把握する力量、解決のための指導力。
　③　企画力、実行力、調整能力

　さらに、同答申では、学校における保健教育の重要性を指摘し、養護教諭の教科保健学習への積極的な参画を提言している。これを受けて教育職員免許法施行規則の付則が一部改正（1998

年）され、当分の間、3 年以上の養護教諭の経験がある場合という条件付きではあるが、小学校の体育科、及び中、高等学校の保健体育科の保健領域の一部を担当する教諭又は講師を兼務できることになった。

第 2 章第 3 節「保健指導」のところでも述べたように、養護教諭は学級担任の求めに応じて、特別活動における学級活動での健康・安全に関する指導や性的な発達に関する指導にも協力することを配慮することになっているのに加えて、さらに、保健の授業も担当することは、養護教諭の教科担当者としての資質、能力もさることながら、学級担任（小学校）や保健体育教師（中、高等学校）の理解と協力が必要であることは言うまでもない。養護教諭が保健の授業を担当するかどうかは、勤務する学校の実情、養護教諭の職務内容、学校保健活動における役割、保健主事への登用への制度改革（1995 年）などと併せて、今後、検討すべき重要な課題である。

2008（平成 20）年の中央教育審議会答申では、児童・生徒の健康課題解決に向けた他職種、他機関との連携における養護教諭のコーディネーターとしての役割ついて、次のように述べられている。

　　子どもの現代的な健康課題の対応にあたり、学級担任、学校医、学校歯科医、学校薬剤師、スクールカウンセラーなど学校内における連携、また、医療関係者や福祉関係者など地域の関係機関との連携を推進することが必要となっている中、養護教諭はコーディネーターの役割を担う必要がある。

このように児童・生徒が抱える健康課題の解決、改善には学校内外の他機関、他職種との連携が必要であり、養護教諭がコーディネーター役となり円滑な連携を図りながら組織的に学校保健活動を展開することが求められている。

また、2008（平成 20）年の学校保健安全法の改正によって、同法第 9 条（保健指導）に、次のように規定された。

　　養護教諭その他の職員は、相互に連携して、健康相談又は児童生徒等の健康状態の日常的な観察により、児童生徒等の心身の状況を把握し、健康上の問題があると認めるときは、遅滞なく、当該児童生徒等に対して必要な指導を行うとともに、必要に応じ、その保護者に対して必要な助言を行うものとする。

この規定によって、養護教諭は保健管理と保健指導の専門職としての位置づけが一層明確になったと言える。

日本学校保健会の「養護教諭の職務に関する検討委員会」では、学校教育法や学校保健安全法などの関係法規を踏まえ、保健体育審議会答申（1972 年及び 1997 年）や中央教育審議会答申（2008 年）の内容などを基にして、養護教諭の特質から児童・生徒の健康の保持増進に関して職務が広範囲に及ぶこと、地域性や各学校の実情により、一律には行かない面もあることから、養護教諭の専門領域における職務内容を、大枠で表 5-5 のようにとらえることにしている。

養護教諭の養成は、日本養護教諭養成大学協議会加盟大学数によると 2020 年 7 月現在、少な

表 5-5　養護教諭の専門領域における職務内容

| |
|---|
| ①　学校保健計画及び学校安全計画<br>　ア　学校保健計画の策定への参画<br>　イ　学校安全計画の策定への参画<br>②　保健管理<br>　ア　心身の健康管理：救急処置、健康診断、個人及び集団の健康問題の把握、疾病の予防と管理、その他<br>　イ　学校環境の管理：学校環境衛生、校舎内・校舎外の安全点検、その他<br>③　保健教育<br>　ア　保健指導：個別の保健指導（グループ指導を含む）、特別活動における保健指導への参画と実施<br>　イ　保健学習：体育科・保健体育科等におけるティーム・ティーチングによる保健学習への参画と実施、「総合的な学習の時間」における保健学習への参画と実施、道徳の授業への参画と実施<br>　ウ　啓発活動<br>　エ　その他<br>④　健康相談<br>　ア　心身の健康課題への対応<br>　イ　児童生徒の支援に当たっての関係者との連携<br>　ウ　その他<br>⑤　保健室経営<br>　ア　保健室経営計画の作成・実施・評価・改善<br>　イ　保健室経営計画の教職員、保護者等への周知<br>　ウ　保健室の設備備品の管理<br>　エ　諸帳簿等保健情報の管理<br>　オ　その他<br>⑥　保健組織活動<br>　ア　教職員保健委員会への企画・運営への参画と実施<br>　イ　PTA保健委員会活動への参画と連携<br>　ウ　児童生徒保健委員会の指導<br>　エ　学校保健委員会、地域学校保健委員会等の企画・運営への参画と実施<br>　オ　地域社会（地域の関係機関、大学等）との連携<br>　カ　その他<br>⑦　その他<br>　子どもの心身の健康にかかわる研究　等 |

（日本学校保健会「学校保健の課題とその対応」より）

くとも 136 の養成機関が課程認定を受けて行っている。養成機関は教員養成系大学、看護師及び保健師養成機関、保健福祉関係、栄養・家政系、健康・スポーツ系大学などである。日本教育大学協会全国養護部門に加盟している 10 大学から構成される研究委員会では、国立大学の養護教諭養成を担う役割を果たすべく、2004 年より養護教諭の資質向上を目指したカリキュラムに関する検討が引き続き行われている。

## （4）　学級担任（一般教員）

　学校保健は学校のすべての教職員がその役割を分担して、協力的、組織的に運営されるものである。教職員のなかでも、とりわけ学級担任は学校保健の運営の直接の担当者として重要な役割

を持っている。児童・生徒の健康の保持増進は学校保健の目的であると同時に、学校教育の目標の1つでもあり、これらの目的と目標の達成は、児童・生徒を直接あずかる学級担任の理解と実践に負うところが大きい。

一般教員の役割について、1972年の保健体育審議会答申では、次のように述べている。

> 一般教員は、児童・生徒の体格、体力、性格、健康状態等を総合的に把握したうえで指導を行うとともに、環境衛生についても日常点検を実施するなど学校において保健管理を実施するうえで、重要な役割を持つものである。

この答申では、さらに学校保健に関する現職教育の充実に努める必要があるとしている。そして、大学における教職に関する専門科目のなかで、学校保健を必修科目とするよう検討すべきであるとしている。

前述の養護教諭の職務のところで取り上げた学校保健安全法第9条（保健指導）の「養護教諭その他の職員は、…」という場合の「その他の職員」には、学級担任（一般教員）をはじめすべての教員を含んでいる。すなわち、学級担任は、児童・生徒の健康状態の日常的な観察、心身の状況の把握、健康上の問題があると認めたときの必要な指導、保護者への必要な助言を行うことになっている。

学級担任の学校保健に関する職務内容としては、次のようなものが考えられる。

①　児童・生徒の健康・安全の保持増進に十分配慮し、学校保健の運営に参加する。

②　児童・生徒の心身の健康状況を把握し、保健指導など必要な教育的措置をとる。

③　健康問題のある児童・生徒に対しては、養護教諭や学校医、学校歯科医、学校薬剤師と連絡し、健康相談を受けさせるなど適切な措置をとる。

④　学校保健計画の立案に当たっては、学校保健に関する情報を校長、保健主事、養護教諭に提供し、その方針の樹立について進言する。

⑤　学校保健計画の内容を児童・生徒によく伝達・指示するとともに、保護者に連絡して実施にあたってはその協力を得る。

⑥　教室等の環境の衛生と安全を維持・改善し、常に児童・生徒の健康観察を行う。

⑦　教育計画に基づいて学級の保健・安全に関する学習・指導を計画し、実施する。

⑧　休憩時間等の教育課程外における学校生活の保健指導及び安全指導にあたる。

### （5）　保健体育教師

学校保健の領域の中で、保健教育は児童・生徒が自律的に判断し、行動して健康の保持増進を図る能力を養うことをねらいとしており、学校教育においても重要な意義を持っている。保健教育の中で、特に教科教育として展開される保健学習は学級における保健指導と並んで保健教育の中心的段割をなしている。教科としての保健学習は小学校では学級担任が担当するが、中学校、高等学校では保健体育教師が担当するのが一般的である。保健学習を担当する教師は保健学習の

新しい方向とその内容に留意して、教育効果の向上に努めなければならない。

保健学習担当教師（保健体育教師）の職務としては、次のようなものが考えられる。

① 学校保健計画と保健学習の指導計画の関連を図り、指導要目・細目を作成する。

② 学級担任の行う保健指導に対して、保健に関する情報を提供し、その実施にあたって助言・支援する。

③ 学校における保健教育計画の立案に参画し、その実施を推進する。

④ 学校保健計画の立案にあたって、保健教育の内容・方法・評価について保健主事及び養護教諭に協力し、運営に参加する。

体育・保健体育担当教員の役割と資質について、1997年の保健体育審議会答申では、次のような内容が述べられている。

① 体育や保健に関する指導の有する意義を認識し、学校教育活動全体を通じて積極的に指導する。

② 児童生徒と共に生き生きとした活動を行う。

③ 指導内容が高度化する小学校高学年では体育専任教師の充実を図り、中・高等学校では選択履修の幅を拡大し、保健分野の専門性を備えた「保健」の免許を有する教員の充実を検討する。

### （6） 栄養教諭

栄養教諭は、学校教育法などの改正により2004年度から学校の教師として導入されたもので、「児童の栄養の指導及び管理をつかさどる」（中、高等学校に準用）ことになっている。食べ物からみた文化や地域、食の安心と安全などを児童期から身につけてもらうために、保健体育科、家庭科、総合的な学習の時間などの授業での栄養に関する指導、学級担任に協力して特別活動における学級活動での食に関する指導、肥満やアレルギーの相談、食にかかわる学校行事などを担当する。栄養士の資格を有する者が教職科目を履修することによって免許を取得できる。必置制ではないが学校における食育の推進を図るためには、今後の配置が期待されている。

学校給食を活用した食に関する指導の重要性から、2008（平成20）年に改正された学校給食法第10条には、栄養教諭の職務について、次のように規定されている。

> 栄養教諭は、児童又は生徒が健全な食生活を自ら営むことができる知識及び態度を養うため、学校給食において摂取する食品と健康の保持増進との関連性についての指導、食に関して特別の配慮を必要とする児童又は生徒に対する個別的な指導その他の学校給食を活用した食に関する実践的な指導を行うものとする。この場合において、校長は、当該指導が効果的に行われるよう、学校給食と関連付けつつ当該義務教育諸学校における食に関する指導の全体的な計画を作成することその他の必要な措置を講ずるものとする。
>
> 2 栄養教諭が前項前段の指導を行うに当たっては、当該義務教育諸学校が所在する地域の産物を学校給食に活用することその他の創意工夫を地域の実情に応じて行い、当該地域の食文化、食に係る

産業又は自然環境の恵沢に対する児童又は生徒の理解の増進を図るよう努めるものとする。

　3　栄養教諭以外の学校給食栄養管理者は、栄養教諭に準じて、第一項前段の指導を行うよう努めるものとする。この場合においては、同項後段及び前項の規定を準用する。

### （7）　その他の職員

　学校の事務職員、用務員、警備員などは、直接に児童・生徒の教育にはかかわっていないが、環境整備や施設・設備の管理など、保健管理の諸活動の円滑な実施を図る上で、それぞれ重要な役割を果たしている。

## 3.　学校医、学校歯科医、学校薬剤師の職務内容

　学校保健安全法第23条第1項に「学校には、学校医を置くものとする」と規定され、さらに、同条第2項に「大学以外の学校には、学校歯科医及び学校薬剤師を置くものとする」と規定されている。この学校医、学校歯科医、学校薬剤師を総称して、学校保健三師と呼んでいる。学校保健三師の多くは、学校の所在する地域で開業、開局している医師、歯科医師、薬剤師が非常勤職員として委嘱されている。学校保健三師の配置については、学校医は眼科及び耳鼻咽喉科担当の学校医の設置を推進する趣旨で標準規模の学校で3人分、学校歯科医と学校薬剤師はそれぞれ1人分の報酬に関する予算措置がとられている。しかし、学校保健三師の1人当たりの兼務校数が多いことや、学校医の場合には、内科医に比べて、眼科医や耳鼻咽喉科医の配置が少ないなどの問題がある。学校保健三師は、学校における保健管理に関する専門的事項に関し技術や指導に従事することになっており、学校保健安全法施行規則の第22条〜24条にそれぞれの職務執行の準則が定められている。

　表5-6は、学校保健三師の職務内容を学校保健安全法及び同法施行規則から抜粋して示したものである。

## 4.　その他の関係職員の職務内容

　その他の関係職員としては、学校給食関係職員としての学校給食栄養管理者や学校給食調理従事員、学校保健技師、スクールカウンセラー、スクールソーシャルワーカーなどがある。

### （1）　学校給食関係職員

#### 1）　学校給食栄養管理者

　学校給食栄養管理者は、学校給食の普及に伴って単独調理実施校及び共同調理場に設置されてきたものである。「学校給食法」や「公立義務教育諸学校の学級編制及び教職員定数の標準に関する法律」などを法的根拠としている。

　学校給食栄養管理者の資格及び職務については、学校給食法第7条に「義務教育諸学校又は共同調理場において学校給食の栄養に関する専門的事項をつかさどる職員は、教育職員免許法に規

表 5-6　学校医、学校歯科医、学校薬剤師の職務内容

〈学校医の職務内容〉
(1)　学校保健計画及び学校安全計画の立案に参与。
(2)　学校環境衛生の維持と改善に関し、学校薬剤師と協力して必要な指導及び助言。
(3)　児童生徒の健康相談。
(4)　児童生徒の保健指導。
(5)　児童生徒の定期及び臨時の健康診断。
(6)　児童生徒の健康診断の結果に基づき、疾病の予防処置。
(7)　感染症の予防に関し、必要な指導と助言、並びに感染症及び食中毒の予防処置。
(8)　救急処置。
(9)　就学時の健康診断と職員の定期及び臨時の健康診断。
(10)　その他必要に応じ保健管理に関する専門的事項に関する指導。

〈学校歯科医の職務内容〉
(1)　学校保健計画及び学校安全計画の立案に参与。
(2)　児童生徒の健康相談。
(3)　児童生徒の保健指導。
(4)　児童生徒の定期と臨時の健康診断のうち歯の検査。
(5)　児童生徒の健康診断の結果に基づき、疾病の予防処置のうち齲歯その他の歯疾の予防処置。
(6)　就学時の健康診断のうち歯の検査。
(7)　その他必要に応じ保健管理に関する専門的事項に関する指導。

〈学校薬剤師の職務内容〉
(1)　学校保健計画及び学校安全計画の立案に参与。
(2)　定期及び臨時の環境衛生検査。
(3)　学校の環境衛生の維持及び改善に関し、必要な指導及び助言。
(4)　児童生徒の健康相談。
(5)　児童生徒の保健指導。
(6)　使用する医薬品、毒物、劇物、並びに保健管理に必要な用具及び材料の管理に関し必要な指導及び助言、及び、これらのものについて必要に応じ試験、検査又は鑑定。
(7)　その他必要に応じ保健管理に関する専門的事項に関する技術及び指導。

（学校保健安全法施行規則より抜粋）

定する栄養教諭の免許状を有する者又は栄養士の免許を有する者で、学校給食の実施に必要な知識若しくは経験を有するものでなければならない」と定められている。現在の学校給食は学校教育の一環として実施されているので、栄養面だけでなく、学校給食の教育的側面及び実施運営上に必要な管理的側面に関する知識と経験が要求されている。学級担任に協力して特別活動における学級活動で学校給食に関する指導を担当する資質と能力も必要である。

### 2）学校給食調理従事員

　学校給食調理従事員は、学校給食栄養管理者や学校給食主任などの指導を受けて調理業務に従事している。調理従事員は、単に計画された献立に従って、調理し、配食するだけでなく、常に給食施設・設備の衛生的管理と自己の健康の保持に注意し、食中毒や感染症の発生防止に努めなければならない。

　これらの学校給食関係職員の設置については、文部科学省の設置計画や設置基準に基づいて推進されている。

（2）学校保健技師

　学校保健技師は、学校保健安全法第 22 条の規定によって各都道府県の教育委員会の事務局に置かれるもので、学校における保健管理に関し、専門的技術的指導及び技術に従事することになっている。学校保健技師は、学校における保健管理に関する専門的事項について学識経験がある者でなければならないとされているので、医師、歯科医師、又は、薬剤師の資格を有し、1 人を置く場合は医師が望ましいといわれている。しかし、必置制でないこともあってその設置は十分になされていない。今後は、大学において学校保健に関する科目を履修する養護教諭や保健体育教師を学校保健技師として採用することも検討する必要があると言われている。

（3）スクールカウンセラー

　スクールカウンセラーは、不登校などの児童・生徒の問題行動の未然防止、早期発見・対応等を目的に、1995 年から開始されたスクールカウンセラー等活用事業において、児童・生徒の悩みや不安を受け止めて相談にあたり、関係機関と連携して必要な支援をする「心の専門家」として配置が進められている。非常勤の特別職で週 8 ～ 12 時間程度の勤務を行い、公認心理士、臨床心理士、精神科医、大学教員等が資格要件となっている。主な職務は、児童・生徒へのカウンセリング、教職員や保護者に対する助言・援助、教職員などへの研修活動などである。配置率は日本学校保健会の保健室利用状況に関する調査報告書（2016 年）では小・中・高等学校の約 60 ～ 90％で、その内、養護教諭との定期的な連絡・打ち合わせが「有」は約 60 ～ 80％であった。スクールカウンセラーの支援の充実を図るためには、養護教諭やその他の教職員との連携の工夫が求められる

（4）スクールソーシャルワーカー

　スクールソーシャルワーカーは、社会福祉の専門的な知識・技術を活用し、問題を抱えた児童・生徒を取り巻く環境に働きかけ、家庭、学校、地域の関係機関をつなぎ、児童・生徒の悩みや抱えている問題の解決に向けて支援する、いわば連携・協働のシステム作りの専門家である。2008（平成 20）年度から「スクールソーシャルワーカー活用事業」として展開され、社会福祉士、精神保健福祉士等の資格を有する者の他、教育と福祉の両面に関して、専門的な知識・技術を有し、過去に教育や福祉の分野において実績のある者が任用されている。配置の背景には、近年、いじめや不登校等の問題が複雑化しており、学校だけでは対応しきれない状況にあることや、家庭や学校外の専門機関との連携・協働が強く求められてきたことにある。主な職務は、問題を抱える児童・生徒が置かれた環境への働きかけ、関係機関とのネットワークの構築・連携・調整、学校内におけるチーム体制の構築・支援、保護者や教職員に対する支援・相談・情報提供、

教職員への研修活動などである。配置率は日本学校保健会の保健室利用状況に関する調査報告書（2016 年）では、小・中・高等学校の約 10 〜 20％とまだ少ない状況にある。

　以上のような関係者のほかに、保健所、地域の医療機関、地方公共団体の保健衛生部局、児童相談所などで、多くの人々が学校保健の実際の展開に関係している。

## 5. 養護教諭の職制と職務内容の推移

　養護教諭の職務内容とその教師性を論じる場合には、戦前の学校看護婦と養護訓導の制度化とその職務内容、及び、戦後のアメリカの占領下での養護教諭の資格制度の概要を知っておく必要がある。

### （1）学校看護婦

　学校看護婦は、明治中期（1900 年ごろ）に学校の職員（教員ではない）として看護婦の資格を有する者を配置したことに始まる。我が国の義務教育の普及に伴って、学校管理下で集団生活をする児童・生徒の健康問題に対処するために、身体検査（現在の定期健康診断）の制度化（1897 年）と学校医の制度化（1898 年）がなされた。身体検査を実施する学校医の補助、有疾病異常児への治療指示、当時蔓延していた眼疾患や皮膚疾患などの処置、感染症の予防処置、傷病の応急手当、清潔指導などを行うために、衛生看護の知識と技術を持った職員が必要とされた。この身体検査と学校医の制度化は、学校看護婦の 1 校 1 名配置を推進する大きな要因になった。

### （2）養護訓導

　養護訓導は、1941（昭和 16）年の国民学校（現在の小、中学校）の発足に伴って、学校の教員として配置されたもので、学校看護婦とは別であった。現在の養護教諭の職制はこの 1941 年が始まりとされている。養護訓導は教科を担当する訓導（現在の教諭）と同じ教員であり、教科外の教育活動（現在の特別活動）における保健指導や教科としての保健学習の一部を担当した。当時の国民学校は、学校の教育活動を教授・訓練・養護（現在の知育・徳育・体育）を一体的・総合的にとらえ、養護訓導は「児童の養護をつかさどる」と規定された。すなわち、児童・生徒の健康の保持増進を担当する教員として学校での保健活動の推進に大きな役割を果たした。この養護訓導が国民学校に必置制（1943 年）となったことから、当時、全校配置が進められていた学校看護婦に教職科目や学校衛生など養護に関する専門科目を履修させて、養護訓導として配置換えをした。この養護訓導は学校看護婦の職務も引き継いだことから、現在の養護教諭の職務内容に近いものになった。このことから師範学校（現在の教育学部）に準じて教員として養成される養護訓導と、看護婦の資格を有する養護訓導という 2 つの養成が行われることになり、現在の教育系と看護系の養護教諭の養成につながることになった。

## （3）　占領下における養護教諭の資格制度

　戦後の学校教育法の制定（1947年）によって、養護訓導は養護教諭と職名が変更されたが、「児童の養護をつかさどる」という規定はそのまま引き継がれた。しかし、アメリカの占領下（1949～1952年）では、アメリカの公衆衛生福祉局の指導でアメリカの学校看護婦制度が導入され、養護教諭の免許は看護婦・保健婦の資格を有する者しか取得できなかった。アメリカの学校看護婦は公衆衛生行政の管轄であり、教育行政の管轄ではない。この制度の一部は現在でも存続しており、保健師の資格を有する者は教職科目や学校保健、養護概説、健康相談など養護に関する専門科目を全く履修しなくても、申請すれば養護教諭2種の免許が取得できる。この制度は養護教諭の専門性、ひいては教育の独自性を否定することになるとして教育関係者は廃止を強く求めている。

　もともと免許とは、ある文化領域の専門性、独自性を主張し、その領域における一定の高さの資質と能力を得ていることを認める行為であって、その領域が他の領域によって完全にカバーされるならば、そこには独自性がないことを顕すことになり、専門性の主張はできなくなる。

**参考文献**

日本学校保健会：学校保健の動向（令和2年度版）、2020.

三木とみ子、他：新訂養護概説、ぎょうせい、2018.

日本学校保健会：学校保健活動推進マニュアル、2003.

保健体育審議会：児童生徒等の健康の保持増進に関する施策について（答申）、1972.

保健体育審議会：生涯にわたる心身の健康の保持増進のための今後の健康に関する教育及びスポーツの振興のあり方について（答申）、1997.

日本学校保健会：保健主事の手引き（三訂版）、2004.

文部科学省：教職員のための子どもの健康相談及び保健指導の手引、2011.

中央教育審議会：子どもの心身の健康を守り、安全・安心を確保するために学校全体としての取組を進めるための方策について（答申）、2008.

日本学校保健会：学校保健の課題とその対応～養護教諭の職務等に関する調査結果から～、2012.

文部科学省：小・中学校学習指導要領、同解説特別活動編、2017.

文部科学省：中学校学習指導要領解説保健体育編、2017.

杉浦守邦：養護教諭はどうしてこの名が付いたか、日本養護教諭教育学会誌、5（1）、2002.

杉浦守邦：養護訓導と入江俊郎、日本養護教諭教育学会誌、6（1）、2003.

杉浦守邦：養護教員の戦後50年（第1報）（第2報）、日本養護教諭教育学会誌、7（1）、2004.

日本学校保健会：保健室利用状況に関する調査報告書～平成28年度調査結果～、2018.

## 第4節　学校保健における組織活動

### 1．学校保健委員会活動

#### （1）　学校保健委員会の意義と必要性

　児童・生徒の健康問題が複雑化、多様化、深刻化してきている状況において、学校全体で児童・生徒の健全な育成に向けて、家庭や地域社会と連携を強化した健康問題への積極的な取り組みが求められている。学校保健委員会は、学校、家庭及び地域社会が連携し、児童・生徒の健康と安全の確保に必要と考えられる健康問題を協議し、協力して解決へと向かう中核的な組織である。

　学校保健委員会の設置の意義としては、次のような点が考えられる。

①　参加者の健康問題への共通理解、共通認識を深める場となる。

②　参加者のそれぞれの立場から児童・生徒の健康上の課題を提起することができる。

③　複雑な健康課題の解決に向けて、役割分担をするなど協力をし、全面的な活動へと発展することができる。

　児童・生徒の健康課題には、発達年齢や家庭の問題、地域社会の問題が反映されるため、学校によって健康課題は様々である。したがって、学校保健委員会の開催は、学校保健だけでなく地域保健へのヘルスプロモーションとしても期待できる。

　学校保健委員会の開催では、次のようなことが期待できる。

・食事、運動、休養及び睡眠など規則正しい生活の習慣化。

・性に関する問題、喫煙・飲酒・薬物乱用防止、また、いじめや不登校の問題など心の健康問題への取り組みの充実。

・水・空気など健康で安全な環境づくりの推進。

・定期健康診断の適切な事後措置の徹底。

・食中毒や感染症の予防対策の徹底。

・幼稚園、小学校、中学校、高等学校が連携した健康づくりの推進。

・災害時の避難や対策について、家庭や地域社会の理解と協力。

・交通安全や生活安全など地域社会と協力した環境づくりの推進。

・障害をもつ児童・生徒が健康に生活ができる学校や地域社会づくりの推進。

・外国人児童・生徒が健康で安全に生活できる学校や地域社会づくりの推進。

　学校保健委員会の設置に関する法的な根拠はないが、文部科学省の通達（1958年）、保健体育審議会答申（1972年、1997年）、中央教育審議会答申（2008年）などにおいてその設置が推進され、学校保健計画の適切な作成とその組織的かつ効果的な実施、児童・生徒の健康問題の協議、学校・家庭・地域との連携による学校保健活動の推進に必要な組織とされている。

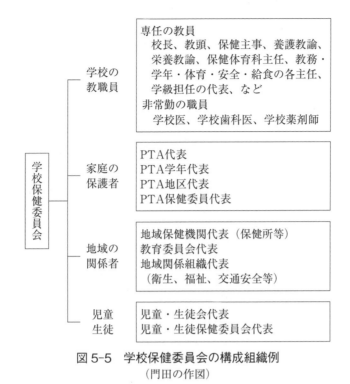

図 5-5　学校保健委員会の構成組織例
（門田の作図）

文部科学省の 2017（平成 29）年度調査では、学校保健委員会の設置率は、小学校 97.5%、中学校 96.5%、高等学校 94.2%とかなり高くなっている。しかし、設置率は、都道府県、学校規模、学校保健に対する関心や活動のあり方によって異なっているのが現状である。図 5-5 は、学校保健委員会の構成組織の一例を示したものである。

### （2）学校保健委員会の活発化に向けて

学校保健委員会を活発化するためには、定例的に開催し、継続することが重要である。そして、以下の事柄に配慮する必要がある。

① 児童・生徒の実態が十分討議されること。

② 取り組みの方向が見極められること。

③ 問題点の整理や資料の準備を十分にすること。

④ 討議の内容を児童・生徒の発達保障の観点から確認すること。

養護教諭は、児童・生徒の健康課題の実態を把握しているので、委員として果たす役割は極めて大きいが、養護教諭や保健主事まかせであってはならない。全教職員で話し合い、準備することが重要である。

（3）学校保健委員会開催の流れ

　表5-7に、学校保健委員会開催の流れを示した。計画、準備、実施、事後活動までの活動がある。事後活動は児童・生徒の健康教育への推進に重要で、学校保健活動の中にこれらの計画を盛り込む必要がある。図5-6に、事後活動の内容を示した。

表5-7　学校保健委員会開催の流れ

| 計　画 | 準　備 | 実　施 | 事後活動 |
|---|---|---|---|
| ・組織づくり<br>・年間計画の作成<br>・職員会議での提案<br>　及び協議<br>・関係者との調整 | ・期日や議題の決定<br>・関係者への連絡<br>・運営の役割分担<br>・資料や運営案作成<br>・当日の準備 | ・会場の設営<br>・提案、報告、発表<br>・参加者全員の協議 | ・記録の整理と報告<br>　（教職員、保護者、<br>　児童・生徒など）<br>・関係者の取り組み<br>・反省と評価 |

（日本学校保健会「学校保健委員会マニュアル」より）

児童生徒
・学校行事での取り組み
・学級（ホームルーム）での取り組み
・児童生徒会行事での取り組み
・児童生徒保健委員会での取り組み
・児童生徒会だより
・児童生徒保健委員会だより
・児童館、子供会での取り組み

家庭
・家庭すこやか会議
・家庭での取り組み
・家庭環境の整備
・PTAでの取り組み
・保護者会への報告、提案
・PTA広報
・PTA運営委員会だより
・PTA保健だより

学校保健委員会後の
活動充実をめざして

学校
・学校だより
・保健だより
・学年学級だより
・学校保健委員会だより
・職員会議、学年会議への
　報告提案
・研修会の実施
・教科指導
・学校環境の整備

地域
・地域環境整備
・地域としての取り組み　子供会、児童館、自治会などの地域行事
・公民館だより、児童館だよりなど関係機関からのたよりを掲示

図5-6　学校保健委員会の推進に向けた事後活動
（日本学校保健会「学校保健活動推進マニュアル」を一部加筆）

### （4）　学校保健委員会の民主的な保健組織づくり

　学校全体で取り組む組織として求められることは、学校長を中心に教職員が協力し合うことである。そして、民主的な委員会活動となるような組織づくりが重要であり、次のことに配慮する必要がある。

① 会議での発言が、自由にできること。
② メンバーの役割や責任が均等で明確であること。
③ 会議が定例化しており、短時間であっても保障されていること。
④ 会議内容が実務処理ばかりでなく、研修にもなるよう工夫されていること。
⑤ 活動のまとめや反省などを常にしており、次の課題が明確であること。
⑥ 活動の結果を児童・生徒や保護者、地域の関係者に必ず返していること。

## 2.　教員保健組織活動

### （1）　教員保健組織活動の意義

　教員保健組織は、学校保健委員会（以下、委員会と略す）を活発化させる核となる組織であり、全教職員にこの活動を普及していく責務を担っている。そして、学校全体として委員会での話し合いの結果を、家庭、地域の関係機関などとの連携を強化して学校保健活動を展開していく役割を担っている。したがって、教員組織活動の意義は、学校から地域社会に健康増進活動を広げることである。

　教員保健組織の構成者は、次のような役割を担う。

① 校長・教頭は、委員会の趣旨や仕事の内容について全職員に周知させ、委員会で決定したことを家庭や地域へ返すよう全職員に周知させる。
② 保健主事は、委員会が円滑に運営できるように関係者との連絡調整、準備、資料づくりに当たる。また、委員会で話し合われたことについて学校内の周知徹底に努める。
③ 養護教諭は、保健主事と協力して委員会の計画、運営、推進に当たる。委員会で決定した内容を児童・生徒保健委員会への指導に活かし、保健指導や保健学習の推進に当たる。
④ 教務主任は、保健・安全・栄養・生活・学習など各分野の教職員と連絡を密にする。
⑤ 各教科担当教員は、それぞれの専門分野で委員会の結果を活かし、教科等を通じて児童・生徒の学習や指導に関わる。
⑥ 学年主任や学級担任は、委員会で話し合われた事をもとに学級活動を行ない、学習、遊び、休養などライフスタイルの基礎を習得させるとともに、健康増進へ向けた対策について家庭への理解と協力を求める。
⑦ 保健体育主任や安全担当主任は、児童・生徒がケガもなく運動や遊びができるように、体や心の健全な発育発達を考えて保健・安全活動を推進する。

　学校の教師は、健康教育の推進者として、児童・生徒を健康行動の変容に導くことができ、学級担任は、様々な家庭環境にいる児童・生徒の個別指導ができる。したがって、保健医療の専門

家である学校医、学校歯科医、学校薬剤師の指導や助言を得ながら教師としての健康観を養うことが、教員保健組織活動の推進には不可欠である。

### （2） 教員保健組織活動の課題

　木村は、教員保健組織のない理由には「組織の意義・必要性を知らない」「教師の多忙さ」「保健主事や養護教諭の努力不足」「教師の学校保健への関心が低い」などをあげている。このような理由で、教員保健組織活動が活発に取り組めていない学校が多くある。

　学校長や教頭、保健主事や養護教諭は、すべての教師が興味と関心を持つような議題や資料を準備することで、委員会に関心を示す教員保健組織活動を育てることができる。そして、討議された内容は、構成メンバー以外の教員にも資料を提供し、また、意見を聴取するなど、組織のメンバー間の交流や共通理解はもちろんのこと、メンバー以外の教師との意見の交流ついても配慮する必要がある。

### 3. 児童・生徒保健委員会活動

### （1） 児童・生徒保健委員会の意義と必要性

　児童・生徒による保健に関する活動は、現行の教育課程では「特別活動」の中の「児童・生徒会活動」に位置づけられている。児童・生徒集会、代表委員会、各種委員会などの組織が学校の実情に応じて作られており、この「児童・生徒会活動」のなかに「保健委員会」が多くの学校で組織されている。

　図5-7は、児童・生徒保健委員会組織の一例を示したものである。児童・生徒保健委員会の目標は、小・中学校学習指導要領に示されているように、学校生活全般に関する自発的、自治的な集団活動で、卒業後においても地域社会における自治的な活動につながると考えられる。したがって、学校におけるヘルスプロモーションを推進する役割を担い、小学校高学年以上の児童・生徒を中心に保健活動に取り組み、健康課題を解決していく活動である。

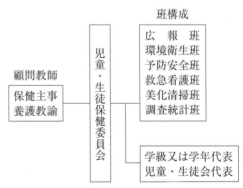

図 5-7　児童・生徒保健委員会の組織例
（門田「教育保健研究５」に一部加筆）

### （2） 児童・生徒保健委員会の指導上の留意点

　顧問教師は、保健委員会の年間指導計画を作成し、以下の事柄に留意して指導を行う必要がある。

①　学級や学校の実態や、児童・生徒の発達段階を考慮し、児童・生徒による自主的、実践的な活動が助長されるようにする。

②　各教科、道徳、外国語活動、総合的な学習の時間などの指導との関連を図る。

③　家庭や地域の人々との連携、社会教育施設等の活用などを工夫する。

④　年間指導計画に基づき、児童・生徒が活動計画を作成し、委員会を運営していく。

　このように顧問教師は児童・生徒が自己の役割を果たし、達成感を味わうことができるように指導する。


## （3）児童・生徒保健委員会の活動内容

　保健委員会の活動には、次のような内容が考えられる。

①　保健委員会の組織づくりと児童・生徒による活動計画の作成と運営

②　異年齢集団による交流

③　関連する学校行事への協力

　　健康診断の事前・事後指導に関するポスター作成、運動会・体育大会、避難訓練等における救護補助、など

④　地域・社会の健康課題を解決するためにボランティア活動などの社会参画

　　虫歯予防や健康週間ポスターコンクールの応募、保健所主宰の食育フェスティバルへの参画、地域の人々との交流や健康情報の交換、など


## （4）児童・生徒保健委員会の課題

　児童・生徒が中心となって活動する委員会であるが、次のような問題点が指摘されている。

①　児童・生徒の保健委員会活動が養護教諭の「下請け機関化」していることである。例えば、統計の集計、資料の整備、救急処置材料の準備、トイレットペーパーや石鹸液等の点検、クラスの清潔検査等である。

②　マンネリ化した委員会活動である。係や役割を決め、その任務を遂行すれば良いと考えるノルマ主義的傾向がある。

③　児童・生徒の委員会は存在するが、ほとんど活動らしい活動をしていない。

　これらのことは、如何に児童・生徒の保健委員会活動を自主的、創造的、集団的な活動にしていくか、教師の力量が問われるところである。

　児童・生徒保健委員会が、自主的、主体的に活動し、ヘルスプロモーションの担い手として、学級や学校から期待される存在になることが望まれる。

**参考文献**

保健体育審議会：児童生徒等の健康の保持増進に関する施策について（答申）、1972.

保健体育審議会：生涯にわたる心身の健康の保持増進のための今後の健康に関する教育及びスポーツの振興の在り方について（答申）、1997.

中央教育審議会：子どもの心身の健康を守り、安全・安心を確保するために学校全体としての取組を進めるための方策について（答申）、2008.

文部科学省：学校保健委員会の設置状況（平成 29 年度）、2018.

木村龍雄：学校保健活動の活発化に関する研究〜学校保健組織の実態とその必要性（その 1）〜、学校保健研究、21（7）、1979.

東京「芽の会」：わたくしたちの養護教諭、あゆみ出版、1984.

藤田和也：養護教諭の実践論、青木書店、1985.

数見隆生：教育としての学校保健、青木書店、1980.

門田新一郎：中学校における保健組織活動に関する研究〜生徒保健委員会活動の現状〜、教育保健研究、5、1988.

日本学校保健会：学校保健活動推進マニュアル、2003.

日本学校保健会：学校保健委員会マニュアル、廣済堂、2000.

杉浦守邦・他：新・学校保健、東山書房、2011.

日本学校保健会：学校保健の動向（令和 2 年度版）、2020.

文部科学省：小・中学校学習指導要領、同解説特別活動編、2017.

津島ひろ江・他：学校における養護活動の展開（改訂 7 版）、ふくろう出版、2020.

## 第5節　保健室の機能と運営

　近年、児童・生徒には、肥満・痩身、生活習慣の乱れ、メンタルヘルスの問題、アレルギー疾患の増加、性に関する問題などが生じており、身体的な不調の背景には、いじめ、児童虐待、不登校、貧困など多様な課題がある。児童・生徒の健康に関して、中央教育審議会答申（2008年）では、児童・生徒の健康づくりを効果的に推進するために、学校保健活動のセンター的役割を果たしている保健室の充実を図ることが示された。ここでは、保健室設置の法的根拠、保健室の機能及び保健室の設置条件などについて述べることにする。

### 1. 保健室設置の法的根拠

　保健室の設置については、学校教育法施行規則第1条「学校には、その学校の目的を実現するために必要な校地、校舎、校具、運動場、図書館又は図書室、保健室その他の設備を設けなければならない」と定められている。すなわち、保健室は、児童・生徒の健康の保持増進という学校教育の基本的目的を達成するために、欠くことのできない施設・設備として位置づけられているのである。小、中、高等学校設置基準においても保健室は校舎に備えるべき施設とされている。また、学校保健安全法第7条（保健室）に「学校には、健康診断、健康相談、保健指導、救急処置その他の保健に関する措置を行うため、保健室を設けるものとする」と定められている。

### 2. 保健室の機能

　保健室には、学校関係者が相互に連携を深め、児童・生徒の心身の健康・安全を図るなど学校保健活動を推進する場としての役割がある。保健室の機能は、保健室を執務の場とする養護教諭の職務内容と密接に関連しており、以下のように考えられる。

① 健康診断、発育測定などを行う場としての機能
② 個人及び集団の健康課題を把握する場としての機能
③ 健康情報センター的機能
④ 健康教育推進のための調査及び資料などの活用・保管の場としての機能
⑤ 疾病や感染症の予防と管理を行う場としての機能
⑥ 児童・生徒が委員会活動などを行う場としての機能
⑦ 心身の健康に問題のある児童・生徒等の保健指導、健康相談を行う場としての機能
⑧ けがや病気などの児童・生徒等の救急処置や休養の場としての機能
⑨ 組織活動のセンター的機能

### 3. 保健室の設置条件

　保健室が保健センターとして活用されるためには、保健室の機構、備品、薬品、衛生材料など、その設置条件について十分な配慮がなされていなければならない。

#### （1）保健室の機構
##### 1）位置

　文部科学省が作成した「小学校施設整備指針」「中学校施設整備指針」（2019年）では、保健室の位置は、静かで良好な日照、採光、通風などの環境を確保できること、屋内外の運動施設との連絡がよく、児童・生徒の出入りに便利であること、救急車、レントゲン車などが容易に近接できることが重要であるとされている。また、職員室との連絡、便所等との関連に十分留意していることや、健康に関する情報を伝える掲示板を設置するなど、健康教育の中心となるとともに、児童・生徒のカウンセリングの場として児童・生徒の日常の移動の中で目にふれやすく、立ち寄りやすい位置に計画することが望ましいとされている。

##### 2）広さ

　中央教育審議会答申（1996年）における「生きる力」を育成するための教育の推進、ティームティーチングの導入等の指導方法の工夫改善、国際化や情報化の進展、いじめ問題等の今日的課題に対応するために、校舎の国庫補助基準面積が改訂され、保健室の面積も普通教室と同様に改訂され広くなった。それによると小・中学校は学級数にかかわらず、1教室（74m$^2$）以上の広さが基準になっている。高等学校では学級数に応じて84〜126m$^2$となっている。

　保健室登校者が増加傾向にある中学校の現状を考えると、1教室よりも狭い保健室については何らかの改善が望まれる。今日の保健室の機能や児童・生徒の利用状況から考えるとプライバシーを確保できるような相談室を備えた保健室の施設・設備の改善が急務である。

##### 3）配置

　保健室のレイアウトは、多くの児童・生徒が利用することから導線に配慮し、養護教諭からの死角を作らないように工夫することが必要である。さらに、保健センター的要素を持った保健室の機能を十分に活用できるように機能別の室内配置を考えることが望ましい。例えば、救急処置コーナー、健康診断コーナー、保健指導コーナー、健康相談コーナー、休養コーナーを必ず設置し、処置台やつい立て・カーテン等を使い、エリアを区分する。他にも執務コーナー、学習コーナー、委員会活動コーナー等を置く（図5-8）。

#### （2）保健室の備品
##### 1）保健室の備品の最低基準

　保健室の備品については、文部科学省通知「保健室の備品等について」（1986年）によって、表5-8のような保健室の最低整備基準が示され、備品の品目及び数量は学校種別、規模などに応

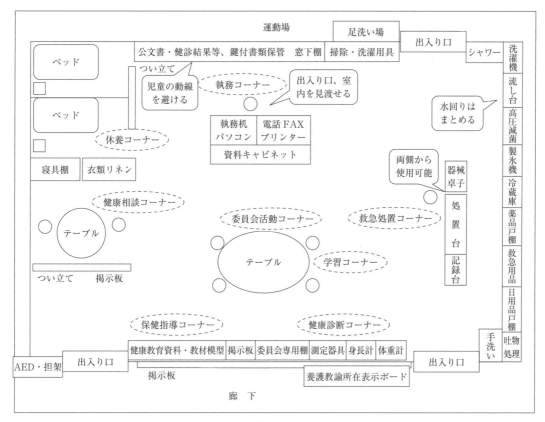

**図5-8　保健室のレイアウト例**
資料：津島、他「学校における養護活動の展開」を一部改変

じて適宜定めるものとされている。保健室の設備、備品の配置は、保健室での作業が円滑に行われるよう考慮することが必要である。

### 2）現代の保健室に望まれる備品

上記の基準では不足があるため、現代の保健室に望まれる備品例を以下に挙げる。

① 情報関連：保健室専用パソコン、セキュリティソフト、保健室専用プリンター、保健室専用シュレッダー、校内電話、各教室との連絡設備（インターフォン）、校内LAN、外線電話、ファクシミリ、インターネット接続環境

② 処置関連：自動体外式除細動器（AED）、サチュレーションモニター、ペンライト、救急用品携帯バック、使い捨て手袋、アルコールベースの擦式手指消毒薬、マスク、ゴーグル、ケア用ワゴン、感染物蓋付ごみ箱、汚物洗浄機、汚物処理用キット、経口補水液、車椅子、製氷機、災害発生時用の救急処置用備品

③ その他：掃除機、電子レンジ、応接セット、作業用デスク、保健室専用洗濯機・乾燥機

表 5-8　保健室の設備基準品目（1986 年改正）

| 一般備品 | 健康診断・健康相談用 | 救急処置・疾病の予防処置用 | 環境衛生検査用 |
|---|---|---|---|
| 机（救急処置用、事務用） | 身長計 | 体温計 | アスマン通風乾湿計 |
| いす（救急処置用、事務用） | 体重計 | ピンセット | カタ温度計 |
| ベッド | 巻尺 | ピンセット立て | 黒球温度計 |
| 寝具類及び寝具入れ | 座高計 | 剪刀 | 照度計 |
| 救急処置用寝台及びびまくら | 国際標準式試視力表及び | 膿盆 | ガス検知器 |
| 脱衣かご | 照明装置 | ガーゼ缶 | 塵埃計 |
| 長いす（待合用） | 遮眼器 | 消毒盤 | 騒音計 |
| 器械戸棚 | 視力検査用指示棒 | 毛抜き | 黒板検査用色票 |
| 器械卓子 | 色覚異常検査表 | 副木・副子 | 水質検査用器具 |
| 万能つぼ | オージオメータ | 携帯用救急器具 | プール用水温計 |
| 洗面器及び洗面器スタンド | 額帯鏡 | 担架 | プール水質検査器具 |
| 薬品戸棚 | 捲綿子 | マウス・トゥ・マウス用 | |
| 書類戸棚 | 消息子 | マスク | |
| 健康診断票格納庫 | 耳鏡 | 松葉杖 | |
| ついたて | 耳鼻科用ピンセット | 救急処置用踏み台 | |
| 湯沸器 | 鼻鏡 | 洗眼瓶 | |
| ストップウオッチ | 咽頭捲綿子 | 洗眼受水器 | |
| 黒板 | 舌圧子 | 滅菌器 | |
| 懐中電灯 | 歯鏡 | 汚物投入器 | |
| 温湿度計 | 歯科用探針 | 氷のう、氷まくら | |
| 冷蔵庫 | 歯科用ピンセット | 電気あんか | |
| 各種保健教育資料 | 聴診器 | | |
| | 打診器 | | |
| | 肺活量計 | | |
| | 握力計 | | |
| | 背筋力計 | | |
| | 血圧計 | | |
| | 照明灯 | | |

資料：文部科学省通知（一部修正）

## （3）保健室の医薬品と衛生材料

### 1）医薬品

　医薬品には、原則として「薬局」や「薬店・ドラッグストア」において薬剤師等の薬の専門家の助言を得て自らの判断で購入可能な「一般用医薬品」と、原則として医師・歯科医師の判断に基づく処方せんが必要で、薬局において薬剤師から購入可能な「医療用医薬品」がある。一般用医薬品を学校に置くことについて、規制している法律はないため、軽微な切り傷、すり傷、やけどなどについて、専門的な判断や技術を必要としない応急手当に用いる消毒薬などを常備することはできる。ただし、一般医薬品の管理責任者は校長であり、一般医薬品を置くことについては学校医、学校歯科医、学校薬剤師の指導・助言のもとで、学校関係者の共通理解に基づいて判断する。また、児童・生徒の「医療用医薬品」を預かることに関しては、主治医からの指示書

や保護者からの依頼書の提出の上、関係機関の共通理解と適切な管理体制で行うことが必要となる。

### 2）医薬品の扱いについての注意点

解熱鎮痛薬やかぜ薬などの内服薬は、まれに重篤な副作用を起こすため安易に用いない。塗布薬、湿布薬などの外用薬においては、アレルギー症状が出る場合があるため、事前にアレルギーの有無を確認する。外用薬を使用する場合は、手当の内容や経過などの報告を保護者に行う。これらの医薬品は、必ず薬品庫に施錠して保管する。さらに、一般用医薬品管理簿を作成し、使用

表 5-9　保健室の衛生材料

| 種　類 | 内　容 |
|---|---|
| ガーゼ | ・傷の大きさに応じて使用できるように基本としてガーゼ幅（30×30cm）のものを作っておく<br>・当てガーゼ<br>　　ガーゼ幅、及び、その 1/2（15×30cm）、1/4（15×15cm）のものを縦、横に適当の大きさに折りたたんで作る<br>・滅菌ガーゼ（市販品）<br>　　一枚ずつパックされており、携帯にも便利である |
| 脱脂綿 | ・一枚綿及び切綿（カットメン）<br>・ふき綿、切綿（4×4cm）<br>・消毒綿（70%イソプロパノール含浸、4×4cm）<br>　　皮膚、器具（体温計、外科用ハサミ等）の消毒に用いる<br>　　60 枚又は 300 枚入でパックされており、携帯にも便利である |
| 包帯 | ・巻軸帯<br>　　3～8 裂（号）の包帯。手指には 8 裂、四肢には 5、6 裂が適当である<br>・三角巾<br>　　急な場合に備え大、中、小、各 10 枚くらいは準備しておく<br>・その他<br>　　弾性包帯、伸縮包帯、ネット包帯、粘着包帯、救急絆創膏（カット絆）など |
| 副子 | ・金属性副子<br>　　クラーメル副子などは、軽量で装着部に応じて形を変えられる利点がある<br>　　大（10×100cm）、中（8×80cm）、小（6×60cm）<br>・平板副子<br>　　ベニヤ板などで上肢用、下肢用など適当な大きさ（長さ、幅、強さ）に作っておく<br>・手指副子<br>　　10～20cm 程度の長さのものを 3 種類（大、中、小）用意しておく<br>・その他<br>　　ダンボール、棒、新聞紙など代用できるものを備えておく<br>注：副子には、木綿を薄くのばしたり、タオルやガーゼなどの当て物をし、その上を包帯で巻いておく |
| その他 | ・以下のようなものを備えておく<br>　　絆創膏、油紙、眼帯、綿棒、マスク、リトン布、タオル、ペーパータオル、ティッシュペーパー、創傷被覆材（ドレッシング材）、氷枕、冷却シート、氷のう、紙テープ、ペンライト、紙テープ、使い捨てビニール手袋、など |

（門田・佐久間の作成）

の状況を定期的に点検する。

### 3）衛生材料

　救急処置用の衛生材料の使用頻度は高い。衛生材料は保管場所を清潔にし、使いやすい状態にして準備しておく必要がある。衛生材料も養護教諭の管理のもとに、定期的に点検し、使用後は補充しておかなければならない。保健室の医薬品や衛生材料は、学校医や学校薬剤師の指導のもとに養護教諭が整備し、日常の管理を行っているが、学校のすべての教師は、医薬品や衛生材料の保管場所、種類、使用法などについて知っておく必要がある。特に、表5-9に示したような救急処置に必要な衛生材料については、十分に心得ておかなければならない。

### （4）保健室の諸帳簿及び個人情報

　保健活動に必要な諸帳簿や資料を整備保管し、全職員に対しその所在を明確にしておくことが必要である。保健関係では、健康診断票、学校医執務記録簿、学校歯科医執務記録簿、学校薬剤師執務記録簿がある。それ以外の帳簿はその学校の文書規定による。一般的には、救急処置記録簿、健康観察記録簿、保健指導記録簿、保健室来室記録簿、定期健康診断時の保健調査票などが整備されているところが多い。

　保健室で取り扱うこれらの情報は、心身に関するものを含み、特に機密性の高い個人情報といえる。情報の収集、保管、破棄については十分に留意しなければならない。

## 4．保健センターとしての保健室の活用

　これまで述べてきたように、保健室は学校における保健センターとして学校保健活動の中枢的役割を持っている。したがって、保健室の運営（経営）のあり方は、学校保健活動の運営の方向と一貫性を持たなければならない。保健室を運営（経営）する養護教諭は、学校種の共通性と相違点や地域の実情を踏まえ、教職員や保護者等の十分な理解及び協力を得て保健室経営計画を立てる必要がある。そして保健室経営は、Plan（計画）・Do（実行）・Check（評価）・Action（改善）を繰り返すPDCAサイクルで確実に行うことが重要である。

### （1）保健室経営計画

　学校保健計画は、全職員が取り組む総合的な基本計画であるのに対し、保健室経営計画は、学校保健計画を踏まえた上で、養護教諭が中心となって取り組む計画である。

　保健室経営計画は、図5-9に示すように、当該学校の教育目標及び学校保健目標などを受け、その具現化を図るために、保健室の経営において達成されるべき目標を立て、計画的・組織的に運営するために作成される。保健室経営計画及び評価例（小学校）を図5-10に示す。年度始めに学校の全教師、学校医等の学校保健関係者、保護者などに配布することによって、保健室の保健センターとしての位置づけや役割、機能だけでなく、学校保健活動全体についての共通理解を図るための有効な手段の一つである。

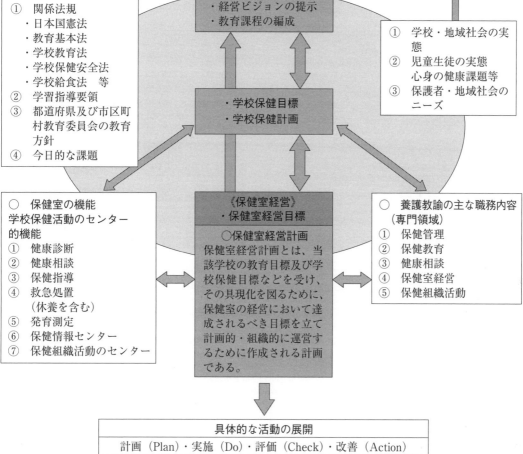

図 5-9　保健室経営の概念図（例）
資料：日本学校保健会

## （2）保健室経営計画の必要性

保健室経営計画の必要性としては、次のような内容が考えられる。

① 学校教育目標や学校保健目標の具現化を図るための保健室経営を、計画的、組織的に進めることができる。

② 児童・生徒の健康課題の解決に向けた保健室経営計画（課題解決型）を立てることによって、児童・生徒の健康課題を全教職員で共有することができる。

③ 保健室経営計画を教職員や保護者等に周知することによって、理解と協力が得られやすくなり、効果的な連携ができる。

④ 保健室経営計画を立てることによって、養護教諭の職務や役割を教職員等に啓発していく機会となる。

⑤ 保健室経営計画の自己評価及び他者評価（教職員等）を行うことにより、総合的な評価が

2020 年度　　○○小学校　　保健室経営計画　　養護教諭○○○○

### 学校教育目標

学びを楽しみ　ふるさとを愛し　たくましく生きる
【重点目標】「できた！わかった！があふれる学校」

### 学校経営方針（保健安全に関わるもののみ）

・児童一人一人の実態や発達段階に応じた体力つくりと明るく健康的な生活を営む態度の育成を目指すため、身体計測や新体力テスト、生活習慣調査などを生かした指導計画を作成し、指導法の工夫に努める。
・自己の体力・体格・健康についての関心を高め、朝の時間や業間での自由運動・遊びを通し、心と体の健康の保持増進が図られるようにする。さらに、日常の生活指導、安全指導、安全管理の強化を図り、学校事故絶無を期する。

### 学校保健目標

健康安全で明るい日常生活を営むための基本的な生活習慣を養い、心身の調和的発達を図る。

| 重点目標 | 児童生徒の主な健康課題 |
|---|---|
| (1) 食事、睡眠、運動に関する指導の充実を図る。<br>(2) 心的ストレス等に関する配慮が必要な児童を把握し、連携して支援の充実を図る。 | ・原発事故の影響による生活環境の変化や屋外での活動が減り、体力が低下している。<br>・肥満傾向児童（肥満度 20% 以上）が全体の 14.3% いる。<br>・バスでの通学時間が長く（片道約 1 時間）、疲労が蓄積しやすい。<br>・環境の変化により生活習慣の乱れが見られるとともに、心理的ストレスが、身体症状となって現れ来室する児童もいる。 |

到達度：1 よくできた　2 ほぼできた　3 あまりできなかった　4 まったくできなかった

| 経営目標 | 保健室 | 保健室経営目標達成のための具体的な方策（※評価の観点） | 自己評価 到達度 | 自己評価 今後に向けて／理由 | 他者評価 いつ | 他者評価 だれから | 他者評価 方法 | 他者評価 到達度 | 他者評価 意見・助言等 |
|---|---|---|---|---|---|---|---|---|---|
| 1 生活の調査や保健教育を担任等と連携して実施し、生活習慣改善のための指導の充実を図る。 | | A) 保健教育（保健学習・保健指導）において、担任等と事前打合せを行い、児童や地域の実態に即した TT 等による指導を実施する。<br>3年体育科（毎日の生活と健康）<br>3年学活（おやつのとり方を考えよう）<br>4年学活（生活習慣について）<br>6年体育科（病気の予防）<br>※担任等と事前打合せのもとに、TT 等による指導を実施できたか。<br>※生活習慣の改善ができたか。 | ①234 | ・事前に打合せをし、指導者の役割についても明確にしていただいたためスムーズに進めることができた。<br>・TT による授業を指導案作成の段階から関わり実践することができた。 | 実施後 | 教職員・児童 | ワークシート聞き取り | ①234 | ・専門性を発揮していただき、TT による効果的な授業ができた。 |
| | | B) 毎週 1 回、生活のチェック（早寝・早起き・朝ごはん等）を行い、個別の課題を把握し、指導に生かす。<br>※年間を通して週 1 回実施できたか。<br>※調査結果を保健学習及び保健指導（集団・個別）に生かすことができたか。<br>※資料 1 | 1②34 | ・課題を共有し、連携して個別指導を行うことができた。 | 毎週・年度末 | 学級担任 | チェックカード聞き取り | 12③4 | ・保健学習の授業に生活チェックの結果を生かすことができた。<br>・個別指導は、時間が取れず十分できなかった。 |
| | | C) 健康診断、日常の健康観察、生活のチェック等の結果を家庭に知らせ健康相談を実施するなどして、家庭と連携できるよう継続的に働きかける。<br>※健康診断、生活チェック等の結果を家庭に知らせることができたか。<br>※家庭に継続的に働きかけ、連携して生活習慣の改善ができたか。 | 12③4 | ・継続して働きかけることはできたものの、生活の改善まではつなげることができなかった。 | 年度末 | 教職員 | 聞き取り | 1②34 | ・生活調査の結果を、家庭訪問や個別懇談会等で生かすことができた。 |
| 保健室経営目標 1 に対する総合評価 | | | 1 ② 3 4 | | | | | | |

図 5-10　小学校の保健室経営計画例（一部抜粋）

資料：日本学校保健会（一部改変）

できるとともに課題がより明確になり、次年度の保健室経営に生かすことができる。
⑥　養護教諭が複数配置の場合には、お互いの活動内容の理解を深めることができ、効果的な
　連携ができる（計画は一つ）。
⑦　異動による引き継ぎが円滑に行われるなど。

## 5.　保健室と養護教諭の役割

### （1）　保健室利用の実態

　保健室を訪れる児童・生徒たちの中には、身体面だけでなく、学習面、友人関係、家庭事情
などの様々な訴えを持って相談を求めてくるケースも増えてきている。また、内的な悩みや葛藤
を言葉で表せずに、身体的な不調として訴えてくる場合も少なくない。2016（平成 28）年度に
日本学校保健会の保健室利用状況調査委員会が小学校、中学校、高等学校、3900 校を対象にし
た調査結果では、一校あたりの１日の平均利用者数は、小学校 22.0 人、中学校 19.0 人、高等学
校 19.8 人であった。来室理由で最も多い理由は、小学校では「けがの手当て」35.7%、中学校・
高等学校では、「体調が悪い」中学校 21.8%、高等学校 25.7%であった。また、養護教諭が心身
の健康問題のために健康相談等で継続的な支援を行っている事例が「有る」の割合は、小学校で
60.1%、中学校 79.2%、高等学校で 91.4%と学校段階が上がるにつれて増えていた。さらに、「保
健室登校」の児童・生徒がいる学校の割合は、小学校 32.4%、中学校 36.5%、高等学校 36.8%で
あった。また、心の健康に関しては、友人との人間関係に関する問題が多く、「心の居場所」と
して保健室が機能していることが分かる（表 5-10）。

表 5-10　心の健康に関する主な事項（学校種別）（2016 年度）

（千人当たりの児童生徒数）単位：人

| 心の健康に関する主な事項 | 小学校 | 中学校 | 高等学校 |
|---|---|---|---|
| いじめに関する問題 | 7.4 | 7.7 | 1.8 |
| 友達との人間関係に関する問題 | 12.9 | 22.3 | 16.3 |
| 家族との人間関係に関する問題 | 3.4 | 9.8 | 8.8 |
| 教職員との人間関係に関する問題 | 1.5 | 3.0 | 2.8 |
| 児童虐待に関する問題 | 2.6 | 2.7 | 1.1 |
| 不眠等の睡眠障害に関する問題 | 0.5 | 2.5 | 2.7 |
| 過換気症候群 | 0.5 | 3.7 | 3.6 |
| 過敏性腸症候群 | 0.3 | 2.1 | 3.2 |
| 過敏性腸症候群以外の心身症に関する問題 | 0.7 | 2.6 | 2.8 |
| 性に関する問題 | 0.3 | 2.0 | 2.0 |
| 拒食や過食等の摂食障害に関する問題 | 0.3 | 0.9 | 1.1 |
| リストカット等の自傷行為に関する問題 | 0.3 | 4.3 | 2.4 |
| 精神疾患（総合失調症、うつ等疑いを含む）に関する問題 | 0.3 | 2.0 | 2.6 |
| 発達障害（疑いを含む）に関する問題 | 24.2 | 21.2 | 8.9 |
| その他 | 0.8 | 2.0 | 2.9 |

資料：日本学校保健会

## （2） 保健室における養護教諭の役割

　養護教諭は、保健室で児童・生徒の悩みや訴えを聴いたり、身体的不調の背景に目を向けることを通して、児童・生徒の発する様々なサインを担任より早く気付くことができる立場にある。薬物問題、性の逸脱行動、いじめ、不登校などの心身の健康に関する現代的課題の深刻化を踏まえると、保健室の役割や養護教諭の行う健康相談の充実が求められる。そのためには、いつでも温かく児童・生徒を受け入れ、安らぎを与えることのできる開かれた保健室経営が必要である。

　しかし、多様で複雑な健康課題の解決には、保健室だけの対応だけでは十分ではない。養護教諭のみならず、管理職や学級担任等の全ての教職員が、学校医、スクールカウンセラー、スクールソーシャルワーカー等の専門スタッフと連携し、取り組まなければならない。また、児童・生徒が生涯にわたって健康な生活を送るためには、「心身の健康に関する知識・技能」「自己有用感・自己肯定感（自尊感情）」「自ら意思決定・行動選択する力」「他者と関わる力」を育成する取り組みが必要となる。これらの力を育てるためには、児童・生徒を支える周囲のものが適切に連携し、それぞれの役割を果たすことが重要である（第5章第1節参照）。

　そのためには、児童・生徒が主体的に自らの健康課題を見つけ解決できる資質や能力を高めるヘルスプロモーション活動を行う場としての保健室経営を、チーム学校として行っていく必要がある。

**参考文献**

中央教育審議会：子どもの心身の健康を守り、安全・安心を確保するために学校全体としての取組を進めるための方策について（答申）、2008.

文部科学省：小学校施設整備指針（平成31年改訂）、2019.

文部科学省：中学校施設整備指針（平成31年改訂）、2019.

中央教育審議会：21世紀を展望した我が国の教育の在り方について（第一次答申）、1996.

文部科学省：これからの小・中学校施設の在り方について〜児童・生徒の成長を支える場にふさわしい環境づくりを目指して〜（報告書）、2019.

日本学校保健会：養護教諭の専門性と保健室の機能を生かした保健室経営の進め方、2004.

三木とみ子、他：新訂養護概説、ぎょうせい、2018.

津島ひろ江、他：学校における養護活動の展開（改訂7版）、ふくろう出版、2020.

日本学校保健会：学校における薬品管理マニュアル、2009.

日本学校保健会：保健室経営計画作成の手引き、2015.

日本学校保健会：保健室利用状況に関する調査報告書〜平成28年度調査結果〜、2018.

文部科学省：現代的健康課題を抱える子供たちへの支援〜養護教諭の役割を中心として〜、2017.

日本学校保健会：学校保健の課題とその対応〜養護教諭の職務等に関する調査結果から〜、2012.

## 第6節　学校保健と地域保健との連携

　学校保健は、行政上は主として、学校を中心とした文部科学省の教育行政の分野で、地域保健は保健所を中心とした厚生労働省の厚生行政の分野で取り扱われることになっているが、推進し成果を上げるには、それぞれの特徴を生かして連携し協働する必要がある。その連携への社会的要請はヘルスプロモーションの理念及び戦略の波及とともに増大の一途にある。ヘルスプロモーションについては前述したとおり、QOLの向上を目指して、個人の力（主体づくり）と社会の力（環境づくり）とを相互に関連づけ高める活動（過程）である。

　学校保健は保健教育と保健管理の領域からなるが、学校が教育の場であることから保健教育に主眼がおかれ、生涯健康教育や家庭及び地域における健康教育の普及発展のための主体づくりの基盤としての特色を有している。この主体づくりと相まって、地域保健では、健康都市構想・まちづくりの流れを汲むコミュニティヘルスとしての環境づくりに主眼が置かれ、①健康的な公共政策づくり、②健康を支援する環境づくり、③地域活動の強化、④医療サービスの方向転換といった活動を通して、人々の健康を保持・増進する能力を高め、QOLの向上をサポートする特色を有している。

　ここでは、地域（コミュニティ）を中心とする国民健康づくり対策と学校を中心とする健康づくり（ヘルスプロモーティングスクール）対策との動向を概観して、学校保健と地域保健との連携のあり方（方向）について述べる。

### 1. 地域を中心とする国民健康づくり対策の動向

　我が国の平均寿命は、戦後、国民の生活環境が改善し、医学が進歩したことによって、急速に延伸したため、いまや世界有数の長寿国となっている。しかし、人口の急速な高齢化とともに、生活習慣病及びこれに起因して認知症、寝たきり等の要介護状態等になる者の増加等は深刻な社会問題となっている。このような人口の高齢化及び疾病構造の変化を勘案すれば、21世紀の日本をすべての国民が健やかで心豊かに生活できる活力ある社会とするためには、従来の疾病対策が中心であった「二次予防」（健康診査等による早期発見・早期治療）や「三次予防」（疾病が発症した後、必要な治療を受け、機能の維持・回復を図ること）に留まることなく、「一次予防」（生活習慣を改善して健康を増進し、生活習慣病等を予防すること）に重点を置いた対策を強力に推進して、壮年期死亡の減少、健康で自立して暮らすことができる期間（健康寿命）の延伸、健康格差の縮小等を図っていくことが極めて重要である。この対策はヘルスプロモーションの理念と戦略に基づいており、次に示す国民健康づくり計画が地域を中核として、ほぼ10年のサイクルで展開されている。

## （1） 第1次国民健康づくり対策（1978年〜）

　厚生省は、明るく活力ある社会を構築することを目標に、1978年に「自分の健康は自分で守る」という国民の自覚を高めるとともに、国民の多様な健康ニーズに対応しつつ、地域に密着した保健サービス体制を整備する観点から、第1次国民健康づくりを開始した。取り上げられた事項は、ア．生涯を通じる健康づくりの推進（①家庭婦人を含む全ての国民に対する健康診査の機会の確保、②乳幼児から老人までの各ライフステージの特徴をふまえた保健推進等）、イ．健康づくりの基盤整備等（①市町村保健センター、健康増進センター等の整備、②保健師、栄養士等のマンパワーの確保）、ウ．健康づくりの普及啓発（①市町村健康づくり推進協議会の設置、②健康・体力づくり事業財団による啓発普及活動等）である。

## （2） 第2次国民健康づくり対策（アクティブ80ヘルスプラン、1988年〜）

　1988年には第1次国民健康づくり対策をさらに拡充するとともに、「栄養、運動、休養」という健康づくりの3要素のバランスのとれた健康的な生活習慣の確立を目指し、「一人ひとりが80歳になっても身のまわりのことができ、社会参加もできるようにすること」を目指した第二次国民健康づくり対策が策定された。特に未着手な部分が多かった運動に力を入れ、マンパワー（運動の普及を行う運動推進員、運動プログラムの作成などを行う健康運動指導士等）の養成及び施設整備や健康診査体制の確立の基盤整備等が推進された。

　この背景として、1986年のWHOヨーロッパ地域事務局の提唱よる健康都市（Healthy City）プロジェクト推進の影響が窺える。このプロジェクトは環境改善運動でとしてヨーロッパを中心に世界に広がっていった。西太平洋地域において、この運動に参加したのは、オーストラリア、ニュージランド、日本であった。東京では、1980年代の終わりに、健康都市構想が開始された。

## （3） 第3次国民健康づくり運動（第1次健康日本21、2000年度から2012年度）

　1998年11月に、「健康日本21企画検討会」及び「健康日本21計画策定検討会」が設置され、これまでの第1次、第2次健康づくり運動の実績や国内外における公衆衛生活動（ヘルスプロモーション活動等）の成果を踏まえて、21世紀における我が国の健康づくり対策について検討し、「健康日本21企画検討会・計画策定検討会報告書」にまとめた。これを受けて、2000（平成12）年3月に、「21世紀における国民健康づくり運動（健康日本21）」が策定された。（平成12年3月31日付厚生省発健医第115号事務次官通知）。この「健康日本21」の目的は、壮年期死亡の減少、健康寿命の延伸及びQOL（生命・生活・人生の質）の向上を目指して、①栄養・食生活、②身体活動・運動、③休養・こころの健康づくり、④たばこ、⑤アルコール、⑥歯の健康、⑦糖尿病、⑧循環器病、⑨がんの9分野70項目の数値目標が設定され、評価、見直しがなされた。そのアプローチとして、国内外におけるヘルスプロモーション活動等の成果を踏まえて、「健康を実現することは、元来、個人の健康観に基づき、一人一人が主体的に取り組む課題

であるが、個人による健康の実現には、こうした個人の力と併せて、社会全体としても、個人の主体的な健康づくりを支援していくことが不可欠である」として、グリーンのヘルスプロモーション（プリシード・プロシードモデル、1991 年）の定義「教育的かつ環境的なサポートを組み合わせて、健康的な行動や生活状態が取れるようにする活動」が導入された。個人の力（教育的サポート、主体づくり）と社会の力（環境的サポート、環境づくり）とを併せて人々の健康づくりを支援するという定義は、一次予防（健康増進）としての医学的なヘルスプロモーション（レベル・クラークの 3 ないし 5 段説等、1953 年）→ ライフスタイルと環境を意識したヘルスプロモーション（ラロンド報告、1974 年）→ WHO が提唱した社会科学的なヘルスプロモーション（イローナ・キックブッシュの健康都市構想、1986 年）の流れ（主体づくり → 環境づくり）を取り込んでいる。

　ヘルスプロモーションという言葉は一義的でなく、健康増進、健康推進やカタカナでそのままヘルスプロモーションと訳されているが、大津は、グリーンのヘルスプロモーションの定義に基づいて、「主体・環境づくり」と称している。この「主体・環境づくり」のうち、環境づくりにおいては、前述した健康文化都市構想が「健康なまちづくり」の名の下に飛躍的に拡大していった。2002 年には、健康日本 21 をさらに積極的に進めるため、法的基盤を含む環境整備として健康増進法が制定された。その総則において、国及び地方公共団体の責務として、「健康の増進に関する正しい知識の普及、情報の収集・整理・分析・提供、研究の推進、人材の養成・資質の向上を図るとともに、関係者に対し、必要な技術的援助を与えることに努める」ことや、基本方針として「食生活、運動、休養、喫煙、飲酒、歯の健康保持、その他の生活習慣に関する正しい知識の普及に関する事項」など、健康教育の環境整備に関わる事項が掲げられているのは注目に値する。

## （4）第 4 次国民健康づくり運動（第 2 次健康日本 21、2013 年度から 2022 年度）

　2013 年度から 2022 年までは第 2 次健康日本 21 が策定された。2018 年の中間評価では、平均寿命の延びを上回る健康寿命の延びと、健康寿命の都道府県格差の縮小が順調に達成されていることが確認されたが、変化が見られない、あるいは悪化した目標項目も見られた。2022 年の最終評価での目標達成に向けて、基本方針として、「健康寿命の延伸と健康格差の縮小」「生活習慣病の発症予防と重症化予防の徹底」「社会生活を営むために必要な機能の維持及び向上」「健康を支え、守るための社会環境の整備」「栄養・食生活、身体活動・運動、休養、飲酒、喫煙及び歯・口腔の健康に関する生活習慣及び社会環境の改善」が挙げられ、これらの目標の設定と評価や普及活動をすることが盛り込まれている。

## （5）健やか親子 21（第 1 次・第 2 次）

　2000 年に、第 1 次健康日本 21 の一翼を担う国民運動として、10 年計画で安心して子どもを産み、ゆとりを持って健やかに育てるための家庭や地域の環境づくりを目指す「健やか親子 21」

が策定され、2006 年には妊産婦に対するマタニティマークが 制定された。

　学校保健との関わりでは、思春期における親子の心の問題、自殺、十代の性感染症、人工妊娠中絶等の性の問題、喫煙、飲酒問題や外部機関と連携した薬物防止教育等が取り組まれた。2013 年の最終評価では、取り組んだ課題全体の約 8 割が目標を達成（改善）したとされた。一方、子どものむし歯の有病率などの実態において、都道府県により健康格差が生じていることも明らかになった。

　これを受けて、2015 年には「健やか親子 21（第 2 次）」が策定された。特に、健康格差の解消に向けた取り組みを進めていくことが重要であるため、10 年後（2024 年度）の目指す姿を"すべての子どもが健やかに育つ社会"として、地域と学校が連携した健康に関する取り組みの 52 の指標（歯科保健や子育て支援、乳幼児保健と学童期・思春期の保健対策、児童虐待の防止など）が設定された。

## （6）　今後の方向

　今後とも、国民の健康増進の取組を進めるに当たっては、多様な分野と十分に連携をとっていく必要がある。健康づくり対策（第 2 次健康日本 21）、母子保健分野における対策（健やか親子 21）や、精神保健分野における対策、介護予防における対策（2005 年の介護保険法改正における地域包括ケアシステムなど）、産業保健分野における対策、医療保険の保険者が実施する対策を含めた厚生労働行政分野における健康増進対策（食育の推進を含む）、ウォーキングロードの整備などのまちづくり対策、森林等の豊かな自然環境の利用促進対策、総合型地域スポーツクラブの活用などの生涯スポーツ分野における対策、健康関連産業の育成等、関係行政分野、関係行政機関等、学校保健対策との連携である。特に、学校保健対策はヘルスプロモーティングスクールと関わらせて推進することが肝要である。

## 2.　学校を中心とする健康づくり対策（ヘルスプロモーティングスクールの推進）

　ヘルスプロモーティングスクール（Health Promoting School, 以下、HPS）とは、ヘルスプロモーションの理念に基づく学校を舞台とする総合的健康づくり運動であり、健康政策としての側面も有している。WHO により 1980 年代より検討され、1990 年代に入り具体的提案として世界に示されていった。西太平洋地域において、この運動に参加したのは、オーストラリア、ニュージランド、日本等である。HPS は「ヘルシースクール」「健康な学校づくり」「いきいきスクール」などとも称されている。生涯健康教育ないし生涯保健の基盤として、また家庭や地域での健康教育の連携の中心として、学校への期待は大きく、HPS を推進していくことが大切である。

（1）　HPS の国外の動向

1）　1986 年、WHO 健康都市（Healthy City）プロジェクトとセッティグアプローチの推進

WHO は 1986 年のオタワ憲章において、ヘルスプロモーションの理念を公表した。その推進にあたって、健康成立の 3 要件（主体・環境・生活行動）に対応して、健康な人々、健康な生活習慣、健康な生活環境の 3 つを挙げている。

これらのうち、病気を予防するには、個人のみで実現できるものではなく、社会環境の整備、資源の開発が必要であるとして、前述したように、1986 年、WHO ヨーロッパ地域事務局は環境改善運動である健康都市（Healthy City）プロジェクトの推進を提唱した。この活動はヨーロッパを中心に広がっていった。加盟国では、健康都市づくりの一方で、1990 年代半ば以来、ヘルシー・セッティグアプローチによる環境づくりが実施されるようになった。このセッティグアプローチとは、一般の人々（素人）は自分なりの健康観に基づいて、様々な生活の場（セッティグス：学校、職場、病院、市場、村／コミュニティなど）で、専門家に見られない新たな発見によって健康を想像しながら暮らしていることを承認し、その健康創造能力を培う接近法である。中でも、学校の場において、児童生徒に健康生活の知識・習慣を習得させておけば、市民になった時に健康生活を営むことができるとして、HPS が重視された。

2）　1995 年、WHO「学校を通しての健康推進」報告書

WHO の「総合的な学校健康教育とヘルスプロモーション」に関する専門委員会は、ヘルスプロモーションの理念・戦略を具現化するには、学校保健活動を優先すべきであるとして、1995 年に、この報告書（Promoting Health Through Schools）をまとめた。この中で、「多くの学校はあまりにも健康増進の能力を欠き過ぎており、子ども達や教職員の健康を危険にさらしている。この改善に当たっては、教育だけでなく健康増進にも務める学校、即ち HPS の移行能力を高めることが必要である」としており、HPS の内容の原型になっている。

3）　1997 年、WHO「ジャカルタ宣言」（第 4 回国際ヘルスプロモー ション会議）

ヘルスプロモーションを実践する上での持続可能性をどのように創出するかに焦点が当てられ、 そのために必要な経済、教育、安全等の政策についての検討がなされ、学校を通じ地域に健康を広めることの意義が論じられた。

4）　1998 年、WHO「WHO の学校保健率先構想」

WHO の「ヘルスプロモーションと健康教育及びコミュニケーション」部門は、HPS の学校数増大を目指して、この構想（WHO's Global School Health Initiative」を策定した。

HPS の特徴として、「そこで過ごしたり、学んだり、あるいは働いたりする健康的な場としての機能を絶えず強化しつづける学校」としている。そのためには、外的（政策）条件と内的（行為）要件を整備することが必要であるとしている。

外的（政策）条件としては、①共通のビジョン（学校は教育と健康の両機能を果たさなければならない）、②政策の意思決定・責務（国や自治体は学校が健康機能を果たすことができるように政策を制定し資源を提供する）、③組織づくり・調整・マネジメント（国や自治体は既存の健

康資源や教育資源を結集し最大限に活用し、健康・教育プログラムをサポートする）、④地域の援助（地域は学校の内外において健康なライフスタイルや健康確保のための諸条件を促進する諸活動に対して援助する）の4つを挙げている。

内的（行為）要件としては、①総合的学校健康教育、②健康的な学校環境、③学校ヘルスサービス（健康管理）、④学校と地域との連携による活動、⑤教員のための学校のヘルスプロモーションプログラム、⑥栄養・食物プログラム、⑦身体活動・レクリエーション・スポーツ活動、⑧カウンセリング・社会支援体制の8つが必要であるとしている。

### （2）HPSの国内の動向

日本では、HPSに類似した取組みは、1951年から1996年まで、朝日新聞主催、文部省・厚生省後援で全国の小学校を対象にした「全日本健康推進学校表彰」事業や、これを引き継ぐ形での日本学校保健会主催「日本健康づくり推進学校表彰」、東京都での「健康教育推進学校」を表彰する取組みが行われた。この背景には1980年代の終わり頃からの東京都の健康都市構想への着手、1992年の厚生省の健康文化都市構想が影響を及ぼしている。その後、1997年の「保健体育審議会答申」において、学校教育における「ヘルスプロモーションの理念に基づく健康の保持増進」が明記され、2003年実施の高等学校における保健授業の「現代社会と健康」の単元で、ヘルスプロモーションの理念が取り入れられた。

2007年には、第54回日本学校保健学会において、「ヘルシースクールの推進」と題した大津一義学会長講演が行われ、全国レベルでの展開が強調された。

2008年には中央教育審議会答申「子どもの心身の健康を守り、安全・安心を確保するために学校としての取組みを進めるための方策について」において、ヘルスプロモーションの理念を踏まえた学校づくりとしてのHPSが明確に位置づけられた。

2011年2月には、千葉大学教育学部で第1回HPSを推進する教員向けのシンポジウム・研修会が開催された。そこでは、台湾、香港、上海、シンガポールなどでのHPS実施校の視察等を通して、どのような点に着目すれば健康的な学校といえるのかをわかりやすく表したHPSチェッククリストの作成や、さらにPDCAサイクルに乗せるための具体例とフォーム、モデルの成果が公表された（詳しくは、http://chiba-hps.org/about を参照）。

2012年には「健康日本21」の推進と相まって、HPSのより一層の拡充が期待された。

2017年（平成29年）には、小・中学校の学習指導要領が告示され、"より良い学校教育を通じてより良い社会を創る"という目標を学校と社会が共有し、連携・協働しながら、新しい時代に求められている資質・能力を子どもたちに育む「社会に開かれた教育課程」が重視された。各学校では、その実現に向けて、子どもや地域の実態を踏まえたカリキュラム・マネジメントの推進が求められている。小学校のカリキュラムにおいては、保健授業の6年生の「病気の予防」で、新たに、地域保健活動の内容「地域では保健に関わる様々な活動が行われていること」が取り入れられた。学習指導要領解説書には、「人々の病気を予防するために、保健所や保健センター

などでは健康な生活習慣に関わる情報提供や予防接種などの活動が行われていることを理解できるようにする」と説明されている。保健所や保健センターなどの身近な施設での活動や体験を通して、学校と地域との関連について理解を深めていくことが求められている。新学習指導要領の「生きる力」の育成の成果を上げるには、子ども達にとって、学校が楽しく元気に安心して勉強でき、生き生きと過ごせる場であることが何よりも大切であるし、保護者や地域の人々にとっても信頼し愛着の持てる学校であることが重要である。この教育と健康が融合した HPS の運営を「コミュニティ・スクール（学校運営協議会制度）」と一体的に進めると共にヨーロッパ地域の HPS のネットワークづくりなどを範として、地域社会全体で強力に推し進め全国に拡大していく必要がある。

　コミュニティ・スクールとは、学校運営協議会を設置する学校において、法律上の名称ではなく、各教育委員会の判断で付けられる名称であり、「地域運営学校」などの名称も可能である。学校運営に地域の声を積極的に生かし、地域に開かれ、信頼される学校への転換を図るため、学校評議員制度や自己点検・自己評価といったこれまでの学校運営の改善をさらに一歩進める有効な仕組みである（地教行法第 47 条の 5）。2000（平成 12）年の教育改革国民会議で新しいタイプの学校として提案され、2004（平成 16）年の「地方教育行政の組織及び運営に関する法律の一部改正」により制度化された。学校・家庭・地域社会が一体となってより良い教育の実現に取り組むことがこの制度のねらいである。この地域の創意工夫を生かした特色ある学校づくりが進むことで、地域全体の活性化も期待できることから、翌年の 2015（平成 27）年に、中央教育審議会「新しい時代の教育や地方創生の実現に向けた学校と地域の連携・協働の在り方と今後の推進方策について（答申）」で、全ての公立学校でコミュニティ・スクール導入を目指すことが明記された。また、同答申では、「地域学校協働活動」の推進も提言された。「地域学校協働活動」とは、「学校を核とした地域づくり」を目指して、地域と学校が相互にパートナーとして連携・協働して行う様々な活動である。


### （3）今後の方向

　新学習指導要領（2017 年改訂）の「生きる力」の育成を目指す「社会に開かれた教育課程」の成果を上げるには、カリキュラム・マネジメントにおいて、保健教育での「地域保健活動」の理解を保健授業を中核として、学校の全ての教育活動を通して、また、小・中・高等学校間の系統性を踏まえて深める必要がある。そのためには、教育政策と保健政策の有機的連携、専門家の有効活用、学校に留まらず地域住民への関わりを必須とする総合的政策である HPS への取り組みをコミュニティ・スクール及び地域学校協働活動と一体的に進めると共に第 2 次健康日本 21 と関わらせながら地域での HPS ネットワークづくりを地域社会全体で強力に推し進め全国に拡大していくことが望まれる。

### 3. 学校保健に関係する諸機関・団体

　学校保健に関係する諸機関の中では、保健所が最も関係しており、法的にも学校保健との連絡と協力が規定されている。保健所と学校保健との関係は後述するが、学校保健に関係の深い諸機関や団体などは次の通りである。

① 　協力関係にある機関

　　保健所、市町村の保健センター、社会福祉事務所、地方公共団体の保健衛生部局、警察署、病院・医療検査機関、消防署、児童相談所、教育相談所、衛生研究所、など

② 　公衆衛生に関する組織

　　日本公衆衛生協会、日本小児保健協会、予防医学事業中央会、など

③ 　地域社会における団体

　　医師会、歯科医師会、薬剤師会、栄養士会、町内会、PTA、子供会、交通安全協会、など

④ 　学校保健関係団体

　　日本学校保健会、日本スポーツ振興センター、各県・市の学校保健会、学校医会、学校歯科医会、学校薬剤師会、学校栄養士会、日本学校保健学会、日本公衆衛生学会、日本体育学会、など

　このように学校保健には多くの機関や団体などが関連している。

### 4. 保健所と保健センターの役割

　児童・生徒の健康の保持増進を図るためには、地域の保健・医療機関の協力を得る必要がある。学校管理下の児童・生徒の健康と安全の確保は学校にその責任があり、児童・生徒の定期健康診断などによって健康状態の評価がなされ、その後の健康の回復と維持のための活動が行われている。しかし、学校保健の諸活動は地域保健あるいは地域医療との関連なしには展開できないものも多い。例えば、定期健康診断の精密検診や疾病異常の治療は全て地域の医療検査機関で行われる。性・エイズ教育、がん教育、喫煙・ドラッグ防止教育、感染症や結核の予防、生活習慣病予防、学校環境衛生、学校給食の食品衛生、食生活や栄養改善、運動の普及促進、不登校・引き籠もりの精神保健対策など、学校における保健教育と保健管理の内容には、地域保健の協力がなければその目的が達成できないものも数多くある。特に、保健と健康にかかわる専門家集団が集う保健所と保健センターは、学校保健のバックグラウンドとして重要な役割を果たしている。

　以下では、学校保健と関連の深い「保健所」と「保健センター」について述べる。これらの機関は地域保健法によって設置されており、「保健所」は広域的・専門的なサービスを実施し、市区町村の「保健センター」は住民に身近な保健サービスを実施している。

### （1） 保健所（地域保健法第5条）

　保健所は都道府県、政令指定都市、中核都市などに設置されている。そこには医師、保健師、栄養士、診療放射線技師、臨床検査技師、獣医師、薬剤師、精神保健福祉相談員、理学療法士、

作業療法士、聴覚言語専門職などが配置されている。精神保健、難病対策、感染症対策など地域保健の重要な役割を担っている。

### 1）　広範な地域保健に関する各種業務

保健所は、市民生活に密接にかかわりがある行政窓口である。例えば、「母子保健」では、母子保健離乳食講習会、乳幼児健康相談、3 歳児健康診査などを行っている。最近は、保健所内に子育て支援の担当を設けているところもある。そこでは乳幼児の健康不安だけでなく、子育てに関する相談にも応じてもらえる。また、「精神保健福祉」では、心の病気や悩みについての相談も受け付けている。助言、指導だけでなく、社会復帰に関する相談にも応じている。また、「予防」も保健所の大切な業務で、感染症や結核の予防のほか、最近はエイズに関する面接相談や抗体検査も受けられる。若い人に増えているクラミジア・ヘルペス・淋病やカンジダ症などの性感染症に関しても電話で相談できる。

### 2）「健康づくり」事業と「栄養改善」事業

国民の健康推進をめざす保健所では、健康教室・健康相談・成人検診・各種がん検診・適所リハビリ教室・訪問指導・健康教育なども行っている。疾病治療は早期発見、早期治療が第一であり、自分の健康を守るためにも、検診や健康教室などに積極的に参加していくことが大切である。また、「健康づくり」事業では、食生活改善や運動普及促進事業も展開し、「栄養改善」事業では、栄養成分表示などの相談や指導、集団給食施設の指導も行っている。

## （2）　保健センター（地域保健法第 18 条）

市区町村には保健センターが設置されている。そこには保健師、看護師、栄養士等が配置され、地域住民に対する健康相談、保健指導、予防接種や各種検診そのほか地域保健に関して必要な事業を行っている。

## 5.　学校と保健所の連絡及び協力関係

保健所との連絡については、学校保健安全法第 18 条に定めてあり、協力関係については、地方教育行政の組織及び運営に関する法律第 57 条に定めてある。

## （1）　保健所との連絡

学校保健安全法第 18 条及び同法施行令第 5 条に、学校の設置者は次のような場合、保健所に連絡することが定められている。

① 学校保健安全法の規定による健康診断を行おうとする場合
② 感染症予防のための出席停止が行われたとき
③ 感染症予防のための学校の臨時休業を行ったとき

保健所との連絡は学校の設置者が行うものとされているが、学校保健安全法に基づき処理すべき事務は、他の法律に特別の定がある場合のほかは校長に委任することができることになってお

り、実際の連絡は学校が直接行っていることも多い。


## （2） 保健所との協力関係

　保健所との協力関係については、教育委員会が保健所の協力を求める事項と、保健所が教育委員会に助言または援助を与える事項とに分けられており、次のように定められている。

　　　教育委員会は、健康診断その他学校における保健に関し、政令で定めるところにより、保健所を設置する地方公共団体の長に対し、保健所の協力を求めるものとする（地方教育行政の組織及び運営に関する法律第57条第1項）。
　　　保健所は、学校の環境衛生の維持、保健衛生に関する資料の提供その他学校における保健に関し、政令で定めるところにより、教育委員会に助言と援助を与えるものとする（同法第57条第2項）。

　これらの「政令で定めるところにより」ということについては、地方教育行政の組織及び運営に関する法律施行令の第8条及び第9条に、次のとおりに定められている。

　（保健所の協力を求める事項）
　　第8条　法第57条第1項の規定により教育委員会が地方公共団体の長に対し保健所の協力を求める事項は、次のとおりとする。
　　1.　学校（学校教育法（昭和22年法律第26号）第1条に規定する学校をいう。以下同じ。）の職員に対し、衛生思想の普及及び向上に関し、指導を行うこと。
　　2.　学校における保健に関し、エックス線検査その他文部科学大臣と厚生労働大臣とが協議して定める試験又は検査を行うこと。
　　3.　修学旅行、校外実習その他学校以外の場所で行う教育において、学校の生徒、児童又は幼児の用に供する施設及び設備並びに食品の衛生に関すること。
　（保健所が助言又は援助を与える事項）
　　第9条　法第57条第2項の規定により保健所が教育委員会に助言を与える事項は、次のとおりとする。
　　1.　飲料水及び用水並びに給水施設の衛生に関すること。
　　2.　汚物の処理及びその施設並びに下水の衛生に関すること。
　　3.　ねずみ族及びこん虫の駆除に関すること。
　　4.　食品並びにその調理、貯蔵、摂取等の用に供される施設及び設備の衛生に関すること。
　　5.　前各号に掲げるもののほか、校地、校舎及び寄宿舎並びにこれらの附属設備の衛生に関すること。
　2.　前項各号に掲げる事項について、教育委員会に助言を与えるため必要があるときは、保健所は、文部科学大臣が厚生労働大臣と協議して定めるところにより、学校におけるその状況を調査することができる。
　3.　法第57条第2項の規定により保健所が教育委員会に援助を与える事項は、次のとおりである。
　　1.　学校給食に関し、参考資料を提供し、又は技術援助を供与すること。
　　2.　感染症又は中毒事故の発生に関する情報を提供すること。
　　3.　保健衛生に関する参考資料を貸与し、又は提供すること。
　　4.　保健衛生に関する講習会、講演会その他の催しに学校の職員の参加の機会を供与すること。

## 参考文献

Leavel, H. R. & Clark, E. G.: Textbok of PreventiveMedicine, 7-27, MacGraw-Hill Book Campany. 1953.

WHO: The Ottawa Charter for Health Promotion. First International Conferenceon Health Promotion, OTTAWA, 1986. (http://www.WHO.int/healthpromotion/conference/previous/ottawa/)

Kickbusch, I: A Strategy for Health Promotion. WHO Regional Office for Europe, Copenhagen, 1990.

L.W. Green and M. W. Kreuter: Health promotion Planning; An Educational and Environmental Approach, 24, second ed., Mayfield Publishing, 1991.

保健体育審議会：生涯にわたる心身の健康の保持増進のための今後の健康に関する教育及びスポーツの振興在りについて（答申）、1997.

WHO, Regional office for Europe: the Health Promoting school-an investment in education, health and democracy, Case study book, 5, First Conference of the European Network of Health Promoting schools, Thessaloniki-Halkidiki, Greece. 1997.

WHO, WHO's Global School: Health Initiative Health Promoting schools A healthy setting for living learning, and working, Division of Health Promotion, Education and communication, Health Education and Health Promotion Unit, WHO, Geneva, 1998.

健康・体力づくり事業財団編：健康日本 21 報告書、総論、2000.

厚生省保健医療局地域保健・健康増進栄養課：地域における健康日本 21 実践の手引、2000.

多田羅浩三編著、健康日本 21 推進ガイドライン、ぎょうせい、2001.

石井敏弘他編：地方分権時代の健康政策実践書─みんなで楽しくできるヘルスプロモーション、ライフ・サイエンス・センター、2001.

衛藤　隆・他：Health Promoting School の概念と実践、東京大学大学院教育学研究科紀要、第 44 巻、2004.

日本健康教育士養成機構編著：健康教育 ～ヘルスプロモーションの展開～、保健同人社、2005.

中央教育審議会：子どもの心身の健康を守り、安全・安心を確保するために学校全体としての取組みを進めるための方策について（答申）、2008.

大津一義；ヘルシースクールの推進、学校保健研究、vol.49、2008.
　　［シンポジウム 1：基調講演「ヘルシースクール─世界の潮流～イギリス、ドイツ、韓国、台湾の動向～」]、［シンポジウム 2；ヘルシースクールにおけるネットワークづくり～地域・学校・家庭の連携～]、［シンポジウム 3；ヘルシースクールを推進する養護教諭]

徳山美智子・他編著：改訂学校保健 ～ヘルスプロモーションの視点と教職員の役割の明確化～、東山書房、2010.

大津一義 編著：ヘルスプロモーション論、日本ウェルネススポーツ大学、2012.

日本健康教育士養成機構 編著：新しい健康教育 ─理論と事例から学ぶ健康増進への道、保健同人社、2011.

野辺地慶三・中野英一：八訂公衆衛生概説、光生館、1980.

学校保健・安全実務研究会：新訂版・学校保健実務必携（第 5 次改訂版）、第一法規、2020.

日本学校保健会：学校保健の動向（令和 2 年度版）、2020.

厚生労働統計協会：国民衛生の動向（2020/2021）、2020.

国民生活センター：くらしの豆知識、2019.

# 付録　学校保健関係法規

## 学校保健安全法関係法規

### 学校保健安全法

制定：昭和 33 年 4 月 10 日法律 56 号

改正：平成 27 年 6 月 24 日法律 46 号　　　　施行：平成 28 年 4 月 1 日

第 1 章
総　則

（目的）

第 1 条　この法律は、学校における児童生徒等及び職員の健康の保持増進を図るため、学校における保健
　管理に関し必要な事項を定めるとともに、学校における教育活動が安全な環境において実施され、児童
　生徒等の安全の確保が図られるよう、学校における安全管理に関し必要な事項を定め、もつて学校教育
　の円滑な実施とその成果の確保に資することを目的とする。

（定義）

第 2 条　この法律において「学校」とは、学校教育法（昭和 22 年法律第 26 号）第 1 条に規定する学校を
　いう。

2　この法律において「児童生徒等」とは、学校に在学する幼児、児童、生徒又は学生をいう。

（国及び地方公共団体の責務）

第 3 条　国及び地方公共団体は、相互に連携を図り、各学校において保健及び安全に係る取組が確実かつ
　効果的に実施されるようにするため、学校における保健及び安全に関する最新の知見及び事例を踏まえ
　つつ、財政上の措置その他の必要な施策を講ずるものとする。

2　国は、各学校における安全に係る取組を総合的かつ効果的に推進するため、学校安全の推進に関する計画の策定その他所要の措置を講ずるものとする。

3　地方公共団体は、国が講ずる前項の措置に準じた措置を講ずるように努めなければならない。

## 第2章　学校保健
### 第1節　学校の管理運営等

（学校保健に関する学校の設置者の責務）

第4条　学校の設置者は、その設置する学校の児童生徒等及び職員の心身の健康の保持増進を図るため、当該学校の施設及び設備並びに管理運営体制の整備充実その他の必要な措置を講ずるよう努めるものとする。

（学校保健計画の策定等）

第5条　学校においては、児童生徒等及び職員の心身の健康の保持増進を図るため、児童生徒等及び職員の健康診断、環境衛生検査、児童生徒等に対する指導その他保健に関する事項について計画を策定し、これを実施しなければならない。

（学校環境衛生基準）

第6条　文部科学大臣は、学校における換気、採光、照明、保温、清潔保持その他環境衛生に係る事項（学校給食法（昭和29年法律第160号）第9条第1項（夜間課程を置く高等学校における学校給食に関する法律（昭和31年法律第157号）第7条及び特別支援学校の幼稚部及び高等部における学校給食に関する法律（昭和32年法律第118号）第6条において準用する場合を含む。）に規定する事項を除く。）について、児童生徒等及び職員の健康を保護する上で維持されることが望ましい基準（以下この条において「学校環境衛生基準」という。）を定めるものとする。

2　学校の設置者は、学校環境衛生基準に照らしてその設置する学校の適切な環境の維持に努めなければならない。

3　校長は、学校環境衛生基準に照らし、学校の環境衛生に関し適正を欠く事項があると認めた場合には、遅滞なく、その改善のために必要な措置を講じ、又は当該措置を講ずることができないときは、当該学校の設置者に対し、その旨を申し出るものとする。

（保健室）

第7条　学校には、健康診断、健康相談、保健指導、救急処置その他の保健に関する措置を行うため、保健室を設けるものとする。

### 第2節　健康相談等

（健康相談）

第8条　学校においては、児童生徒等の心身の健康に関し、健康相談を行うものとする。

（保健指導）

第9条　養護教諭その他の職員は、相互に連携して、健康相談又は児童生徒等の健康状態の日常的な観察により、児童生徒等の心身の状況を把握し、健康上の問題があると認めるときは、遅滞なく、当該児童生徒等に対して必要な指導を行うとともに、必要に応じ、その保護者（学校教育法第16条に規定する保護者をいう。第24条及び第30条において同じ。）に対して必要な助言を行うものとする。

（地域の医療機関等との連携）

第10条　学校においては、救急処置、健康相談又は保健指導を行うに当たつては、必要に応じ、当該学校の所在する地域の医療機関その他の関係機関との連携を図るよう努めるものとする。

## 第3節　健康診断

（就学時の健康診断）

第11条　市（特別区を含む。以下同じ。）町村の教育委員会は、学校教育法第17条第1項の規定により翌学年の初めから同項に規定する学校に就学させるべき者で、当該市町村の区域内に住所を有するものの就学に当たつて、その健康診断を行わなければならない。

第12条　市町村の教育委員会は、前条の健康診断の結果に基づき、治療を勧告し、保健上必要な助言を行い、及び学校教育法第17条第1項に規定する義務の猶予若しくは免除又は特別支援学校への就学に関し指導を行う等適切な措置をとらなければならない。

（児童生徒等の健康診断）

第13条　学校においては、毎学年定期に、児童生徒等（通信による教育を受ける学生を除く。）の健康診断を行わなければならない。

2　学校においては、必要があるときは、臨時に、児童生徒等の健康診断を行うものとする。

第14条　学校においては、前条の健康診断の結果に基づき、疾病の予防処置を行い、又は治療を指示し、並びに運動及び作業を軽減する等適切な措置をとらなければならない。

（職員の健康診断）

第15条　学校の設置者は、毎学年定期に、学校の職員の健康診断を行わなければならない。

2　学校の設置者は、必要があるときは、臨時に、学校の職員の健康診断を行うものとする。

第16条　学校の設置者は、前条の健康診断の結果に基づき、治療を指示し、及び勤務を軽減する等適切な措置をとらなければならない。

（健康診断の方法及び技術的基準等）

第17条　健康診断の方法及び技術的基準については、文部科学省令で定める。

2　第11条から前条までに定めるもののほか、健康診断の時期及び検査の項目その他健康診断に関し必要な事項は、前項に規定するものを除き、第11条の健康診断に関するものについては政令で、第13条及び第15条の健康診断に関するものについては、文部科学省令で定める。

3　前2項の文部科学省令は、健康増進法（平成14年法律第103号）第9条第1項に規定する健康診査等指針と調和が保たれたものでなければならない。

（保健所との連絡）

第18条　学校の設置者は、この法律の規定による健康診断を行おうとする場合その他政令で定める場合においては、保健所と連絡するものとする。

## 第4節　感染症の予防

（出席停止）

第19条　校長は、感染症にかかつており、かかつている疑いがあり、又はかかるおそれのある児童生徒等があるときは、政令で定めるところにより、出席を停止させることができる。

（臨時休業）

第20条　学校の設置者は、感染症の予防上必要があるときは、臨時に、学校の全部又は一部の休業を行うことができる。

（文部科学省令への委任）

第21条　前2条（第19条の規定に基づく政令を含む。）及び感染症の予防及び感染症の患者に対する医療に関する法律（平成10年法律第114号）その他感染症の予防に関して規定する法律（これらの法律に基づく命令を含む。）に定めるもののほか、学校における感染症の予防に関し必要な事項は、文部科学省令で定める。

## 第5節　学校保健技師並びに学校医、学校歯科医及び学校薬剤師

（学校保健技師）

第22条　都道府県の教育委員会の事務局に、学校保健技師を置くことができる。

2　学校保健技師は、学校における保健管理に関する専門的事項について学識経験がある者でなければならない。

3　学校保健技師は、上司の命を受け、学校における保健管理に関し、専門的技術的指導及び技術に従事する。

（学校医、学校歯科医及び学校薬剤師）

第23条　学校には、学校医を置くものとする。

2　大学以外の学校には、学校歯科医及び学校薬剤師を置くものとする。

3　学校医、学校歯科医及び学校薬剤師は、それぞれ医師、歯科医師又は薬剤師のうちから、任命し、又は委嘱する。

4　学校医、学校歯科医及び学校薬剤師は、学校における保健管理に関する専門的事項に関し、技術及び指導に従事する。

5　学校医、学校歯科医及び学校薬剤師の職務執行の準則は、文部科学省令で定める。

## 第6節　地方公共団体の援助及び国の補助

（地方公共団体の援助）

第24条　地方公共団体は、その設置する小学校、中学校、義務教育学校、中等教育学校の前期課程又は特別支援学校の小学部若しくは中学部の児童又は生徒が、感染性又は学習に支障を生ずるおそれのある疾病で政令で定めるものにかかり、学校において治療の指示を受けたときは、当該児童又は生徒の保護者で次の各号のいずれかに該当するものに対して、その疾病の治療のための医療に要する費用について必要な援助を行うものとする。

1.　生活保護法（昭和25年法律第144号）第6条第2項に規定する要保護者

2.　生活保護法第6条第2項に規定する要保護者に準ずる程度に困窮している者で政令で定めるもの

（国の補助）

第25条　国は、地方公共団体が前条の規定により同条第1号に掲げる者に対して援助を行う場合には、予算の範囲内において、その援助に要する経費の一部を補助することができる。

2　前項の規定により国が補助を行う場合の補助の基準については、政令で定める。

## 第3章　学校安全

（学校安全に関する学校の設置者の責務）

第26条　学校の設置者は、児童生徒等の安全の確保を図るため、その設置する学校において、事故、加害行為、災害等（以下この条及び第29条第3項において「事故等」という。）により児童生徒等に生ずる危険を防止し、及び事故等により児童生徒等に危険又は危害が現に生じた場合（同条第1項及び第2項において「危険等発生時」という。）において適切に対処することができるよう、当該学校の施設及び設備並びに管理運営体制の整備充実その他の必要な措置を講ずるよう努めるものとする。

（学校安全計画の策定等）

第27条　学校においては、児童生徒等の安全の確保を図るため、当該学校の施設及び設備の安全点検、児童生徒等に対する通学を含めた学校生活その他の日常生活における安全に関する指導、職員の研修その他学校における安全に関する事項について計画を策定し、これを実施しなければならない。

（学校環境の安全の確保）

第28条　校長は、当該学校の施設又は設備について、児童生徒等の安全の確保を図る上で支障となる事項があると認めた場合には、遅滞なく、その改善を図るために必要な措置を講じ、又は当該措置を講ずることができないときは、当該学校の設置者に対し、その旨を申し出るものとする。

（危険等発生時対処要領の作成等）

第29条　学校においては、児童生徒等の安全の確保を図るため、当該学校の実情に応じて、危険等発生時において当該学校の職員がとるべき措置の具体的内容及び手順を定めた対処要領（次項において「危険等発生時対処要領」という。）を作成するものとする。

2　校長は、危険等発生時対処要領の職員に対する周知、訓練の実施その他の危険等発生時において職員が適切に対処するために必要な措置を講ずるものとする。

3　学校においては、事故等により児童生徒等に危害が生じた場合において、当該児童生徒等及び当該事故等により心理的外傷その他の心身の健康に対する影響を受けた児童生徒等その他の関係者の心身の健康を回復させるため、これらの者に対して必要な支援を行うものとする。この場合においては、第10条の規定を準用する。

（地域の関係機関等との連携）

第30条　学校においては、児童生徒等の安全の確保を図るため、児童生徒等の保護者との連携を図るとともに、当該学校が所在する地域の実情に応じて、当該地域を管轄する警察署その他の関係機関、地域の安全を確保するための活動を行う団体その他の関係団体、当該地域の住民その他の関係者との連携を図るよう努めるものとする。

## 第4章　雑　則

（学校の設置者の事務の委任）

第31条　学校の設置者は、他の法律に特別の定めがある場合のほか、この法律に基づき処理すべき事務を校長に委任することができる。

（専修学校の保健管理等）

第32条　専修学校には、保健管理に関する専門的事項に関し、技術及び指導を行う医師を置くように努めなければならない。

2　専修学校には、健康診断、健康相談、保健指導、救急処置等を行うため、保健室を設けるように努めなければならない。

3　第3条から第6条まで、第8条から第10条まで、第13条から第21条まで及び第26条から前条までの規定は、専修学校に準用する。

附則　（略）

## 学校保健安全法施行令

制定：昭和33年6月10日政令174号

改正：平成27年12月16日政令421号　　　　施行：平成28年4月1日

（就学時の健康診断の時期）

第1条　学校保健安全法（昭和33年法律第56号。以下「法」という。）第11条の健康診断（以下「就学時の健康診断」という。）は、学校教育法施行令（昭和28年政令第340号）第2条の規定により学齢簿が作成された後翌学年の初めから4月前（同令第5条、第7条、第11条、第14条、第15条及び第18条の2に規定する就学に関する手続の実施に支障がない場合にあつては、3月前）までの間に行うものとする。

2　前項の規定にかかわらず、市町村の教育委員会は、同項の規定により定めた就学時の健康診断の実施日の翌日以後に当該市町村の教育委員会が作成した学齢簿に新たに就学予定者（学校教育法施行令第5条第1項に規定する就学予定者をいう。以下この項において同じ。）が記載された場合において、当該就学予定者が他の市町村の教育委員会が行う就学時の健康診断を受けていないときは、当該就学予定者について、速やかに就学時の健康診断を行うものとする。

（検査の項目）

第2条　就学時の健康診断における検査の項目は、次のとおりとする。

　1.　栄養状態

　2.　脊柱及び胸郭の疾病及び異常の有無

　3.　視力及び聴力

　4.　眼の疾病及び異常の有無

　5.　耳鼻咽頭疾患及び皮膚疾患の有無

　6.　歯及び口腔の疾病及び異常の有無

　7.　その他の疾病及び異常の有無

（保護者への通知）

第3条　市（特別区を含む。以下同じ。）町村の教育委員会は、就学時の健康診断を行うに当たつて、あらかじめ、その日時、場所及び実施の要領等を法第11条に規定する者の学校教育法（昭和22年法律第26号）第16条に規定する保護者（以下「保護者」という。）に通知しなければならない。

（就学時健康診断票）

第4条　市町村の教育委員会は、就学時の健康診断を行つたときは、文部科学省令で定める様式により、

就学時健康診断票を作成しなければならない。

2　市町村の教育委員会は、翌学年の初めから 15 日前までに、就学時健康診断票を就学時の健康診断を受けた者の入学する学校の校長に送付しなければならない。

（保健所と連絡すべき場合）

第 5 条　法第 18 条の政令で定める場合は、次に掲げる場合とする。

　1.　法第 19 条の規定による出席停止が行われた場合

　2.　法第 20 条の規定による学校の休業を行つた場合

（出席停止の指示）

第 6 条　校長は、法第 19 条の規定により出席を停止させようとするときは、その理由及び期間を明らかにして、幼児、児童又は生徒（高等学校（中等教育学校の後期課程及び特別支援学校の高等部を含む。以下同じ。）の生徒を除く。）にあつてはその保護者に、高等学校の生徒又は学生にあつては当該生徒又は学生にこれを指示しなければならない。

2　出席停止の期間は、感染症の種類等に応じて、文部科学省令で定める基準による。

（出席停止の報告）

第 7 条　校長は、前条第 1 項の規定による指示をしたときは、文部科学省令で定めるところにより、その旨を学校の設置者に報告しなければならない。

（感染性又は学習に支障を生ずるおそれのある疾病）

第 8 条　法第 24 条の政令で定める疾病は、次に掲げるものとする。

　1.　トラコーマ及び結膜炎

　2.　白癬、疥癬及び膿痂疹

　3.　中耳炎

　4.　慢性副鼻腔炎及びアデノイド

　5.　齲歯

　6.　寄生虫病（虫卵保有を含む。）

（要保護者に準ずる程度に困窮している者）

第 9 条　法第 24 条第 2 号の政令で定める者は、当該義務教育諸学校（小学校、中学校、義務教育学校、中等教育学校の前期課程又は特別支援学校の小学部若しくは中学部をいう。）を設置する地方公共団体の教育委員会が、生活保護法（昭和 25 年法律第 144 号）第 6 条第 2 項に規定する要保護者（以下「要保護者」という。）に準ずる程度に困窮していると認める者とする。

2　教育委員会は、前項に規定する認定を行うため必要があるときは、社会福祉法（昭和 26 年法律第 45 号）に定める福祉に関する事務所の長及び民生委員法（昭和 23 年法律第 198 号）に定める民生委員に対して、助言を求めることができる。

（補助の基準）

第 10 条　法第 25 条第 1 項の規定による国の補助は、法第 24 条の規定による同条第 1 号に掲げる者に対する援助に要する経費の額の 2 分の 1 について行うものとする。ただし、小学校、中学校及び義務教育学校並びに中等教育学校の前期課程又は特別支援学校の小学部及び中学部の別により、文部科学大臣が毎年度定める児童及び生徒 1 人一疾病当たりの医療費の平均額に、都道府県に係る場合にあつては次項の規定により文部科学大臣が当該都道府県に配分した児童及び生徒の被患者の延数をそれぞれ乗じて得

た額、市町村に係る場合にあつては第3項の規定により都道府県の教育委員会が当該市町村に配分した児童及び生徒の被患者の延数をそれぞれ乗じて得た額の2分の1を限度とする。

2　文部科学大臣は、毎年度、別表イに掲げる算式により算定した小学校、中学校及び義務教育学校並びに中等教育学校の前期課程又は特別支援学校の小学部及び中学部の児童及び生徒の被患者の延数を各都道府県に配分し、その配分した数を各都道府県の教育委員会に通知しなければならない。

3　都道府県の教育委員会は、文部科学省令で定めるところにより、毎年度、文部科学大臣が、別表ロに掲げる算式により算定した小学校、中学校及び義務教育学校並びに中等教育学校の前期課程又は特別支援学校の小学部及び中学部の児童及び生徒の被患者の延数を基準として各都道府県ごとに定めた児童及び生徒の被患者の延数を、各市町村立の小学校、中学校及び義務教育学校並びに中等教育学校の前期課程又は特別支援学校の小学部及び中学部の児童及び生徒のうち教育扶助を受けている者の数を勘案して、各市町村に配分し、その配分した数を文部科学大臣及び各市町村の教育委員会に通知しなければならない。

4　前項の規定により都道府県が処理することとされている事務は、地方自治法（昭和22年法律第67号）第2条第9項第1号に規定する第1号法定受託事務とする。

（専修学校への準用）

第11条　第5条から第7条までの規定は、法第32条第3項において法第18条及び第19条の規定を専修学校に準用する場合について準用する。この場合において、第5条第2号中「法第20条」とあるのは「法第32条第3項において準用する法第20条」と、第6条第1項中「幼児、児童又は生徒（高等学校（中等教育学校の後期課程及び特別支援学校の高等部を含む。以下同じ。）の生徒を除く。）にあつてはその保護者に、高等学校の生徒又は学生にあつては当該生徒又は学生」とあるのは「生徒」と読み替えるものとする。


附則　（略）

別表（第10条関係）

| イ | 都道府県が要保護者に対して援助を行う場合 | $X1 \times (p1/P1)$ |
| ロ | 市町村が要保護者に対して援助を行う場合 | $X2 \times (p2/P2)$ |

備考　この表における算式中次に掲げる各記号の意義は、それぞれ次に掲げるとおりとする。

X1　文部科学大臣が毎年度予算の範囲内で定める全国の都道府県立の小学校、中学校及び義務教育学校並びに中等教育学校の前期課程又は特別支援学校の小学部及び中学部の児童及び生徒のうちその保護者が要保護者である被患者の見込延数

X2　文部科学大臣が毎年度予算の範囲内で定める全国の市町村立の小学校、中学校及び義務教育学校並びに中等教育学校の前期課程又は特別支援学校の小学部及び中学部の児童及び生徒のうちその保護者が要保護者である被患者の見込延数

P1　前年度の7月1日現在において全国の都道府県立の小学校、中学校及び義務教育学校並びに中等教育学校の前期課程又は特別支援学校の小学部及び中学部の児童及び生徒のうち教育扶助（生活保護法に規定する教育扶助をいう。以下同じ。）を受けている者の総数

P2　前年度の7月1日現在において全国の市町村立の小学校、中学校及び義務教育学校並びに中等教育学校の前期課程又は特別支援学校の小学部及び中学部の児童及び生徒のうち教育扶助を受けている者の総数

p1　前年度の7月1日現在において当該都道府県立の小学校、中学校及び義務教育学校並びに中等教育学校の前期課程又は特別支援学校の小学部及び中学部の児童及び生徒のうち教育扶助を受けている者の総数

p2　前年度の7月1日現在において当該都道府県の区域内の市町村立の小学校、中学校及び義務教育学校並びに中等教育学校の前期課程又は特別支援学校の小学部及び中学部の児童及び生徒のうち教育扶助を受けている者の総数

# 学校保健安全法施行規則

制定：昭和33年6月13日文部省令18号

改正：令和2年11月13日文部科学省令39号　　　施行：令和3年4月1日

【目次】

## 第一章　環境衛生検査等

（環境衛生検査）

第1条　学校保健安全法（昭和三十三年法律第五十六号。以下「法」という。）第五条の環境衛生検査は、他の法令に基づくもののほか、毎学年定期に、法第六条に規定する学校環境衛生基準に基づき行わなければならない。

2　学校においては、必要があるときは、臨時に、環境衛生検査を行うものとする。

（日常における環境衛生）

第2条　学校においては、前条の環境衛生検査のほか、日常的な点検を行い、環境衛生の維持又は改善を図らなければならない。

## 第二章　健康診断
### 第一節　就学時の健康診断

（方法及び技術的基準）

第3条　法第11条の健康診断の方法及び技術的基準は、次の各号に掲げる検査の項目につき、当該各号に定めるとおりとする。

　一　栄養状態は、皮膚の色沢、皮下脂肪の充実、筋骨の発達、貧血の有無等について検査し、栄養不良又は肥満傾向で特に注意を要する者の発見につとめる。

　二　脊柱の疾病及び異常の有無は、形態等について検査し、側わん症等に注意する。

　三　胸郭の異常の有無は、形態及び発育について検査する。

四　視力は、国際標準に準拠した視力表を用いて左右各別に裸眼視力を検査し、眼鏡を使用している者については、当該眼鏡を使用している場合の矯正視力についても検査する。

五　聴力は、オージオメータを用いて検査し、左右各別に聴力障害の有無を明らかにする。

六　眼の疾病及び異常の有無は、感染性眼疾患その他の外眼部疾患及び眼位の異常等に注意する。

七　耳鼻咽頭疾患の有無は、耳疾患、鼻・副鼻腔疾患、口腔咽喉頭疾患及び音声言語異常等に注意する。

八　皮膚疾患の有無は、感染性皮膚疾患、アレルギー疾患等による皮膚の状態に注意する。

九　歯及び口腔の疾病及び異常の有無は、齲歯、歯周疾患、不正咬合その他の疾病及び異常について検査する。

十　その他の疾病及び異常の有無は、知能及び呼吸器、循環器、消化器、神経系等について検査するものとし、知能については適切な検査によつて知的障害の発見につとめ、呼吸器、循環器、消化器、神経系等については臨床医学的検査その他の検査によつて結核疾患、心臓疾患、腎臓疾患、ヘルニア、言語障害、精神神経症その他の精神障害、骨、関節の異常及び四肢運動障害等の発見につとめる。

（就学時健康診断票）

第4条　学校保健安全法施行令（昭和三十三年政令第百七十四号。以下「令」という。）第4条第1項に規定する就学時健康診断票の様式は、第1号様式とする。

## 第二節　児童生徒等の健康診断

（時期）

第5条　法第13条第1項の健康診断は、毎学年、六月三十日までに行うものとする。ただし、疾病その他やむを得ない事由によつて当該期日に健康診断を受けることのできなかつた者に対しては、その事由のなくなつた後すみやかに健康診断を行うものとする。

2　第1項の健康診断における結核の有無の検査において結核発病のおそれがあると診断された者（第6条第3項第4号に該当する者に限る。）については、おおむね六か月の後に再度結核の有無の検査を行うものとする。

（検査の項目）

第6条　法第13条第1項の健康診断における検査の項目は、次のとおりとする。

一　身長及び体重

二　栄養状態

三　脊柱及び胸郭の疾病及び異常の有無並びに四肢の状態

四　視力及び聴力

五　眼の疾病及び異常の有無

六　耳鼻咽頭疾患及び皮膚疾患の有無

七　歯及び口腔の疾病及び異常の有無

八　結核の有無

九　心臓の疾病及び異常の有無

十　尿

　　十一　その他の疾病及び異常の有無

2　前項各号に掲げるもののほか、胸囲及び肺活量、背筋力、握力等の機能を、検査の項目に加えることができる。

3　第1項第八号に掲げるものの検査は、次の各号に掲げる学年において行うものとする。

　　一　小学校（義務教育学校の前期課程及び特別支援学校の小学部を含む。以下この条、第7条第6項及び第11条において同じ。）の全学年

　　二　中学校（義務教育学校の後期課程、中等教育学校の前期課程及び特別支援学校の中学部を含む。以下この条、第7条第6項及び第11条において同じ。）の全学年

　　三　高等学校（中等教育学校の後期課程及び特別支援学校の高等部を含む。以下この条、第7条第6項及び第11条において同じ。）及び高等専門学校の第一学年

　　四　大学の第一学年

4　第1項各号に掲げる検査の項目のうち、小学校の第四学年及び第六学年、中学校及び高等学校の第二学年並びに高等専門学校の第二学年及び第四学年においては第四号に掲げるもののうち聴力を、大学においては第三号、第四号、第七号及び第十号に掲げるものを、それぞれ検査の項目から除くことができる。

（方法及び技術的基準）

第7条　法第13条第1項の健康診断の方法及び技術的基準については、次項から第九項までに定めるもののほか、第3条の規定（同条第十号中知能に関する部分を除く。）を準用する。この場合において、同条第四号中「検査する。」とあるのは「検査する。ただし、眼鏡を使用している者の裸眼視力の検査はこれを除くことができる。」と読み替えるものとする。

2　前条第1項第一号の身長は、靴下等を脱ぎ、両かかとを密接し、背、臀部及びかかとを身長計の尺柱に接して直立し、両上肢を体側に垂れ、頭部を正位に保たせて測定する。

3　前条第1項第一号の体重は、衣服を脱ぎ、体重計のはかり台の中央に静止させて測定する。ただし、衣服を着たまま測定したときは、その衣服の重量を控除する。

4　前条第1項第三号の四肢の状態は、四肢の形態及び発育並びに運動器の機能の状態に注意する。

5　前条第1項第八号の結核の有無は、問診、胸部エックス線検査、喀痰検査、聴診、打診その他必要な検査によつて検査するものとし、その技術的基準は、次の各号に定めるとおりとする。

　　一　前条第3項第一号又は第二号に該当する者に対しては、問診を行うものとする。

　　二　前条第3項第三号又は第四号に該当する者（結核患者及び結核発病のおそれがあると診断されている者を除く。）に対しては、胸部エックス線検査を行うものとする。

　　三　第一号の問診を踏まえて学校医その他の担当の医師において必要と認める者であつて、当該者の在学する学校の設置者において必要と認めるものに対しては、胸部エックス線検査、喀痰検査その他の必要な検査を行うものとする。

　　四　第二号の胸部エックス線検査によつて病変の発見された者及びその疑いのある者、結核患者並びに結核発病のおそれがあると診断されている者に対しては、胸部エックス線検査及び喀痰検査を行い、更に必要に応じ聴診、打診その他必要な検査を行う。

6　前条第1項第九号の心臓の疾病及び異常の有無は、心電図検査その他の臨床医学的検査によつて検査するものとする。ただし、幼稚園（特別支援学校の幼稚部を含む。以下この条及び第11条において同じ。）の全幼児、小学校の第二学年以上の児童、中学校及び高等学校の第二学年以上の生徒、高等専門

学校の第二学年以上の学生並びに大学の全学生については、心電図検査を除くことができる。

7　前条第1項第十号の尿は、尿中の蛋白、糖等について試験紙法により検査する。ただし、幼稚園においては、糖の検査を除くことができる。

8　身体計測、視力及び聴力の検査、問診、胸部エックス線検査、尿の検査その他の予診的事項に属する検査は、学校医又は学校歯科医による診断の前に実施するものとし、学校医又は学校歯科医は、それらの検査の結果及び第11条の保健調査を活用して診断に当たるものとする。

（健康診断票）

第8条　学校においては、法第13条第1項の健康診断を行つたときは、児童生徒等の健康診断票を作成しなければならない。

2　校長は、児童又は生徒が進学した場合においては、その作成に係る当該児童又は生徒の健康診断票を進学先の校長に送付しなければならない。

3　校長は、児童生徒等が転学した場合においては、その作成に係る当該児童生徒等の健康診断票を転学先の校長、保育所の長又は認定こども園の長に送付しなければならない。

4　児童生徒等の健康診断票は、五年間保存しなければならない。ただし、第二項の規定により送付を受けた児童又は生徒の健康診断票は、当該健康診断票に係る児童又は生徒が進学前の学校を卒業した日から五年間とする。

（事後措置）

第9条　学校においては、法第13条第1項の健康診断を行つたときは、二十一日以内にその結果を幼児、児童又は生徒にあつては当該幼児、児童又は生徒及びその保護者（学校教育法（昭和二十二年法律第二十六号）第十六条に規定する保護者をいう。）に、学生にあつては当該学生に通知するとともに、次の各号に定める基準により、法第14条の措置をとらなければならない。

一　疾病の予防処置を行うこと。

二　必要な医療を受けるよう指示すること。

三　必要な検査、予防接種等を受けるよう指示すること。

四　療養のため必要な期間学校において学習しないよう指導すること。

五　特別支援学級への編入について指導及び助言を行うこと。

六　学習又は運動・作業の軽減、停止、変更等を行うこと。

七　修学旅行、対外運動競技等への参加を制限すること。

八　机又は腰掛の調整、座席の変更及び学級の編制の適正を図ること。

九　その他発育、健康状態等に応じて適当な保健指導を行うこと。

2　前項の場合において、結核の有無の検査の結果に基づく措置については、当該健康診断に当たつた学校医その他の医師が別表第一に定める生活規正の面及び医療の面の区分を組み合わせて決定する指導区分に基づいてとるものとする。

（臨時の健康診断）

第10条　法第13条第2項の健康診断は、次に掲げるような場合で必要があるときに、必要な検査の項目について行うものとする。

一　感染症又は食中毒の発生したとき。

二　風水害等により感染症の発生のおそれのあるとき。

　三　夏季における休業日の直前又は直後

　四　結核、寄生虫病その他の疾病の有無について検査を行う必要のあるとき。

　五　卒業のとき。

（保健調査）

第11条　法第13条の健康診断を的確かつ円滑に実施するため、当該健康診断を行うに当たつては、小学校、中学校、高等学校及び高等専門学校においては全学年において、幼稚園及び大学においては必要と認めるときに、あらかじめ児童生徒等の発育、健康状態等に関する調査を行うものとする。


## 第三節　職員の健康診断

（時期）

第12条　法第15条第1項の健康診断の時期については、第5条の規定を準用する。この場合において、同条第一項中「六月三十日までに」とあるのは、「学校の設置者が定める適切な時期に」と読み替えるものとする。

（検査の項目）

第13条　法第15条第1項の健康診断における検査の項目は、次のとおりとする。

　一　身長、体重及び腹囲

　二　視力及び聴力

　三　結核の有無

　四　血圧

　五　尿

　六　胃の疾病及び異常の有無

　七　貧血検査

　八　肝機能検査

　九　血中脂質検査

　十　血糖検査

　十一　心電図検査

　十二　その他の疾病及び異常の有無

2　妊娠中の女性職員においては、前項第六号に掲げる検査の項目を除くものとする。

3　第1項各号に掲げる検査の項目のうち、二十歳以上の職員においては第一号の身長を、三十五歳未満の職員及び三十六歳以上四十歳未満の職員、妊娠中の女性職員その他の職員であつて腹囲が内臓脂肪の蓄積を反映していないと診断されたもの、BMI（次の算式により算出した値をいう。以下同じ。）が二十未満である職員並びに自ら腹囲を測定し、その値を申告した職員（BMIが二十二未満である職員に限る。）においては第一号の腹囲を、二十歳未満の職員、二十一歳以上二十五歳未満の職員、二十六歳以上三十歳未満の職員、三十一歳以上三十五歳未満の職員又は三十六歳以上四十歳未満の職員であつて感染症の予防及び感染症の患者に対する医療に関する法律施行令（平成十年政令第四百二十号）第十二条第1項第一号又はじん肺法（昭和三十五年法律第三十号）第八条第1項第一号若しくは第三号に掲げる者に該当しないものにおいては第三号に掲げるものを、四十歳未満の職員においては第六号に掲げるものを、三十五歳未満の職員及び三十六歳以上四十歳未満の職員においては第七号から第十一号に

掲げるものを、それぞれ検査の項目から除くことができる。

$$BMI = 体重（kg）／身長（m）^2$$

（方法及び技術的基準）

第14条　法第15条第1項の健康診断の方法及び技術的基準については、次項から第九項までに定めるもののほか、第3条（同条第十号中知能に関する部分を除く。）の規定を準用する。

2　前条第1項第二号の聴力は、千ヘルツ及び四千ヘルツの音に係る検査を行う。ただし、四十五歳未満の職員（三十五歳及び四十歳の職員を除く。）においては、医師が適当と認める方法によって行うことができる。

3　前条第1項第三号の結核の有無は、胸部エックス線検査により検査するものとし、胸部エックス線検査によつて病変の発見された者及びその疑いのある者、結核患者並びに結核発病のおそれがあると診断されている者に対しては、胸部エックス線検査及び喀痰検査を行い、更に必要に応じ聴診、打診その他必要な検査を行う。

4　前条第1項第四号の血圧は、血圧計を用いて測定するものとする。

5　前条第1項第五号の尿は、尿中の蛋白及び糖について試験紙法により検査する。

6　前条第1項第六号の胃の疾病及び異常の有無は、胃部エックス線検査その他の医師が適当と認める方法により検査するものとし、癌その他の疾病及び異常の発見に努める。

7　前条第1項第七号の貧血検査は、血色素量及び赤血球数の検査を行う。

8　前条第1項第八号の肝機能検査は、血清グルタミックオキサロアセチックトランスアミナーゼ（GOT）、血清グルタミックピルビックトランスアミナーゼ（GPT）及びガンマーグルタミルトランスペプチダーゼ（$\gamma$－GPT）の検査を行う。

9　前条第1項第九号の血中脂質検査は、低比重リポ蛋白コレステロール（LDL コレステロール）、高比重リポ蛋白コレステロール（HDL コレステロール）及び血清トリグリセライドの量の検査を行う。

（健康診断票）

第15条　学校の設置者は、法第15条第1項の健康診断を行つたときは、第二号様式によつて、職員健康診断票を作成しなければならない。

2　学校の設置者は、当該学校の職員がその管理する学校から他の学校又は幼保連携型認定こども園へ移つた場合においては、その作成に係る当該職員の健康診断票を異動後の学校又は幼保連携型認定こども園の設置者へ送付しなければならない。

3　職員健康診断票は、五年間保存しなければならない。

（事後措置）

第16条　法第15条第1項の健康診断に当たつた医師は、健康に異常があると認めた職員については、検査の結果を総合し、かつ、その職員の職務内容及び勤務の強度を考慮して、別表第二に定める生活規正の面及び医療の面の区分を組み合わせて指導区分を決定するものとする。

2　学校の設置者は、前項の規定により医師が行つた指導区分に基づき、次の基準により、法第16条の措置をとらなければならない。

「A」　休暇又は休職等の方法で療養のため必要な期間勤務させないこと。

「B」　勤務場所又は職務の変更、休暇による勤務時間の短縮等の方法で勤務を軽減し、かつ、深夜勤務、超過勤務、休日勤務及び宿日直勤務をさせないこと。

「C」　超過勤務、休日勤務及び宿日直勤務をさせないか又はこれらの勤務を制限すること。

「D」　勤務に制限を加えないこと。

「1」　必要な医療を受けるよう指示すること。

「2」　必要な検査、予防接種等を受けるよう指示すること。

「3」　医療又は検査等の措置を必要としないこと。

（臨時の健康診断）

第17条　法第15条第2項の健康診断については、第10条の規定を準用する。


### 第三章　感染症の予防

（感染症の種類）

第18条　学校において予防すべき感染症の種類は、次のとおりとする。

　一　第一種　エボラ出血熱、クリミア・コンゴ出血熱、痘そう、南米出血熱、ペスト、マールブルグ病、ラッサ熱、急性灰白髄炎、ジフテリア、重症急性呼吸器症候群（病原体がベータコロナウイルス属 SARS コロナウイルスであるものに限る。）、中東呼吸器症候群（病原体がベータコロナウイルス属 MERS コロナウイルスであるものに限る。）及び特定鳥インフルエンザ（感染症の予防及び感染症の患者に対する医療に関する法律（平成十年法律第百十四号）第六条第三項第六号に規定する特定鳥インフルエンザをいう。次号及び第十九条第二号イにおいて同じ。）

　二　第二種　インフルエンザ（特定鳥インフルエンザを除く。）、百日咳、麻しん、流行性耳下腺炎、風しん、水痘、咽頭結膜熱、結核及び髄膜炎菌性髄膜炎

　三　第三種　コレラ、細菌性赤痢、腸管出血性大腸菌感染症、腸チフス、パラチフス、流行性角結膜炎、急性出血性結膜炎その他の感染症

2　感染症の予防及び感染症の患者に対する医療に関する法律第六条第七項から第九項までに規定する新型インフルエンザ等感染症、指定感染症及び新感染症は、前項の規定にかかわらず、第一種の感染症とみなす。

（出席停止の期間の基準）

第19条　令第6条第2項の出席停止の期間の基準は、前条の感染症の種類に従い、次のとおりとする。

　一　第一種の感染症にかかつた者については、治癒するまで。

　二　第二種の感染症（結核及び髄膜炎菌性髄膜炎を除く。）にかかつた者については、次の期間。ただし、病状により学校医その他の医師において感染のおそれがないと認めたときは、この限りでない。

　　イ　インフルエンザ（特定鳥インフルエンザ及び新型インフルエンザ等感染症を除く。）にあつては、発症した後五日を経過し、かつ、解熱した後二日（幼児にあつては、三日）を経過するまで。

　　ロ　百日咳にあつては、特有の咳が消失するまで又は五日間の適正な抗菌性物質製剤による治療が終了するまで。

　　ハ　麻しんにあつては、解熱した後三日を経過するまで。

　　ニ　流行性耳下腺炎にあつては、耳下腺、顎下腺又は舌下腺の腫脹が発現した後五日を経過し、かつ、全身状態が良好になるまで。

　　ホ　風しんにあつては、発しんが消失するまで。

　　ヘ　水痘にあつては、すべての発しんが痂皮化するまで。

　　ト　咽頭結膜熱にあつては、主要症状が消退した後二日を経過するまで。

　三　結核、髄膜炎菌性髄膜炎及び第三種の感染症にかかつた者については、病状により学校医その他の医師において感染のおそれがないと認めるまで。

　四　第一種若しくは第二種の感染症患者のある家に居住する者又はこれらの感染症にかかつている疑いがある者については、予防処置の施行の状況その他の事情により学校医その他の医師において感染のおそれがないと認めるまで。

　五　第一種又は第二種の感染症が発生した地域から通学する者については、その発生状況により必要と認めたとき、学校医の意見を聞いて適当と認める期間。

　六　第一種又は第二種の感染症の流行地を旅行した者については、その状況により必要と認めたとき、学校医の意見を聞いて適当と認める期間。

（出席停止の報告事項）

第20条　令第7条の規定による報告は、次の事項を記載した書面をもつてするものとする。

　一　学校の名称

　二　出席を停止させた理由及び期間

　三　出席停止を指示した年月日

　四　出席を停止させた児童生徒等の学年別人員数

　五　その他参考となる事項

（感染症の予防に関する細目）

第21条　校長は、学校内において、感染症にかかつており、又はかかつている疑がある児童生徒等を発見した場合において、必要と認めるときは、学校医に診断させ、法第19条の規定による出席停止の指示をするほか、消毒その他適当な処置をするものとする。

2　校長は、学校内に、感染症の病毒に汚染し、又は汚染した疑いがある物件があるときは、消毒その他適当な処置をするものとする。

3　学校においては、その附近において、第一種又は第二種の感染症が発生したときは、その状況により適当な清潔方法を行うものとする。


## 第四章　学校医、学校歯科医及び学校薬剤師の職務執行の準則

（学校医の職務執行の準則）

第22条　学校医の職務執行の準則は、次の各号に掲げるとおりとする。

　一　学校保健計画及び学校安全計画の立案に参与すること。

　二　学校の環境衛生の維持及び改善に関し、学校薬剤師と協力して、必要な指導及び助言を行うこと。

　三　法第8条の健康相談に従事すること。

　四　法第9条の保健指導に従事すること。

　五　法第13条の健康診断に従事すること。

　六　法第14条の疾病の予防処置に従事すること。

　七　法第2章第4節の感染症の予防に関し必要な指導及び助言を行い、並びに学校における感染症及び食中毒の予防処置に従事すること。

　八　校長の求めにより、救急処置に従事すること。

九　市町村の教育委員会又は学校の設置者の求めにより、法第11条の健康診断又は法第15条第1項の健康診断に従事すること。

十　前各号に掲げるもののほか、必要に応じ、学校における保健管理に関する専門的事項に関する指導に従事すること。

2　学校医は、前項の職務に従事したときは、その状況の概要を学校医執務記録簿に記入して校長に提出するものとする。

（学校歯科医の職務執行の準則）

第23条　学校歯科医の職務執行の準則は、次の各号に掲げるとおりとする。

一　学校保健計画及び学校安全計画の立案に参与すること。

二　法第8条の健康相談に従事すること。

三　法第9条の保健指導に従事すること。

四　法第13条の健康診断のうち歯の検査に従事すること。

五　法第14条の疾病の予防処置のうち齲歯その他の歯疾の予防処置に従事すること。

六　市町村の教育委員会の求めにより、法第11条の健康診断のうち歯の検査に従事すること。

七　前各号に掲げるもののほか、必要に応じ、学校における保健管理に関する専門的事項に関する指導に従事すること。

2　学校歯科医は、前項の職務に従事したときは、その状況の概要を学校歯科医執務記録簿に記入して校長に提出するものとする。

（学校薬剤師の職務執行の準則）

第24条　学校薬剤師の職務執行の準則は、次の各号に掲げるとおりとする。

一　学校保健計画及び学校安全計画の立案に参与すること。

二　第1条の環境衛生検査に従事すること。

三　学校の環境衛生の維持及び改善に関し、必要な指導及び助言を行うこと。

四　法第8条の健康相談に従事すること。

五　法第9条の保健指導に従事すること。

六　学校において使用する医薬品、毒物、劇物並びに保健管理に必要な用具及び材料の管理に関し必要な指導及び助言を行い、及びこれらのものについて必要に応じ試験、検査又は鑑定を行うこと。

七　前各号に掲げるもののほか、必要に応じ、学校における保健管理に関する専門的事項に関する技術及び指導に従事すること。

2　学校薬剤師は、前項の職務に従事したときは、その状況の概要を学校薬剤師執務記録簿に記入して校長に提出するものとする。

## 第五章　国の補助

（児童生徒数の配分の基礎となる資料の提出）

第25条　都道府県の教育委員会は、毎年度、七月一日現在において当該都道府県立の小学校、中学校及び義務教育学校並びに中等教育学校の前期課程又は特別支援学校の小学部及び中学部の児童及び生徒のうち教育扶助（生活保護法（昭和二十五年法律第百四十四号）に規定する教育扶助をいう。以下同じ。）を受けている者の総数を、第三号様式により一月十日までに文部科学大臣に報告しなければならない。

2　市町村の教育委員会は、毎年度、七月一日現在において当該市町村立の小学校、中学校及び義務教育学校並びに中等教育学校の前期課程又は特別支援学校の小学部及び中学部の児童及び生徒のうち教育扶助を受けている者の総数を、第四号様式により十二月二十日までに都道府県の教育委員会に報告しなければならない。

3　都道府県の教育委員会は、前項の規定により市町村の教育委員会から報告を受けたときは、これを第五号様式により一月十日までに文部科学大臣に報告しなければならない。

（児童生徒数の配分方法）

第26条　令第10条第3項の規定により都道府県の教育委員会が行う配分は、付録の算式により算定した数を基準として行うものとする。

（配分した児童生徒数の通知）

第27条　都道府県の教育委員会は、令第10条第3項及び前条の規定により各市町村ごとの小学校、中学校及び義務教育学校並びに中等教育学校の前期課程又は特別支援学校の小学部及び中学部の児童及び生徒の被患者の延数の配分を行つたときは、文部科学大臣に対しては第6号様式により、各市町村の教育委員会に対しては第7号様式によりすみやかにこれを通知しなければならない。

## 第六章　安全点検等

（安全点検）

第28条　法第二十七条の安全点検は、他の法令に基づくもののほか、毎学期一回以上、児童生徒等が通常使用する施設及び設備の異常の有無について系統的に行わなければならない。

2　学校においては、必要があるときは、臨時に、安全点検を行うものとする。

（日常における環境の安全）

第29条　学校においては、前条の安全点検のほか、設備等について日常的な点検を行い、環境の安全の確保を図らなければならない。

## 第七章　雑　則

（専修学校）

第30条　第1条、第2条、第5条、第6条（同条第三項及び第四項については、大学に関する部分に限る。）、第7条（同条第6項については、大学に関する部分に限る。）、第8条、第9条（同条第一項については学生に関する部分に限る。）、第10条、第11条（大学に関する部分に限る。）、第12条から第21条まで、第28条及び前条の規定は、専修学校に準用する。この場合において、第5条第1項中「六月三十日までに」とあるのは「当該学年の始期から起算して三月以内に」と、第7条第8項中「学校医又は学校歯科医」とあるのは「医師」と、第九条第2項中「学校医その他の医師」とあるのは「医師」と、第12条中「第5条」とあるのは「第30条において準用する第5条」と、第19条第2号、第3号及び第4号中「学校医その他の医師」とあるのは「医師」と、第19条第5号及び第6号並びに第21条第1項中「学校医」とあるのは「医師」とそれぞれ読み替えるものとする。

2　第22条の規定は、専修学校の医師の職務執行の準則について準用する。

附　則　〈略〉

別表第一

| | 区分 | 内容 |
|---|---|---|
| 生活規正の面 | A（要休業） | 授業を休む必要のあるもの |
| | B（要軽業） | 授業に制限を加える必要のあるもの |
| | C（要注意） | 授業をほぼ平常に行つてよいもの |
| | D（健　康） | 全く平常の生活でよいもの |
| 医療の面 | 1（要医療） | 医師による直接の医療行為を必要とするもの |
| | 2（要観察） | 医師による直接の医療行為を必要としないが、定期的に医師の観察指導を必要とするもの |
| | 3（健　康） | 医師による直接、間接の医療行為を全く必要としないもの |

別表第二

| | 区分 | 内容 |
|---|---|---|
| 生活規正の面 | A（要休業） | 勤務を休む必要のあるもの |
| | B（要軽業） | 勤務に制限を加える必要のあるもの |
| | C（要注意） | 勤務をほぼ平常に行つてよいもの |
| | D（健　康） | 全く平常の生活でよいもの |
| 医療の面 | 1（要医療） | 医師による直接の医療行為を必要とするもの |
| | 2（要観察） | 医師による直接の医療行為を必要としないが、定期的に医師の観察指導を必要とするもの |
| | 3（健　康） | 医師による直接、間接の医療行為を全く必要としないもの |

付録

$X \times p \div P$

　Xは、令第10条第3項の別表ロに掲げる算式により算定した小学校、中学校及び義務教育学校並びに中等教育学校の前期課程又は特別支援学校の小学部及び中学部の児童及び生徒の被患者の延数

　Pは、前年度の七月一日現在において当該都道府県の区域内の市町村立の小学校、中学校及び義務教育学校並びに中等教育学校の前期課程又は特別支援学校の小学部及び中学部の児童及び生徒のうち教育扶助を受けている者の総数

　pは、前年度の七月一日現在において当該市町村立の小学校、中学校及び義務教育学校並びに中等教育学校の前期課程又は特別支援学校の小学部及び中学部の児童及び生徒のうち教育扶助を受けている者の総数

　第1〜7号様式（用紙　日本工業規格 A4 縦型）

# 児童生徒健康診断票（一般）

別紙様式1（用紙　日本工業規格 A4 縦型）

|  |  | 小学生 |  |  |  |  |  | 中学生 |  |  |
|---|---|---|---|---|---|---|---|---|---|---|
| 学年 ＼ 区分 | | 1 | 2 | 3 | 4 | 5 | 6 | 1 | 2 | 3 |
| 学 級 | | | | | | | | | | |
| 番 号 | | | | | | | | | | |

## 小・中学校用

| 氏名 | | 性別 | 男 | 女 | 生年月日 | 年 | | 月 | | 日 |
|---|---|---|---|---|---|---|---|---|---|---|
| 学校の名称 | | | | | | | | | | |
| 年　　　　　齢 | | 歳 | 歳 | 歳 | 歳 | 歳 | 歳 | 歳 | 歳 | 歳 |
| 年　　　　　度 | | | | | | | | | | |
| 身　　長（cm） | | ・ | ・ | ・ | ・ | ・ | ・ | ・ | ・ | ・ |
| 体　　重（kg） | | ・ | ・ | ・ | ・ | ・ | ・ | ・ | ・ | ・ |
| 栄　養　状　態 | | | | | | | | | | |
| 脊柱・胸郭・四肢 | | | | | | | | | | |
| 視力 | 右 | ( ) | ( ) | ( ) | ( ) | ( ) | ( ) | ( ) | ( ) | ( ) |
| | 左 | ( ) | ( ) | ( ) | ( ) | ( ) | ( ) | ( ) | ( ) | ( ) |
| 眼の疾病及び異常 | | | | | | | | | | |
| 聴力 | 右 | | | | | | | | | |
| | 左 | | | | | | | | | |
| 耳鼻咽頭疾患 | | | | | | | | | | |
| 皮　膚　疾　患 | | | | | | | | | | |
| 結核 | 疾病及び異常 | | | | | | | | | |
| | 指　導　区　分 | | | | | | | | | |
| 心臓 | 臨床医学的検査（心電図等） | | | | | | | | | |
| | 疾病及び異常 | | | | | | | | | |
| 尿 | 蛋白第 1 次 | | | | | | | | | |
| | 糖　第 1 次 | | | | | | | | | |
| | その他の検査 | | | | | | | | | |
| その他の疾病及び異常 | | | | | | | | | | |
| 学校医 | 所　　　見 | | | | | | | | | |
| | 月　　　日 | ・ | ・ | ・ | ・ | ・ | ・ | ・ | ・ | ・ |
| 事　後　措　置 | | | | | | | | | | |
| 備　　　　考 | | | | | | | | | | |

健康診断票（一般）記入上の注意

| 様　式 | | 記入上の注意 |
|---|---|---|
| 学　校　の　名　称 | | ゴム印等を用いて正確に記入する |
| 氏　　　　　名 | | 楷書で記入する。 |
| 性　　　　　別　男　女 | | 該当する方を○で囲む。 |
| 生　年　月　日　年　月　日 | | |
| 年　　　　　齢　　　歳 | | 定期の健康診断が行われる学年の始まる前日に達する年齢を記入する。 |
| 年　　　　　度　年度 | | |
| 身　　　　長（cm）　・ | | 測定単位は、少数第1位までを記入する。 |
| 体　　　　重（kg）　・ | | 栄養不良又は肥満傾向で特に注意を要すると認めたものを「要注意」と記入する。 |
| 栄　養　状　態 | | |
| 脊柱・胸郭・四肢 | | 病名又は異常名を記入する。 |
| 視力 | 右　　　　　　（　） | 裸眼視力はかっこの左側に、矯正視力はかっこ内に記入する。この場合において、視力の検査結果が 1.0 以上であるときは「A」、1.0 未満 0.7 以上であるときは「B」、0.7 未満 0.3 以上であるときは「C」、0.3 未満であるときは「D」と記入して差し支えない。 |
| | 左　　　　　　（　） | |
| 眼の疾病及び異常 | | 病名又は異常名を記入する。 |
| 聴力 | 右 | 1,000Hz において、30dB 又は 4,000Hz において、25db（聴力レベル表示による）を聴取できない者については、○印を記入する。なお、上記の者について、さらに聴力レベルを検査したときは、併せてその聴力レベルデシベルを記入する。 |
| | 左 | |
| 耳　鼻　咽　頭　疾　患 | | 疾病又は異常名を記入する。 |
| 皮　　膚　　疾　　患 | | 疾病又は異常名を記入する。 |
| 結核 | 疾病及び異常 | 病名又は異常名を記入する。 |
| | 指　導　区　分 | 規則第9条第2項の規定により決定した指導区分を記入する。 |
| 心臓 | 臨床医学的検査（心電図等） | 心電図等の臨床医学的検査の結果及び病名又は異常名を記入する。（心電図等の臨床医学的検査の所見を記入する） |
| | 疾病及び異常 | （上記の結果を踏まえ、病名又は異常名を記入する） |
| 尿 | 蛋　白　第　1　次 | 検査の結果を＋等の記号で記入する。 |
| | 糖　　第　1　　次 | 検査の結果を＋等の記号で記入する。 |
| | その他の検査 | 蛋白若しくは糖の第2次検査又は潜血検査等の検査を行った場合の検査項目名及び検査結果を記入する。 |
| その他の疾病及び異常 | | 病名又は異常名を記入する。 |
| 学校医 | 所　　　　　見 | 規則第9条の規定によって学校においてとるべき事後措置に関連して学校医が必要と認める所見を記入押印し、押印した月日を記入する。 |
| | 月　　　　　日 | |
| 事　　後　　措　　置 | | 規則第9条の規定によって学校においてとるべき事後措置を具体的に記入する。 |
| 備　　　　　考 | | 健康診断に関し必要のある事項を記入する。 |

## 児童生徒健康診断票（歯・口腔）

小・中学校用

| 氏　名 | | | | | | | 性別 | 男 | 女 | 出年月日 | 年　　月　　日 |
|---|---|---|---|---|---|---|---|---|---|---|---|

歯の状態の凡例：
- 現在歯　　　　　　　　　（例　A　B）
- う歯　　　┌未処置歯　　C
- 　　　　　└処置歯　　　○
- 喪失歯（永久歯）　　　　△
- 要注意乳歯　　　　　　　×
- 要観察歯　　　　　　　　CO

| 年齢 | 年度 | 顎関節 | 歯列・咬合 | 歯垢の状態 | 歯肉の状態 | 歯　式 | 乳歯 現在歯数 | 乳歯 未処置歯数 | 乳歯 処置歯数 | 永久歯 現在歯数 | 永久歯 未処置歯数 | 永久歯 処置歯数 | 喪失歯数 | その他の疾病及び異常 | 学校歯科医 所見 | 校 月日 | 事後措置 |
|---|---|---|---|---|---|---|---|---|---|---|---|---|---|---|---|---|---|
| 歳 | 年度 | 0 1 2 | 0 1 2 | 0 1 2 | 0 1 2 | 8 7 6 5 4 3 2 1 1 2 3 4 5 6 7 8<br>上 右 EDCBA ABCDE 左 上<br>下 　 EDCBA ABCDE 　 下<br>8 7 6 5 4 3 2 1 1 2 3 4 5 6 7 8 | | | | | | | | | | 月<br>日 | |
| 歳 | 0 1 2 | 0 1 2 | 0 1 2 | 0 1 2 | | 8 7 6 5 4 3 2 1 1 2 3 4 5 6 7 8<br>上 右 EDCBA ABCDE 左 上<br>下 　 EDCBA ABCDE 　 下<br>8 7 6 5 4 3 2 1 1 2 3 4 5 6 7 8 | | | | | | | | | | 月<br>日 | |
| 歳 | 0 1 2 | 0 1 2 | 0 1 2 | 0 1 2 | | 8 7 6 5 4 3 2 1 1 2 3 4 5 6 7 8<br>上 右 EDCBA ABCDE 左 上<br>下 　 EDCBA ABCDE 　 下<br>8 7 6 5 4 3 2 1 1 2 3 4 5 6 7 8 | | | | | | | | | | 月<br>日 | |
| 歳 | 0 1 2 | 0 1 2 | 0 1 2 | 0 1 2 | | 8 7 6 5 4 3 2 1 1 2 3 4 5 6 7 8<br>上 右 EDCBA ABCDE 左 上<br>下 　 EDCBA ABCDE 　 下<br>8 7 6 5 4 3 2 1 1 2 3 4 5 6 7 8 | | | | | | | | | | 月<br>日 | |
| 歳 | 0 1 2 | 0 1 2 | 0 1 2 | 0 1 2 | | 8 7 6 5 4 3 2 1 1 2 3 4 5 6 7 8<br>上 右 EDCBA ABCDE 左 上<br>下 　 EDCBA ABCDE 　 下<br>8 7 6 5 4 3 2 1 1 2 3 4 5 6 7 8 | | | | | | | | | | 月<br>日 | |
| 歳 | 0 1 2 | 0 1 2 | 0 1 2 | 0 1 2 | | 8 7 6 5 4 3 2 1 1 2 3 4 5 6 7 8<br>上 右 EDCBA ABCDE 左 上<br>下 　 EDCBA ABCDE 　 下<br>8 7 6 5 4 3 2 1 1 2 3 4 5 6 7 8 | | | | | | | | | | 月<br>日 | |
| 歳 | 0 1 2 | 0 1 2 | 0 1 2 | 0 1 2 | | 8 7 6 5 4 3 2 1 1 2 3 4 5 6 7 8<br>上 右 EDCBA ABCDE 左 上<br>下 　 EDCBA ABCDE 　 下<br>8 7 6 5 4 3 2 1 1 2 3 4 5 6 7 8 | | | | | | | | | | 月<br>日 | |
| 歳 | 0 1 2 | 0 1 2 | 0 1 2 | 0 1 2 | | 8 7 6 5 4 3 2 1 1 2 3 4 5 6 7 8<br>上 右 EDCBA ABCDE 左 上<br>下 　 EDCBA ABCDE 　 下<br>8 7 6 5 4 3 2 1 1 2 3 4 5 6 7 8 | | | | | | | | | | 月<br>日 | |
| 歳 | 0 1 2 | 0 1 2 | 0 1 2 | 0 1 2 | | 8 7 6 5 4 3 2 1 1 2 3 4 5 6 7 8<br>上 右 EDCBA ABCDE 左 上<br>下 　 EDCBA ABCDE 　 下<br>8 7 6 5 4 3 2 1 1 2 3 4 5 6 7 8 | | | | | | | | | | 月<br>日 | |

児童生徒健康診断票（歯・口腔）記入上の注意

| 様　式 | 記入上の注意 |
|---|---|
| 歯列・咬合及び顎関節 | 　歯列と咬合の状態及び顎関節の状態について、それぞれ異常なし、定期的観察が必要、専門医（歯科医師）による診断が必要、の3区分について、それぞれ0、1、2で記入する。 |
| 歯垢の状態 | 　歯垢の付着状態について、ほとんど付着なし、若干の付着あり、相当の付着あり、の3区分についてそれぞれ0、1、2で記入する。 |
| 歯肉の状態 | 　歯肉炎の発症は歯垢の付着とも関連深いものであるが、ここでは増殖や退縮などの歯肉症状からみて、異常なし、定期的観察が必要、専門医（歯科医師）による診断が必要、の3区分について、それぞれ0、1、2で記入する。 |
| 歯式 | イ　現在歯、要観察歯、むし歯、喪失歯、要注意乳歯は歯式の該当歯に該当記号を付する。<br>ロ　現在歯は乳歯、永久歯ともに該当歯を斜線または連続横線で消す。<br>ハ　喪失歯は、むし歯が原因で喪失した永久歯のみとする。該当歯に△を記入する。<br>ニ　要注意乳歯は、保存の適否を慎重に考慮する必要があると認められた乳歯とする。該当歯に×を記入する。<br>ホ　むし歯は、乳歯、永久歯ともに処置歯○または未処置歯Cに区分する。<br>ヘ　処置歯は、充填、補綴により歯の機能を営むことができると認められる歯で該当歯に○を記入する。ただしむし歯の治療中のもの、処置がしてあるがむし歯の再発等により処置を要するものは未処置歯とする。<br>ト　永久歯の未処置歯Cは、ただちに処置を必要とするものとする。<br>チ　要観察歯は主として視診にて明らかなう窩が確認できないが、むし歯の初期病変の徴候（白濁、白斑、褐色斑）が認められ、その経過を注意深く観察する必要がある歯で該当歯にCOと記入する。<br>　具体的には、<br>1　小窩裂溝では、エナメル質の実質欠損は認められないが、う蝕の初期病変を疑うような褐色、黒色などの着色や白濁が認められるもの。<br>2　平滑面では、エナメル質の実質欠損は認められないが、脱灰を疑うような白濁や褐色斑等が認められるもの。<br>3　そのほか、例えば隣接面や修復物下部の着色変化、1、2の状態が多数に認められる場合等地域の歯科医療機関との連携が必要な場合が該当する。この場合は学校歯科医所見欄に「CO要相談」と記載する。<br>　探針は、プラーク・食物残渣の除去・充填物の有無の確認を目的とする検査の補助器具として用いる。探針は先が鋭利なものを避け、用いるときは歯軸方向に強い圧は加えず、歯面に沿って水平方向に動かす。 |
| 歯の状態 | 　歯式の欄に記入された当該事項について上下左右の歯数を集計した数を該当欄に記入する。 |
| その他の疾病及び異常 | 　病名及び異常名を記入する。 |
| 学校歯科医所見 | 　学校保健安全法施行規則第9条の規定によって学校においてとるべき事後措置に関連して学校歯科医が必要と認める所見を記入押印し、押印した月日を記入する。<br>＊検査を行っている場で記入するのが良い。<br>1　保健調査の結果と視診触診の結果から必要と認められる事項<br>2　CO・CO要相談<br>3　歯肉の状態（1）、（2）の者に対しては歯垢と歯肉の状態及び生活管理などを総合的に判断してGO：歯周疾患要観察者、歯科医による診断と治療が必要な場合はGのいずれかを記入する。<br>　GO歯周疾患要観察者とは、歯垢があり、歯肉に軽度の炎症症候が認められているが、歯石沈着が認められず、注意深いブラッシング等を行うことによって炎症症候が消退するような歯肉の保有者をいう。 |
| 事後措置 | 　学校保健安全法第9条の規定により学校においてとるべき事後措置について、特段の事後措置を要しない者（0）学校における保健指導（実技指導を含む）や健康診断等を行うのみの者（1）、地域の歯科医療機関において精密検査若しくは診断や治療を受けるよう、指示する者（2）の3区分について記入する。具体的な措置内容を明記する必要がある場合は空欄に記入する。 |

# 児童、生徒、学生、幼児及び職員の健康診断の方法及び技術的基準の補足的事項について

文部科学省通知　最終改正　平成 27 年 9 月 11 日

　学校保健安全法（昭和 33 年法律第 56 号）第 13 条第 1 項及び同法第 15 条第 1 項の健康診断の方法及び技術的基準については、同法第 17 条第 1 項の規定に基づき学校保健安全法施行規則（昭和 33 年文部省令第 18 号）に定められたもの以外は、この「児童、生徒、学生、幼児及び職員の健康診断の方法及び技術的基準の補足的事項について」により実施するものとする。

1　総括事項
　健康診断に当たっては、その正確を期すため、あらかじめ測定用具や機器類を点検し、その精度が保たれるように注意すること。

2　身長の測定（学校保健安全法施行規則（以下「規則」という。）第 7 条第 2 項関係）
　身長の測定に当たっては、下記に留意して実施すること。
(1) 被検査者の頭部を正位に保たせるには、被検査者の頭を正面に向かせて眼耳線が水平になるようにすること。すなわち、耳珠上縁と眼窩下縁とを結ぶ線が水平になるよう位置させること。この場合、後頭部は身長計に接触しなくても差し支えないこと。
(2) 身長計の目盛りを読む場合には、横規を上下させて被検査者の頭頂部に軽く数回接触し、2 回ないし 3 回同じ数値が得られたときにそれを身長として読みとること。
(3) 被検査者の身長が検査者よりも高いときは、検査者は踏み台などを用いて横規が自分の眼と同じ高さになる位置において目盛りを読みとること。

3　体重の測定（規則第 7 条第 3 項関係）
　体重の測定に当たっては、実施に先だち体重計を水平に保ち、移動したり振動したりしないようにくさび等によって安定を図り、指針を零点に調節しておくことが必要であること。

4　栄養状態の検査（規則第 3 条第 1 号関係）
　栄養状態の検査に当たっては、下記に留意して実施すること。
(1) 栄養状態の検査は、視診によって行い、貧血の有無なども含めて総合的に判定するものとするが、栄養不良又は肥満傾向を発見するために必要な場合には、次の観点も参考にすることも考慮すること。
　身長別標準体重から算出される肥満及びやせ傾向

$$= \frac{実測体重（kg）- 身長別標準体重（kg）}{身長別標準体重（kg）} \times 100$$

(2) 貧血については、眼瞼結膜等の身体徴候や症状等を観察することで、異常の有無を検査するものとすること。

5 脊柱及び胸郭の疾病及び異常の有無並びに四肢の状態（規則第3条第2号、第3号及び規則第7条第4項関係）

　脊柱及び胸郭の疾病及び異常の有無並びに四肢の状態の検査に当たっては、下記に留意して実施すること。

(1) 脊柱及び胸郭の疾病及び異常の有無は、形態等について注意して、視診等によって検査すること。

(2) 脊柱の形態については、前後及び側方から観察し、側わん等の異常わん曲に注意すること。特に、側わん症の発見に当たっては、次の要領で行うこと。

　ア　被検査者を後向きに直立させ、両上肢は自然に垂れた状態で、両肩の高さの左右不均衡の有無、肩甲骨の高さと位置の左右不均衡の有無及び体の脇線の左右不均衡の有無を観察すること。

　イ　被検査者に、体の前面で手のひらを合わせさせ、肘と肩の力を抜いて両上肢と頭が自然に垂れ下がるようにしながら上体をゆっくり前屈させた状態で、被検査者の前面及び必要に応じ背面から、背部及び腰部の左右の高さの不均衡の有無を観察すること。

(3) 四肢の状態については、保健調査票の記載内容、学校における日常の健康観察の情報等を参考に、入室時の姿勢・歩行の状態等に注意して、学業を行うのに支障がある疾病及び異常の有無等を確認すること。


6 視力の検査（規則第3条第4号関係）

　視力の検査に当たっては、下記に留意して実施すること。

(1) 被検査者を立たせる位置は、視力表から正確に5メートルの距離とし、これを床上に明示すること。ただし5メートルの距離が取れない場合は、3メートル用視力表を使用してもよく、同様に被検査者を立たせる位置を床上に明示すること。

(2) 視力表は、字ひとつ視力表又は字づまり視力表を用い、測定には原則としてランドルト環を視標とするものを使用し、汚損したもの、変色したもの、しわのあるものなどは使用しないこと。また、視標の掲示は、字ひとつ視力表にあっては被検査者の目の高さとし、字づまり視力表にあっては視標1.0を被検査者の目の高さにすること。

(3) 視力表の照度の標準は、おおむね500ルクスから1,000ルクスとすること。

(4) 検査場の照度は、視力表の照度の基準を超えず、また、その基準の10分の1以上であることが望ましいこと。なお、被検査者の視野の中に明るい窓や裸の光源等、まぶしさがないことが望ましいこと。

(5) 検査は、検査場に被検査者を入れてから2分以上経過した後、開始すること。

(6) 検査は、右眼及び左眼それぞれの裸眼視力について、次の要領で実施すること。

　ア　検査は右眼から始めること。まず、両眼を開かせたまま遮眼器等で左眼を遮閉し右眼で、目を細めることなく視標を見させ、同一視力の視標において上下左右の4方向のうち3方向が正答できれば、その視力はあるものとすること。この場合、視力を1.0以上（A）、1.0未満0.7以上（B）、0.7未満0.3以上（C）、0.3未満（D）の区分を用いて判定して差し支えないこと。なお、被検査者の表現力不足によって生ずる判定誤差を避けるため、小学校低学年以下においてはランドルト環の切れ目が上下左右にあるものにとどめ、小学校高学年以上においては斜め方向も加える等の配慮が望ましいこと。

イ　右眼の検査が終わった後、左眼についても同様の方法により検査すること。

ウ　コンタクトレンズを使用している者に裸眼視力検査を行う場合は、検査を始める30分前までにコンタクトレンズを外させておくこと。

(7) 眼鏡（コンタクトレンズを含む。）使用時の視力は、上記(6)ア及びイに準じて測定すること。

## 7　聴力の検査（規則第3条第5号関係）

聴力の検査に当たっては、下記に留意して実施すること。

(1) オージオメータは、平成12年8月1日制定後の日本工業規格によるものを用い、定期的に校正を受けること。なお、やむを得ず経過措置として、昭和57年8月14日改正前の日本工業規格（以下「旧規格」という。）のオージオメータを用いる場合には、聴力損失表示であることに注意するとともに、(5)ウによって聴力損失デシベルを聴力レベルデシベルに換算すること。

(2) 聴力の検査は、下記及び(3)の要領で行うこと。

ア　検査場は、正常聴力者が1,000Hz、25dBの音を明瞭に聞きうる場所であること。

イ　オージオメータの聴力レベルダイアルを30dBに固定し、気導レシーバーを被検査者の耳にきっちりとあてさせること。

まず、1,000Hz、30dBの音を聞かせ、音を断続し、合図が確実であれば4,000Hz、25dBに切り替え、同様に音を断続し、確実に聞こえたならば反対の耳に移ること。このような方法で、1,000Hz、30dBあるいは4,000Hz、25dBの音を両方又は片方いずれでも聴取できない者を選び出すこと。

第1回の検査で異常ありとされた者に対しては(3)の再検査を行うこと。

(3) (2)の検査で、1,000Hz、30dB又は4,000Hz、25dBを聴取できない者について、更に必要により聴力レベルを検査するときは、次の方法によって行うこと。

ア　検査音の種類は、少なくとも500Hz、1,000Hz、2,000Hz、4,000Hzとすること。

イ　検査方法は下記によること。

被検査者を眼を閉じて楽に座らせ、耳にオージオメータのレシーバーをよくあてさせること。前記の検査音の検査の順序は、1,000Hz、2,000Hz、4,000Hzと進み、次いで1,000Hz、500Hzの順とすること。これらの検査音のそれぞれについて、あらかじめ十分聞こえる音の強さで聞かせ、次いで音の強さを弱めていき、全く聞こえないところまで下げ、次に検査音をだんだん強めていき、初めて聞こえた音の強さ（dB）を聴力レベルデシベルとすること。音を強めるときは、1ステップを1秒から2秒の速さで強くするようにすること。検査音が聞こえれば、被検査者は信号ボタンを押すかあるいは手指等で合図することとし、検査者に知らせること。検査音の認知が明瞭でないときには、断続器を用いて音を断続させて聞かせ、その認知を確かめること。断続器を使用できない場合には、聴力レベルダイアルを一度左に戻してから再び強めることを繰り返し、その認知を確かめること。

この検査は聞こえのよい耳を先に検査し、左右とも同じときは、右耳を先に検査すること。

ウ　イの検査による聴力レベルデシベルは次の式により算出すること。

$$聴力レベルデシベル = \frac{a + 2b + c}{4}$$

（上の式のうち、aは500Hz、bは1,000Hz、cは2,000Hzの聴力レベルデシベルを示す。）

なお、4,000Hzの聴力レベルデシベルは、健康診断票の聴力の欄にかっこをして記入すること。

（4）旧規格によるオージオメータを用いて行う聴力の検査は、下記及び（5）の要領で行うこと。

　ア　検査場は、正常聴力者が 1,000Hz、15dB（聴力損失表示による。イにおいて同じ。）の音を明瞭に聞きうる場所であること。

　イ　オージオメータの聴力損失ダイアルを 20dB に固定し、気導レシーバーを被検査者の耳にきっちりとあてさせること。

　　まず、1,000Hz、20dB の音を聞かせ、音を断続し、合図が確実であれば、4,000Hz、20dB に切り替え、同様に音を断続し、確実に聞こえたならば反対の耳に移ること。このような方法で 1,000Hz あるいは 4,000Hz、20dB の音を両方または片方いずれでも聴取できない者を選び出すこと。

　　第 1 回の検査で問題ありとされた者に対しては（5）の再検査を行うこと。

（5）（4）の検査で、1,000Hz あるいは 4,000Hz、20dB（聴力損失表示による。）を聴取できない者について、更に必要により聴力損失を検査するときは、次の方法によって行うこと。

　ア　検査音の種類は、少なくとも 500Hz、1,000Hz、2,000Hz、4,000Hz とすること。

　イ　検査方法は下記によること。

　　被検査者を眼を閉じて楽に座らせ、耳にオージオメータのレシーバーをよくあてさせること。前記の検査音の検査の順序は、1,000Hz、2,000Hz、4,000Hz と進み、次いで 1,000Hz、500Hz の順とすること。これらの検査音のそれぞれについて、あらかじめ十分聞こえる音の強さで聞かせ、次いで音の強さを弱めていき、全く聞こえないところまで下げ、次に検査音をだんだん強めていき、初めて聞こえた音の強さ（dB）を聴力損失デシベルとすること。音を強めるときは、1 ステップを 1 秒から 2 秒の速さで強くするようにすること。検査音が聞こえれば、被検査者は信号ボタンを押すかあるいは手指等で合図することとし、検査者に知らせること。検査音の認知が明瞭でないときには、断続器を用いて音を断続させて聞かせ、その認知を確かめること。断続器を使用できない場合には、聴力損失ダイアルを一度左に戻してから再び強めることを繰り返し、その認知を確かめること。

　　この検査は聞こえのよい耳を先に検査し、左右とも同じときは、右耳を先に検査すること。

　ウ　イの検査による聴力損失デシベルは次の式により算出すること。

$$聴力損失デシベル = \frac{a + 2b + c}{4}$$

　　（上の式のうち、a は 500Hz、b は 1,000Hz、c は 2,000Hz の聴力損失デシベルを示す。）

　　健康診断票の聴力の欄の記入に当たっては、次の換算式により聴力レベルデシベルに換算して記入すること。

　　聴力レベルデシベル ＝ 聴力損失デシベル ＋ 10dB

　　なお、4,000Hz の聴力損失デシベルは、次の換算式により聴力レベルデシベルに換算し、健康診断票の聴力の欄にかっこをして記入すること。

　　聴力レベルデシベル ＝ 聴力損失デシベル ＋ 5dB

## 8　歯及び口腔の検査（規則第 3 条第 9 号関係）

歯及び口腔の検査に当たっては、下記に留意して実施すること。

（1）口腔の検査に当たっては、顎、顔面の全体を診てから、口唇、口角、舌、舌小帯、口蓋、その他口腔粘膜等の異常についても注意すること。

(2) 歯の検査は下記に留意して実施すること。

　ア　歯の疾病及び異常の有無の検査は、処置及び指導を要する者の選定に重点を置くこと。

　イ　咬合の状態、歯の沈着物、歯周疾患、過剰歯、エナメル質形成不全などの疾病及び異常については、特に処置又は矯正を要する程度のものを具体的に所定欄に記入すること。

　ウ　補てつを要する欠如歯、処置を要する不適当な義歯などのあるときは、その旨「学校歯科医所見」欄に記入すること。

　エ　はん状歯のある者が多数発見された場合には、その者の家庭における飲料水についても注意すること。

(3) その他、顎顔面全体のバランスを観察し、咬合の状態、開口障害、顎関節雑音、疼痛の有無、発音障害等についても注意すること。

9　心臓の疾病及び異常の有無の検査（規則第7条第6項関係）

　心臓の疾病及び異常の有無の検査は、下記に留意して実施すること。

(1) 検査に当たっては、あらかじめ保健調査等によって心臓の疾病等に関する既往症、現症等を把握しておくこと。

(2) 検査は医師による聴診、心電図検査等によって行うものとすること。

(3) 心電図検査に当たっては、下記に留意して行うこと。

　ア　児童生徒に検査の目的や方法について説明し、検査に対する不安や緊張感を取り除くこと。

　イ　体育授業やスポーツ活動の直後は検査を避けること。

　ウ　検査会場では、児童・生徒を静かにさせること。

　エ　検査技術者は、心電計の接地を行うこと。

　オ　心電図誘導法は一般的な誘導法を用いること。胸部誘導の電極位置は特に正確を期すること。

　カ　心電図記録の際には、フィルターをできるだけ使用しないこと。

　キ　心電図記録中に不整脈を見いだしたときは、別に、通常の倍以上の記録を行うこと。

　ク　心電図の判定は、小児・若年者心電図判読に習熟した医師が行うこと。心電図自動解析装置の判読を参考にする場合は、高校生までは、各年齢、性別に応じた小児用心電図判読プログラムにて判定したものを用い、成人用プログラムの判定は用いてはならないこと。

10　尿の検査（規則第7条第7項関係）

　尿の検査は、下記に留意して実施すること。

(1) 検査に当たっては、あらかじめ保健調査等によって腎臓の疾病、糖尿病等に関する既往歴、現症を把握しておくこと。

(2) 採尿は、起床直後の尿について行うものとすること。この場合の尿は尿道尿を排除させた後の排尿から10ミリリットル程度、紙製、ポリエチレン製、ガラス製などの容器に採らせること。なお、採尿に当たっては、前日の就寝前に排尿させておくこと。

(3) 蛋白尿は、6時間から12時間後に陰転することがあるので、検尿は採尿後およそ5時間以内に行うことが望ましいこと。

(4) 検体は変質を防止するため、日影で通風のよい場所に保管すること。

(5) 検体は蛋白及び糖検出用の試験紙（幼稚園等において糖の検査を実施しない場合は蛋白検出用の試験紙）を用いて行い、陽性を示す者を事後の検査を要する者と判定するが、蛋白陽性者を直ちに腎臓に障害のある者とみなすことや、糖陽性者を直ちに糖尿病とみなすことのないよう十分注意すること。

(6) 腎臓疾患の検査として尿の検査を行うに当たっては、可能ならば潜血反応検査を併せて行うことが望ましいこと。

11 職員の健康診断（規則第14条関係）

職員の健康診断において、それぞれの項目の結果の判定に当たっては、問診、視診等の結果を参考にすること。

12 職員の聴力の検査（規則第14条第2項関係）

職員の聴力の検査は、下記に留意して実施すること。

(1) 原則としてオージオメータを使用し、通常1,000Hzについては30dB、4,000Hzについては40dBの音圧の音が聞こえるかどうかについて検査すること。

(2) 検査を実施する場所の騒音の程度を考慮すること。

(3) 35歳未満の職員及び36歳以上40歳未満の職員については、音叉による検査等医師が適当と認める方法によって行うことができるものであること。

13 職員の血圧の検査（規則第14条第4項関係）

職員の血圧の検査は、原則として右腕について実施すること。

14 職員の尿の検査（規則第14条第5項関係）

職員の尿の検査は、下記に留意して実施すること。

(1) 尿中の蛋白等の検査については、10の(1)から(6)を参照すること。

(2) 尿中の糖の検査のみを単独に行う場合は、朝食後2時間から3時間において採取した尿について実施する方法もあること。

15 職員の胃の疾病及び異常の有無の検査（規則第14条第6項関係）

妊娠可能年齢にある女子職員については、問診等を行った上で、医師が検査対象とするか否かを決定すること。

16 職員の貧血検査及び肝機能検査（規則第14条第7項及び第8項関係）

職員の貧血検査及び肝機能検査において、35歳未満の職員及び36歳以上40歳未満の職員について医師の判断に基づいて検査対象から除く場合は、個々の職員の健康状態、日常の生活状況、職務内容、過去の健康診断の結果等を把握し、これらを十分考慮した上で、総合的に判断すべきものであること。

17　職員の血中脂質の検査（規則第14条第9項関係）

職員の血中脂質の検査は、下記に留意して実施すること。

(1)　血清トリグリセライドの量の検査は原則として空腹時に行われるものあるが、食事摂取直後に行われた場合には検査結果に変動を生ずることがあるので、医師がその影響を考慮した上で判断すべきものであること。

(2)　35歳未満の職員及び36歳以上40歳未満の職員について医師の判断に基づいて検査対象から除く場合は、個々の職員の健康状態、日常の生活状況、職務内容、過去の健康診断の結果等を把握し、これらを十分考慮した上で、総合的に判断すべきものであること。

18　職員の心電図検査（規則第14条関係）

職員の心電図検査は、下記に留意して実施すること。

(1)　原則として安静時の標準12誘導心電図とすること。

(2)　検査技術者は、心電計の接地を行うこと。

(3)　心電図記録の際には、フィルターをできるだけ使用しないこと。

(4)　心電図記録中に不整脈を見いだしたときは、別に通常の倍以上の記録を行うこと。

(5)　35歳未満の職員及び36歳以上40歳未満の職員について医師の判断に基づいて検査対象から除く場合は、個々の職員の健康状態、日常の生活状況、職務内容、過去の健康診断の結果等を把握し、これらを十分考慮した上で、総合的に判断すべきものであること。

# 学校環境衛生基準

令和 2 年 12 月 15 日文部科学省告示第 138 号

令和 3 年 4 月 1 日施行（下線部が今回の改正箇所）

第 1　教室等の環境に係る学校環境衛生基準

1　教室等の環境（換気、保温、採光、照明、騒音等の環境をいう。以下同じ。）に係る学校環境衛生基準は、次表の左欄に掲げる検査項目ごとに、同表の右欄のとおりとする。

| 検査項目 | | | 基準 |
|---|---|---|---|
| 換気及び保温等 | (1)　換気 | | 換気の基準として、二酸化炭素は、1,500ppm 以下であることが望ましい。 |
| | (2)　温度 | | 17℃以上、28℃以下であることが望ましい。 |
| | (3)　相対湿度 | | 30%以上、80%以下であることが望ましい。 |
| | (4)　浮遊粉じん | | 0.10mg/m$^3$ 以下であること。 |
| | (5)　気流 | | 0.5m/秒以下であることが望ましい。 |
| | (6)　一酸化炭素 | | 10ppm 以下であること。 |
| | (7)　二酸化窒素 | | 0.06ppm 以下であることが望ましい。 |
| | (8)　揮発性有機化合物 | | |
| | | ア．ホルムアルデヒド | 100$\mu$g/m$^3$ 以下であること。 |
| | | イ．トルエン | 260$\mu$g/m$^3$ 以下であること。 |
| | | ウ．キシレン | 200$\mu$g/m$^3$ 以下であること。 |
| | | エ．パラジクロロベンゼン | 240$\mu$g/m$^3$ 以下であること。 |
| | | オ．エチルベンゼン | 3800$\mu$g/m$^3$ 以下であること。 |
| | | カ．スチレン | 220$\mu$g/m$^3$ 以下であること。 |
| | (9)　ダニ又はダニアレルゲン | | 100 匹/m$^2$ 以下又はこれと同等のアレルゲン量以下であること。 |
| 採光及び照明 | (10)　照度 | | （ア）教室及びそれに準ずる場所の照度の下限値は、300 1x（ルクス）とする。また、教室及び黒板の照度は、500 1x 以上であることが望ましい。<br>（イ）教室及び黒板のそれぞれの最大照度と最小照度の比は、20：1 を超えないこと。また、10：1 を超えないことが望ましい。<br>（ウ）コンピュータを使用する教室等の机上の照度は、500～1000 1x 程度が望ましい。<br>（エ）テレビやコンピュータ等の画面の垂直面照度は、100～500 1x 程度が望ましい。<br>（オ）その他の場所における照度は、工業標準化法（昭和 24 年法律第 185 号）に基づく日本工業規格（以下「日本工業規格」という。）Z9110 に規定する学校施設の人工照明の照度基準に適合すること。 |
| | (11)　まぶしさ | | （ア）児童生徒等から見て、黒板の外側 15°以内の範囲に輝きの強い光源（昼光の場合は窓）がないこと。<br>（イ）見え方を妨害するような光沢が、黒板面及び机上面にないこと。<br>（ウ）見え方を妨害するような電灯や明るい窓等が、テレビ及びコンピュータ等の画面に映じていないこと。 |
| 騒音 | (12)　騒音レベル | | 教室内の等価騒音レベルは、窓を閉じているときは LAeq50dB（デシベル）以下、窓を開けているときは LAeq55dB 以下であることが望しい。 |

2　1の学校環境衛生基準の達成状況を調査するため、次表の左欄に掲げる検査項目ごとに、同表の右欄に掲げる方法又はこれと同等以上の方法により、検査項目（1）～（7）及び（10）～（12）については、毎学年2回、検査項目（8）及び（9）については、毎学年1回定期に検査を行うものとする。

| | 検査項目 | 方法 |
|---|---|---|
| 換気及び保温等 | （1）換気 | 二酸化炭素は、検知管法により測定する。 |
| | （2）温度 | 0.5度目盛の温度計を用いて測定する。 |
| | （3）相対湿度 | 0.5度目盛の乾湿球湿度計を用いて測定する。 |
| | （4）浮遊粉じん | 相対沈降径 $10\mu m$ 以下の浮遊粉じんをろ紙に捕集し、その質量による方法（Low-Volume Air Sampler 法）又は質量濃度変換係数（K）を求めて質量濃度を算出する相対濃度計を用いて測定する。 |
| | （5）気流 | 0.2m／秒以上の気流を測定することができる風速計を用いて測定する。 |
| | （6）一酸化炭素 | 検知管法により測定する。 |
| | （7）二酸化窒素 | ザルツマン法により測定する。 |
| | （8）揮発性有機化合物 | 揮発性有機化合物の採取は、教室等内の温度が高い時期に行い、吸引方式では30分間で2回以上、拡散方式では8時間以上行う。 |
| | 　ア．ホルムアルデヒド | ジニトロフェニルヒドラジン誘導体固相吸着／溶媒抽出法により採取し、高速液体クロマトグラフ法により測定する。 |
| | 　イ．トルエン | 固相吸着／溶媒抽出法、固相吸着／加熱脱着法、容器採取法のいずれかの方法により採取し、ガスクロマトグラフ―質量分析法により測定する。 |
| | 　ウ．キシレン | |
| | 　エ．パラジクロロベンゼン | |
| | 　オ．エチルベンゼン | |
| | 　カ．スチレン | |
| | （9）ダニ又はダニアレルゲン | 温度及び湿度が高い時期に、ダニの発生しやすい場所において $1m^2$ を電気掃除機で1分間吸引し、ダニを捕集する。捕集したダニは、顕微鏡で計数するか、アレルゲンを抽出し、酵素免疫測定法によりアレルゲン量を測定する。 |

備考
一　検査項目（1）～（7）については、学校の授業中等に、各階1以上の教室等を選び、適当な場所1か所以上の机上の高さにおいて検査を行う。
　　検査項目（4）及び（5）については、空気の温度、湿度又は流量を調節する整備を使用している教室等以外の教室等においては、必要と認める場合に検査を行う。
　　検査項目（4）については、検査の結果が著しく基準値を下回る場合には、以後教室等の環境に変化が認められない限り、次回からの検査を省略することができる。
　　検査項目（6）及び（7）については、教室等において燃焼器具を使用していない場合に限り、検査を省略することができる。
二　検査項目（8）については、普通教室、音楽室、図工室、コンピュータ教室、体育館等必要と認める教室において検査を行う。
　　検査項目（8）ウ～カについては、必要と認める場合に検査を行う。
　　検査項目（8）については、児童生徒等がいない教室等において、30分以上換気の後5時間以上密閉してから採取し、ホルムアルデヒドにあっては高速液体クロマトグラフ法により、トルエン、キシレン、パラジクロロベンゼン、エチルベンゼン、スチレンにあってはガスクロマトグラフ―質量分析法により測定した場合に限り、その結果が著しく基準値を下回る場合には、以後教室等の環境に変化が認められない限り、次回からの検査を省略することができる。
三　検査項目（9）については、保健室の寝具、カーペット敷の教室等において検査を行う。

| | （10）照度 | 日本工業規格 C1609 に規定する照度計の規格に適合する照度計を用いて測定する。<br>　教室の照度は、図に示す9か所に最も近い児童生徒等の机上で測定し、それらの最大照度、最小照度で示す。<br>　黒板の照度は、図に示す9か所の垂直面照度を測定し、それらの最大照度、最小照度で示す。<br>　教室以外の照度は、床上75cmの水平照度を測定する。なお、体育施設及び幼稚園等の照度は、それぞれの実態に即して測定する。 |

| | | |
|---|---|---|
| 採光及び照明 | (11) まぶしさ | 見え方を妨害する光源、光沢の有無を調べる。 |
| | 図 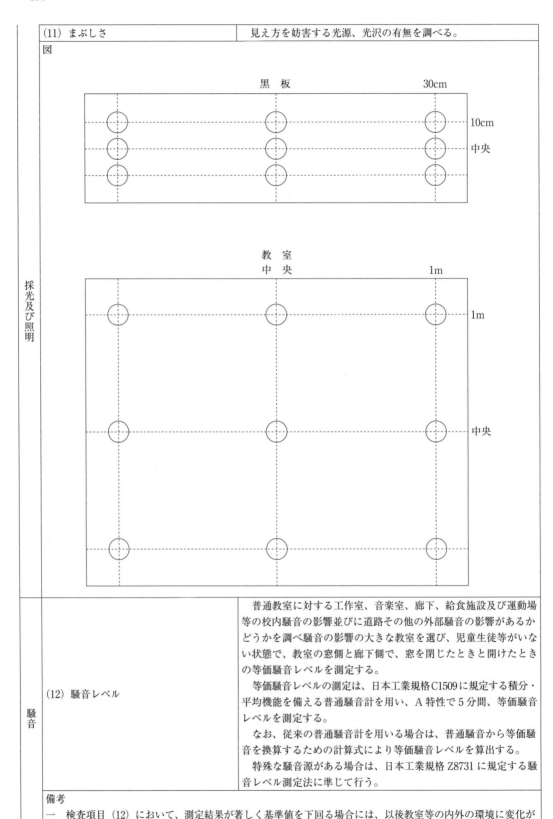 | |
| 騒音 | (12) 騒音レベル | 　普通教室に対する工作室、音楽室、廊下、給食施設及び運動場等の校内騒音の影響並びに道路その他の外部騒音の影響があるかどうかを調べ騒音の影響の大きな教室を選び、児童生徒等がいない状態で、教室の窓側と廊下側で、窓を閉じたときと開けたときの等価騒音レベルを測定する。<br>　等価騒音レベルの測定は、日本工業規格C1509に規定する積分・平均機能を備える普通騒音計を用い、Ａ特性で５分間、等価騒音レベルを測定する。<br>　なお、従来の普通騒音計を用いる場合は、普通騒音から等価騒音を換算するための計算式により等価騒音レベルを算出する。<br>　特殊な騒音源がある場合は、日本工業規格 Z8731 に規定する騒音レベル測定法に準じて行う。 |
| | 備考<br>一　検査項目（12）において、測定結果が著しく基準値を下回る場合には、以後教室等の内外の環境に変化が認められない限り、次回からの検査を省略することができる。 | |

第2　飲料水等の水質及び施設・設備に係る学校環境衛生基準

1　飲料水等の水質及び施設・設備に係る学校環境衛生基準は、次表の左欄に掲げる検査項目ごとに、同表の右欄のとおりとする。

| | 検査項目 | | 基準 |
|---|---|---|---|
| 水質 | (1) 水道水を水源とする飲料水（専用水道を除く。）の水質 | | |
| | | ア．一般細菌 | 水質基準に関する省令（平成15年厚生労働省令第101号）の表の下欄に掲げる基準による。 |
| | | イ．大腸菌 | |
| | | ウ．塩化物イオン | |
| | | エ．有機物（全有機炭素（TOC）の量） | |
| | | オ．pH値 | |
| | | カ．味 | |
| | | キ．臭気 | |
| | | ク．色度 | |
| | | ケ．濁度 | |
| | | コ．遊離残留塩素 | 水道法施行規則（昭和32年厚生省令第45号）第17条第1項第3号に規定する遊離残留塩素の基準による。 |
| | (2) 専用水道に該当しない井戸水等を水源とする飲料水の水質 | | |
| | | ア．専用水道（水道法（昭和32年法律第177号）第3条第6項に規定する「専用水道」をいう。以下同じ。）が実施すべき水質検査の項目 | 水質基準に関する省令の表の下欄に掲げる基準による。 |
| | | イ．遊離残留塩素 | 水道法施行規則第17条第1項第3号に規定する遊離残留塩素の基準による。 |
| | (3) 専用水道（水道水を水源とする場合を除く。）及び専用水道に該当しない井戸水等を水源とする飲料水の原水の水質 | | |
| | | ア．一般細菌 | 水質基準に関する省令の表の下欄に掲げる基準による。 |
| | | イ．大腸菌 | |
| | | ウ．塩化物イオン | |
| | | エ．有機物（全有機炭素（TOC）の量） | |
| | | オ．pH値 | |
| | | カ．味 | |
| | | キ．臭気 | |
| | | ク．色度 | |
| | | ケ．濁度 | |
| | (4) 雑用水の水質 | | |
| | | ア．pH値 | 5.8以上8.6以下であること。 |
| | | イ．臭気 | 異常でないこと。 |
| | | ウ．外観 | ほとんど無色透明であること。 |
| | | エ．大腸菌 | 検出されないこと。 |
| | | オ．遊離残留塩素 | 0.1mg/L（結合残留塩素の場合は0.4mg/L）以上であること。 |

| | | | |
|---|---|---|---|
| 施設・設備 | (5) 飲料水に関する施設・設備 | | |
| | | ア．給水源の種類 | 上水道、簡易水道、専用水道、簡易専用水道及び井戸その他の別を調べる。 |
| | | イ．維持管理状況等 | （ア）配管、給水栓、給水ポンプ、貯水槽及び浄化設備等の給水施設・設備は、外部からの汚染を受けないように管理されていること。また、機能は適切に維持されていること。<br>（イ）給水栓は吐水口空間が確保されていること。<br>（ウ）井戸その他を給水源とする場合は、汚水等が浸透、流入せず、雨水又は異物等が入らないように適切に管理されていること。<br>（エ）故障、破損、老朽又は漏水等の箇所がないこと。<br>（オ）塩素消毒設備又は浄化設備を設置している場合は、その機能が適切に維持されていること。 |
| | | ウ．貯水槽の清潔状態 | 貯水槽の清掃は、定期的に行われていること。 |
| | (6) 雑用水に関する施設・設備 | | （ア）水管には、雨水等雑用水であることを表示していること。<br>（イ）水栓を設ける場合は、誤飲防止の構造が維持され、飲用不可である旨表示していること。<br>（ウ）飲料水による補給を行う場合は、逆流防止の構造が維持されていること。<br>（エ）貯水槽は、破損等により外部からの汚染を受けず、その内部は清潔であること。<br>（オ）水管は、漏水等の異常が認められないこと。 |

2 1の学校環境衛生基準の達成状況を調査するため、次表の左欄に掲げる検査項目ごとに、同表の右欄に掲げる方法又はこれと同等以上の方法により、検査項目 (1) については、毎学年1回、検査項目 (2) については、水道法施行規則第54条において準用する水道法施行規則第15条に規定する専用水道が実施すべき水質検査の回数、検査項目 (3) については、毎学年1回、検査項目 (4) については、毎学年2回、検査項目 (5) については、水道水を水源とする飲料水にあっては、毎学年1回、井戸水等を水源とする飲料水にあっては、毎学年2回、検査項目 (6) については、毎学年2回定期に検査を行うものとする。

| 検査項目 | | 方法 |
|---|---|---|
| (1) 水道水を水源とする飲料水（専用水道を除く。）の水質 | | |
| | ア．一般細菌 | 水質基準に関する省令の規定に基づき厚生労働大臣が定める方法（平成15年厚生労働省告示第261号）により測定する。 |
| | イ．大腸菌 | |
| | ウ．塩化物イオン | |
| | エ．有機物（全有機炭素（TOC）の量） | |
| | オ．pH値 | |
| | カ．味 | |
| | キ．臭気 | |
| | ク．色度 | |
| | ケ．濁度 | |
| | コ．遊離残留塩素 | 水道法施行規則第17条第2項の規定に基づき厚生労働大臣が定める遊離残留塩素及び結合残留塩素の検査方法（平成15年厚生労働省告示第318号）により測定する。 |
| 備考<br>一　検査項目 (1) については、貯水槽がある場合には、その系統ごとに検査を行う。 | | |

| | | |
|---|---|---|
| 水質 | (2) 専用水道に該当しない井戸水等を水源とする飲料水の水質 | |
| | ア．専用水道が実施すべき水質検査の項目 | 水質基準に関する省令の規定に基づき厚生労働大臣が定める方法により測定する。 |
| | イ．遊離残留塩素 | 水道法施行規則第17条第2項の規定に基づき厚生労働大臣が定める遊離残留塩素及び結合残留塩素の検査方法により測定する。 |
| | (3) 専用水道（水道水を水源とする場合を除く。）及び専用水道に該当しない井戸水等を水源とする飲料水の原水の水質 | |
| | ア．一般細菌 | 水質基準に関する省令の規定に基づき厚生労働大臣が定める方法により測定する。 |
| | イ．大腸菌 | |
| | ウ．塩化物イオン | |
| | エ．有機物（全有機炭素（TOC）の量） | |
| | オ．pH値 | |
| | カ．味 | |
| | キ．臭気 | |
| | ク．色度 | |
| | ケ．濁度 | |
| | (4) 雑用水の水質 | |
| | ア．pH値 | 水質基準に関する省令の規定に基づき厚生労働大臣が定める方法により測定する。 |
| | イ．臭気 | |
| | ウ．外観 | 目視によって、色、濁り、泡立ち等の程度を調べる。 |
| | エ．大腸菌 | 水質基準に関する省令の規定に基づき厚生労働大臣が定める方法により測定する。 |
| | オ．遊離残留塩素 | 水道法施行規則第17条第2項の規定に基づき厚生労働大臣が定める遊離残留塩素及び結合残留塩素の検査方法により測定する。 |
| 施設・設備 | (5) 飲料水に関する施設・設備 | |
| | ア．給水源の種類 | 給水施設の外観や貯水槽内部を点検するほか、設備の図面、貯水槽清掃作業報告書等の書類について調べる。 |
| | イ．維持管理状況等 | |
| | ウ．貯水槽の清潔状態 | |
| | (6) 雑用水に関する施設・設備 | 施設の外観や貯水槽等の内部を点検するほか、設備の図面等の書類について調べる。 |

第3　学校の清潔、ネズミ、衛生害虫等及び教室等の備品の管理に係る学校環境衛生基準

1　学校の清潔、ネズミ、衛生害虫等及び教室等の備品の管理に係る学校環境衛生基準は、次表の左欄に掲げる検査項目ごとに、同表の右欄のとおりとする。

| | 検査項目 | 基準 |
|---|---|---|
| 学校の清潔 | (1) 大掃除の実施 | 大掃除は、定期に行われていること。 |
| | (2) 雨水の排水溝等 | 屋上等の雨水排水溝に、泥や砂等が堆積していないこと。また、雨水配水管の末端は、砂や泥等により管径が縮小していないこと。 |
| | (3) 排水の施設・設備 | 汚水槽、雑排水槽等の施設・設備は、故障等がなく適切に機能していること。 |

| | | |
|---|---|---|
| ネズミ、衛生害虫等 | (4) ネズミ、衛生害虫等 | 校舎、校地内にネズミ、衛生害虫等の生息が認められないこと。 |
| 教室等の備品の管理 | (5) 黒板面の色彩 | (ア) 無彩色の黒板面の色彩は、明度が3を超えないこと。<br>(イ) 有彩色の黒板面の色彩は、明度及び彩度が4を超えないこと。 |

2 1の学校環境衛生基準の達成状況を調査するため、次表の左欄に掲げる検査項目ごとに、同表の右欄に掲げる方法又はこれと同等以上の方法により、検査項目 (1) については、毎学年3回、検査項目 (2)〜(5) については、毎学年1回定期に検査を行うものとする。

| | 検査項目 | 方法 |
|---|---|---|
| 学校の清潔 | (1) 大掃除の実施 | 清掃方法及び結果を記録等により調べる。 |
| | (2) 雨水の排水溝等 | 雨水の排水溝等からの排水状況を調べる。 |
| | (3) 排水の施設・設備 | 汚水槽、雑排水槽等の施設・設備からの排水状況を調べる。 |
| ネズミ、衛生害虫等 | (4) ネズミ、衛生害虫等 | ネズミ、衛生害虫等の生態に応じて、その生息、活動の有無及びその程度等を調べる。 |
| 教室等の備品の管理 | (5) 黒板面の色彩 | 明度、彩度の検査は、黒板検査用色票を用いて行う。 |

第4 水泳プールに係る学校環境衛生基準

1 水泳プールに係る学校環境衛生基準は、次表の左欄に掲げる検査項目ごとに、同表の右欄のとおりとする。

| | 検査項目 | 基準 |
|---|---|---|
| 水質 | (1) 遊離残留塩素 | 0.4mg/L 以上であること。また、1.0mg/L 以下であることが望ましい。 |
| | (2) pH 値 | 5.8 以上 8.6 以下であること。 |
| | (3) 大腸菌 | 検出されないこと。 |
| | (4) 一般細菌 | 1m/L 中 200 コロニー以下であること。 |
| | (5) 有機物等（過マンガン酸カリウム消費量） | 12mg/L 以下であること。 |

| | | | |
|---|---|---|---|
| | (6) 濁度 | | 2 度以下であること。 |
| | (7) 総トリハロメタン | | 0.2mg/L 以下であることが望ましい。 |
| | (8) 循環ろ過装置の処理水 | | 循環ろ過装置の出口における濁度は、0.5 度以下であること。また、0.1 度以下であることが望ましい。 |
| 施設・設備の衛生状態 | (9) プール本体の衛生状況等 | | (ア) プール水は、定期的に全換水するとともに、清掃が行われていること。<br>(イ) 水位調整槽又は還水槽を設ける場合は、点検及び清掃を定期的に行うこと。 |
| | (10) 浄化設備及びその管理状況 | | (ア) 循環浄化式の場合は、ろ材の種類、ろ過装置の容量及びその運転時間が、プール容積及び利用者数に比して十分であり、その管理が確実に行われていること。<br>(イ) オゾン処理設備又は紫外線処理設備を設ける場合は、その管理が確実に行われていること。 |
| | (11) 消毒設備及びその管理状況 | | (ア) 塩素剤の種類は、次亜塩素酸ナトリウム液、次亜塩素酸カルシウム又は塩素化イソシアヌル酸のいずれかであること。<br>(イ) 塩素剤の注入が連続注入式である場合は、その管理が確実に行われていること。 |
| | (12) 屋内プール | | |
| | | ア．空気中の二酸化炭素 | 1500ppm 以下が望ましい。 |
| | | イ．空気中の塩素ガス | 0.5ppm 以下が望ましい。 |
| | | ウ．水平面照度 | 200 lx 以上が望ましい。 |

備考
一　検査項目 (9) については、浄化設備がない場合には、汚染を防止するため、1 週間に 1 回以上換水し、換水時に清掃が行われていること。この場合、腰洗い槽を設置することが望ましい。
　　また、プール水等を排水する際には、事前に残留塩素を低濃度にし、その確認を行う等、適切な処理が行われていること。

2　1 の学校環境衛生基準の達成状況を調査するため、次表の左欄に掲げる検査項目ごとに、同表の右欄に掲げる方法又はこれと同等以上の方法により、検査項目 (1)〜(6) については、使用日の積算が 30 日以内ごとに 1 回、検査項目 (7) ついては、使用期間中の適切な時期に 1 回以上、検査項目 (8)〜(12) については、毎学年 1 回定期に検査を行うものとする。

| | 検査項目 | 方法 |
|---|---|---|
| 水質 | (1) 遊離残留塩素 | 水道法施行規則第 17 条第 2 項の規定に基づき厚生労働大臣が定める遊離残留塩素及び結合残留塩素の検査方法により測定する。 |
| | (2) pH 値 | 水質基準に関する省令の規定に基づき厚生労働大臣が定める方法により測定する |
| | (3) 大腸菌 | |
| | (4) 一般細菌 | |
| | (5) 有機物等（過マンガン酸カリウム消費量） | 過マンガン酸カリウム消費量として、滴定法による。 |
| | (6) 濁度 | 水質基準に関する省令の規定に基づき厚生労働大臣が定める方法により測定する |
| | (7) 総トリハロメタン | |
| | (8) 循環ろ過装置の処理水 | |

備考
一　検査項目 (7) については、プール水を 1 週間に 1 回以上全換水する場合は、検査を省略することができる。

| | | |
|---|---|---|
| 施設・設備の衛生状態 | (9) プール本体の衛生状況等 | プール本体の構造を点検するほか、水位調整槽又は還水槽の管理状況を調べる。 |
| | (10) 浄化設備及びその管理状況 | プールの循環ろ過器等の浄化設備及びその管理状況を調べる。 |
| | (11) 消毒設備及びその管理状況 | 消毒設備及びその管理状況について調べる。 |
| | (12) 屋内プール | |
| | ア．空気中の二酸化炭素 | 検知管法により測定する。 |
| | イ．空気中の塩素ガス | 検知管法により測定する。 |
| | ウ．水平面照度 | 日本工業規格 C1609 に規定する照度計の規格に適合する照度計を用いて測定する。 |

## 第5 日常における環境衛生に係る学校環境衛生基準

1 学校環境衛生の維持を図るため、第1から第4に掲げる検査項目の定期的な環境衛生検査等のほか、次表の左欄に掲げる検査項目について、同表の右欄の基準のとおり、毎授業日に点検を行うものとする。

| | 検査項目 | 基準 |
|---|---|---|
| 教室等の環境 | (1) 換気 | （ア）外部から教室に入ったとき、不快な刺激や臭気がないこと。<br>（イ）換気が適切に行われていること。 |
| | (2) 温度 | 17℃以上、28℃以下であることが望ましい。 |
| | (3) 明るさとまぶしさ | （ア）黒板面や机上等の文字、図形等がよく見える明るさがあること。<br>（イ）黒板面、机上面及びその周辺に見え方を邪魔するまぶしさがないこと。<br>（ウ）黒板面に光るような箇所がないこと。 |
| | (4) 騒音 | 学習指導のための教師の声等が聞き取りにくいことがないこと。 |
| 飲料水等の水質及び施設・設備 | (5) 飲料水の水質 | （ア）給水栓水については、遊離残留塩素が0.1mg/L以上保持されていること。ただし、水源が病原生物によって著しく汚染されるおそれのある場合には、遊離残留塩素が0.2mg/L以上保持されていること。<br>（イ）給水栓水については、外観、臭気、味等に異常がないこと。<br>（ウ）冷水器等飲料水を貯留する給水器具から供給されている水についても、給水栓水と同様に管理されていること。 |
| | (6) 雑用水の水質 | （ア）給水栓水については、遊離残留塩素が0.1mg/L以上保持されていること。ただし、水源が病原生物によって著しく汚染されるおそれのある場合には、遊離残留塩素が0.2mg/L以上保持されていること。<br>（イ）給水栓水については、外観、臭気に異常がないこと。 |
| | (7) 飲料水等の施設・設備 | （ア）水飲み、洗口、手洗い場及び足洗い場並びにその周辺は、排水の状況がよく、清潔であり、その設備は破損や故障がないこと。<br>（イ）配管、給水栓、給水ポンプ、貯水槽及び浄化設備等の給水施設・設備並びにその周辺は、清潔であること。 |
| 学校の清潔及びネズミ、 | (8) 学校の清潔 | （ア）教室、廊下等の施設及び机、いす、黒板等教室の備品等は、清潔であり、破損がないこと。<br>（イ）運動場、砂場等は、清潔であり、ごみや動物の排泄物等がないこと。<br>（ウ）便所の施設・設備は、清潔であり、破損や故障がないこと。<br>（エ）排水溝及びその周辺は、泥や砂が堆積しておらず、悪臭がないこと。 |

| 衛生害虫等 | | (オ) 飼育動物の施設・設備は、清潔であり、破損がないこと。<br>(カ) ごみ集積場及びごみ容器等並びにその周辺は、清潔であること。 |
|---|---|---|
| | (9) ネズミ、衛生害虫等 | 校舎、校地内にネズミ、衛生害虫等の生息が見られないこと。 |
| 水泳プールの管理 | (10) プール水等 | (ア) 水中に危険物や異常なものがないこと。<br>(イ) 遊離残留塩素は、プールの使用前及び使用中1時間ごとに1回以上測定し、その濃度は、どの部分でも 0.4mg/L 以上保持されていること。また、遊離残留塩素は 1.0mg/L 以下が望ましい。<br>(ウ) pH 値は、プールの使用前に1回測定し、pH 値が基準値程度に保たれていることを確認すること。<br>(エ) 透明度に常に留意し、プール水は、水中で 3m 離れた位置からプールの壁面が明確に見える程度に保たれていること。 |
| | (11) 附属施設・設備等 | プールの附属施設・設備、浄化設備及び消毒設備等は、清潔であり、破損や故障がないこと。 |

2　点検は、官能法によるもののほか、第1から第4に掲げる検査方法に準じた方法で行うものとする。


第6　雑則

1　学校においては、次のような場合、必要があるときは、臨時に必要な検査を行うものとする。

(1) 感染症又は食中毒の発生のおそれがあり、また、発生したとき。

(2) 風水害等により環境が不潔になり又は汚染され、感染症の発生のおそれがあるとき。

(3) 新築、改築、改修等及び机、いす、コンピュータ等新たな学校用備品の搬入等により揮発性有機化合物の発生のおそれがあるとき。

(4) その他必要なとき。

2　臨時に行う検査は、定期に行う検査に準じた方法で行うものとする。

3　定期及び臨時に行う検査の結果に関する記録は、検査の日から5年間保存するものとする。また、毎授業日に行う点検の結果は記録するよう努めるとともに、その記録を点検日から3年間保存するよう努めるものとする。

4　検査に必要な施設・設備等の図面等の書類は、必要に応じて閲覧できるように保存するものとする。

# 学校給食法関係法規

## 学校給食法

制定：昭和 29 年 6 月 3 日法律 160 号

改正：平成 27 年 6 月 24 日法律 46 号　　　　施行：平成 28 年 4 月 1 日

目次

## 第 1 章
## 総　則

（この法律の目的）

第 1 条　この法律は、学校給食が児童及び生徒の心身の健全な発達に資するものであり、 かつ、児童及び生徒の食に関する正しい理解と適切な判断力を養う上で重要な役割を果たすものであることにかんがみ、学校給食及び学校給食を活用した食に関する指導の実施に関し必要な事項を定め、もつて学校給食の普及充実及び学校における食育の推進を図ることを目的とする。

（学校給食の目標）

第 2 条　学校給食を実施するに当たつては、義務教育諸学校における教育の目的を実現するために、次に掲げる目標が達成されるよう努めなければならない。

1. 適切な栄養の摂取による健康の保持増進を図ること。

2. 日常生活における食事について正しい理解を深め、健全な食生活を営むことができる判断力を培い、及び望ましい食習慣を養うこと。

3. 学校生活を豊かにし、明るい社交性及び協同の精神を養うこと。

4. 食生活が自然の恩恵の上に成り立つものであることについての理解を深め、生命及び自然を尊重する精神並びに環境の保全に寄与する態度を養うこと。

5. 食生活が食にかかわる人々の様々な活動に支えられていることについての理解を深め、勤労を重んずる態度を養うこと。

6. 我が国や各地域の優れた伝統的な食文化についての理解を深めること。

7. 食料の生産、流通及び消費について、正しい理解に導くこと。

（定義）

第 3 条　この法律で「学校給食」とは、前条各号に掲げる目標を達成するために、義務教育諸学校において、その児童又は生徒に対し実施される給食をいう。

2　この法律で、「義務教育諸学校」とは、学校教育法（昭和22年法律第26号）に規定する小学校、中学校、義務教育学校、中等教育学校の前期課程又は特別支援学校の小学部若しくは中学部をいう。

（義務教育諸学校の設置者の任務）

第4条　義務教育諸学校の設置者は、当該義務教育諸学校において学校給食が実施されるように努めなければならない。

（国及び地方公共団体の任務）

第5条　国及び地方公共団体は、学校給食の普及と健全な発達を図るように努めなければならない。

## 第2章　学校給食の実施に関する基本的な事項

（2以上の義務教育諸学校の学校給食の実施に必要な施設）

第6条　義務教育諸学校の設置者は、その設置する義務教育諸学校の学校給食を実施するための施設として、2以上の義務教育諸学校の学校給食の実施に必要な施設（以下「共同調理場」という。）を設けることができる。

（学校給食栄養管理者）

第7条　義務教育諸学校又は共同調理場において学校給食の栄養に関する専門的事項をつかさどる職員（第10条第3項において「学校給食栄養管理者」という。）は、教育職員免許法（昭和24年法律第147号）第4条第2項に規定する栄養教諭の免許状を有する者又は栄養士法（昭和22年法律第245号）第2条第1項の規定による栄養士の免許を有する者で学校給食の実施に必要な知識若しくは経験を有するものでなければならない。

（学校給食実施基準）

第8条　文部科学大臣は、児童又は生徒に必要な栄養量その他の学校給食の内容及び学校給食を適切に実施するために必要な事項（次条第1項に規定する事項を除く。）について維持されることが望ましい基準（次項において「学校給食実施基準」という。）を定めるものとする。

2　学校給食を実施する義務教育諸学校の設置者は、学校給食実施基準に照らして適切な学校給食の実施に努めるものとする。

（学校給食衛生管理基準）

第9条　文部科学大臣は、学校給食の実施に必要な施設及び設備の整備及び管理、調理の過程における衛生管理その他の学校給食の適切な衛生管理を図る上で必要な事項について維持されることが望ましい基準（以下この条において「学校給食衛生管理基準」という。）を定めるものとする。

2　学校給食を実施する義務教育諸学校の設置者は、学校給食衛生管理基準に照らして適切な衛生管理に努めるものとする。

3　義務教育諸学校の校長又は共同調理場の長は、学校給食衛生管理基準に照らし、衛生管理上適正を欠く事項があると認めた場合には、遅滞なく、その改善のために必要な措置を講じ、又は当該措置を講ずることができないときは、当該義務教育諸学校若しくは共同調理場の設置者に対し、その旨を申し出るものとする。

## 第3章　学校給食を活用した食に関する指導

第10条　栄養教諭は、児童又は生徒が健全な食生活を自ら営むことができる知識及び態度を養うため、学校給食において摂取する食品と健康の保持増進との関連性についての指導、食に関して特別の配慮を必要とする児童又は生徒に対する個別的な指導その他の学校給食を活用した食に関する実践的な指導を行うものとする。この場合において、校長は、当該指導が効果的に行われるよう、学校給食と関連付けつつ当該義務教育諸学校における食に関する指導の全体的な計画を作成することその他の必要な措置を講ずるものとする。

2　栄養教諭が前項前段の指導を行うに当たつては、当該義務教育諸学校が所在する地域の産物を学校給食に活用することその他の創意工夫を地域の実情に応じて行い、当該地域の食文化、食に係る産業又は自然環境の恵沢に対する児童又は生徒の理解の増進を図るよう努めるものとする。

3　栄養教諭以外の学校給食栄養管理者は、栄養教諭に準じて、第1項前段の指導を行うよう努めるものとする。この場合においては、同項後段及び前項の規定を準用する。

## 第4章　雑　則

（経費の負担）

第11条　学校給食の実施に必要な施設及び設備に要する経費並びに学校給食の運営に要する経費のうち政令で定めるものは、義務教育諸学校の設置者の負担とする。

2　前項に規定する経費以外の学校給食に要する経費（以下「学校給食費」という。）は、学校給食を受ける児童又は生徒の学校教育法第16条に規定する保護者の負担とする。

（国の補助）

第12条　国は、私立の義務教育諸学校の設置者に対し、政令で定めるところにより、予算の範囲内において、学校給食の開設に必要な施設又は設備に要する経費の一部を補助することができる。

2　国は、公立の小学校、中学校、義務教育学校又は中等教育学校の設置者が、学校給食を受ける児童又は生徒の学校教育法第16条に規定する保護者（以下この項において「保護者」という。）で生活保護法（昭和25年法律第144号）第6条第2項に規定する要保護者（その児童又は生徒について、同法第13条の規定による教育扶助で学校給食費に関するものが行われている場合の保護者である者を除く。）であるものに対して、学校給食費の全部又は一部を補助する場合には、当該設置者に対し、当分の間、政令で定めるところにより、予算の範囲内において、これに要する経費の一部を補助することができる。

（補助金の返還等）

第13条　文部科学大臣は、前条の規定による補助金の交付の決定を受けた者が次の各号のいずれかに該当するときは、補助金の交付をやめ、又は既に交付した補助金を返還させるものとする。

1. 補助金を補助の目的以外の目的に使用したとき。

2. 正当な理由がなくて補助金の交付の決定を受けた年度内に補助に係る施設又は設備を設けないこととなつたとき。

3. 補助に係る施設又は設備を、正当な理由がなくて補助の目的以外の目的に使用し、又は文部科学大臣の許可を受けないで処分したとき。

4. 補助金の交付の条件に違反したとき。

5. 虚偽の方法によつて補助金の交付を受け、又は受けようとしたとき。

（政令への委任）

第 14 条　この法律に規定するもののほか、この法律の実施のため必要な手続その他の事項は、政令で定
　　める。


附　　則　（略）

# 学校給食実施基準

制定：昭和 29 年 9 月 28 日文部省告示第 90 号

改正：令和 3 年 2 月 12 日文部科学省告示第 10 号　　　　施行：令和 3 年 4 月 1 日

（学校給食の実施の対象）

第一条　学校給食（学校給食法第三条第一項に規定する「学校給食」をいう。以下同じ。）は、これを実施する学校においては、当該学校に在学するすべての児童又は生徒に対して実施されるものとする。

（学校給食の実施回数等）

第二条　学校給食は、年間を通じ、原則として毎週五回、授業日の昼食時に実施されるものとする。

（児童生徒の個別の健康状態への配慮）

第三条　学校給食の実施に当たっては、児童又は生徒の個々の健康及び生活活動等の実態並びに地域の実情等に配慮するものとする。

（学校給食に供する食物の栄養内容）

第四条　学校給食に供する食物の栄養内容は、別表に掲げる児童又は生徒一人一回当たりの学校給食摂取基準とする。

別表（第四条関係）

### 児童又は生徒 1 人 1 回当たりの学校給食摂取基準

| 区　　分 | 基　準　値 | | | |
|---|---|---|---|---|
| | 児童<br>(6 歳〜7 歳)<br>の場合 | 児童<br>(8 歳〜9 歳)<br>の場合 | 児童<br>(10 歳〜11 歳)<br>の場合 | 生徒<br>(12 歳〜14 歳)<br>の場合 |
| エネルギー（kcal） | 530 | 650 | 780 | 830 |
| たんぱく質（%） | 学校給食による摂取エネルギー全体の 13%〜20% | | | |
| 脂質（%） | 学校給食による摂取エネルギー全体の 20%〜30% | | | |
| ナトリウム<br>（食塩相当量）（g） | 1.5 未満 | 2 未満 | 2.5 未満 | 2.5 未満 |
| カルシウム（mg） | 290 | 350 | 360 | 450 |
| マグネシウム（mg） | 40 | 50 | 70 | 120 |
| 鉄（mg） | 2 | 3 | 3.5 | 4.5 |
| ビタミン A（$\mu$g RAE） | 160 | 200 | 240 | 300 |
| ビタミン B1（mg） | 0.3 | 0.4 | 0.5 | 0.5 |
| ビタミン B2（mg） | 0.4 | 0.4 | 0.5 | 0.6 |
| ビタミン C（mg） | 20 | 25 | 30 | 35 |
| 食物繊維（g） | 4 以上 | 4.5 以上 | 5 以上 | 7 以上 |

注：1　表に掲げるもののほか、次に掲げるものについてもそれぞれ示した摂取について
　　　配慮すること。
　　　　亜　鉛…児童（6 歳〜7 歳）2mg、児童（8 歳〜9 歳）2mg
　　　　　　　　児童（10 歳〜11 歳）2mg、生徒（12 歳〜14 歳）3mg
　　2　この摂取基準は、全国的な平均値を示したものであるから、適用に当たっては、
　　　個々の健康及び生活活動等の実態並びに地域の実情等に十分配慮し、弾力的に運用
　　　すること。
　　3　献立の作成に当たっては、多様な食品を適切に組み合わせるよう配慮すること。

## 小・中・高等学校学習指導要領　（保健の領域・分野・科目）

### 小学校学習指導要領　体育科「保健」

平成 29 年 3 月文部科学省告示

### 第 2 章　各教科
### 第 9 節　体　育

第 1　目標

　体育や保健の見方・考え方を働かせ、課題を見付け、その解決に向けた学習過程を通して、心と体を一体として捉え、生涯にわたって心身の健康を保持増進し豊かなスポーツライフを実現するための資質・能力を次のとおり育成することを目指す。

(1)　その特性に応じた各種の運動の行い方及び身近な生活における健康・安全について理解するとともに、基本的な動きや技能を身に付けるようにする。

(2)　運動や健康についての自己の課題を見付け、その解決に向けて思考し判断するとともに、他者に伝える力を養う。

(3)　運動に親しむとともに健康の保持増進と体力の向上を目指し、楽しく明るい生活を営む態度を養う。

第 2　各学年の目標及び内容

〔第 3 学年及び第 4 学年〕

1　目標

(1)　各種の運動の楽しさや喜びに触れ、その行い方及び健康で安全な生活や体の発育・発達について理解するとともに、基本的な動きや技能を身に付けるようにする。

(2)　自己の運動や身近な生活における健康の課題を見付け、その解決のための方法や活動を工夫するとともに、考えたことを他者に伝える力を養う。

(3)　各種の運動に進んで取り組み、きまりを守り誰とでも仲よく運動をしたり、友達の考えを認めたり、場や用具の安全に留意したりし、最後まで努力して運動をする態度を養う。また、健康の大切さに気付き、自己の健康の保持増進に進んで取り組む態度を養う。

2　内容

A ～ F　略

G　保健

(1)　健康な生活について、課題を見付け、その解決を目指した活動を通して、次の事項を身に付けることができるよう指導する。

　ア　健康な生活について理解すること。

　（ア）心や体の調子がよいなどの健康の状態は、主体の要因や周囲の環境の要因が関わっていること。

　（イ）毎日を健康に過ごすには、運動、食事、休養及び睡眠の調和のとれた生活を続けること、また、体の清潔を保つことなどが必要であること。

（ウ）毎日を健康に過ごすには、明るさの調節、換気などの生活環境を整えることなどが必要であること。

イ　健康な生活について課題を見付け、その解決に向けて考え、それを表現すること。

(2) 体の発育・発達について、課題を見付け、その解決を目指した活動を通して、次の事項を身に付けることができるよう指導する。

ア　体の発育・発達について理解すること。

（ア）体は、年齢に伴って変化すること。また、体の発育・発達には、個人差があること。

（イ）体は、思春期になると次第に大人の体に近づき、体つきが変わったり、初経、精通などが起こったりすること。また、異性への関心が芽生えること。

（ウ）体をよりよく発育・発達させるには、適切な運動、食事、休養及び睡眠が必要であること。

イ　体がよりよく発育・発達するために、課題を見付け、その解決に向けて考え、それを表現すること。

3　内容の取扱い

(1)～(4)　略

(5) 内容の「G保健」については、(1) を第3学年、(2) を第4学年で指導するものとする。

(6) 内容の「G保健」の (1) については、学校でも、健康診断や学校給食など様々な活動が行われていることについて触れるものとする。

(7) 内容の「G保健」の (2) については、自分と他の人では発育・発達などに違いがあることに気付き、それらを肯定的に受け止めることが大切であることについて触れるものとする。

(8) 各領域の各内容については、運動と健康が密接に関連していることについての具体的な考えがもてるよう指導すること。


〔第5学年及び第6学年〕

1　目標

(1) 各種の運動の楽しさや喜びを味わい、その行い方及び心の健康やけがの防止、病気の予防について理解するとともに、各種の運動の特性に応じた基本的な技能及び健康で安全な生活を営むための技能を身に付けるようにする。

(2) 自己やグループの運動の課題や身近な健康に関わる課題を見付け、その解決のための方法や活動を工夫するとともに、自己や仲間の考えたことを他者に伝える力を養う。

(3) 各種の運動に積極的に取り組み、約束を守り助け合って運動をしたり、仲間の考えや取組を認めたり、場や用具の安全に留意したりし、自己の最善を尽くして運動をする態度を養う。また、健康・安全の大切さに気付き、自己の健康の保持増進や回復に進んで取り組む態度を養う。

2　内容

A～F　略

G　保健

(1) 心の健康について、課題を見付け、その解決を目指した活動を通して、次の事項を身に付けることができるよう指導する。

ア　心の発達及び不安や悩みへの対処について理解するとともに、簡単な対処をすること。

（ア）心は、いろいろな生活経験を通して、年齢に伴って発達すること。

（イ）心と体には、密接な関係があること。

（ウ）不安や悩みへの対処には、大人や友達に相談する、仲間と遊ぶ、運動をするなどいろいろな方法があること。

イ　心の健康について、課題を見付け、その解決に向けて思考し判断するとともに、それらを表現すること。

（2）けがの防止について、課題を見付け、その解決を目指した活動を通して、次の事項を身に付けることができるよう指導する。

ア　けがの防止に関する次の事項を理解するとともに、けがなどの簡単な手当をすること。

（ア）交通事故や身の回りの生活の危険が原因となって起こるけがの防止には、周囲の危険に気付くこと、的確な判断の下に安全に行動すること、環境を安全に整えることが必要であること。

（イ）けがなどの簡単な手当は、速やかに行う必要があること。

イ　けがを防止するために、危険の予測や回避の方法を考え、それらを表現すること。

（3）病気の予防について、課題を見付け、その解決を目指した活動を通して、次の事項を身に付けることができるよう指導する。

ア　病気の予防について理解すること。

（ア）病気は、病原体、体の抵抗力、生活行動、環境が関わりあって起こること。

（イ）病原体が主な要因となって起こる病気の予防には、病原体が体に入るのを防ぐことや病原体に対する体の抵抗力を高めることが必要であること。

（ウ）生活習慣病など生活行動が主な要因となって起こる病気の予防には、適切な運動、栄養の偏りのない食事をとること、口腔の衛生を保つことなど、望ましい生活習慣を身に付ける必要があること。

（エ）喫煙、飲酒、薬物乱用などの行為は、健康を損なう原因となること。

（オ）地域では、保健に関わる様々な活動が行われていること。

イ　病気を予防するために、課題を見付け、その解決に向けて思考し判断するとともに、それらを表現すること。

3　内容の取扱い

（1）〜（6）　略

（7）内容の「G保健」については、（1）及び（2）を第5学年、（3）を第6学年で指導するものとする。また、けがや病気からの回復についても触れるものとする。

（8）内容の「G保健」の（3）のアの（エ）の薬物については、有機溶剤の心身への影響を中心に取り扱うものとする。また、覚醒剤等についても触れるものとする。

（9）各領域の各内容については、運動領域と保健領域との関連を図る指導に留意すること。


第3　指導計画の作成と内容の取扱い

1　指導計画の作成に当たっては、次の事項に配慮するものとする。

（1）単元など内容や時間のまとまりを見通して、その中で育む資質・能力の育成に向けて、児童の主体的・対話的で深い学びの実現を図るようにすること。その際、体育や保健の見方・考え方を働かせ、運動や健康についての自己の課題を見付け、その解決のための活動を選んだり工夫したりする活動の充実を図ること。また、運動の楽しさや喜びを味わったり、健康の大切さを実感したりすることができるよ

う留意すること。

(2) 一部の領域の指導に偏ることのないよう授業時数を配当すること。

(3) 第2の第3学年及び第4学年の内容の「G保健」に配当する授業時数は、2学年間で8単位時間程度、また、第2の第5学年及び第6学年の内容の「G保健」に配当する授業時数は、2学年間で16単位時間程度とすること。

(4) 第2の第3学年及び第4学年の内容の「G保健」並びに第5学年及び第6学年の内容の「G保健」(以下「保健」という。)については、効果的な学習が行われるよう適切な時期に、ある程度まとまった時間を配当すること。

(5) 略

(6) 障害のある児童などについては、学習活動を行う場合に生じる困難さに応じた指導内容や指導方法の工夫を計画的、組織的に行うこと。

(7) 第1章総則の第1の2の(2)に示す道徳教育の目標に基づき、道徳科などとの関連を考慮しながら、第3章特別の教科道徳の第2に示す内容について、体育科の特質に応じて適切な指導をすること。

2 第2の内容の取扱いについては、次の事項に配慮するものとする。

(1) 略

(2) 筋道を立てて練習や作戦について話し合うことや、身近な健康の保持増進について話し合うことなど、コミュニケーション能力や論理的な思考力の育成を促すための言語活動を積極的に行うことに留意すること。

(3) 第2の内容の指導に当たっては、コンピュータや情報通信ネットワークなどの情報手段を積極的に活用し、各領域の特質に応じた学習活動を行うことができるように工夫すること。その際、情報機器の基本的な操作についても、内容に応じて取り扱うこと。

(4) 運動領域におけるスポーツとの多様な関わり方や保健領域の指導については、具体的な体験を伴う学習を取り入れるよう工夫すること。

(5)～(9) 略

(10) 保健の内容のうち運動、食事、休養及び睡眠については、食育の観点も踏まえつつ、健康的な生活習慣の形成に結び付くよう配慮するとともに、保健を除く第3学年以上の各領域及び学校給食に関する指導においても関連した指導を行うようにすること。

(11) 保健の指導に当たっては、健康に関心をもてるようにし、健康に関する課題を解決する学習活動を取り入れるなどの指導方法の工夫を行うこと。

# 中学校学習指導要領　保健体育科「保健分野」

平成 29 年 3 月文部科学省告示

## 第 2 章　各教科
## 第 7 節　保健体育

第 1 目標

　体育や保健の見方・考え方を働かせ、課題を発見し、合理的な解決に向けた学習過程を通して、心と体を一体として捉え、生涯にわたって心身の健康を保持増進し豊かなスポーツライフを実現するための資質・能力を次のとおり育成することを目指す。

(1)　各種の運動の特性に応じた技能等及び個人生活における健康・安全について理解するとともに、基本的な技能を身に付けるようにする。

(2)　運動や健康についての自他の課題を発見し、合理的な解決に向けて思考し判断するとともに、他者に伝える力を養う。

(3)　生涯にわたって運動に親しむとともに健康の保持増進と体力の向上を目指し、明るく豊かな生活を営む態度を養う。


第 2　各学年の目標及び内容

　体育分野　略


　保健分野

1　目標

(1)　個人生活における健康・安全について理解するとともに、基本的な技能を身に付けるようにする。

(2)　健康についての自他の課題を発見し、よりよい解決に向けて思考し判断するとともに、他者に伝える力を養う。

(3)　生涯を通じて心身の健康の保持増進を目指し、明るく豊かな生活を営む態度を養う。

2　内容

(1)　健康な生活と疾病の予防について、課題を発見し、その解決を目指した活動を通して、次の事項を身に付けることができるよう指導する。

　ア　健康な生活と疾病の予防について理解を深めること。

　(ア)　健康は、主体と環境の相互作用の下に成り立っていること。また、疾病は、主体の要因と環境の要因が関わり合って発生すること。

　(イ)　健康の保持増進には、年齢、生活環境等に応じた運動、食事、休養及び睡眠の調和のとれた生活を続ける必要があること。

　(ウ)　生活習慣病などは、運動不足、食事の量や質の偏り、休養や睡眠の不足などの生活習慣の乱れが主な要因となって起こること。また、生活習慣病などの多くは、適切な運動、食事、休養及び睡眠の調和のとれた生活を実践することによって予防できること。

　(エ)　喫煙、飲酒、薬物乱用などの行為は、心身に様々な影響を与え、健康を損なう原因となること。

　　　また、これらの行為には、個人の心理状態や人間関係、社会環境が影響することから、それぞれの要因に適切に対処する必要があること。

　　（オ）感染症は、病原体が主な要因となって発生すること。また、感染症の多くは、発生源をなくすこと、感染経路を遮断すること、主体の抵抗力を高めることによって予防できること。

　　（カ）健康の保持増進や疾病の予防のためには、個人や社会の取組が重要であり、保健・医療機関を有効に利用することが必要であること。また、医薬品は、正しく使用すること。

　イ　健康な生活と疾病の予防について、課題を発見し、その解決に向けて思考し判断するとともに、それらを表現すること。

(2)　心身の機能の発達と心の健康について、課題を発見し、その解決を目指した活動を通して、次の事項を身に付けることができるよう指導する。

　ア　心身の機能の発達と心の健康について理解を深めるとともに、ストレスへの対処をすること。

　　（ア）身体には、多くの器官が発育し、それに伴い、様々な機能が発達する時期があること。また、発育・発達の時期やその程度には、個人差があること。

　　（イ）思春期には、内分泌の働きによって生殖に関わる機能が成熟すること。また、成熟に伴う変化に対応した適切な行動が必要となること。

　　（ウ）知的機能、情意機能、社会性などの精神機能は、生活経験などの影響を受けて発達すること。また、思春期においては、自己の認識が深まり、自己形成がなされること。

　　（エ）精神と身体は、相互に影響を与え、関わっていること。欲求やストレスは、心身に影響を与えることがあること。また、心の健康を保つには、欲求やストレスに適切に対処する必要があること。

　イ　心身の機能の発達と心の健康について、課題を発見し、その解決に向けて思考し判断するとともに、それらを表現すること。

(3)　傷害の防止について、課題を発見し、その解決を目指した活動を通して、次の事項を身に付けることができるよう指導する。

　ア　傷害の防止について理解を深めるとともに、応急手当をすること。

　　（ア）交通事故や自然災害などによる傷害は、人的要因や環境要因などが関わって発生すること。

　　（イ）交通事故などによる傷害の多くは、安全な行動、環境の改善によって防止できること。

　　（ウ）自然災害による傷害は、災害発生時だけでなく、二次災害によっても生じること。また、自然災害による傷害の多くは、災害に備えておくこと、安全に避難することによって防止できること。

　　（エ）応急手当を適切に行うことによって、傷害の悪化を防止することができること。また、心肺蘇生法などを行うこと。

　イ　傷害の防止について、危険の予測やその回避の方法を考え、それらを表現すること。

(4)　健康と環境について、課題を発見し、その解決を目指した活動を通して、次の事項を身に付けることができるよう指導する。

　ア　健康と環境について理解を深めること。

　　（ア）身体には、環境に対してある程度まで適応能力があること。身体の適応能力を超えた環境は、健康に影響を及ぼすことがあること。また、快適で能率のよい生活を送るための温度、湿度や明るさには一定の範囲があること。

　　（イ）飲料水や空気は、健康と密接な関わりがあること。また、飲料水や空気を衛生的に保つには、基

準に適合するよう管理する必要があること。

（ウ）人間の生活によって生じた廃棄物は、環境の保全に十分配慮し、環境を汚染しないように衛生的に処理する必要があること。

イ　健康と環境に関する情報から課題を発見し、その解決に向けて思考し判断するとともに、それらを表現すること。

3　内容の取扱い

(1) 内容の (1) のアの (ア) 及び (イ) は第1学年、(1) のアの (ウ) 及び (エ) は第2学年、(1) のアの (オ) 及び (カ) は第3学年で取り扱うものとし、(1) のイは全ての学年で取り扱うものとする。内容の (2) は第1学年、(3) は第2学年、(4) は第3学年で取り扱うものとする。

(2) 内容の (1) のアについては、健康の保持増進と疾病の予防に加えて、疾病の回復についても取り扱うものとする。

(3) 内容の (1) のアの (イ) 及び (ウ) については、食育の観点も踏まえつつ健康的な生活習慣の形成に結び付くように配慮するとともに、必要に応じて、コンピュータなどの情報機器の使用と健康との関わりについて取り扱うことにも配慮するものとする。また、がんについても取り扱うものとする。

(4) 内容の (1) のアの (エ) については、心身への急性影響及び依存性について取り扱うこと。また、薬物は、覚醒剤や大麻等を取り扱うものとする。

(5) 内容の (1) のアの (オ) については、後天性免疫不全症候群（エイズ）及び性感染症についても取り扱うものとする。

(6) 内容の (2) のアの (ア) については、呼吸器、循環器を中心に取り扱うものとする。

(7) 内容の (2) のアの (イ) については、妊娠や出産が可能となるような成熟が始まるという観点から、受精・妊娠を取り扱うものとし、妊娠の経過は取り扱わないものとする。また、身体の機能の成熟とともに、性衝動が生じたり、異性への関心が高まったりすることなどから、異性の尊重、情報への適切な対処や行動の選択が必要となることについて取り扱うものとする。

(8) 内容の (2) のアの (エ) については、体育分野の内容の「A 体つくり運動」の (1) のアの指導との関連を図って指導するものとする。

(9) 内容の (3) のアの (エ) については、包帯法、止血法など傷害時の応急手当も取り扱い、実習を行うものとする。また、効果的な指導を行うため、水泳など体育分野の内容との関連を図るものとする。

(10) 内容の (4) については、地域の実態に即して公害と健康との関係を取り扱うことにも配慮するものとする。また、生態系については、取り扱わないものとする。

(11) 保健分野の指導に際しては、自他の健康に関心をもてるようにし、健康に関する課題を解決する学習活動を取り入れるなどの指導方法の工夫を行うものとする。

第3　指導計画の作成と内容の取扱い

1　指導計画の作成に当たっては、次の事項に配慮するものとする。

(1) 単元など内容や時間のまとまりを見通して、その中で育む資質・能力の育成に向けて、生徒の主体的・対話的で深い学びの実現を図るようにすること。その際、体育や保健の見方・考え方を働かせながら、運動や健康についての自他の課題を発見し、その合理的な解決のための活動の充実を図ること。また、運動の楽しさや喜びを味わったり、健康の大切さを実感したりすることができるよう留意するこ

と。

（2） 授業時数の配当については、次のとおり扱うこと。

　　ア　保健分野の授業時数は、3学年間で48単位時間程度配当すること。

　　イ　保健分野の授業時数は、3学年間を通じて適切に配当し、各学年において効果的な学習が行われる
　　　　よう考慮して配当すること。

　　ウ　エ　略

（3） 障害のある生徒などについては、学習活動を行う場合に生じる困難さに応じた指導内容や指導方法の
　　　工夫を計画的、組織的に行うこと。

（4） 第1章総則の第1の2の（2）に示す道徳教育の目標に基づき、道徳科などとの関連を考慮しながら、
　　　第3章特別の教科道徳の第2に示す内容について、保健体育科の特質に応じて適切な指導をすること。

2　第2の内容の取扱いについては、次の事項に配慮するものとする。

（1） 体力や技能の程度、性別や障害の有無等に関わらず、運動の多様な楽しみ方を共有することができる
　　　よう留意すること。

（2） 言語能力を育成する言語活動を重視し、筋道を立てて練習や作戦について話し合う活動や、個人生活
　　　における健康の保持増進や回復について話し合う活動などを通して、コミュニケーション能力や論理的
　　　な思考力の育成を促し、自主的な学習活動の充実を図ること。

（3） 第2の内容の指導に当たっては、コンピュータや情報通信ネットワークなどの情報手段を積極的に活
　　　用して、各分野の特質に応じた学習活動を行うよう工夫すること。

（4） 体育分野におけるスポーツとの多様な関わり方や保健分野の指導については、具体的な体験を伴う学
　　　習の工夫を行うよう留意すること。

（5） 生徒が学習内容を確実に身に付けることができるよう、学校や生徒の実態に応じ、学習内容の習熟の
　　　程度に応じた指導、個別指導との連携を踏まえた教師間の協力的な指導などを工夫改善し、個に応じた
　　　指導の充実が図られるよう留意すること。

（6） 第1章総則の第1の2の（3）に示す学校における体育・健康に関する指導の趣旨を生かし、特別活
　　　動、運動部の活動などとの関連を図り、日常生活における体育・健康に関する活動が適切かつ継続的に
　　　実践できるよう留意すること。なお、体力の測定については、計画的に実施し、運動の指導及び体力の
　　　向上に活用するようにすること。

（7） 体育分野と保健分野で示された内容については、相互の関連が図られるよう留意すること。

# 高等学校学習指導要領　保健体育科「科目保健」

平成 30 年 3 月文部科学省告示

## 第2章　各学科に共通する各教科
### 第6節　保健体育

第1款　目標

　体育や保健の見方・考え方を働かせ、課題を発見し、合理的、計画的な解決に向けた学習過程を通して、心と体を一体として捉え、生涯にわたって心身の健康を保持増進し豊かなスポーツライフを継続するための資質・能力を次のとおり育成することを目指す。

(1) 各種の運動の特性に応じた技能等及び社会生活における健康・安全について理解するとともに、技能を身に付けるようにする。

(2) 運動や健康についての自他や社会の課題を発見し、合理的、計画的な解決に向けて思考し判断するとともに、他者に伝える力を養う。

(3) 生涯にわたって継続して運動に親しむとともに健康の保持増進と体力の向上を目指し、明るく豊かで活力ある生活を営む態度を養う。


第2款　各科目

第1　体育　略


第2　保健

1　目標

　保健の見方・考え方を働かせ、合理的、計画的な解決に向けた学習過程を通して、生涯を通じて人々が自らの健康や環境を適切に管理し、改善していくための資質・能力を次のとおり育成する。

(1) 個人及び社会生活における健康・安全について理解を深めるとともに、技能を身に付けるようにする。

(2) 健康についての自他や社会の課題を発見し、合理的、計画的な解決に向けて思考し判断するとともに、目的や状況に応じて他者に伝える力を養う。

(3) 生涯を通じて自他の健康の保持増進やそれを支える環境づくりを目指し、明るく豊かで活力ある生活を営む態度を養う。

2　内容

(1) 現代社会と健康について、自他や社会の課題を発見し、その解決を目指した活動を通して、次の事項を身に付けることができるよう指導する。

　ア　現代社会と健康について理解を深めること。

　（ア）健康の考え方

　　　国民の健康課題や健康の考え方は、国民の健康水準の向上や疾病構造の変化に伴って変わってきていること。また、健康は、様々な要因の影響を受けながら、主体と環境の相互作用の下に成り立っていること。健康の保持増進には、ヘルスプロモーションの考え方を踏まえた個人の適切な意思決定や

行動選択及び環境づくりが関わること。

（イ）現代の感染症とその予防

感染症の発生や流行には、時代や地域によって違いがみられること。その予防には、個人の取組及び社会的な対策を行う必要があること。

（ウ）生活習慣病などの予防と回復

健康の保持増進と生活習慣病などの予防と回復には、運動、食事、休養及び睡眠の調和のとれた生活の実践や疾病の早期発見、及び社会的な対策が必要であること。

（エ）喫煙、飲酒、薬物乱用と健康

喫煙と飲酒は、生活習慣病などの要因になること。また、薬物乱用は、心身の健康や社会に深刻な影響を与えることから行ってはならないこと。それらの対策には、個人や社会環境への対策が必要であること。

（オ）精神疾患の予防と回復

精神疾患の予防と回復には、運動、食事、休養及び睡眠の調和のとれた生活を実践するとともに、心身の不調に気付くことが重要であること。また、疾病の早期発見及び社会的な対策が必要であること。

イ　現代社会と健康について、課題を発見し、健康や安全に関する原則や概念に着目して解決の方法を思考し判断するとともに、それらを表現すること。

(2) 安全な社会生活について、自他や社会の課題を発見し、その解決を目指した活動を通して、次の事項を身に付けることができるよう指導する。

ア　安全な社会生活について理解を深めるとともに、応急手当を適切にすること。

（ア）安全な社会づくり

安全な社会づくりには、環境の整備とそれに応じた個人の取組が必要であること。また、交通事故を防止するには、車両の特性の理解、安全な運転や歩行など適切な行動、自他の生命を尊重する態度、交通環境の整備が関わること。交通事故には補償をはじめとした責任が生じること。

（イ）応急手当

適切な応急手当は、傷害や疾病の悪化を軽減できること。応急手当には、正しい手順や方法があること。また、応急手当は、傷害や疾病によって身体が時間の経過とともに損なわれていく場合があることから、速やかに行う必要があること。心肺蘇生法などの応急手当を適切に行うこと。

イ　安全な社会生活について、安全に関する原則や概念に着目して危険の予測やその回避の方法を考え、それらを表現すること。

(3) 生涯を通じる健康について、自他や社会の課題を発見し、その解決を目指した活動を通して、次の事項を身に付けることができるよう指導する。

ア　生涯を通じる健康について理解を深めること。

（ア）生涯の各段階における健康

生涯を通じる健康の保持増進や回復には、生涯の各段階の健康課題に応じた自己の健康管理及び環境づくりが関わっていること。

（イ）労働と健康

労働災害の防止には、労働環境の変化に起因する傷害や職業病などを踏まえた適切な健康管理及び

安全管理をする必要があること。

　イ　生涯を通じる健康に関する情報から課題を発見し、健康に関する原則や概念に着目して解決の方法を思考し判断するとともに、それらを表現すること。

(4) 健康を支える環境づくりについて、自他や社会の課題を発見し、その解決を目指した活動を通して、次の事項を身に付けることができるよう指導する。

　ア　健康を支える環境づくりについて理解を深めること。

　　(ア) 環境と健康

　　　人間の生活や産業活動は、自然環境を汚染し健康に影響を及ぼすことがあること。それらを防ぐには、汚染の防止及び改善の対策をとる必要があること。また、環境衛生活動は、学校や地域の環境を健康に適したものとするよう基準が設定され、それに基づき行われていること。

　　(イ) 食品と健康

　　　食品の安全性を確保することは健康を保持増進する上で重要であること。また、食品衛生活動は、食品の安全性を確保するよう基準が設定され、それに基づき行われていること。

　　(ウ) 保健・医療制度及び地域の保健・医療機関

　　　生涯を通じて健康を保持増進するには、保健・医療制度や地域の保健所、保健センター、医療機関などを適切に活用することが必要であること。また、医薬品は、有効性や安全性が審査されており、販売には制限があること。疾病からの回復や悪化の防止には、医薬品を正しく使用することが有効であること。

　　(エ) 様々な保健活動や社会的対策

　　　我が国や世界では、健康課題に対応して様々な保健活動や社会的対策などが行われていること。

　　(オ) 健康に関する環境づくりと社会参加

　　　自他の健康を保持増進するには、ヘルスプロモーションの考え方を生かした健康に関する環境づくりが重要であり、それに積極的に参加していくことが必要であること。また、それらを実現するには、適切な健康情報の活用が有効であること。

　イ　健康を支える環境づくりに関する情報から課題を発見し、健康に関する原則や概念に着目して解決の方法を思考し判断するとともに、それらを表現すること。

3　内容の取扱い

(1) 内容の (1) のアの (ウ) 及び (4) のアの (イ) については、食育の観点を踏まえつつ、健康的な生活習慣の形成に結び付くよう配慮するものとする。また、(1) のアの (ウ) については、がんについても取り扱うものとする。

(2) 内容の (1) のアの (ウ) 及び (4) のアの (ウ) については、健康とスポーツの関連について取り扱うものとする。

(3) 内容の (1) のアの (エ) については、疾病との関連、社会への影響などについて総合的に取り扱い、薬物については、麻薬、覚醒剤、大麻等を取り扱うものとする。

(4) 内容の (1) のアの (オ) については、大脳の機能、神経系及び内分泌系の機能について必要に応じ関連付けて扱う程度とする。また、「体育」の「A体つくり運動」における体ほぐしの運動との関連を図るよう配慮するものとする。

(5) 内容の (2) のアの (ア) については、犯罪や自然災害などによる傷害の防止についても、必要に応

じ関連付けて扱うよう配慮するものとする。また、交通安全については、二輪車や自動車を中心に取り上げるものとする。

(6) 内容の (2) のアの（イ）については、実習を行うものとし、呼吸器系及び循環器系の機能については、必要に応じ関連付けて扱う程度とする。また、効果的な指導を行うため、「体育」の「D 水泳」などとの関連を図るよう配慮するものとする。

(7) 内容の (3) のアの（ア）については、思春期と健康、結婚生活と健康及び加齢と健康を取り扱うものとする。また、生殖に関する機能については、必要に応じ関連付けて扱う程度とする。責任感を涵養することや異性を尊重する態度が必要であること、及び性に関する情報等への適切な対処についても扱うよう配慮するものとする。

(8) 内容の (4) のアの（ア）については、廃棄物の処理と健康についても触れるものとする。

(9) 指導に際しては、自他の健康やそれを支える環境づくりに関心をもてるようにし、健康に関する課題を解決する学習活動を取り入れるなどの指導方法の工夫を行うものとする。


第3款　各科目にわたる指導計画の作成と内容の取扱い

1　指導計画の作成に当たっては、次の事項に配慮するものとする。

(1) 単元など内容や時間のまとまりを見通して、その中で育む資質・能力の育成に向けて、生徒の主体的・対話的で深い学びの実現を図るようにすること。その際、体育や保健の見方・考え方を働かせながら、運動や健康についての自他や社会の課題を発見し、その合理的、計画的な解決のための活動の充実を図ること。また、運動の楽しさや喜びを深く味わったり、健康の大切さを実感したりすることができるよう留意すること。

(2) 第1章第1款の2の (3) に示す学校における体育・健康に関する指導の趣旨を生かし、特別活動、運動部の活動などとの関連を図り、日常生活における体育・健康に関する活動が適切かつ継続的に実践できるよう留意すること。なお、体力の測定については、計画的に実施し、運動の指導及び体力の向上に活用するようにすること。

(3) 略

(4) 「保健」は、原則として入学年次及びその次の年次の2か年にわたり履修させること。

(5) 義務教育段階との接続を重視し、中学校保健体育科との関連に留意すること。

(6) 障害のある生徒などについては、学習活動を行う場合に生じる困難さに応じた指導内容や指導方法の工夫を計画的、組織的に行うこと。

2　内容の取扱いに当たっては、次の事項に配慮するものとする。

(1) 言語能力を育成する言語活動を重視し、筋道を立てて練習や作戦について話し合ったり身振りや身体を使って動きの修正を図ったりする活動や、個人及び社会生活における健康の保持増進や回復について話し合う活動などを通して、コミュニケーション能力や論理的な思考力の育成を促し、主体的な学習活動の充実を図ること。

(2) 各科目の指導に当たっては、その特質を踏まえ、必要に応じて、コンピュータや情報通信ネットワークなどを適切に活用し、学習の効果を高めるよう配慮すること。

(3) 体力や技能の程度、性別や障害の有無等にかかわらず、運動の多様な楽しみ方を社会で実践することができるよう留意すること。

(4)「体育」におけるスポーツとの多様な関わり方や「保健」の指導については、具体的な体験を伴う学習の工夫を行うよう留意すること。

(5)「体育」と「保健」で示された内容については、相互の関連が図られるよう、それぞれの内容を適切に指導した上で、学習成果の関連が実感できるよう留意すること。

## 学校保健
### ― 子どもの「生きる力」を育む ―

2021 年 4 月 10 日　初版第 1 刷発行

■ 編 著 者 ―――― 門田新一郎・大津一義
■ 発 行 者 ―――― 佐藤　守
■ 発 行 所 ―――― 株式会社 大学教育出版
　　　　　　　　　〒 700-0953　岡山市南区西市 855-4
　　　　　　　　　電話 (086) 244-1268　FAX (086) 246-0294
■ 印刷製本 ―――― モリモト印刷 ㈱